M. Kremer und C. Thies
Frankensteiner Str. 14
64342 Malchen
Tel. 06151 / 94 30 17

Wallmüller
Software-Qualitätssicherung

Ernest Wallmüller

Software-Qualitätssicherung
in der Praxis

Carl Hanser Verlag München Wien

Der Autor:
Dr. Dipl.-Ing. Ernest Wallmüller, Zürich

Alle in diesem Buch enthaltenen Programme und Verfahren wurden nach bestem Wissen erstellt und mit Sorgfalt getestet. Dennoch sind Fehler nicht ganz auszuschließen. Aus diesem Grund ist das im vorliegenden Buch enthaltene Programm-Material mit keiner Verpflichtung oder Garantie irgendeiner Art verbunden. Autor und Verlag übernehmen infolgedessen keine Verantwortung und werden keine daraus folgende oder sonstige Haftung übernehmen, die auf irgendeine Art aus der Benutzung dieses Programm-Materials oder Teilen davon entsteht.

CIP-Titelaufnahme der Deutschen Bibliothek

Wallmüller, Ernest:
Software-Qualitätssicherung in der Praxis/Ernest Wallmüller.
– München ; Wien : Hanser, 1990
  ISBN 3-446-15846-4

Dieses Werk ist urheberrechtlich geschützt.
Alle Rechte, auch die der Übersetzung, des Nachdrucks und der Vervielfältigung des Buches, oder Teilen daraus, vorbehalten. Kein Teil des Werkes darf ohne schriftliche Genehmigung des Verlages in irgendeiner Form (Fotokopie, Mikrofilm oder ein anderes Verfahren), auch nicht für Zwecke der Unterrichtsgestaltung, reproduziert oder unter Verwendung elektronischer Systeme verarbeitet, vervielfältigt oder verbreitet werden.

© 1990 Carl Hanser Verlag München Wien
Umschlaggestaltung: Kaselow Design, München
Satz: Typo spezial Ingrid Geithner, Erding
Druck und Bindung: Graph. Kunstanstalt Jos. C. Huber KG, Dießen
Printed in Germany

Vorwort

In der Vergangenheit war der Begriff Qualität eng mit der Arbeit eines Einzelnen oder einer kleinen Gruppe verbunden. Ausgrabungen von Archäologen brachten Gebrauchs- und Kunstgegenstände zutage, die auch nach tausenden Jahren die Qualität der Arbeit der Künstler und Handwerker aus längst vergangenen Zeiten bezeugen. Die Gilde des Meisterhandwerks im Mittelalter zeigt uns, wie die Qualität eines Produkts zustandekommt. Der mittelalterliche Handwerksmeister war nach einer umfangreichen Lehrzeit und nach Ablegen einer Meisterprüfung in der Lage, andere zur Qualitätsarbeit anzuleiten und zu beurteilen, was gute und schlechte Qualität ist. In diesem Kontext bedeutet Qualität ein Urteil, mit dem ein Gegenstand nicht bezüglich seiner Existenz, sondern bezüglich seiner ihn von anderen unterscheidenden Merkmale bewertet wird. Diese Auffassung läßt sich bis zur Kategorienlehre Aristoteles' zurückverfolgen.

Durch die Produktion von Massengütern im Zeitalter der industriellen Revolution wurde die Notwendigkeit der Kontrolle des Herstellungsprozesses erkannt. Die Automobilindustrie und der Maschinenbau waren erste Beispiele für Produktionsprozesse großer Gütermengen mit begleitender Qualitätssicherung. Entscheidend beim Übergang von handwerklicher Produktion zur industriellen Fertigung war die begleitende Kontrolle des Fertigungsprozesses.

Die Qualität heutiger Industrieprodukte hat enorme wirtschaftliche Auswirkungen. Abweichungen von wenigen Prozenten von den vorgegebenen Qualitätsmerkmalen können Verluste in Millionenhöhe in einem wettbewerbsorientierten Markt bedeuten. Die fertigungsorientierte Qualitätssicherung bedient sich eines umfangreichen Instrumentariums und spezifischer Managementmaßnahmen (»Qualitätsmanagement«). Phil Crosby, ein international anerkannter Experte auf dem Gebiet Qualitätssicherung, argumentiert, daß Qualitätssicherung primär eine Aufgabe des Topmanagements ist. Dies hat sich unter anderem in einer Qualitätspolitik zu zeigen, die den Umfang und die Leitlinien der Qualitätssicherung auf allen Stufen einer Unternehmung regelt.

Es gibt gegenwärtig eine Reihe von Gründen, um sich verstärkt der Qualitätssicherung in Wirtschaft und Industrie zu widmen:

1. Wachsende Kundenanforderungen hinsichtlich der Qualität

    Der Kunde empfindet ein Recht auf eine erstklassige Befriedigung seiner Bedürfnisse, und er ist auch überzeugt, die Marktmacht zu besitzen, sie zu verlangen. Durch internationale Zusammenschlüsse und Vereinheitlichung der Märkte wird den Unternehmen die Produkthaftung für Schädigungen durch fehlerhafte Erzeugnisse oder unsachgemäß ausgeführte Dienstleistungen aufgezwungen. Hohe Entschädigungsleistungen sind durch Gerichtsentscheid von den Herstellern mängelbehafteter Produkte und Dienstleistungen einklagbar.

2. Intensiv geführter internationaler Marktwettbewerb

   Die Unternehmen müssen sich einem internationalen Wettbewerb stellen, der sich auf Marktsegmente spezialisiert. Die Produktqualität spielt in diesem Wettbewerb eine immer größere Rolle.

3. Produkte sind Teile oder Komponenten von immer komplexer werdenden Systemen.

   Die Anforderungen an die Funktionssicherheit sind enorm gestiegen, da der Ausfall des Systems — beispielsweise eines Computers in einem Flugleitsystem — enormen Schaden anrichten kann.

4. Erhebliche Kosteneinsparungen durch besseres Qualitätsmanagement

   Beispielsweise hat ein großer Computer-Hersteller nach Abschluß der Verbesserungsmaßnahmen im Bereich des Qualitätsmanagements die Vorratshaltung um 66 Prozent und die Fertigungsfläche um 25 Prozent reduzieren können.

Alle diese Gründe zeigen die Bedeutung auf, die der Qualität von Produkten und Dienstleistungen gegenwärtig zukommt.

Unsere Ausführungen konzentrieren sich im Nachfolgenden auf die Qualität von Software-Produkten und Tätigkeiten (Prozessen), die zur Herstellung und Pflege dieser Produkte dienen. Uns interessiert auch die Fragestellung, mit welcher Produktionstechnologie welche Produktqualität realisiert werden kann. Ebenso wird versucht, neben rein technischen auch organisatorische und psychologisch-orientierte Größen aufzuzeigen, die für die Beeinflussung der Produkt- bzw. Prozeßqualität entscheidend sind.

Im Kapitel 1 gehen wir auf die Rolle der Software-Qualitätssicherung im Rahmen des Software Engineering näher ein. Im Mittelpunkt stehen dabei verschiedene Kategorien von Qualitätssicherungsmaßnahmen. Als operationales Hilfsmittel wird das Konzept eines Qualitätssicherungsplans erläutert. Weiters wird die Bedeutung des Prüfens, Messens und Bewertens von Software näher untersucht und auf die wichtigsten Maße und Kenngrößen eingegangen. Abschließend werden Qualitätsmodelle als umfassendes Hilfsmittel zur Qualitätsplanung und -bewertung eingeführt.

Im Kapitel 2 werden die Zusammenhänge zwischen Qualität und Produktivität genauer dargestellt. Neben Erklärungsmodellen werden verschiedene Einflußgrößen der Produktivität diskutiert. Den Abschluß dieses Kapitels bilden Maßnahmen zur Verbesserung der Produktivität.

Kapitel 3 vertieft den Bereich der konstruktiven Qualitätssicherung. Ausgangspunkt unserer Überlegungen sind Prinzipien, Methoden und Werkzeuge. Diese konstruktiven Elemente werden durch Vorgehensmodelle integriert. Vorgehensmodelle bieten überdies eine Reihe von Möglichkeiten, qualitätssichernde Maßnahmen im Prozeß zu verankern. Eine besondere Bedeutung für die Qualitätssicherung hat die projektbegleitende Dokumentation. Es werden Förderungsmaßnahmen, Einflußgrößen und Qualitätsmerkmale für Dokumentation erläutert. Abgerundet wird das Kapitel durch Ausführungen zur Thematik des Software-Konfigurationsmanagements und psychologisch-orientierter Aspekte der Beeinflussung von Qualität.

Kapitel 4 beschreibt die Maßnahmen der analytischen Qualitätssicherung. Im Mittelpunkt stehen dabei Reviews und eine Systematisierung des Testprozesses.

Im Kapitel 5 wird auf Probleme der Wartung — Verlust an Struktur und Qualität des Produkts Software durch permanentes Ändern — eingegangen. Die Qualitätssicherungsmaßnahmen für die Wartung werden unter dem Gesichtspunkt der Reduktion der Wartungskosten, Verbesserung der Wartbarkeit und eines strukturierten Vorgehens diskutiert. Im Detail wird auf Standards, Reviews/Audits, Kenngrößen, Software-Informationssysteme, Analysewerkzeuge und Aufklärung/Training eingegangen.

Im Kapitel 6 werden organisatorische Maßnahmen beschrieben, mit denen ein Qualitätssicherungssystem in einer Unternehmung etabliert und betrieben wird. Weitere Diskussionspunkte sind das Qualitätsberichtswesen und Kosten-Nutzen-Überlegungen.

Das Ziel dieses Buches besteht in der integrierten Darstellung von vier Aspekten der Qualitätssicherung (planerisch-administrative, konstruktive, analytische, psychologisch-orientierte), die den Rahmen für alle möglichen Qualitätssicherungsmaßnahmen bilden. Qualitätssicherung ist für uns mehr als das Einhalten von Standards und Normen oder das Prüfen von Anforderungen. Besonders im Abschnitt über konstruktive und psychologisch-orientierte Maßnahmen legen wir dar, wie Qualitätssoftware entwickelt wird. Durch die Vorschläge, die in diesem Buch zu finden sind, lassen sich sicherlich nicht alle Qualitätsprobleme in der Software-Entwicklung lösen. Es soll einen umfassenden und systematischen Weg vermitteln, der eine Synthese heute bekannter Maßnahmen zur Qualitätssicherung ermöglicht.

Das Buch wendet sich vor allem an

- Informatiker, die Qualitätssicherung im Rahmen ihrer Entwicklung von Software-Produkten betreiben müssen,
- Qualitätssicherungs-Spezialisten, die ihr detailliertes Wissen vertiefen wollen und
- Lehrende/Lernende, die im Rahmen von Software Engineering-Veranstaltungen Qualitätssicherungsthemen behandeln.

Vom Leser diese Buches werden Grundkenntnisse der Informatik, insbesondere des Software Engineering erwartet.

Zürich, Frühjahr 1990 *E. Wallmüller*

Dank

Von den ersten Vorarbeiten für dieses Buch im Jahre 1986 bis zu seiner Fertigstellung haben eine Reihe von Personen direkt oder indirekt zum Entstehen dieses Buches beigetragen. Es ist mir ein Anliegen, an dieser Stelle allen für ihre Hilfe und Ratschläge zu danken.

Bei meiner Beratertätigkeit für die SPARDAT Wien sind im Rahmen des Aufbaus eines Qualitätssicherungssystems wertvolle Erfahrungswerte entstanden. Den Herren Bezold, Redl und Pendl danke ich für die Unterstützung und die gute Zusammenarbeit.

Durch meine Tätigkeit an der ETH Zürich habe ich viele moderne Software Engineering-Konzepte kennengelernt, die zur Entwicklung von guter Software nötig sind. All jenen, die diese Tätigkeit ermöglicht haben, sei der Dank ausgesprochen.

Während meiner Arbeit für die Schweizerische Bankgesellschaft konnte ich wertvolle Anregungen und eine realistische Einschätzung von Qualitätssicherungsproblemen in der Praxis gewinnen. Insbesondere sei den Herren Fuchs und Schärli für fachliche Diskussionen gedankt.

Viele Ratschläge, Anregungen und Erfahrungswerte konnte ich durch meine Mitarbeit bei der SAQ (Schweizerische Arbeitsgemeinschaft für Qualitätsförderung) sammeln. Im speziellen gebührt Dank den Herren Frühauf, Burton-Smith, Mühlemann, Jäggin, Kiml, Schweizer, Brändle, Rudin und Frau Tomica, die in zahlreichen Diskussionen zur Klärung vieler Sachverhalte beigetragen haben.

Für die mühevolle Arbeit des Korrekturlesens danke ich den Herren Färberböck, Rüesch und Herrn Philipp vom Rheinisch-Westfälischen TÜV, sowie Herrn Prof. Rechenberg und Herrn Reichenberger.

Meinem langjährigen Diskussionspartner in Sachen Software-Qualitätssicherung, Herrn Wintersteiger von Softwaretest Österreich, danke ich für seinen unermüdlichen Einsatz und seine Initiative in Österreich zum Thema Software-Qualität.

Besondere Dankbarkeit möchte ich meiner lieben Frau Agathe aussprechen, die durch die Erstellung des Manuskripts und das Korrekturlesen das Entstehen dieses Buches ermöglicht hat.

Inhalt

1 **Software-Qualität und Software-Qualitätssicherung** 1
   1.1 Software Engineering und Software-Qualitätssicherung 3
   1.2 Grundlagen der Software-Qualitätssicherung 6
       1.2.1 Was ist Software-Qualität? 7
       1.2.2 Wo entstehen Software-Qualität bzw. Software-Mängel? 11
       1.2.3 Qualitätssicherungsprinzipien 14
       1.2.4 Begriffe und Definitionen 18
       1.2.5 Der Qualitätssicherungsplan (QS-Plan) 20
       1.2.6 Klassifikation der Qualitätssicherungsmaßnahmen 24
   1.3 Zählen und Messen im Software Engineering 26
       1.3.1 Bedeutung des Messens in Naturwissenschaft und Technik .. 26
       1.3.2 Software-Meßtechnik 27
       1.3.3 Gütekriterien für Software-Qualitätsmaße 29
       1.3.4 Maßtheoretische Grundlagen 31
       1.3.5 Überblick zu den Qualitätsmaßen und -kenngrößen 33
       1.3.6 Klassische Software-Maße 36
            1.3.6.1 Maß von McCabe 36
            1.3.6.2 Maße von Halstead 40
       1.3.7 Erfahrungen bei der Anwendung von Qualitätskenngrößen .. 42
   1.4 Qualitätsmodelle 46
       1.4.1 Struktur und Inhalt von Qualitätsmodellen 46
       1.4.2 Pragmatisches Erstellen eines Qualitätsmodells 53
       1.4.3 Bedeutung von Qualitätsmodellen in einem
            Qualitätssicherungssystem 54

2 **Software-Qualität und Produktivität** 57
   2.1 Was ist Produktivität? 57
   2.2 Produktivitätsbeeinflussende Faktoren 60
   2.3 Zusammenhang zwischen Qualität und Produktivität 65
   2.4 Möglichkeiten zur Produktivitätssteigerung 68

3 **Konstruktive Qualitätssicherungsmaßnahmen** 73
   3.1 Konstruktive Elemente des Software Engineering zur
       Qualitätssicherung 75

	3.1.1 Prinzipien	76
	3.1.2 Methoden	77
	3.1.3 Formalismen (Sprachen)	78
	3.1.4 Werkzeuge	79
	3.1.5 Die Technik des Prototyping	80
3.2	Vorgehensmodelle und ihre Bedeutung für die Qualitätssicherung	83
	3.2.1 Typen von Vorgehensmodellen	84
	3.2.2 Anforderungen an Vorgehensmodelle aus der Sicht der Qualitätssicherung und Verbesserungen	88
	3.2.3 Forderungen an die Definition und Pflege von Vorgehensmodellen	91
	3.2.4 Einführungsstrategie für Software Engineering-Maßnahmen	93
3.3	Die Rolle der Dokumentation in der Qualitätssicherung	96
	3.3.1 Probleme des Dokumentationsprozesses	97
	3.3.2 Anforderungen an die Dokumentation und deren Erstellung aus der Sicht der Qualitätssicherung	98
	3.3.3 Dokumentationsarten und -prinzipien	100
	3.3.4 Förderungsmaßnahmen zur projektbegleitenden Dokumentation	102
3.4	Die Programmiersprachen und ihr Einfluß auf die Qualität	106
	3.4.1 Bedeutung von Programmiersprachen	106
	3.4.2 Qualitätssichernde Konzepte von Programmiersprachen	107
	3.4.3 Pragmatische Kriterien zur Auswahl einer Sprache	107
3.5	Die Bedeutung von Software-Werkzeugen und -Produktionsumgebungen für die Qualitätssicherung	108
	3.5.1 Die CASE-Werkzeuglandschaft	110
	3.5.2 Software-Produktionsumgebung	114
	3.5.3 Anforderungen an eine Software-Produktionsumgebung aus der Sicht der Qualitätssicherung	120
3.6	Software-Konfigurationsmanagement	122
	3.6.1 Warum überhaupt Software-Konfigurationsmanagement?	122
	3.6.2 Grundlagen des Software-Konfigurationsmanagements	125
	3.6.3 Hilfsmittel und Werkzeuge des Konfigurationsmanagements	131
3.7	Qualitätsbeeinflussung durch menschliches Verhalten	134
	3.7.1 Unternehmenskultur	135
	3.7.2 Zwischenmenschliche Kommunikation	138
	3.7.3 Einfluß der Arbeitsplatzgestaltung	139

4 Analytische Qualitätssicherungsmaßnahmen ... 141

- 4.1 Statische Prüfungen ... 144
  - 4.1.1 Audits ... 144
  - 4.1.2 Reviews ... 146
    - 4.1.2.1 Ablauf eines Reviews (Reviewprozeß) ... 147
    - 4.1.2.2 Auswahl der Teilnehmer ... 149
    - 4.1.2.3 Die Rolle des Managements ... 150
    - 4.1.2.4 Hilfsmittel für Reviews ... 151
    - 4.1.2.5 Walkthroughs und Inspektionen ... 152
    - 4.1.2.6 Reviews im Entwicklungsprozeß ... 153
  - 4.1.3 Statische Analyse mit Software-Werkzeugen ... 162
  - 4.1.4 Korrektheitsbeweise (mathematische Programmverifikation) ... 163
  - 4.1.5 Symbolische Programmausführung ... 165
- 4.2 Dynamische Prüfung — Testen ... 167
  - 4.2.1 Methodik des Testens ... 171
    - 4.2.1.1 Black-Box-Methoden ... 175
    - 4.2.1.2 White-Box-Methoden ... 179
  - 4.2.2 Organisation und Management des Testprozesses ... 183
    - 4.2.2.1 Testplanung ... 185
    - 4.2.2.2 Strukturierung des Testprozesses ... 190
    - 4.2.2.3 Testorganisation ... 196
    - 4.2.2.4 Testdokumentation ... 197
    - 4.2.2.5 Kontrolle des Testprozesses ... 200

5 Software-Qualitätssicherung in der Wartung ... 203

- 5.1 Reduzierung der Wartungskosten ... 205
- 5.2 Sicherung der Wartbarkeit ... 206
- 5.3 Organisation der Wartungsaktivitäten ... 208
- 5.4 Bedeutung der Qualitätssicherung für die Wartung ... 213

6 Organisatorische Aspekte der Qualitätssicherung — das Qualitätssicherungssystem ... 216

- 6.1 Aufbauorganisation eines Qualitätssicherungssystems ... 216
- 6.2 Ablauforganisation eines Qualitätssicherungssystems ... 220
- 6.3 Dokumentation des Qualitätssicherungssystems ... 223
- 6.4 Qualitätsberichtswesen ... 225
- 6.5 Aufgaben einer Software-Qualitätssicherungsstelle ... 229
- 6.6 Einführungsmaßnahmen und -strategien für Qualitätssicherungssysteme ... 231
- 6.7 Kosten-Nutzen-Betrachtungen ... 234

7	**Ausblick**	237

Anhang		....	239
	A1	Das Qualitätsmodell von McCall	239
	A2	Das SPARDAT-Qualitätsmodell	249
		A 2.1 Eigenschaften und Merkmale	251
		A 2.2 Anwendung und Bewertung des Modells	268
	A3	Reviewformulare	269
	A4	Wartungsdokumente	274
	A5	Bedeutende internationale Normungsinstitute und deren Software Engineering-Normen	276
	A6	Fachorganisationen der Qualitätssicherung	279
	A7	Güteprüfung von Software	280
	A8	Glossar	281

Literaturverzeichnis 287

Stichwortverzeichnis 301

1 Software-Qualität und Software-Qualitätssicherung

Wir leben heute in einer Gesellschaft, in der der Computer eine immer größere Rolle spielt. Eines der Schlüsselelemente für den erfolgreichen Betrieb von Computern ist die Software. Die Software ist, durch den Mikroprozessoreinsatz bedingt, mehr und mehr ein wesentlicher Bestandteil industrieller Produkte und Anlagen, ein unverzichtbares Hilfsmittel in der Verwaltung, in Banken und im Versicherungswesen, im Handel sowie in anderen Branchen. Die Abhängigkeit des einzelnen von Software-Systemen nimmt ständig zu. In einzelnen Bereichen, wie beispielsweise Verkehr, Flugsicherung oder Energiewesen kann die Rolle der Software als relevant für Sicherheit und Leben bezeichnet werden. Eine besondere Bedeutung haben Software-Systeme im militärischen Bereich erlangt. Ein Beispiel dafür ist das nordamerikanische Flugraumüberwachungssystem NORAD der Vereinigten Staaten. Die Vorwarnzeit beträgt in diesem System 20 Minuten. Innerhalb dieser 20 Minuten müssen unbekannte Flugobjekte erfaßt, identifiziert und gegebenenfalls Maßnahmen getroffen werden.

Neben der zunehmenden Bedeutung von Software-Systemen gibt es eine steigende Anzahl von Berichten über Mängel beim Einsatz dieser Systeme. Spektakuläre Fälle von Software-Fehlern waren beispielsweise:

> Die erste Venussonde flog im Jahre 1979 am Ziel vorbei, weil in einem Fortran-Programm ein Punkt mit einem Komma verwechselt wurde. Der Verlust betrug einige hundert Millionen Dollar.

> Im Jahre 1983 übten Jagdbomber vom Typ F18 mit neuer Bordsoftware. Bei Testflügen, bei denen der Äquator überquert wurde, drehten sie sich auf den Kopf. Die Ursache war ein Vorzeichenfehler in einem Programm.

> 1984 gab es eine Überschwemmung im südfranzösischen Tarntal, weil der Computer des automatischen Sperrwerkes bei Réquista die Falschmeldung einer Überlaufgefahr nicht erkannte und zwei Schleusentore öffnete.

Diese Liste von Software-Fehlern ließe sich beliebig erweitern. Einerseits stellen wir fest, daß durch die zunehmende Computerdichte immer mehr Software zum Einsatz gebracht wird. Dadurch wird unsere Abhängigkeit von Software-Systemen, die steuernde und regelnde Funktionen ausüben, immer größer. Andererseits erkennen wir aber auch, daß es zuwenig gesundes Mißtrauen und konstruktive Kritik gegenüber dem Einsatz von Software-Systemen gibt, wahrscheinlich bedingt durch die weit verbreitete Fortschrittsgläubigkeit. Einer der Gründe dafür ist, daß viel zu wenig über fehlgeschlagene Informatik-Projekte berichtet wird. Informatik-Spezialisten sprechen ungern über Mißerfolge in ihrer Arbeit. Der Stand des Software Engineering in Wirtschaft, Industrie und öffentlicher Verwaltung ist aus der Sicht einer ingenieurmäßigen Informatik gegenwärtig noch als unbefriedigend zu bezeichnen. Eines der Kennzeichen dafür ist das Fehlen einer systematischen, auf Methoden und Werkzeuge gestützten Vorgehensweise bei der Software-Entwicklung. Ja, es gibt vielerorts noch die Situation, daß die Entwicklung von Software »auf Zuruf« erfolgt.

Aufgrund dieser Fakten ist es angebracht, sich verstärkt um die Sicherung der Software-Qualität zu kümmern und geeignete Prinzipien, Methoden und Werkzeuge dafür bereitzustellen. Die Erwartungen, die man an Software-Ersteller in allen Bereichen unserer Gesellschaft hat, sind sehr hoch. Einerseits wird von den Software-Entwicklern eine hohe Produktivität und andererseits eine strikte Einhaltung der Kosten- und Zeitpläne für die Entwicklungsprojekte verlangt. Daß Programme mit zufriedenstellender Produktqualität geliefert werden müssen, ist eine oft implizite Anforderung, die erst bei Nichterfüllung offenkundig wird.

Nenz hat folgende Probleme mit den drei Faktoren Zeit, Kosten und Produktqualität festgestellt [Nenz83].

Faktor Zeit:

- Nur 5 % aller Projekte werden termingerecht fertig.
- Mehr als 60 % der Projekte sind 20 und mehr Prozent in Verzug.
- Viele Projekte werden wegen Terminverzug ganz aufgegeben.

Ein Großteil aller Software-Projekte wird nicht termingerecht fertig, und Terminprobleme führen oft zum Scheitern des ganzen Projekts bzw. zu dessen Abbruch.

Faktor Kosten:

- Die Entwicklungskosten steigen mit zunehmender Komplexität der zu erstellenden Software exponential. Der hohe Integrationsgrad moderner Software-Systeme, die komplexen Schnittstellen zwischen den Komponenten, die Forderungen nach ausreichender Benutzerfreundlichkeit und Zuverlässigkeit insbesondere bei interaktiven Systemen erhöhen ebenfalls die Entwicklungskosten.
- Vielfach gehen 60 % und mehr der gesamten Software-Kosten eines Produkts für die Wartung auf.
- Durch Terminverzug können Marktchancen für ein Produkt verschlechtert und dadurch Investitionen unrentabel werden.

Die Probleme der Kostenschätzung, wie das Fehlen ausreichend fundierter mathematischer Modelle dazu, sind offenkundig. Es wird versucht, durch Analogieschlüsse auf vergangene Projekte und durch subjektive Einschätzung der Bezugsgrößen wie Lines of Code (LOC) und Personenmonate die Kostenschätzung zu verbessern.

Faktor Produktqualität:

- Fehler werden oft zu spät gefunden, vielfach erst in der Betriebsphase beim Kunden.
- Die Dokumentation eines Software-Produkts fehlt, ist unvollständig oder nicht aktuell.

- Wegen Produktmängel werden 50 % des Entwicklungsaufwandes oder oft auch mehr für Fehlersuche und Fehlerbehebung aufgewendet.
- Qualität als Entwicklungsziel ist wegen fehlender Qualitätsplanung oft nicht nachweisbar.

Die Ursachen für die gegenwärtigen Probleme in der Software-Entwicklung sind vielschichtig. Vielfach wird die Komplexität der zu erstellenden Software vom Management, aber auch von den Entwicklern der Software-Projekte stark unterschätzt. Weitere Gründe liegen im Software-Erstellungsprozeß selbst. Bei der Software-Erstellung wird vielerorts zuwenig geplant und zuviel improvisiert. Das Management von Software-Projekten, insbesondere die Projektorganisation, entspricht nicht den Erfordernissen. Die Anforderungen an ein Software-Produkt sind nicht oder ungenügend spezifiziert. Wenn Anforderungen in Sollmodellen, Konzepten oder Anforderungsdefinitionen niedergeschrieben werden, sind sie vage, mißverständlich oder widersprüchlich. Die Entwickler versuchen oft, die Qualität in ein Produkt »hineinzutesten«, anstatt die Qualität schrittweise zu entwickeln. Es fehlt an projektbegleitenden Qualitätssicherungsmaßnahmen. Die einzige Maßnahme ist meist das (oft unsystematische) Testen. Die Dokumentation, eine der wichtigsten Grundlagen für die Qualitätsprüfung, fehlt oder ist oft von schlechter Qualität.

Diese oben angeführten Fakten führen zur Erkenntnis, daß die Planung und Erstellung von Software systematisch und ingenieurmäßig zu erfolgen hat und daß Qualität ein Entwicklungsziel sein muß.

1.1 Software Engineering und Software-Qualitätssicherung

Die Entwicklung und Pflege mittlerer und größerer Applikationen erfordert ein umfangreiches Ausmaß an Ressourcen, wie z. B. Zeit, Personal, finanzielle Mittel. Diese Ressourcen sind ökonomisch zu verbrauchen, um die beabsichtigten Ziele zu erreichen und die Planung zu erfüllen. Bauer postuliert Software Engineering als Disziplin, die mit ingenieurmäßigen Mitteln und ökonomischem Vorgehen dem Entwickler hilft, qualitativ hochwertige Software zu erstellen und zu pflegen [Naur69].

Die Applikationen werden erfahrungsgemäß zwischen 10 und 15 Jahre in Betrieb gehalten, ehe sie vollständig abgelöst werden. Wir sprechen in diesem Zusammenhang von Life Cycle einer Applikation (eines Software-Systems). Um die Erstellung und Pflege in geordneten Stufen abzuwickeln, wurden Modelle und Hilfsmittel entwickelt (Phasenmodelle). Eines der ersten Phasenmodelle stammt von Royce [Royc70]. Im Verlauf der Jahre wurden sie verfeinert und zu Vorgehensmodellen (siehe Abschnitt 3.4) erweitert. Da Software-Systeme in der Regel in umfassendere Hardware- bzw. organisatorische Systeme eingebettet sind, gibt es bei jedem Entwicklungs- oder Pflegeprozeß auch eine systemtheoretische Sicht, die durch die Hilfsmittel des Systems Engineering [Daen78] beschrieben wird. Durchdachte Life Cycle-Modelle stützen sich daher auf die vom Systems Engineering bekannten Erfahrungswerte und berücksichtigen die Aufgaben des Systems Engineering durch eine eigene Phase (siehe Abbildung 1.1).

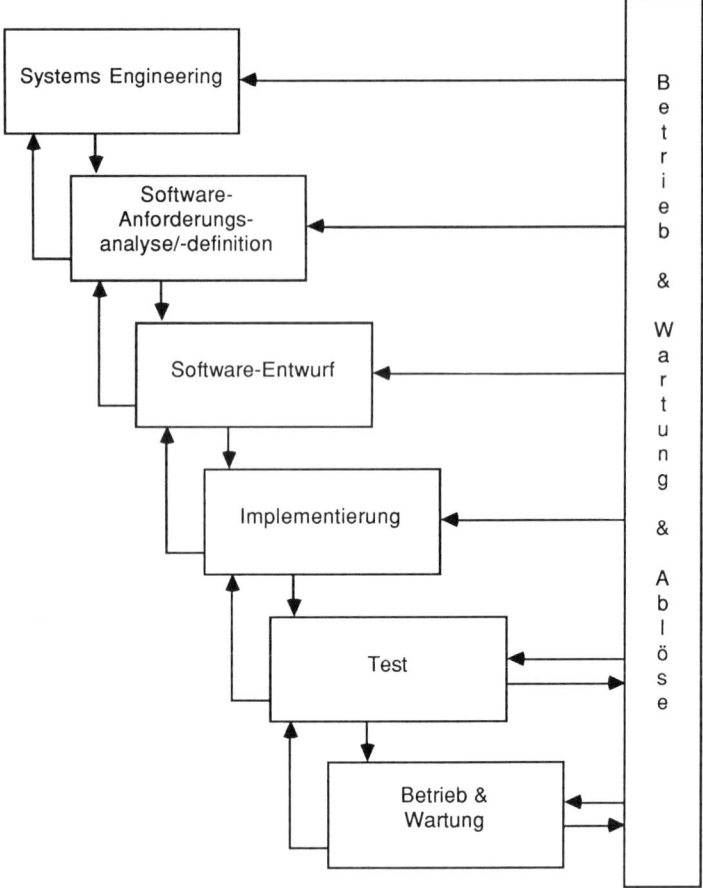

Abb. 1.1 Klassisches Life Cycle-Modell eines Software-Systems

Beim klassischen Life Cycle-Modell werden folgende Aktivitäten ausgeführt:

- Systems Engineering

Da Software-Systeme immer Teil von größeren Systemen sind, beginnt der Zyklus bei der Analyse der Systemanforderungen und einer Machbarkeitsstudie auf Systemebene. Von besonderer Bedeutung sind Schnittstellenaspekte der Software-Systeme zur Hardware (z. B. bei integrierten Systemen), zur Organisation aus betriebswirtschaftlicher Sicht (z. B. bei großen kommerziellen interaktiven Informationssystemen) und zu Datenbasen.

- Software-Anforderungsanalyse und -Anforderungsdefinition

Der eigentliche Zyklus für die Software-Entwicklung beginnt bei der Sammlung, der Analyse und der Definition der Anforderungen an das Software-System. Um die Ziele und den

Zweck des Systems zu verstehen, benötigt der Entwickler genaue Kenntnisse der Anforderungen, die in Form von funktionaler und nichtfunktionaler Anforderungen spezifiziert werden. Das Dokumentieren dieser Anforderungen und das Prüfen durch den Auftraggeber sind wichtige Voraussetzungen für die Sicherstellung einer qualitativ guten Software- und Systementwicklung. Gute Fachkenntnisse über die Applikation tragen zu einem besseren Verständnis der Benutzer und ihrer Anforderungen wesentlich bei.

- Software-Entwurf

Der Entwurf ist die Brücke zwischen Anforderungen und der implementierten Lösung. Wichtige Aufgaben sind der Entwurf der Datenstrukturen, der Software-Architektur und der Schnittstellen der Software-Bausteine (Module). Ein guter Entwurf ist nur durch Kreativität und Disziplin realisierbar. Die Nachvollziehbarkeit von Entwurfsentscheidungen erleichtert sowohl die Prüfung der Qualität als auch die Wartung der Software.

- Implementierung

Der Entwurf muß in maschinenlesbare Form transformiert werden. Der Mechanisierbarkeitsgrad dieser Tätigkeitengruppe ist am größten, und es ist damit zu rechnen, daß in Zukunft diese Phase durch Generator- und Transformationswerkzeuge automatisiert wird.

- Testen

Durch Testen wird geprüft, ob das implementierte Software-System die geforderten Anforderungen erfüllt und ausreichendes Vertrauen in das System gerechtfertigt ist, um es in der Benutzerumgebung einzuführen und zu betreiben.

- Betrieb und Wartung

Wir zählen die Einführung und die Schulung der Benutzer zu den ersten Aktivitäten in der Betriebs- und Wartungsphase. Diese Phase ist geprägt von den Änderungen, die durch die Benutzer und die Betriebsumgebung, aber auch durch mangelnde Qualität hervorgerufen werden. Die gegenwärtige Situation in der Informatik-Praxis ist gekennzeichnet durch eine größer werdende Menge von Software, die permant zu warten ist.

Die Disziplin Software Engineering hat die Wartungsprobleme bis vor kurzem ignoriert.

Die Probleme mit dem klassischen Life Cycle sind seit längerem bekannt:

1. Bei Iterationen in diesem Modell kommt es oft zu erheblichen Qualitätsmängeln (z. B. Nachführen der Dokumentation).
2. Anforderungen sind nur begrenzt erfaßbar und spezifizierbar. Es gibt Applikationen und Benutzer, die nur vage Anforderungsspezifikationen zulassen. Dies führt zu erheblichen Unsicherheiten bei der Projektführung. Qualitätsprobleme sind dann meist die Folge.
3. Je länger es dauert, bis der Auftraggeber bzw. die Benutzer ein ablauffähiges Modell der Applikation (einen Prototyp) zur ersten Prüfung erhalten, umso größer ist das Risiko, die gesetzten Ziele zu verfehlen.

Software-Qualitätssicherung ist eine Teildisziplin im Rahmen des Software Engineering, die versucht, den Faktor Qualität durch eigene Hilfsmittel und durch geplante und systematische Anwendung des Software Engineering im Life Cycle zu berücksichtigen.

1.2 Grundlagen der Software-Qualitätssicherung

Im folgenden werden die verschiedenen Qualitätsaspekte näher untersucht, um zu einer differenzierten und umfassenden Sichtweise auf Software-Qualität zu kommen. Grundsätzlich wird zwischen der Qualität des Produkts und der Qualität des Entwicklungsprozesses unterschieden [Masi88]. Masing bezeichnet die Gesamtheit aller Tätigkeiten zur Produktherstellung als den Herstellungsprozeß (bei Software-Produkten sprechen wir vom Entwicklungsprozeß). Jede einzelne Tätigkeit muß bestimmte Forderungen erfüllen. Diese Forderungen haben die Form von Anweisungen oder Aufgabenspezifikationen. Das Maß der Übereinstimmung von Anweisung und Ausführung einer Tätigkeit definiert deren Qualität. Damit wird die Qualität des Prozesses meß- und analysierbar. Masing schränkt ein, daß eine bloße Übereinstimmung von Anweisung und Ausführung das Qualitätsurteil des Marktes nicht berührt oder gar vorwegnimmt.

Wir gehen von folgendem Sachverhalt aus: die Qualitätsziele für das Software-Produkt bestimmen die Qualitätsziele für den Entwicklungsprozeß. Aus letzteren läßt sich die Qualität des Entwicklungsprozesses ableiten. Diese hat wiederum entscheidenden Einfluß auf die Qualität des Produkts. Dieses Beziehungsgefüge wird bei konkreten Entwicklungsprojekten mehrfach durchlaufen (siehe Abbildung 1.2).

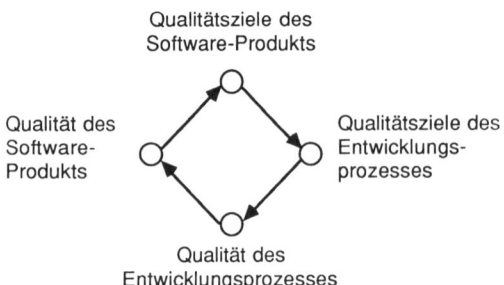

Abb. 1.2 Qualitativer Zusammenhang von Entwicklungsprozeß und Software-Produkt

Software-Entwicklung ist ein sehr komplexer Prozeß, der den Einsatz verschiedenster Disziplinen erfordert, um ein Produkt anforderungsgerecht zu entwickeln. Die Disziplinen, die wir dazu benötigen, sind:

- Projektmanagement
- Qualitätssicherung
- Konfigurationsmanagement
- Software Engineering zur Prozeßdurchführung.

Neben einer auf die jeweilige Situation angepaßte Anwendung obiger Disziplinen ist eine effektive Management- und Entwicklungspraxis nötig.

1.2.1 Was ist Software-Qualität?

Grundlegende Arbeiten zu dieser Grundsatzfrage hat D.A. Garvin von der Harvard Universität geliefert [Garv84]. Er unterscheidet fünf Ansätze, um zu einer Qualitätsvorstellung zu kommen.

W1) Der »transzendente« Ansatz

Danach ist Qualität universell erkennbar und ein Synonym für kompromißlos hohe Standards und Ansprüche an die Funktionsweise eines Produkts. Die Vertreter dieses Ansatzes glauben allerdings, daß sich Qualität in diesem Sinne nicht präzise definieren oder messen läßt. Ebenso meinen sie, daß Qualität nur durch Erfahrung bewertet werden kann. Der Begriff der Qualität kann genauso wenig implizit definiert werden wie jener der »Schönheit«.

W2) Der produktbezogene Ansatz

Die Vertreter dieses Ansatzes glauben, daß die Qualität präzise meßbar ist. Danach spiegeln Qualitätsdifferenzen Unterschiede in der vorhandenen, beobachtbaren Quantität bestimmter Eigenschaftsausprägungen wider, die in einem Produkt festgestellt werden können. Dieser Ansatz erlaubt es im Prinzip, eine Rangordnung von verschiedenen Produkten der gleichen Kategorie anzugeben.

W3) Der anwenderbezogene Ansatz

Hierbei liegt die Auffassung vor, daß die Qualität durch den Produktbenutzer festgelegt wird und weniger durch das Produkt selbst. Danach haben verschiedene Produktbenutzer unterschiedliche Wünsche und Bedürfnisse, und diejenigen Produkte, die diese Bedürfnisse am besten befriedigen, werden als qualitativ hochstehend angesehen.

W4) Der prozeßbezogene Ansatz

Nach diesem Ansatz ist Qualität gleichzusetzen mit der Einhaltung von Spezifikationen, mit der Idealvorstellung, eine Tätigkeit zur Produkterstellung gleich das erste Mal richtig auszuführen. Diese Vorstellung von Qualität ist auf die heutige Wirtschaft und Industrie ausgerichtet. Im Mittelpunkt steht der Produktionsprozeß, der kontrolliert wird, um die Ausschuß- und Nachbearbeitungskosten zu verringern. Dabei spielt der Automatisierungsgrad eine große Rolle. Insbesondere Roboter und Automaten sollen gewährleisten, daß Produktionsprozesse soweit als möglich mängelfrei und reibungslos abgewickelt werden.

W5) Der Preis-Nutzen-bezogene Ansatz

Bei diesem Ansatz wird ein Bezug zwischen Preis und Qualität hergestellt. Ein Qualitätsprodukt ist in dieser Denkweise ein Erzeugnis, das einen bestimmten Nutzen zu einem akzeptablen Preis oder eine Übereinstimmung mit Spezifikationen zu akzeptablen Kosten erbringt.

Neben diesen Ansätzen, die versuchen, den Begriff Qualität durch Umschreibung zu verdeutlichen, gibt es auch eine Reihe von Versuchen, den Begriff Qualität zu definieren. Je nach Präferenz und individueller Auffassung des Einzelnen werden dabei verschiedene Akzente gesetzt. Im folgenden werden verschiedene Qualitätsbegriffe diskutiert und ihre Anwendbarkeit für Software-Produkte geprüft.

In der Deutschen Industrie-Norm (DIN 55350, Teil 11) heißt es:

»Qualität ist die Gesamtheit von Eigenschaften und Merkmalen eines Produkts oder einer Tätigkeit, die sich auf deren Eignung zur Erfüllung gegebener Erfordernisse bezieht.«

Diese Definition charakterisiert zwar allgemein den Begriff Qualität, ist aber als Grundlage für Prüfungen der Qualität eines Software-Produkts noch zu ungenau. Es lassen sich aber aus dieser Definition einige wesentliche Schlußfolgerungen ziehen:

- Die Eignung ein und derselben Sache kann für verschiedene Verwendungen unterschiedlich sein. Beispielsweise ist das Textformatiersystem TROFF [Geha86] für die gelegentliche Benutzung bei Verwendung einer minimalen Menge von Formatierkommandos durchaus geeignet. Wollen wir hingegen professionelle Textverarbeitung betreiben, so benötigen wir eine direkte Darstellung des Textes bei gleichzeitiger Textmanipulation (WYSIWYG-Konzept = What You See Is What You Get-Konzept).
- Die Erfordernisse ergeben sich aus dem Verwendungszweck des Software-Produkts. Um z. B. professionell Programme zu erstellen, benötigt man einen Mehrdokumenteneditor mit Ganzseiten-Darstellung für jedes Dokument. Für die Änderung eines Basic-Programms auf einem PC reicht ein Zeileneditor, wie beispielsweise EDLIN.

Ein Produkt oder eine Tätigkeit (z. B. eine Dienstleistung) hat verschiedene Eigenschaften, von denen nicht alle die Qualität konstituieren. Eigenschaften, die die Qualität konstituieren, sind jene, die für den Produktbenutzer oder den Dienstleistungsnehmer relevant sind, d. h. die vorgegebenen Erfordernisse erfüllen. Beispielsweise wäre eine für einen Autobesitzer relevante Eigenschaft die Sparsamkeit bei der Nutzung des Autos.

Ein Merkmal ist nach DIN 55350 Teil 12 jene Eigenschaft, die eine quantitative oder qualitative Unterscheidung eines Produkts oder einer Tätigkeit aus einer Gesamtheit ermöglicht. In unserem Autobeispiel wäre ein solches quantitatives Merkmal der Benzinverbrauch. Wir sind natürlich daran interessiert, den Benzinverbrauch zu messen und benötigen dazu eine Kenngröße, ein Meßverfahren und ein Meßinstrument. Die Werte der Kenngröße, beispielsweise die Anzahl verbrauchter Liter Benzin pro 100 gefahrenen Kilometer, sind auf einer Skala darzustellen. Diese Skala soll, wenn möglich, den Vergleich in Form von absoluten Werten ermöglichen. Wir gehen in Abschnitt 1.3 näher auf die Meßproblematik von Software-Merkmalen ein.

Die ANSI-Norm (ANSI/ASQC A3-1978) definiert Qualität ähnlich wie die DIN-Norm:

»Quality is the totality of features and characteristics of a product or a service that bear on its ability to satisfy given needs.«

Die IEEE-Norm für Software-Qualität (IEEE Std 729-1983) stützt sich auf die ANSI-Norm und ergänzt sie hinsichtlich der zu befriedigenden Erwartungen der Kunden:

Software quality:

(1) The totality of features and characteristics of a software product that bear on its ability to satisfy given needs; for example, conform to specifications.
(2) The degree to which software possesses a desired combination of attributes.
(3) The degree to which a customer or user perceives that software meets his or her composite expectations.
(4) The composite characteristics of software that determine the degree to which the software in use will meet the expectations of the customer.

Wenn wir uns nicht nur mit der Bewertung von fertigen Software-Produkten zufriedengeben, sondern Qualität auch konstruktiv realisieren wollen, müssen wir einen Bewertungsansatz für den Entwicklungs- und Pflegeprozeß aufstellen. Das bedeutet, daß wir Merkmale und Bewertungsmaßstäbe auch für Zwischen-/Endprodukte und für deren Entwicklungsaktivitäten in allen Phasen des Prozesses benötigen. Der Begriff der Prozeßqualität fehlt in der DIN-Definition.

Gleichzeitig muß uns bewußt sein, daß Qualität nichts Absolutes ist, sondern immer relativ zu gegebenen Erfordernissen gesehen werden muß. Daraus leiten wir ab, daß eine Qualitätsbewertung immer einen Vergleich beinhaltet zwischen den aus den gegebenen Erfordernissen abgeleiteten Qualitätsvorgaben (Soll-Werte) und den tatsächlich erreichten Ausprägungen der Merkmale (Ist-Werte).

Boehm stellt zur Problematik der Bestimmung der Qualität eines Software-Produktes sinngemäß folgende drei Fragen [Boeh78]:

1. Problem der Definition von Software-Qualität
   Ist es überhaupt möglich, Definitionen der Eigenschaften und Merkmale eines Software-Produkts aufzustellen, die meßbar sind und sich nicht überschneiden?

2. Problem der Qualitätsprüfung
   Wie gut kann man die Qualität eines Software-Produkts bzw. die Eigenschaften und Merkmale messen, welche die Qualität des Software-Produkts bestimmen?

3. Problem der Qualitätslenkung
   Wie kann man Informationen über die Qualität des Produkts zur Verbesserung des Produkts im Life Cycle verwenden?

Boehms Grundsatzfragen zeigen deutlich die heutigen Schwachpunkte der Software-Qualitätssicherung auf. Zunächst einmal spricht er das Problem der Eindeutigkeit und Relevanz von Qualitätsmerkmalen an. Jeder von uns definiert und interpretiert heute Qualitätsmerkmale anders. Eine Klärung oder Normierung der Begriffe wäre hier vonnöten. In einigen Normungsgremien (ISO, IEEE) laufen bereits Vorarbeiten dafür.

In der zweiten Frage taucht das Problem der Vollständigkeit und Prägnanz der Qualitätsmerkmale auf. Hier geht es mit anderen Worten darum, wie gut wir einzelne Anforderungen mit einem vorgegebenen Instrumentarium formulieren können, ob es dabei Lücken gibt oder ob gewisse Anforderungen mehrfach durch verschiedene Qualitätsmerkmale abgedeckt werden.

In der dritten Fragestellung klingt durch, daß Qualität eine Steuerungsgröße für den Prozeß ist. Entscheidend ist die Rückkopplung der Ergebnisse von Qualitätsprüfungen mit der Prozeßsteuerung.

Eine Voraussetzung für ein qualitätsbewußtes Umgehen mit Software ist, daß diese als Produkt gesehen wird. Wir meinen damit, daß eine aktuelle und ausreichende Dokumentation, in der neben Programmen auch die Daten beschrieben werden, existiert, um überhaupt von einem Produkt sprechen zu können.

Ein Software-Produkt (siehe IEEE Std 729, Glossar der Software Engineering-Terminologie) besteht aus folgenden Teilen:

- Sourcecode,
- Objektcode und
- Dokumentation.

Bei der Dokumentation wird weiter unterschieden zwischen Entwicklungsdokumentation und Betriebsdokumentation. Zur Entwicklungsdokumentation zählen wir die phasenabschließenden Dokumente und alle Dokumente, die Vereinbarungen, Verträge, Richtlinien, Begriffe und ähnliches für das Projekt beinhalten. Unter der Betriebsdokumentation werden die Benutzerdokumentation, die Rechenzentrumsdokumentation und die Wartungsdokumentation zusammengefaßt. Unter Benutzerdokumentation verstehen wir alle Dokumente, die es dem definierten Anwender mit dem definierten Benutzerprofil ohne Zuhilfenahme weiterer Dokumente ermöglichen, mit dem Software-Produkt zu arbeiten.

Differenzierte und den Erfordernissen von Software-Produkten angepaßte Abgrenzungen des Qualitätsbegriffs bieten Qualitätsmodelle. Die bekanntesten sind jene von McCall [McCa77], Boehm [Boeh76], Willmer [Will85], NEC [Azum85] und Siemens ([Asam86], [Zopf88]). Der Autor hat im Rahmen eines Projektes, bei dem ein Qualitätssicherungssystem aufgebaut und eingeführt wurde, ebenfalls ein Qualitätsmodell erstellt [Wall87]. Es wird im folgenden SPARDAT-Modell genannt. Qualitätsmodelle tragen wesentlich zur Vereinheitlichung der verschiedenen Vorstellungen über Software-Qualität bei. Durch ihre strukturelle Zerlegungssystematik wird der nebelhafte Begriff Software-Qualität konkretisiert. Die am weitesten entwickelten Modelle, beispielsweise das von McCall und von NEC, erlauben es, Qualitätsplanung und Qualitätsbewertungen damit durchzuführen. Wir diskutieren Qualitätsmodelle in Abschnitt 1.4 ausführlich.

1.2.2 Wo entstehen Software-Qualität bzw. Software-Mängel?

Die Qualität eines Software-Produkts wird bestimmt durch den Prozeß, in dem es entwickelt wird, und die Merkmale, die es besitzt. Der Entwicklungsprozeß kann zeitlich durch Phasen strukturiert werden, wir sprechen dann von einem Phasen- oder Vorgehensmodell (siehe Abschnitt 3.2). Die Qualität muß in jeder dieser Phasen entstehen. Wichtig ist, daß an jede Phase Anforderungen (bezogen auf die Phasenergebnisse, aber auch auf die Aktivitäten) gestellt werden und diese am Ende der Phase auf Erfüllung überprüft werden. Für das Management ist das Erreichen von Meilensteinen eine wichtige Prozeßanforderung. Beispielsweise ist die Fertigstellung eines Dokuments (z. B. Pflichtenheft) am Ende einer Phase ein Meilenstein. Die Gesamtqualität eines Produktes setzt sich nun stufenweise aus der Qualität der Phasenergebnisse und der Erfüllung der Prozeßanforderungen zusammen.

Wie bereits erwähnt, spielt der Entwicklungsprozeß und insbesondere seine Qualität eine wesentliche Rolle bei der Entstehung der Produktqualität. In diesem Zusammenhang sprechen wir auch von Prozeßqualität. Voraussetzungen für gute Prozeßqualität sind das Ausmaß des systematischen, methodischen Entwickelns (beispielsweise das Einhalten von Entwicklungsstandards), die Sorgfalt des Projektmanagements, die Qualifikation und der Ausbildungsstand der Mitarbeiter sowie die Güte der eingesetzten Hilfsmittel.

Wie und wann entstehen Fehler und Mängel im Prozeß? Nach Mizumo [Mizu83] kommt es beim Entstehen von Fehlern und Mängeln zu einem Summationseffekt (siehe Abbildung 1.3). Bei einem Projekt beginnt man normalerweise mit der Erfassung, Analyse und Definition der Anforderungen. Diese Anforderungen werden in Form einer Anforderungsspezifikation festgehalten. Erfahrungsgemäß ist ein Teil dieser Spezifikation korrekt, ein anderer Teil ist mit Fehlern behaftet.

In der nächsten Phase wird der Entwurf erstellt. Ergebnis ist eine Entwurfsdokumentation. Ein Teil des Entwurfs ist nun korrekt, ein anderer Teil ist mit Fehlern behaftet, die im Entwurf entstanden sind, und ein dritter Teil des Entwurfs basiert auf der fehlerhaften Spezifikation.

Der nächste Schritt ist die Programmierung. Ein Teil der Programme ist korrekt, ein anderer Teil ist mit Fehlern behaftet. Ein weiterer Teil der Programme basiert auf fehlerhaftem Entwurf, fehlerhafter Spezifikation oder fehlerhaften Anforderungen.

In der nachfolgenden Integrations- und Testphase haben wir folgende Situation: ein Teil der Programme funktioniert korrekt. Ein anderer Teil der Programme enthält korrigierbare Fehler, die auch korrigiert werden. Ein weiterer Teil enthält nicht korrigierbare Fehler und wiederum ein anderer enthält versteckte Fehler. Zusammenfassend läßt sich sagen, daß zu diesem Zeitpunkt ein unvollkommenes Software-Produkt vorliegt. Diese Unvollkommenheit ist durch einen Summationseffekt der aufgetretenen Fehler und Mängel entstanden, der in gesamter Tragweite erst gegen Ende des Projekts zum Vorschein kommt.

Dieser Effekt tritt auch bei anderen technischen Produktentwicklungen auf. Dort hingegen gibt es seit langem in die Entwicklung integrierte Zwischenprüfungen.

12   1 Software-Qualität und Software-Qualitätssicherung

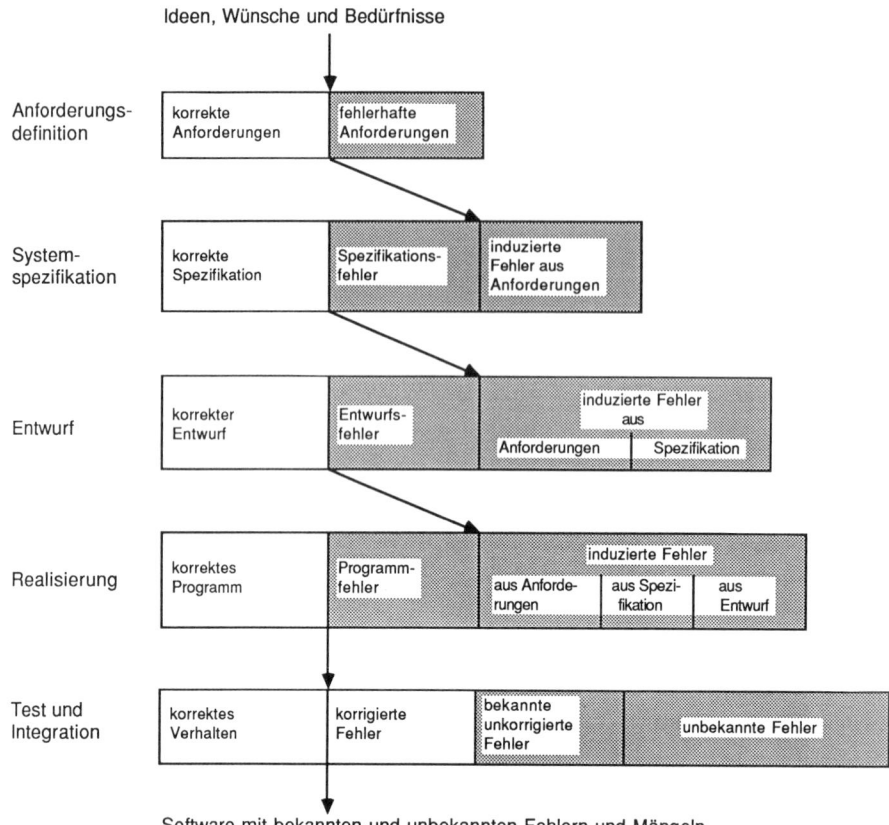

Abb. 1.3 Summationseffekt von Fehlern und Mängeln

Durch geeignete Qualitätssicherungsprinzipien kann dieser Effekt verringert werden. Eines der wichtigsten Prinzipien ist, bereits zu Beginn des Life Cycle Prüfungen (z. B. der Anforderungsspezifikation) einzusetzen, sowie alle Prozeßergebnisse zu prüfen. Wenn dies nicht geschieht, kann nach [Boeh81] die Behebung der Qualitätsmängel sehr teuer werden (siehe Abbildung 1.4), da mit zunehmender Verweilzeit eines Fehlers im Produkt seine Behebungskosten steigen. Auf Prinzipien der Qualitätssicherung wird in 1.2.3 detailliert eingegangen.

Eine Hauptquelle für Mängel und Fehler ist die Planung. Wir meinen damit die Planung des Projekts als ganzes und des Entwicklungsprozesses im speziellen. Nach einer Untersuchung über Probleme des Managements von Software-Projekten von Thayer u. a. [Thay81] betreffen 60 % der Probleme die Projektplanung und 20 % die Projektkontrolle. Der Rest sind diverse Führungsprobleme sowie Probleme, die das Verständnis der technischen Projektarbeit angehen. Wir sehen daraus, welchen Stellenwert die Planung hat, um ein Projekt erfolgreich durchzuführen ([Hein76], [Hein88]).

1.2 Grundlagen der Software-Qualitätssicherung 13

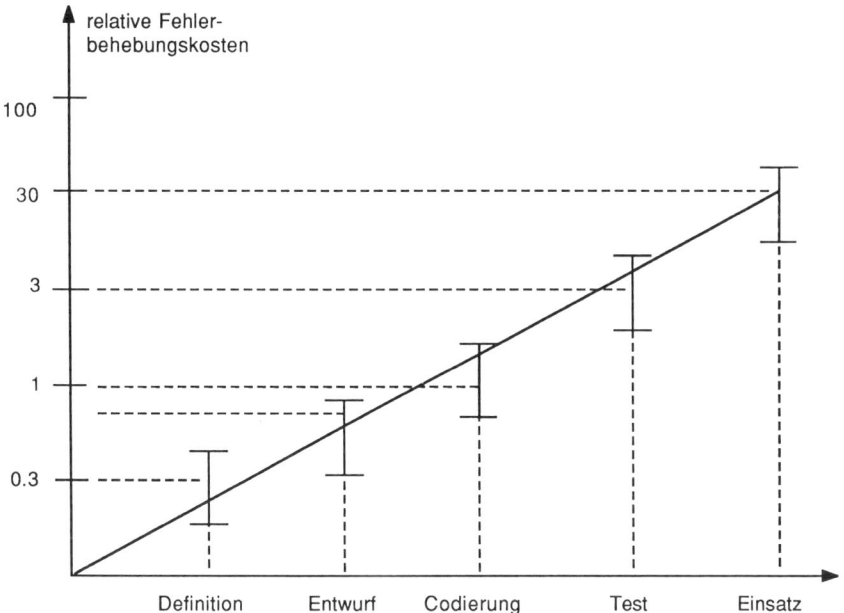

Abb. 1.4 Relative Fehlerbehebungskosten nach Boehm

Wir starten den Software-Entwicklungsprozeß mit ganz bestimmten Anforderungen, wie beispielsweise der Anforderung nach einer vorgegebenen Produktqualität, oder der Anforderung, das Projekt termingerecht und kostengerecht, d. h. im Budgetrahmen, fertigzustellen. Wie können wir den Entwicklungsprozeß so gestalten, daß wir diese Anforderungen erfüllen können? Konkret geht es um die Planungskomponente im Projektmanagement (PM) und das Zusammenspiel des Projektmanagements, der Qualitätssicherung und des Konfigurationsmanagements (siehe Abbildung 1.5).

Eines der wesentlichsten Hilfsmittel, um eine qualitätsorientierte Projektplanung durchführen zu können, ist der Projektplan, der aus verschiedenen Teilplänen besteht (siehe [Metz77], [Früh87]). Die wichtigsten Aspekte, die dieser Plan umfaßt, sind:

- die Projektorganisation (Aufstellen eines Organigramms, Festlegen der Verantwortlichkeiten),
- die Projektbeschreibung (Arbeits- und Lieferumfang, Abnahmevorgehen, Anforderungen an die Projektumgebung),
- der Entwicklungsprozeß in Form eines Entwicklungsplans (Aufteilung der Entwicklungsarbeit in handhabbare Teile, Terminliste, Budget und Liste der Risikoelemente),
- die Qualitätssicherung in Form eines Qualitätssicherungsplans,
- das Konfigurationsmanagement mit einem Konfigurationsmanagementplan und
- die projektspezifische Ausbildung.

14   1 Software-Qualität und Software-Qualitätssicherung

Wir wollen den Rahmen dieses Buches nicht sprengen und stellen abschließend fest, daß

- das Projektmanagement in Zusammenhang mit Qualitätssicherung und Konfigurationsmanagement eine Quelle für Probleme und Fehler sein kann,
- Qualitätssicherung unter anderem auch eine Führungsaufgabe ist und
- Qualitätssicherung einerseits eine projektinterne und andererseits auch eine projektextern wahrzunehmende Aufgabe ist (siehe Kapitel 6).

Einen Überblick und Lösungsansätze zu dieser Thematik finden sich in [Früh87], [Diek83], [DeMa82] und [Kupp81].

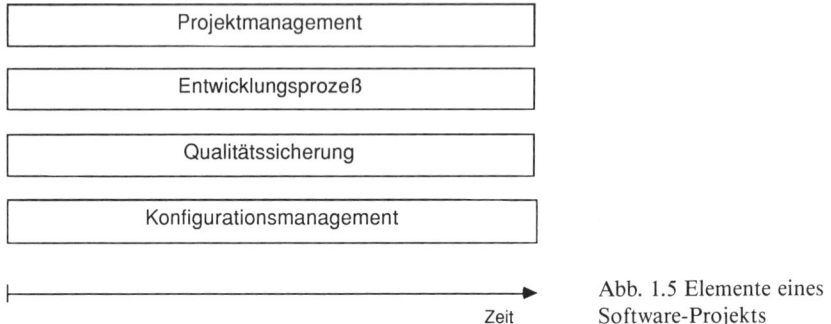

Abb. 1.5 Elemente eines Software-Projekts

1.2.3 Qualitätssicherungsprinzipien

Die Software-Erstellung unterliegt wie jeder andere industrielle Produktions- und Entwicklungsprozeß dem Zwang zu hoher Produktivität. Dies wiederum bedingt eine Berücksichtigung der Ziele Termintreue, minimale Kosten und zufriedenstellende Produktqualität. Wir sprechen dann von einer wirtschaftlichen Software-Erstellung, wenn diese Ziele verwirklicht worden sind. Um die Ziele, wie hohe Produktivität und die Erfüllung der Kosten-, Termin- und Produktqualitätsanforderungen zu erreichen, müssen sowohl beim Software Engineering als auch in der Software-Qualitätssicherung gewisse allgemeine Prinzipien beachtet werden. Diese Prinzipien leiten sich aus den vorhin besprochenen Phänomenen des Entwicklungsprozesses und den Erfahrungen aus der Software-Krise ab [DGQ86].

Folgende Prinzipien sind zur Sicherung der Qualität gegenwärtig bekannt:

P1) Konkrete operationalisierbare Qualitätsmerkmale

Entscheidend für die Qualität ist, daß wir am Beginn des Projektes für das zu planende Produkt die wesentlichen Qualitätsmerkmale aus der Sicht des Auftraggebers und Benutzers spezifizieren. Wichtig ist, daß diese Qualitätsmerkmale konkret und möglichst quantifizierbar sind. Es wird dadurch auch leichter möglich, zwischen verschiedenen Projektkategorien, wie zum Beispiel Standardprojekten und Sonderprojekten mit speziellen Anforderungen, zu unterscheiden. Es ist ebenso von Bedeutung, daß es gelingt, für einzelne Phasen konkrete Qualitätsmerkmale zu finden. Diese Merkmale können sowohl prozeß- als auch produktorientiert sein. Beispielsweise ist es sinnvoll, für die Fertigstellung eines Pflichtenheftes bestimmte Qualitätsmerkmale von vornherein festzulegen und vorzugeben (siehe dazu Qualitätsmerkmale für Anforderungsdefinitionen der SAQ [SAQ88]). Aus der Sicht der Prozeßqualität ist es beispielsweise wichtig, für das Testen ausreichende Testzeit und Testressourcen bereitzustellen. Generell ist das rechtzeitige Bereitstellen ausreichender Ressourcen ein Indikator für gute Prozeßqualität.

P2) Produkt- und projektabhängige Qualitätsplanung

Es wird heute vielfach zu wenig untersucht, was der eigentliche Verwendungszweck des geplanten und zu entwickelnden Software-Produktes ist, wie die Lebensdauer dieses Produktes gesehen wird und wer die potentiellen Benutzer sind. Alle diese Faktoren beeinflussen die Ausprägung der Qualitätsanforderungen an ein Projekt und an ein Produkt wesentlich. Je nach Ausprägung dieser Qualitätsanforderungen sind geeignete Software Engineering-Methoden und -Werkzeuge, aber auch Qualitätssicherungsmaßnahmen auszuwählen. Beispielsweise sind für ein Kundeninformationssystem einer Bank die Handhabbarkeit, die Verfügbarkeit und die Zuverlässigkeit wichtige Qualitätseigenschaften.

Bei der Qualitätsplanung sind auch die Projektrisiken zu berücksichtigen. Erfahrungen der Praxis zeigen, daß die Qualitätssicherungspläne bei Nichtberücksichtigung der Projektrisiken, wie beispielsweise Komplexität und Neuigkeitsgrad des Produkts, wertlos werden. Folgende Risikofaktoren haben Einfluß auf die Produkt- und Qualitätssicherungsplanung:

- Größe des Projekts (Anzahl der Mitarbeiter, Aufwand an Personenjahren),
- Qualifikation der Mitarbeiter,
- technisches Produktrisiko mit den Einflußgrößen
  - Komplexität
  - Neuigkeitsgrad
  - Umfang der Anforderungen
- Grad der Unbestimmtheit der Anforderungen,
- Arbeitsteilung zwischen den Mitarbeitern und Anzahl externer Entwickler,
- wirtschaftliches Risiko, z. B. rechtzeitige Präsenz eines Produktes auf dem Markt.

Diese Risikofaktoren liegen in unterschiedlicher Ausprägung bei einem Projekt vor. Bei der Projekt- und Qualitätssicherungsplanung sind jene Faktoren zunächst zu identifizieren, die ein potentielles Risiko in sich bergen. Bei vorliegendem Risiko sind entsprechende qualitätssichernde Maßnahmen zu wählen, und die Projektplanung (Planungshorizont, Ressourcen) ist zu verändern bzw. zu verfeinern.

P3) Rückkopplung der Ergebnisse der Qualitätsprüfungen

Diese Rückkopplung ist ein wesentlicher Bestandteil für eine erfolgreiche Qualitätslenkung. Durch sie können Soll-Ist-Abweichungen des geplanten Qualitätsniveaus erkannt werden. Das Prinzip dabei ist, daß Informationen, die bei Qualitätsprüfungen gewonnen wurden, zu entsprechenden Korrekturmaßnahmen im Entwicklungsprozeß führen. Reviews (Inspektionen und Walkthroughs) und Audits (zur Inspektion des Entwicklungsprozesses oder des Managementprozesses) liefern die zur Korrektur des Entwicklungsprozesses notwendigen Informationen.

P4) N-Augenkontrolle bei Qualitätsprüfungen

Bei diesem wichtigen Prinzip werden die kognitiven Fähigkeiten einzelner Personen durch Gruppenprozesse, wie beispielsweise gemeinsame Analyse eines Dokuments, besser genutzt. Daß Menschen Fehler machen, ist eine Tatsache. Es ist daher auch natürlich, die intellektuellen Fähigkeiten der Menschen zur positiven Qualitätsbeeinflussung zu nutzen. Neben den bereits im vorhergehenden Punkt genannten Prüfmethoden geht es hier um informelle Prüfungen. Davon spricht man beispielsweise dann, wenn ein Entwickler eines Zwischen- oder Endprodukts einer Phase seinen Kollegen bittet, sich dieses Dokument anzusehen und Korrektur zu lesen.

P5) Maximale konstruktive Qualitätssicherung

Während es bei der Qualitätsprüfung darum geht, die vorhandene bzw. nicht vorhandene Qualität zu bestimmen, ist das Ziel der konstruktiven Qualitätssicherung, Fehler im Entwicklungsprozeß zu vermeiden. Die Devise lautet also: »Keine Fehler machen ist besser als Fehler entdecken bzw. beheben.« Durch geeignete vorbeugende Maßnahmen im Entwicklungsprozeß wird die Produktqualität direkt verbessert und erhöht. Erfahrungen zeigen auch, daß durch vorbeugende Maßnahmen der Aufwand der Qualitätsprüfungen, beispielsweise des Testens, sich erheblich reduzieren läßt. Ein weiterer positiver Aspekt dieses Prinzips ist, daß durch konstruktive Qualitätssicherungsmaßnahmen Qualitätsprüfungen erst ermöglicht werden. Beispielsweise kann durch eine geeignete Schnittstellenspezifikation für Module, in der Vorbedingungen, Nachbedingungen, der Effekt des Moduls und Fehlerbedingungen enthalten sind, das spezifikationsorientierte Testen wesentlich erleichtert werden. Konstruktive Qualitätssicherungsmaßnahmen und Qualitätsprüfungen ergänzen einander und bringen so einen effektiven Nutzen.

P6) Frühzeitige Entdeckung und Behebung von Fehlern und Mängeln

Wie Boehm [Boeh81] gezeigt hat (siehe Abbildung 1.4), steigen die Kosten für die Entdeckung und Behebung eines Fehlers exponentiell mit der Dauer zwischen dem Zeitpunkt des Entstehens und dem Zeitpunkt der Entdeckung des Fehlers. Ein Fehler in der Anforderungsdefinition, der erst im Betrieb des Produkts beim Endbenutzer entdeckt wird, kostet ca. 100mal mehr, als wenn dieser Fehler bei einem Anforderungsreview in der Anforderungsphase entdeckt worden wäre. Die Strategie muß also sein, Fehler möglichst früh zu erkennen und zu beheben. Durch dieses Prinzip ist auch eine verbesserte Qualitätslenkung gegeben, und der Verbreitungseffekt von Fehlern (siehe Abbildung 1.3) wird ebenfalls reduziert.

P7) Integrierte Qualitätssicherung

Qualitätssicherung sollte in den gesamten Erstellungsprozeß integriert sein. Das führt auch dazu, daß Qualitätssicherungsmaßnahmen organisatorisch mit den sonstigen Entwicklungsmaßnahmen geplant werden. Die Grundidee dabei ist, daß jede Entwicklungsaktivität aus einem konstruktiven und einem analysierenden/prüfenden Teil besteht. Beide Teile schlagen sich in entsprechender Dokumentation nieder. Beispielsweise werden Anforderungen durch eine geeignete Anforderungsdefinitionsmethode erfaßt und strukturiert. Durch eine informelle oder formelle Anforderungsprüfung werden anschließend die Mängel in den Anforderungen beseitigt. Diese Prüfung wird auch dadurch erleichtert, daß durch den Einsatz einer Methode zur Anforderungsdefinition gleichzeitig Dokumentation entsteht (Anforderungsspezifikation). Durch dieses Prinzip wird auch das Qualitätsniveau zu jedem Zeitpunkt sichtbar. Insbesondere ist dies für die frühen Phasen wichtig. Es ist eine Voraussetzung für die realistische Beurteilung des Projektfortschritts und die Feststellung, ob die Qualitätsziele erreicht wurden.

P8) Unabhängigkeit bei Qualitätsprüfungen

Viele der Software-Entwicklungsmaßnahmen sind konstruktiver und produktiver Natur, d. h. auch, daß der Entwickler Urheber vieler Arbeitsprodukte ist. Bei Qualitätsprüfungen ist die Situation eine andere, da es hier darum geht, Fehler und Mängel aufzudecken. Ja, es wird vielerorts gefordert, daß Qualitätsprüfungen mit einer sehr kritischen, wenn nicht destruktiven Einstellung durchzuführen sind. Wenn nun ein Entwickler seine eigenen Arbeitsergebnisse prüfen muß, so führt dies in der Regel zu Spannungen und psychologischen Problemen. Dieser prinzipielle Interessenskonflikt läßt sich nur durch eine unabhängige Qualitätsprüfung beheben. Ziel dabei ist, daß nur die Ist-Qualität festgestellt wird und die Fehlerbehebung in einem nachfolgenden Schritt durchgeführt wird. Durch dieses wichtige Prinzip können die Folgen einer Betriebsblindheit oder mangelnder Objektivität behoben werden. Ein Nachteil besteht darin, daß wenn nicht das Produkt beurteilt wird sondern die Person, dies zum Boykott weiterer Qualitätsprüfungen führt.

P9) Bewertung der eingesetzten Qualitätssicherungsmaßnahmen

In bestimmten Zeitabständen ist es notwendig, die eingesetzte Qualitätssicherungsorganisation und deren Maßnahmen zu überprüfen. Wir sprechen dann von internen oder externen Qualitätsaudits. Externe Audits werden von externen Beratern durchgeführt, die das vorhandene Qualitätssicherungssystem und die eingesetzten Qualitätssicherungsmaßnahmen überprüfen. Diese Audits führen in der Regel zu Korrekturen des Qualitätssicherungssystems und der eingesetzten Qualitätssicherungsmaßnahmen. Dadurch wird auch die Rentabilität der in ein Qualitätssicherungssystem getätigten Investition gesteigert. Ein weiterer Grund, Qualitätsaudits durchzuführen, besteht darin, daß laufend neue Software-Entwicklungstechnologie auf den Markt kommt und in den Projekten eingeführt wird. Dies hat zur Folge, daß die Qualitätssicherungsmaßnahmen an diese neue Technologie angepaßt werden müssen.

Um diese Untersuchungen duchzuführen, ist das Vorhandensein einer entsprechenden Qualitätsdatenerfassung und eines Berichtsystems notwendig (siehe Kapitel 6). Dazu gehört auch die Erfassung und Auswertung der anfallenden Qualitätssicherungskosten (Kosten, die durch die Nichteinhaltung der Planung, z. B. zu verwendende Methoden und Standards, entstehen).

1.2.4 Begriffe und Definitionen

Wir wollen zunächst einige Begriffe im Zusammenhang mit Qualitätssicherung definieren. Wesentlich ist zu erkennen, daß Qualität sowohl auf Produktebene als auch auf Prozeßebene betrachtet werden muß. Unter Produkt werden auch Zwischen- und Endergebnisse von Phasen des Entwicklungsprozesses, wie beispielsweise Modulentwürfe etc. verstanden.

Qualitätssicherung (QS)

D. Reifer definiert Qualitätssicherung als umfassendes System [Reif85]:

> Qualitätssicherung ist ein System aus Methoden und Verfahren, das dazu benutzt wird, damit ein Software-Produkt die gestellten Anforderungen erfüllt. Das System umfaßt die Planung, die Messung und die Überwachung von Entwicklungsaktivitäten, die unabhängig von den Entwicklern durchgeführt werden.

Diese Definition ist prozeßbezogen und legt gleichzeitig den Aufgabenbereich der Qualitätssicherung fest.

Bersoff betont in seiner Definition [Bers84] die Bedeutung von Normen und Standards[1]:

> Qualitätssicherung besteht aus von Spezialisten festgelegten Vorgehensregeln, Methoden und Werkzeugen, die sicherstellen, daß ein Produkt während des Entwicklungszyklus vorgegebene Normen und Standards erfüllt oder übertrifft. Mit diesen Normen und Standards erzwingt QS, daß ein Produkt ein sowohl industriell als auch kommerziell akzeptiertes Güteniveau erreicht oder übertrifft.

Wir fassen nun diese Definitionen im Sinne der IEEE-Norm 729 für Qualitätssicherung wie folgt zusammen:

> Qualitätssicherung ist die Gesamtheit aller geplanten Maßnahmen und Hilfsmittel, die bewußt dazu eingesetzt werden, um die Anforderungen an den Entwicklungs- und Pflegeprozeß und an das Software-Produkt zu erreichen.

Neben diesen Maßnahmen und Hilfsmitteln gibt es auf strategischer Ebene einer Organisation auch den Begriff der Qualitätspolitik.

Qualitätspolitik

Darunter verstehen wir die grundlegenden Absichten und Zielsetzungen einer Organisation in Hinblick auf Qualität, wie sie von ihrer Leitung erklärt werden. Beispiele dafür sind: Kundenorientiertheit, schnelles Reagieren auf Marktbedingungen durch Einführung neuer Produkte, Erzeugung von Produkten mit hohem Wert, umfassendes und leistungsstarkes Kundenservice.

---

[1] Unter Norm verstehen wir ein national oder international anerkanntes und als verbindlich erklärtes Regelwerk. Ein Standard ist ein auf Unternehmensebene anerkanntes Muster einer Ware oder Dienstleistung.

Qualitätspolitik ist eine zentrale Aufgabe des Top- und des mittleren Managements. Die Gefahr ist, daß sie als Alibifunktion wahrgenommen wird und im Tagesgeschäft untergeht.

Qualitätspolitik im Zusammenhang mit Software bedeutet unter anderem eine ausgewogene Berücksichtigung der drei Projektgrößen Zeit, Kosten und Produktanforderungen.

Qualitätssicherungssystem (QSS)

Darunter verstehen wir die Aufbau- und Ablauforganisation, die Zuständigkeiten und die Mittel für die Durchführung der Qualitätssicherung.

Qualitätssicherungssysteme bilden unter anderem den Rahmen für alle qualitätssichernden Maßnahmen und Strategien. Es gibt verschiedene Ausprägungsstufen solcher Qualitätssicherungssysteme. Die erste Stufe ist eine projektübergreifende und firmenspezifische Ausprägung. Die zweite Stufe ist eine projektspezifische Ausprägung, d. h. für jedes Projekt gibt es eine Qualitätssicherungsorganisation. Die dritte Stufe ist eine auf die jeweilige Phase bezogene Qualitätssicherungsorganisation.

Was sind nun die Hauptaufgaben der Qualitätssicherung? Wir unterscheiden dabei die Qualitätsplanung, die Qualitätslenkung und die Qualitätsprüfung. Grundsätzlich gehen wir davon aus, daß es eine Führungsaufgabe ist, die Software-Qualitätssicherung zu planen und zu überprüfen. Die Software-Qualitätssicherung ihrerseits plant, lenkt und prüft die Qualität eines Software-Projekts. Die Aufgaben der Entwickler im Rahmen eines Software-Projekts umfassen wiederum die Planung, Realisierung und Prüfung des Software-Produkts.

Qualitätsplanung

Bei der Qualitätsplanung geht es darum, festzulegen, welche Anforderungen an den Prozeß und das Produkt in welchem Umfang realisiert werden soll. Es sind dafür Qualitätsmerkmale auszuwählen, zu klassifizieren und zu gewichten. Die Quantifizierbarkeit der Merkmale spielt eine wichtige Rolle, da nur durch sie eine objektive Planerfüllung nachweisbar ist. Ist die Quantifizierung möglich, so sind die Zielwerte vorzugeben. Parallel dazu sind Meß- und Bewertungshilfsmittel (z. B. Qualitätskenngrößen) bereitzustellen, um die Prüfung der geplanten Qualität zu ermöglichen. Die Qualitätsplanung ist produkt- und prozeßabhängig und muß mit dem Auftraggeber bzw. den Benutzern abgesprochen werden.

Qualitätslenkung

Darunter verstehen wir die Steuerung, die Überwachung und die Korrektur der Realisierung einer Arbeitseinheit mit dem Ziel, die vorgegebenen Anforderungen zu erfüllen.

Wichtiges Hilfsmittel für die Durchführung der Überwachung sind Qualitätsprüfungen. Aufgrund von Prüfergebnissen ist es möglich, entwicklerbezogene und produktbezogene Korrekturmaßnahmen vorzuschlagen. Ein Mittel zur Steuerung ist der Einsatz konstruktiver Maßnahmen wie z. B. Software Engineering-Methoden und -Werkzeuge, aber auch deren Schulung. Die Aufgaben der Qualitätslenkung sind eng mit den Projektmanagementaufgaben verknüpft.

Qualitätsprüfung

Darunter verstehen wir das Feststellen, inwieweit eine Einheit (ein Prüfobjekt) die vorgegebenen Anforderungen erfüllt.

Wir unterscheiden zwischen statischen und dynamischen Prüfungen. Beispiele für statische Prüfungen sind Reviews (Inspektionen, Walkthroughs) und Audits. Zu den dynamischen Prüfungen gehören unter anderem Tests und Zählungen von Prüfmerkmalen durch Werkzeuge (beispielsweise statische Analysatoren). Wir gehen im Kapitel 4 auf beide Kategorien von Prüfungen im Detail ein. Eine weitere Art von Qualitätsprüfungen sind Mängel- und Fehleranalysen, die auf Mängelkatalogen und Problemberichten beruhen. Sie geben Antworten auf folgende Fragen: In welcher Phase kommen welche Fehlertypen am häufigsten vor? Wie viele noch nicht behobene Fehler existieren für ein Produkt? Sie sind die Basis für weitere Verbesserungen des Entwicklungsprozesses.

Qualitätssicherungsplan

Der Qualitätssicherungsplan ist das zentrale Hilfsmittel, mit dem die QS geplant und kontrolliert wird. Er enthält alle bewußt gewählten Qualitätssicherungsmaßnahmen für ein Software-Projekt. Somit ist er auch der schriftliche Nachweis der Qualitätslenkung. Wir gehen in Abschnitt 1.2.5 näher auf den Qualitätssicherungsplan ein.

1.2.5 Der Qualitätssicherungsplan (QS-Plan)

Wir stellen im folgenden die IEEE-Norm 730/84 vor, eine international akzeptierte Norm, die zur Erstellung von Qualitätssicherungsplänen dient.

Die IEEE-Norm für Software-Qualitätssicherungspläne enthält folgende Punkte:

QSP1) Ziele der Qualitätssicherungsmaßnahmen für das Projekt

In diesem Abschnitt des Plans werden folgende Fragen näher erläutert: Welche Software-Produkte werden durch den QS-Plan abgedeckt? Wofür wird diese Software verwendet? Wie kritisch ist der Einsatz der Software? Warum wird ein Software-Qualitätssicherungsplan geschrieben? Gibt es dafür externe oder interne Anforderungen? Was ist das Basisdokument für diesen Qualitätssicherungsplan (beispielsweise die IEEE-Norm, ein firmeninternes oder externes Dokumentenmuster)? Was sind die Gründe für eventuelle Abweichungen vom Basisdokument, und wo sind diese Abweichungen beschrieben?

QSP2) Referenzierte Dokumente

Dieser Abschnitt enthält eine vollständige Liste aller Dokumente, die im Qualitätssicherungsplan erwähnt werden. Es ist auch anzugeben, woher diese Dokumente zu beziehen sind und wer für sie verantwortlich ist.

QSP3) Management

Hier werden die Organisation, die Aufgaben und die Verantwortlichkeiten des Entwicklungsprozesses beschrieben. Die Aufbauorganisation soll durch ein Organisationsstrukturdiagramm dargestellt und durch eine schriftliche Erläuterung ergänzt werden. Diese Erläuterung soll folgendes enthalten:

- eine Beschreibung jedes Elementes der Aufbauorganisation, das qualitätssichernde Aufgaben durchführt,
- delegierbare Verantwortlichkeiten,
- Verantwortlichkeiten im Berichtwesen,
- Identifikation jener Elemente, die für die Produktfreigabe verantwortlich sind,
- Identifikation jener Elemente, die den QS-Plan prüfen,
- alle Verfahren, die zur Konfliktlösung zwischen den organisatorischen Elementen herangezogen werden,
- Größe und Umfang der Qualitätssicherungsorganisation,
- alle Abweichungen von der durch die Organisation festgelegten Qualitätspolitik, den Maßnahmen und den Standards zur Qualitätssicherung.

Alle Elemente in dieser Aufbauorganisation sollten vollständig beschrieben werden, damit die Aufgaben, die im QS-Plan verzeichnet sind, direkt Elementen der Organisation zugeordnet werden können.

Die Aufgabenbeschreibung der Qualitätssicherung, insbesondere die Reihenfolge der Aufgaben, soll den ganzen Software-Life Cycle umfassen. Dazu gehört unter anderem, wer den QS-Plan veröffentlicht, verteilt, wartet und durchsetzt. Jede Qualitätssicherungsaufgabe soll durch Auslöse- und Beendigungsbedingungen definiert sein.

Die Beschreibung der Verantwortlichkeiten enthält Hinweise, welche Qualitätssicherungselemente für welche Qualitätssicherungsaufgaben verantwortlich sind.

QSP4) Software-Dokumentation

Hier werden alle Dokumente für den Entwicklungs- und Wartungsprozeß beschrieben. Weiters werden alle Reviews und Audits angegeben, die die Angemessenheit und die Qualität der Dokumentation feststellen. Eine minimale Menge an Dokumentation umfaßt:

- Software-Anforderungsspezifikation,
- Software-Entwurfsbeschreibung,
- Software-Prüfplan,
- Software-Prüfbericht,
- Benutzerdokumentation.

Der Prüfplan enthält die Methoden und Hilfsmittel, mit denen der Nachweis erbracht wird, daß der Entwurf den Anforderungen und der Quellcode dem Entwurf und den Anforderungen entspricht (siehe dazu Abbildung 1.6).

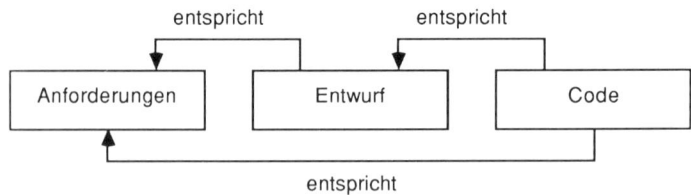

Abb. 1.6 Prüfziele des Prüfplans

Der Prüfbericht schildert das Ergebnis der Ausführung des Prüfplans. Insbesondere werden die Ergebnisse aller Reviews, Audits und Tests des Prüfplans beschrieben. Neben dieser minimalen Menge an Dokumentation wird unter dem Punkt »weitere Dokumentation« der Bezug zum Software-Entwicklungsplan, Software-Konfigurationsmanagementplan und Methoden- und Verfahrenshandbuch beschrieben.

QSP5) Normen, Verfahren und Konventionen

Hier werden alle Normen, Verfahren und Konventionen angeführt, die angewandt werden sollen. Ebenso sollen die Organisationselemente spezifiziert werden, die für die Durchsetzung, Bewertung und Pflege der Normen, Verfahren und Konventionen zuständig sind.

Ein Minimum an Normen, Verfahren und Konventionen soll vorhanden sein für

- die Anforderungsspezifikation,
- den Entwurf,
- die Implementierung (speziell Codierung und Kommentierung),
- das Testen,
- die Dokumentation.

QSP6) Reviews und Audits

Hier wird angegeben, welche fachtechnischen oder managementorientierten Reviews und Audits wann durchgeführt werden. Wichtig ist auch, daß angeführt wird, wie deren Abschluß zu erfolgen hat.

Als Minimum sind folgende Prüfungen durchzuführen:

- Software-Anforderungsreview,
- Grobentwurfsreview,
- Feinentwurfsreview,
- Review des Prüfplans (Angemessenheit und Vollständigkeit der gewählten Prüfmethoden),
- Audit der Systemfunktionen (Code gegen Anforderungen prüfen),
- Auslieferungsaudit (Konsistenz der Software und der Dokumentation prüfen),
- Entwicklungsprozeßaudits,
- Managementreview zur Bewertung der Ausführung des QS-Plans,
- Review der Benutzerdokumentation.

QSP7) Software-Konfigurationsmanagement

Hier wird beschrieben, welche Methoden und Hilfsmittel zur Identifikation von Software-Produktelementen, zur Überwachung und Realisierung von Änderungen, sowie zur Aufzeichnung und Berichterstattung des Änderungszustands bei der Realisierung eingesetzt werden.

QSP8) Problemmeldewesen und Korrekturmaßnahmen

Hier wird beschrieben, welche Verfahren und Hilfsmittel für die Berichterstattung, Verfolgung und Lösung von Software-Problemen eingesetzt werden. Ebenso wird festgelegt, wer in der bestehenden Organisation für die Durchführung dieser Verfahren zuständig ist.

QSP9) Software Engineering-Konzept

Es wird beschrieben, welches Software Engineering-Konzept, insbesondere welche konstruktiven Software Engineering-Maßnahmen (Methoden, Hilfsmittel und Werkzeuge) eingesetzt werden und warum. Dazu ist es auch ratsam, Referenzen zum Methoden- und Verfahrenshandbuch anzugeben. Ebenso sind die dafür verantwortlichen Stellen zu bezeichnen.

QSP10) Code-Kontrolle

Dieser Abschnitt muß die anzuwendenden Verfahren und Einrichtungen definieren, die zum Unterhalt und zur Speicherung kontrollierter Versionen der identifizierten Software dienen. Dies kann im Zusammenhang mit einer Programmbibliothek erfolgen.

QSP11) Diverses

Unter diesem Punkt wird formuliert, was nicht unter QSP1) bis QSP10) fällt. Beispielsweise werden folgende Sachverhalte beschrieben:

- Datenträger-Kontrolle
  Dieser Abschnitt muß die anzuwendenden Verfahren und Einrichtungen festlegen, um die Programm-Datenträger vor unbefugtem Zugriff oder unbeabsichtigten Schäden oder Beeinträchtigungen zu schützen.

- Lieferanten-Kontrolle
  In diesem Abschnitt werden die Vorkehrungen festgehalten, die sicherstellen, daß die von externen Lieferanten entwickelte Software die festgelegten technischen Anforderungen erfüllt. In der Regel werden jene QS-Maßnahmen angegeben, die der Lieferant von Fremdleistungen zu erfüllen hat.

- Verwaltung, Pflege und Archivierung von Dokumenten
  Hier werden Methoden und Einrichtungen angegeben, um die Dokumentation zusammenzustellen, zu schützen, zu pflegen und zu archivieren. Ebenso sind die Organisationseinheiten zu benennen, die für obige Maßnahmen verantwortlich sind.

Bei einer kritischen Durchsicht der IEEE-Norm fallen folgende Punkte auf: Es werden keine Aussagen gefordert, die Auskunft über den Bedarf an Personal und sonstigen Ressourcen geben, um den Plan durchzuführen. Ebenso fehlen Aussagen zur Bewertung des Risiko-Managements eines Projekts oder Produkts, sowie der nichtausgelieferten Projektergebnisse, beispielsweise Hilfsmittel und Werkzeuge zur Produktentwicklung. Auch fehlen Aussagen zu den Qualitätskosten, die Qualitätssicherungsmaßnahmen unweigerlich nach sich ziehen. Trotz allem zeichnet sich ein verstärkter internationaler Trend für den Einsatz dieser Norm ab. Ein interessanter Vergleich dieser Norm mit anderen internationalen und nationalen Normen findet sich in [Schu87].

1.2.6 Klassifikation der Qualitätssicherungsmaßnahmen

Wir unterscheiden vier Kategorien von Qualitätssicherungsmaßnahmen:

- planerische-administrative,
- konstruktive,
- analytische und
- psychologisch-orientierte Maßnahmen.

Es ist sinnvoll zu unterscheiden, auf welcher Ebene diese Maßnahmen definiert werden. Folgende Ebenen lassen sich unterscheiden: projektübergreifend (global, unternehmensweit), projektbezogen und phasenbezogen.

QSM1) Planerische-administrative Qualitätssicherungsmaßnahmen

Dabei geht es um den Aufbau, die Einführung und die Pflege eines Qualitätssicherungssystems. Dieses System wird auf drei Ebenen wirksam, nämlich projektübergreifend, projektspezifisch und phasenspezifisch (siehe dazu Kapitel 6).

QSM2) Konstruktive Qualitätssicherungsmaßnahmen

Unter konstruktiven Qualitätssicherungsmaßnahmen verstehen wir alle jene, die zur Qualitätsgestaltung dienen. Sie sind präventiv und sollen das Entstehen von Fehlern und Qualitätsmängeln von vornherein durch Vorgabe von geeigneten Prinzipien, Methoden, Formalismen und Werkzeugen verhindern. Sie schließen auch alle Maßnahmen zur Fehlerbehebung ein. In Kapitel 3 wird auf konstruktive Qualitätssicherungsmaßnahmen näher eingegangen.

QSM3) Analytische Qualitätssicherungsmaßnahmen

Unter analytischen Qualitätssicherungsmaßnahmen verstehen wir all jene Maßnahmen, die zur Erkennung und Lokalisierung von Mängeln und Fehlern im weitesten Sinne dienen, d. h. alle Maßnahmen, die zur Bewertung der Qualität dienen. In Kapitel 4 gehen wir auf analytische Qualitätssicherungsmaßnahmen näher ein.

QSM4) Psychologisch-orientierte Qualitätssicherungsmaßnahmen

Diese Kategorie von Maßnahmen betrifft den Menschen als Entwickler, Projektleiter oder Projektmanager. Es werden Maßnahmen unterschieden, die die Arbeit des einzelnen bzw. die Teamarbeit betreffen.

Bei Software-Projekten besteht immer die Gefahr, daß technische Aspekte überbetont werden. Untersuchungen haben gezeigt, daß die Fähigkeiten derer, die im Software-Entwicklungsprozeß involviert sind, stark variieren. Beispielsweise wurden die Fähigkeiten des Erfassens und Analysierens von Anforderungen bzw. des Codierens näher untersucht. Dabei stellte man fest, daß es Leistungsunterschiede im Bereich 1 zu 5, bei der Codierung aber auch von 1 zu 30 gibt, d. h., daß Entwickler bis zu 30mal produktiver sind als andere. Im Vergleich zu anderen technischen Disziplinen sind die Auswirkungen der verschiedenen Leistungsunterschiede im Entwicklungsprozeß nicht sofort feststellbar. Wir müssen daher sorgfältig das Umfeld des Software-Entwicklungs- und Pflegeprozesses betrachten und mögliche Störquellen beseitigen. Beispiele für menschliche Aspekte, die es zu berücksichtigen gilt, sind:

- individuelle Fähigkeiten und Erfahrungen der Entwickler nutzen,
- Vollenden eines ganzen und identifizierbaren Stücks einer Aufgabe,
- Wichtigkeit der Arbeit betonen,
- die Möglichkeit, den Entwicklern Freiräume zu lassen,
- Erfolgserlebnisse einplanen,
- einen Führungsstil entwickeln, der sowohl leistungs- als auch mitarbeiterbezogen ist.

Die Berücksichtigung obiger Aspekte führt zu folgenden Ergebnissen: die Mitarbeiter sind stark motiviert, sie sind zufrieden mit ihrer Arbeit, es ist eine erhöhte Qualität ihrer Arbeit festzustellen, und es gibt weniger Abwesenheit und Fluktuation unter den Mitarbeitern.

Viele Informatik-Vorhaben sind nur mehr in Form von Teamarbeit zu bewältigen. Die Qualität der Ergebnisse, die durch Teamarbeit erstellt werden, wird durch eine Reihe von Größen, wie z. B. Unternehmenskultur, Kommunikations- und Führungsverhalten beeinflußt.

Voraussetzungen für eine funktionierende Teamarbeit sind:

- Jeder muß die Bedeutung seiner Arbeit kennen.
- Jeder hat das Bedürfnis, das Ergebnis seiner Arbeit darzustellen. Dies hat das Team zu ermöglichen.
- Jeder erwartet Belohnung (Feedback), die es zu vergeben gilt.
- Teamarbeit soll nur in Kleingruppen bis maximal fünf Personen durchgeführt werden.
- Ein Projekt ist zeitlich zu begrenzen (maximal 2 Kalenderjahre).
- Die Arbeitsstätte soll so ausgestattet sein, daß sowohl informale als auch formale Kommunikation möglich ist.
- Es muß ein repressionsfreies Arbeitsklima geschaffen werden.

Das Gebiet der psychologisch-orientierten Qualitätssicherungsmaßnahmen ist im Rahmen der Informatik noch wenig untersucht worden. Informatiker sind in der Regel von der Bedeutung ihrer technischen Arbeit so überzeugt, daß für sie Experten anderer Fachgebiete, wie z. B. Arbeitspsychologen, als nicht geeignete Partner eingestuft werden und deren Disziplin als nicht wissenschaftlich bezeichnet wird. Dieses Faktum ist an vielen Forschungsstätten heute leider anzutreffen und hindert den Fortschritt auf diesem Gebiet sehr (siehe dazu Abschnitt 3.7, Qualitätsbeeinflussung durch menschliches Verhalten).

1.3 Zählen und Messen im Software Engineering

Im folgenden geben wir einen Überblick zum gegenwärtigen Stand des Software Engineering auf dem Gebiet der Software-Maße und -Kenngrößen. In diesem Abschnitt soll die Bedeutung des Zählens, Messens und Bewertens näher untersucht werden.

1.3.1 Bedeutung des Messens in Naturwissenschaft und Technik

In jeder Disziplin, in der man ingenieurmäßig vorgeht, spielen die Begriffe Zählen und Messen eine wichtige Rolle. Um die Bedeutung und Problematik des Messens in den Naturwissenschaften und der Technik zum Ausdruck zu bringen, lassen wir einige prominente Vertreter aus diesen Bereichen zu Wort kommen:

> »When you can measure what you are speaking about and express it in numbers you know something about it, but when you cannot measure it, when you cannot express it in numbers, your knowledge is of a meager and unsatisfactory kind.«
>
> Lord Kelvin

> »To measure is to know.« J.C. Maxwell

Ohne das Messen wäre das Verstehen von Naturgesetzen bzw. das Etablieren von Modellen, die die strukturellen Zusammenhänge zwischen den physikalischen und technischen Größen beschreiben, undenkbar. Ein wichtiges Element bei der Validierung von Theorien sind Experimente. Ohne Messungen wären Experimente ein wirkungsloses Hilfsmittel der Naturwissenschaftler und Techniker geblieben.

Neben diesen Überlegungen zur Bedeutung des Messens weisen wir aber auch auf grundsätzliche Schwierigkeiten bei der Messung von Software hin. Wenn wir den Begriff Qualität und im speziellen den der Entwurfsqualität näher betrachten, so stellen wir fest, daß damit auch viel menschliche Kreativität und Originalität verbunden ist. Diese Aspekte von Qualität entziehen sich weitgehend jeder Messung.

Pirsig sieht diesen Sachverhalt so [Pirs74]:

> »What I mean by the word quality cannot be broken down into subjects and predicates. This is not because quality is so mysterious but because quality is so simple, immediate and direct.«

Pirsig vertritt den oft intuitiv vorhandenen Standpunkt, daß Qualität weniger durch rational logische Argumente, sondern durch ein unmittelbares Wahrnehmen und Empfinden erfaßbar ist. Diese Einstellung zur Qualität finden wir vielfach auch bei Programmierern.

Sie sehen ihre Arbeitsergebnisse viel mehr als Kunstwerke denn als industrielle Produkte. Dies sieht zunächst aus, als wäre das ein konträrer Standpunkt zum Software Engineering. Bei genauerer Betrachtung der Sachlage stellen wir jedoch fest, daß der kreative Anteil menschlicher Arbeit im gesamten Software-Entwicklungsprozeß (insbesondere im Gebiete des Software-Entwurfs) erheblich ist. Wir müssen zu einem dualen Verständnis des Qualitätsbegriffes im Software Engineering kommen. Einerseits müssen Software-Produkte einen soliden ingenieurmäßigen Entwicklungsprozeß durchlaufen und dabei eine logisch/rational begründbare Basisqualität erhalten. Andererseits müssen auch gute Software-Produkte, beispielsweise ein integriertes Software-Paket auf PCs, geprägt sein von den kreativen Fähigkeiten der Entwickler. Dies schlägt sich in einem Software-Entwurf nieder, der gekennzeichnet ist durch Originalität, Einfachheit und Mächtigkeit.

1.3.2 Software-Meßtechnik

Das ingenieurmäßige Beobachten, Zählen und Messen im Bereich der Software-Entwicklung wurde bisher vernachlässigt. Dies hat viele Gründe. Ein wichtiger, psychologisch bedingter Grund ist, daß niemand gerne das Ergebnis seiner geleisteten Arbeit messen läßt. Er glaubt nämlich, nicht seine Arbeit werde gemessen, sondern er selbst.

Ein weiterer Grund besteht im Fehlen aussagekräftiger Meßgrößen für den Entwicklungsprozeß bzw. technische Meßgrößen, die das Software-Produkt bewerten helfen. Trotz allem Verständnis für die Eigenarten und Phänomene im Software-Entwicklungsprozeß sind wir der Überzeugung, daß zu einer effizienten ingenieurmäßigen Planung, Lenkung und Kontrolle von Qualitätszielen Software-Maße unerläßlich sind.

Große Hardware- und Software-Hersteller haben die Bedeutung der Untersuchung und Bewertung von Qualitätsausprägungen bereits erkannt. Siemens unterscheidet die Kategorien Beobachten, Abschätzen und Voraussagen [Asam86].

Unter Beobachten versteht man bei Siemens einen Vorgang, durch den Ausprägungen von Merkmalen eines Produkts im realen Einsatz festgestellt werden. Beispielsweise werden Antwortzeiten von Online-Programmen beobachtet. Der Zweck dieser konkreten Maßnahme besteht darin, die Tauglichkeit von Entwurfsüberlegungen zu bewerten.

Durch Abschätzen erfolgt eine Beurteilung einer zu erwartenden Merkmalsausprägung, indem das in Entwicklung befindliche oder fertiggestellte Produkt in einer simulierten Anwendungssituation eingesetzt wird. Beispielsweise wird versucht, die Zuverlässigkeit eines Programmes im Feldeinsatz abzuschätzen.

Durch Voraussagen wird eine Beurteilung einer zu erwartenden Ausprägung eines Merkmals erstellt. Diese Beurteilung wird mit Hilfe einer modellhaften Beschreibung des Produkts oder dessen Einsatzsituation gewonnen. Z. B. können Antwortzeiten eines großen Auskunftssystems durch Prognose an einem Simulationsmodell vorausgesagt werden.

Der Nachteil des Beobachtens liegt darin, daß die Produktentwicklung bereits abgeschlossen ist. Schäden können gegebenenfalls schon eingetreten sein. Beim Abschätzen werden die Nachteile vom Beobachten teilweise vermieden. Dabei handelt es sich um ein vorgezogenes, »hypothetisches« Beobachten von Merkmalsausprägungen an Teilen des Systems. Der wesentliche Unterschied des Voraussagens zum Abschätzen und Beobachten besteht darin, daß die Bedingungen des Produkteinsatzes bzw. der Produktanwendungen (die geforderte Funktionalität, die Menge der Daten, die Struktur der Arbeitsabläufe) nur in groben Zügen bekannt sind. Ein weiterer Unterschied ist der, daß beim Voraussagen keine Teile des Systems vorhanden oder ausführbar sein müssen. Es wird ein analytisches, abstraktes Produktmodell verwendet, an dem Modellüberlegungen angestellt werden.

Für den Software-Entwicklungsprozeß können wir die Forderung Galileis »Zähle, was zählbar ist, miß, was meßbar ist, und was nicht meßbar ist, versuche meßbar zu machen!« anwenden. Wir müssen zunächst einmal bescheiden mit der Zählung relevanter Phänomene, wie beispielsweise Anzahl der Fehler oder Anzahl der Codezeilen eines Moduls beginnen.

Im Vergleich zur Meßtechnik der Physik befindet sich die Meßtechnik des Software Engineering erst in den Kinderschuhen.

Unter Messen verstehen wir die Erfassung von Werten einer Kenngröße des Entwicklungs-, Pflegeprozesses oder Software-Produkts mit Hilfe von Werkzeugen (z. B. Statische Analysatoren, Projektdatensammel- und Projektauswertungssystem). Beispiele für Messungen sind die Ermittlung des Zeitverbrauchs eines Sortierprogramms mit Hilfe eines Software-Monitors oder die Feststellung der Schleifen-Schachtelungstiefe einer Prozedur durch einen Quellcode-Analysator. Das Messen ist eines von mehreren Ermittlungsverfahren für Ausprägungen eines Merkmals. Neben dem Messen gibt es noch das Testen, das Erproben und die Simulation von Software.

Wenn wir diese Verfahren auf einer Objektiv-Subjektiv-Skala klassifizieren, so liegt das Messen im Bereich des objektiven Prüfens und das Erproben im Bereich des subjektiven Prüfens. Beim Erproben wird das fertige Software-Produkt anhand von vorher festgelegten Testfällen in der Betriebsumgebung ausgeführt, und die dabei gesammelten Erfahrungen werden ausgewertet.

Eine mögliche Vorgehensweise beim Messen ist beispielsweise:

1. Definieren der Meßziele
2. Ableiten der Meßaufgaben aus den Meßzielen
3. Bestimmung der Meßobjekte
4. Festlegen der Meßgröße und der Meßeinheit
5. Zuordnung der Meßmethoden und Meßwerkzeuge zu den Meßobjekten und Meßgrößen
6. Ermitteln der Meßwerte
7. Interpretation der Meßwerte

Als Beispiel für das Messen betrachten wir die Ermittlung der Häufigkeiten von Literalen in einer Prozedur.

Meßziel:	Bestimme die Häufigkeit von Literalen.
Meßaufgabe:	Zähle die Literale im Quellcode.
Meßobjekt:	Wähle eine spezielle Prozedur, z. B. Prozedur X, aus.
Kenngröße:	Anzahl Literale/Anzahl der Nichtkommentar-Anweisungen (NCLOC)
Meßeinheit:	Literale/1000 NCLOC
Meßmethoden/ Werkzeuge:	LEX/YACC (UNIX-Umgebung)
Interpretation:	Eine große Anzahl von Literalen im Code bedeutet größeren Wartungsaufwand bei Änderungen bzw. höhere Fehlerwahrscheinlichkeit.

Wir erkennen in diesem Beispiel bereits einige Fragestellungen und Probleme, die der Verantwortliche für diese Messung zu beantworten oder zu lösen hat. Zunächst stellt sich die Frage, warum wir überhaupt messen. Aus der Interpretation der Meßwerte erkennen wir, daß es eine Hypothese gibt, die einen Zusammenhang zwischen Fehlerwahrscheinlichkeit, Wartungsaufwand und dem Vorhandensein von Literalen im Code herstellt. Der Grund der Messung hat wahrscheinlich mit einer qualitätssichernden Maßnahme für die Wartung zu tun, mit der die Eigenschaft Wartbarkeit verbessert werden soll.

Ein weiteres Problem betrifft die Interpretation der Meßwerte. Für die Interpretation der Meßwerte sollte es eine eindeutige Bewertungsskala geben, die eine Differenzierung der Werte nach gut und schlecht ermöglicht. In unserem Beispiel ist es sinnvoll, die Werte auf eine Skala mit den beiden Werten 0 und 1 abzubilden. 0 bedeutet schlechte Qualität (im Code sind Literale vorhanden, egal wie viele), und 1 bedeutet gute Qualität (im Code sind keine Literale vorhanden).

Wir gehen in Abschnitt 1.3.7 auf Regeln und ein Vorgehen ein, die eine praxisgerechte Ermittlung und Nutzung von Kenngrößen ermöglichen.

1.3.3 Gütekriterien für Software-Qualitätsmaße

Vielerorts wird in der Fachdiskussion und in der Fachliteratur der Begriff (Qualitäts-)Maß verwendet. Dieser wird auch noch dadurch verbreitet, daß der englische Begriff »metric« ohne kritische Prüfung mit »Maß« übersetzt und verwendet wird. Wir sind aus verschiedenen Gründen im Umgang mit dem Begriff Maß zurückhaltend. Erstens gibt es in den Naturwissenschaften und technischen Ingenieurwissenschaften eine Maßtheorie, die in den letzten hundert Jahren entwickelt wurde. Sie definiert den Begriff Maß exakt (siehe Abschnitt 1.3.4). Zweitens ist in den letzten 50 Jahren in der empirischen Sozialforschung der Begriff des Messens und des Maßes ebenso erarbeitet und definiert worden ([Hüls75], [Hell74]). Drittens ist der Begriff des Maßes auch in der Mathematik exakt definiert. Versuche, diesen mathematischen Begriff im Software Engineering anzuwenden, haben sich nicht durchgesetzt [Schm87].

Wir sehen also, daß der Begriff des Maßes bereits vorbesetzt ist und es keine allgemein anerkannte Theorie gibt, welcher dieser Begriffe im Software Engineering der geeignetste ist.

Trotzdem werden wir aufgrund der Bedeutung und Notwendigkeit des Messens im Software Engineering in diesem Abschnitt Überlegungen für Gütekriterien für Qualitätskenngrößen anstellen, die uns den Weg aufzeigen helfen, um zu Software-Maßen zu gelangen.

Die meisten der gegenwärtig veröffentlichten Kenngrößen erfüllen die nachfolgend beschriebenen Gütekriterien für Software-Maße nicht und werden fälschlicherweise als Maße bezeichnet.

Nach Itzfeld, Schmidt und Timm [Itzf84] müssen folgende Gütekriterien erfüllt sein, um von einem Software-Qualitätsmaß sprechen zu können:

GK1) Objektivität

Ein Maß ist objektiv, wenn kein subjektiver Einfluß bei der Messung durch den Messenden (Prüfer) möglich ist.

GK2) Zuverlässigkeit

Ein Maß ist zuverlässig (d. h. stabil und präzise), wenn bei der Wiederholung der Messung unter denselben Meßbedingungen dieselben Meßergebnisse erzielt werden.

GK3) Validität (Meßtauglichkeit)

Ein Maß heißt valide, wenn die Meßergebnisse einen eindeutigen und unmittelbaren Rückschluß auf die Ausprägung der Qualitätseigenschaft zulassen.

GK4) Normierung

Hinsichtlich der Normierung ist es notwendig, daß es eine Skala gibt, auf der die Meßergebnisse eindeutig abgebildet werden. Ein Maß ist normiert, wenn es eine Vergleichbarkeitsskala gibt.

GK5) Vergleichbarkeit

Ein Maß heißt vergleichbar, wenn es mit anderen Maßen in eine Relation gesetzt werden kann.

GK6) Ökonomie

Ein Maß ist ökonomisch, wenn die Messung mit geringen Kosten durchgeführt werden kann. Die Ökonomie eines Maßes, abhängig vom Automatisierungsgrad des Meßverfahrens und von der Anzahl der Meßgrößen/Berechnungsschritte, wird im allgemeinen durch einen Werkzeugeinsatz verbessert.

GK7) Nützlichkeit

Ein Maß ist nützlich, wenn mit der Messung praktische Bedürfnisse erfüllt werden.

Das wichtigste, aber auch das am schwierigsten nachzuweisende Kriterium ist sicherlich die Validität. Maße, zu denen keine Aussagen über deren Validität vorliegen, sind für objektive Qualitätsbewertungen unbrauchbar.

Zusammenfassend läßt sich sagen, daß wir zur Qualitätsmessung einfache Maße benötigen, die aussagekräftig und relevant sind. Sie sollen aufeinander abgestimmt sein, damit die daraus abgeleiteten Aussagen sich ergänzen.

1.3.4 Maßtheoretische Grundlagen

Wir betrachten nun die Voraussetzungen, Anforderungen und Prinzipien an das Messen von Software aus der Sicht der Maßtheorie [Zuse85]. Die Maßtheorie geht davon aus, daß es auf der einen Seite einen empirischen Betrachtungsbereich und auf der anderen Seite einen durch mathematische Hilfsmittel definierbaren Zahlenbereich gibt. Messen heißt im Sinne der Maßtheorie, daß es zwischen dem empirischen und dem Zahlenbereich einen Homomorphismus gibt. Anhand des Beispiels zweier Drahtstücke der Längen a und b verdeutlichen wir diese Aussage. Die beiden Drahtstücke bilden den empirischen Betrachtungsbereich, der beispielsweise durch physikalische Meßinstrumente näher untersucht wird. Im Zahlenbereich definieren wir eine Größer-Relation auf den reellen Zahlen. Wir können nun sagen, b ist im empirischen System länger als a, wenn es einen Meßwert μ(b) gibt, der größer ist als μ(a) auf der Achse der reellen Zahlen.

Entsprechend verhält es sich mit dem Aneinanderlegen von Drahtstücken, das sinnvollerweise im Zahlenbereich durch die Rechenoperation der Addition dargestellt wird. Verallgemeinernd heißt dies, daß Operationen aus beiden Bereichen gleiche Eigenschaften haben. Ist beispielsweise der Draht a länger als Draht b und dieser wiederum länger als Draht c, dann bedeutet dies, daß a länger ist als c. Analoges gilt für den Zahlenbereich.

Eine weitere wichtige Folgerung der Maßtheorie ist, daß eine Aussage mit Meßwerten genau dann sinnvoll ist, wenn ihr Wahrheitswert gegenüber von Transformationen invariant ist. Das bedeutet z. B. für Längenmaße, daß wir jederzeit eine Längenmessung in Meilen, Kilometer, Yards oder Meter umrechnen können.

Welche Probleme gibt es im Zusammenhang mit dem Messen von Software? Eine der Hauptschwierigkeiten besteht darin, daß wir zunächst einmal klären müssen, was wir überhaupt messen wollen, d. h. die Meßgröße und das Meßobjekt bestimmen müssen.

Die Aussage, daß es einen Homomorphismus, d. h. eine Funktion von der realen Welt in eine formale numerische Welt gibt, bedeutet gleichzeitig, daß es auch eine Skala gibt. Das Problem ist zu entscheiden, welche Skala vorliegt. Die Lösung dieses Problems hängt vom empirischen System ab. Wenn wir das Eindeutigkeitsproblem lösen können, d. h. wenn wir mathematisch feststellen können, ob ein Homomorphismus vorliegt, dann können wir auch die Art der Skala festlegen. Die Menge der Skalen wird dadurch charakterisiert, welche zulässigen Transformationen wir auf den Skalen durchführen können. Coombs, Raiffa und Thrall (siehe [Zuse85]) unterscheiden eine Hierarchie von aufeinander aufbauenden Skalen (Abbildung 1.7). Eine in dieser Abbildung hierarchisch höher eingestufte Skala besitzt immer die Eigenschaften der hierarchisch untergeordneten Skalen.

Wir gehen nun auf die verschiedenen Skalen und deren Eigenschaften näher ein.

```
┌─────────────────┐
│   Absolutskala  │
└────────┬────────┘
┌────────┴────────┐
│  Rationalskala  │
└────────┬────────┘
┌────────┴────────┐
│  Intervallskala │
└────────┬────────┘
┌────────┴────────┐
│   Ordinalskala  │
└────────┬────────┘
┌────────┴────────┐
│  Nominalskala   │
└─────────────────┘
```

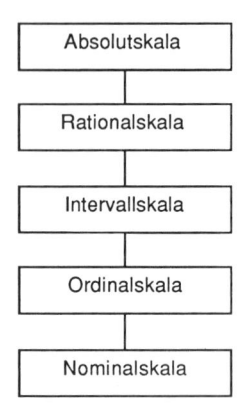

Abb. 1.7 Skalenhierarchie nach Coombs, Raiffa und Thrall

Die Nominalskala wird für rein qualitative Merkmale verwendet. Auf ihr ist feststellbar, ob Gleichheit oder Ungleichheit der Merkmalsausprägungen vorliegt. Ebenso kann mit einer Nominalskala festgestellt werden, ob ein Objekt eindeutig zu einer Klasse gehört oder nicht. Beispiele für Nominalskalen sind die Matrikelnummern bei Studentenausweisen oder die Rangnummern von Fußballtabellen.

Das Kennzeichen einer Ordinalskala ist, daß als zulässige Transformation jede monoton steigende Funktion verwendet werden darf. Auf ihr sind Größer-, Kleiner- oder Gleichrelationen erlaubt. An zulässigen Operationen auf dieser Skala sind die Bildung von Median, Rang und Rangkorrelationskoeffizient erlaubt. Beispiele für Ordinalskalen sind Skalen für Schulnoten, Hubraumklassen von Autos und die Skala der Windstärken.

Eine Intervallskala ist dadurch gekennzeichnet, daß die zulässige Transformation jede positive lineare Funktion sein darf. Wesentliches Merkmal dieser Skala ist, daß nicht nur die Rangordnung, sondern auch die Verhältnisse von Intervallen (Differenzen) invariant bei Transformationen bleiben. An zulässigen Operationen gibt es hier arithmetisches Mittel und Standardabweichung. Beispiele für Intervallskalen sind Temperaturskalen (Celsius, Fahrenheit, Reaumur).

Die Rationalskala ist dadurch gekennzeichnet, daß die zulässige Transformation jede Ähnlichkeitsfunktion (f' = u.f, u reell, u $\geq$ 0) sein darf. Bei dieser Skala dürfen willkürliche Einheiten verwendet werden, und es kann einen absoluten oder natürlichen Nullpunkt geben. Die erlaubten Operationen auf dieser Skala sind die Bildung von Quotienten, die Prozentrechnung, Mittelwert und Varianz. Beispiele für die Anwendung von Rationalskalen sind: Längen, Masse, Zeit, Winkel, Volumen, Temperatur (Kelvin) und Preise.

Die Absolutskala ist dadurch gekennzeichnet, daß die zulässige Tranformation jede Identitätsfunktion (f' = f) sein darf. Dieser Skalentyp stellt die eindeutigste Skala dar. Indem nur Identitätstransformationen erlaubt sind, bleibt alles invariant. Beispiele sind Häufigkeiten und Wahrscheinlichkeiten.

Die fundamentale Aufgabe des Zählens und Messens im Software Engineering besteht nun darin, für die zu beobachtenden Kenngrößen die Art der Skala festzulegen. Für viele der heute bekannten Kenngrößen fehlen fundierte Aussagen über die Art der Skala. Dies führt unseres Erachtens dazu, daß unerlaubte Operationen, beispielsweise Mittelwertbildung mit den Werten der Beobachtungsgrößen, ausgeführt werden und dadurch nicht gerechtfertigte Meßwertinterpretationen entstehen.

1.3.5 Überblick zu den Qualitätsmaßen und -kenngrößen

Die Geschichte der Software-Maße ist bereits relativ alt. Rubey und Hartwick haben bereits 1968 [Rube68] über »Quantitative measurement of program quality« publiziert. Seither wurde eine große Anzahl von Maßen, insbesondere zum Thema Komplexität, vorgeschlagen und veröffentlicht. Dabei wird Komplexität so oft und in so verschiedenen Zusammenhängen verwendet, daß es sinnvoll ist, die verschiedenen Aspekte etwas genauer zu betrachten.

Von seiten der theoretischen Informatik ist es üblich, eine Art von Komplexität zu definieren, die zur Klassifikation von Algorithmen und zur Abschätzung ihrer Effizienz dient. Die Grundaufgaben, die mit Hilfe der Theorie über die Berechnungskomplexität zu lösen sind, lauten:

- Wie viele Rechenschritte benötigt ein Algorithmus?
- Wieviel Speicherplatz wird vom Algorithmus maximal in Anspruch genommen?

Ein häufig verwendeter Begriff ist jener der Software-Komplexität. Software-Komplexität hat unter anderem mit den verwirrenden Beziehungen zwischen Software-Elementen (z. B. verschiedene Klassen von Anweisungen, Datenstrukturen, Schnittstellen unterschiedlichster Art) zu tun. Als Synonyme dafür werden die Begriffe Strukturkomplexität oder softwaretechnische Komplexität verwendet.

Eine andere Sicht auf den Begriff der Software-Komplexität stellt die Tätigkeit des Software-Entwicklers in den Mittelpunkt der Betrachtung. Software-Komplexität hat nach dieser Betrachtungsweise mit der Schwierigkeit eines Software-Entwicklers zu tun, wenn dieser Software verstehen, ändern oder erstellen muß.

Spezifische Ausprägungen dieser Art von Komplexität tauchen immer wieder in Form von Problemkomplexität, Entwurfskomplexität, aber auch als Programm- oder Produktkomplexität auf. Dahinter steckt auch der Wunsch, mit Hilfe von Komplexitätsmaßen den Aufwand für die Tätigkeiten der Software-Entwicklung zu schätzen.

Eine oft verwendete Einteilung von Software-Maßen ist jene in Prozeß- und Produktmaße. Ein Prozeßmaß ist ein quantifizierbares Attribut des Entwicklungs-(Pflege-)prozesses oder der Entwicklungs-(Pflege-)umgebung. Beispiele dafür sind Maße, die die Erfahrung der Entwickler (z. B. Anzahl der Jahre an Programmiererfahrung) und die Kosten des Entwicklungsprozesses beschreiben. Ein Produktmaß ist ein quantifizierbares Attribut, das am Produkt gemessen wird. Produktmaße sagen nichts darüber aus, wie das Produkt entstanden ist und warum sich das Produkt gerade in diesem aktuellen Zustand befindet.

Nach Conte, Dunsmore und Shen [Cont86] umfassen Produktmaße die Größe des Produkts (beispielsweise Anzahl der Codezeilen oder Anzahl der Terminalsymbole eines Programmes), die Strukturkomplexität (beispielsweise Steuerfluß, Verschachtelungstiefe, Rekursionstiefe), die Datenstrukturkomplexität (beispielsweise die Anzahl verwendeter Variablen oder Dateien), den Produkteinsatzbereich (z. B. Lohnabrechnung) oder Kombinationen von diesen.

In den letzten Jahren wurden Produkt- und Prozeßmaße auch verstärkt im Zusammenhang mit Modellen verwendet, mit denen der Entwicklungs- und Wartungsprozeß zu erklären versucht wird. Diese Modelle dienen meistens zur Schätzung der Produktivität oder des Aufwands von Prozessen.

Wir kehren zum Begriff der Komplexitätsmaße zurück und versuchen, eine Systematik dieser Maße zu erstellen. Basili [Basi83] bietet dazu einen interessanten Ansatz. Er unterscheidet:

a) Statische Maße, die die Qualität des Produkts zu einem bestimmten Zeitpunkt messen. Sie werden gegliedert in:

a1) Maße, die die Größe des Produkts umfassen, beispielsweise Anzahl Anweisungen (LOC, ELOC), Anzahl Operatoren und Operanden (siehe Abschnitt 1.3.6.2), Anzahl Funktionen (Funktion als vom Benutzer aktivierbare Produktleistung) oder Anzahl Module (Modul als eigenständige übersetzbare Programmeinheit).

a2) Maße, die die Programmkontrollstruktur eines Produkts messen, beispielsweise die Verschachtelungstiefe oder die Anzahl der binären Verzweigungen. Es wird dabei die Programmkontrollstruktur als Graph dargestellt.

a3) Maße, die die Datenkontrollstrukturen betreffen. Dabei geht es um die Verwendung von Daten im Programm, beispielsweise Anzahl Variableneinträge in der Verwendungsnachweisliste, Anzahl aller Operanden, durchschnittliche Lebensdauer einer Variablen ausgedrückt in Anzahl Anweisungen von ihrem ersten bis zu ihrem letzten Zugriff (Variablenspannweite) oder Datenbindungsmaße, die den Grad der Variablenverwendung zwischen Modulen angeben.

b) Entwicklungsmaße (Historische Maße), die die Qualität eines Produkts über einen bestimmten Zeitraum messen, beispielsweise Anzahl Änderungen des Programmtextes bis zur Freigabe.

Derzeit existieren in der Literatur ca. 100 Maße, die für die Bewertung der statischen Programmkomplexität herangezogen werden können. Jedes dieser 100 Maße vertritt einen anderen Standpunkt hinsichtlich der Komplexität.

Ein kleines Beispiel [Blas85] zeigt die Schwierigkeit des Vergleichs von Maßzahlen. Alle Maße gehören zur Klasse der statischen Programmkomplexität.

Wie aus Abbildung 1.8 ersichtlich ist, ist es sehr schwierig, die verschiedenen Komplexitätsmaße richtig zu interpretieren. Den einzelnen Maßzahlen liegen drei Kontrollflußgraphen zugrunde: G_1 mit drei sequentiellen if then else-Anweisungen, G_2 mit drei verschach-

1.3 Zählen und Messen im Software Engineering

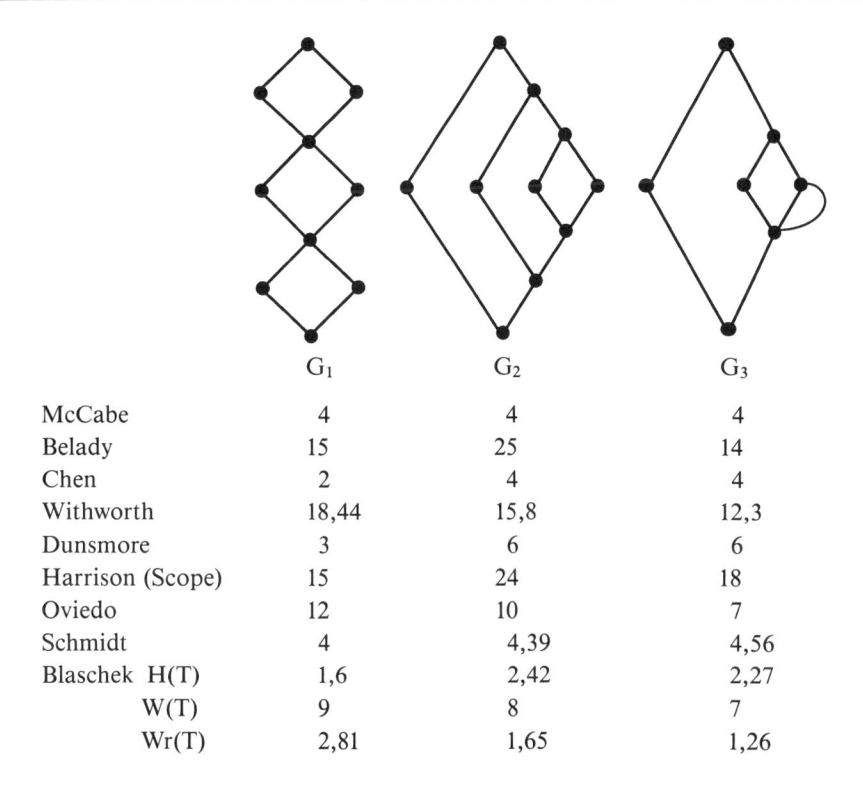

	G_1	G_2	G_3
McCabe	4	4	4
Belady	15	25	14
Chen	2	4	4
Withworth	18,44	15,8	12,3
Dunsmore	3	6	6
Harrison (Scope)	15	24	18
Oviedo	12	10	7
Schmidt	4	4,39	4,56
Blaschek H(T)	1,6	2,42	2,27
W(T)	9	8	7
Wr(T)	2,81	1,65	1,26

Abb. 1.8 Beispiele für statische Komplexitätsmaße

telten if then else-Anweisungen und G_3 mit zwei verschachtelten if then else-Anweisungen und einer do while-Schleife. Wenn wir uns die Werte der einzelnen Maße ansehen, so kommen sehr unterschiedliche Maßzahlen zustande. Die Schlußfolgerung aus diesem Beispiel besteht darin, daß die ausgewählten Maße unterschiedliche Merkmale messen und daher nicht vergleichbar sind. Der Klassifikationsbegriff »statische Programmkomplexität« ist zu grob für eine objektive Vergleichsgrundlage.

In [GMD84] wird eine andere Systematik für Maße vorgeschlagen. Es werden ca. 50 Maße nach folgenden Gesichtspunkten eingeteilt:

- G1) Analysierbarkeit
- G2) Statische Komplexität auf Stufe eines Moduls
- G3) Fehlervorhersagbarkeit/-häufigkeit
- G4) Modifizierbarkeit
- G5) Modularität
- G6) Systemunabhängigkeit (von Hardware oder Betriebssystem)
- G7) Testbarkeit
- G8) Verstehbarkeit von Programmtexten
- G9) Diverses

Neben dieser Klassifikation wurde versucht, für jedes Maß festzustellen, welcher Qualitätseigenschaft es zugeordnet werden kann. Folgende Eigenschaften wurden dabei unterschieden:

E1) Benutzbarkeit
E2) Korrektheit
E3) Zuverlässigkeit
E4) Effizienz
E5) Sicherheit
E6) Wartbarkeit
E7) Anpaßbarkeit
E8) Erweiterbarkeit
E9) Verknüpfbarkeit
E10) Wiederverwendbarkeit
E11) Übertragbarkeit

Die meisten Maße existieren für die Eigenschaften Wartbarkeit und Zuverlässigkeit.

Zusammenfassend läßt sich sagen, daß es bis heute keine allgemein anerkannte Systematik für Maße und Kenngrößen gibt. Wünschenswert wäre eine Systematik, die eine detaillierte Darstellung in den Bereichen Prozeß- und Produktmaße bietet und den Bereich Produktmaße in die Subbereiche modulbezogene und systembezogene Maße/Kenngrößen gliedert.

Die Validierung der meisten Maße ist als unbefriedigend zu bezeichnen. Dies dürfte auch einer der Gründe für deren schlechte Akzeptanz sein. Hinsichtlich der Validierung der Maße muß festgestellt werden, daß bei vielen Beschreibungen in dieser Studie konkrete Aussagen über deren Validität fehlen, bzw. die Stichproben für die Validierung der Maße als zu klein gewählt wurden.

1.3.6 Klassische Software-Maße

Nach diesem Überblick gehen wir auf einige bekannte Maße näher ein und zeigen die Probleme im Umgang mit Software-Maßen auf. Die am häufigsten verwendeten Maße sind die von McCabe [McCa76] und von Halstead [Hals77]. Beide sind unbefriedigend, weil sie zu stark die unterschiedlichen Programmerkmale vereinfachen [Rech86] und den Quellcode als zentrales Meßobjekt überbetonen.

1.3.6.1 Maß von McCabe

McCabe ist von der Idee ausgegangen, ein Programm als gerichteten Graphen darzustellen [McCa76]. Die Knoten dieses Graphen sind die Anweisungen und die Kanten der Kontrollfluß zwischen den Knoten. McCabe vertritt den Standpunkt, daß die Programmkomplexität abhängig ist von der Anzahl der Hauptwege dieses Programmgraphen. Unter den Hauptwegen (linear unabhängige Programmpfade) versteht er die Anzahl der Kantenzüge

V, die ohne Überschneidung minimal notwendig sind, um alle Kantenzüge durch Kombination bilden zu können. Die Formel dafür lautet:

V(g) = e — n + 2p

e ist die Anzahl der Kanten im Programmgraphen,
n ist die Anzahl der Knoten im Programmgraphen,
p ist die Anzahl der Zusammenhangskomponenten (unabhängige Teilgraphen, z. B. Prozeduren).

In Abbildung 1.9 (s. u.) ist ein Beispiel für die Anwendung des McCabe-Maßes dargestellt. V(g) ist in diesem Beispiel 6.

McCabe verwendet sein Maß dazu, um über die Anzahl linear unabhängiger Programmpfade eine minimale Anzahl von Testfällen zu finden. Er schlug vor, daß ein qualitativ guter Wert für sein Maß ein V(g) ≦ 10 ist. McCabe stellte weiters fest, daß der Programmgraph (der Graph des Steuerflusses) ein sehr gutes Erkennungsmittel für den jeweiligen Programmierstil ist. Ja, McCabe behauptete sogar, daß durch diesen Kontrollgraphen der Programmierer eines Codestückes eindeutig identifizierbar wäre.

Das Maß von McCabe ist nichts anderes als die Anzahl der Entscheidungen, Ands, Ors und Nots + 1. Das IBM-Labor LaGaude (Frankreich) hat eingehende Versuche mit dem Maß von McCabe durchgeführt und folgende Regeln aufgestellt:

1. Ein Modul soll so entworfen werden, daß V(g) ≦ 15 gilt.
2. Module mit einem V(g) ≦ 9 sind bei Inspektionen zu vernachlässigen.

```
        PROCEDURE StEval2__3 (VAR Evalarray   : Eval2__3;
                                  Formarray   : Part2__4;
                                  Limit       : INTEGER);
VAR NoCom : BOOLEAN;
    i,j : INTEGER;
BEGIN
    FOR i := 1 TO Limit DO
        NoCom := FALSE;
        FOR J := 1 TO 3 DO
            CASE Formarray [i,j] OF
                2 : INC (Evalarray [i,j] ) |
                9 : NoCom := TRUE |
                ELSE NoCom := NoCom;
            END (*case*)
        END; (*for*)
        IF NoCom THEN INC (Evalarray [i,4] ) END;
    END (*for*)
END StEval2__3;
```

Abb. 1.9 a) Quellcode »StEval2__3«

Abb. 1.9 b) Programmablauf »StEval2_3«

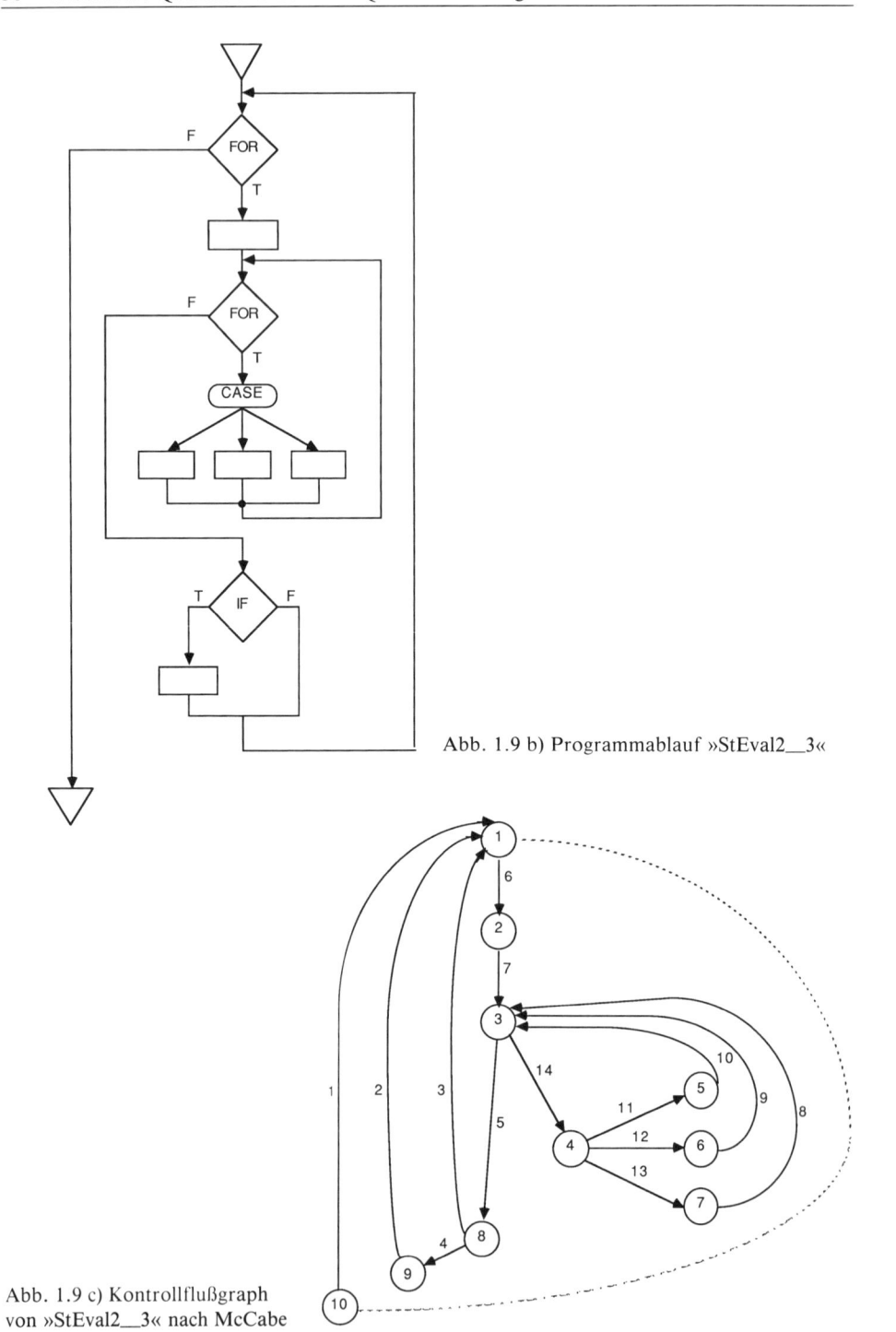

Abb. 1.9 c) Kontrollflußgraph von »StEval2_3« nach McCabe

1.3 Zählen und Messen im Software Engineering

Die Hauptkritik am Maß von McCabe liegt darin, daß es nur ein Programmgerüst (Ablaufgraph) berücksichtigt und die Komplexität einzelner Anweisungen (insbesondere jener von Ausdrücken), aber auch von verschachtelten Anweisungen nicht berücksichtigt. Die weite Verbreitung des Maßes von McCabe kommt daher, daß V(g) auf höchst einfache Weise berechnet werden kann (Annahme: Das Programm besitzt nur einen Eingang und einen Ausgang): V(g) = 1 + Anzahl binärer Verzweigungen im Programm.

Das Maß von McCabe wurde basierend auf obiger Kritik von zahlreichen Autoren verbessert oder diente als Ausgangspunkt für weitere Maßzahlentwicklungen. Ein guter Überblick findet sich dazu in [Rech86].

Der Standpunkt von McCabe ist einer von vielen. Es gibt Beispiele von Programmgraphen (siehe Abbildung 1.10), wo V(g) die enthaltene Komplexität nicht ausdrückt.

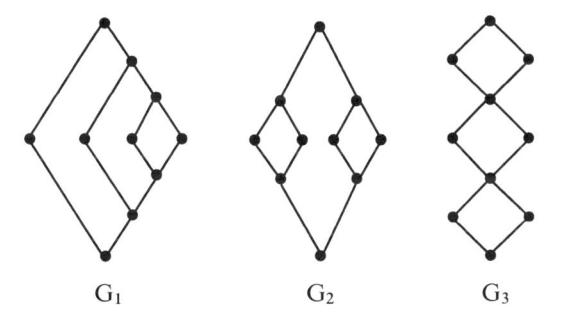

Abb. 1.10 Beispiel dreier Kontrollflußgraphen

Wie wir aus obiger Abbildung sehen, besitzen alle drei Kontrollflußgraphen ein V(g) = 4. Wir stellen aber intuitiv fest, daß der Graph G_1 komplexer wirkt als G_2 und G_2 komplexer wirkt als G_3. Als Basis für unsere Komplexitätsbetrachtung ziehen wir den Aspekt der Verschachtelung heran. Wir verwenden dazu das Maß von Monika Schmidt [Schm85]. Das Verschachtelungsmaß ϵ ist wie folgt definiert:

$$\epsilon = \sum_{n=1}^{N} \frac{1 - \frac{1}{d_n}}{N}$$

N ist die Anzahl der Verzweigungen im Programmgraphen,
d_n ist die Anzahl der vom n-ten Verzweigungsknoten dominierten weiteren Verzweigungsknoten + 1.

Es gilt $0 \leqq \epsilon < 1$.

Wenn wir nun die ϵ-Werte ($\epsilon(G_1) = 0$; $\epsilon(G_2) = 0{,}22$; $\epsilon(G_3) = 0{,}39$) der drei Kontrollflußgraphen vergleichen, so stellen wir fest, daß durch sie die Komplexität der Verschachtelung gut zum Ausdruck kommt. Bei genauer Analyse stellen wir aber fest, daß durch die Normierung durch N falsche Ergebnisse entstehen (siehe [Roth87]).

Wir sehen an diesem Beispiel die Problematik der Definition und Validation von Maßen. Einerseits gibt es verschiedene Aspekte von Komplexität, die jeweils durch ein geeignetes Maß am besten ausgedrückt werden. Andererseits möchten wir aus ökonomischer und pragmatischer Sicht nur ein einziges Maß, das alle Komplexitätsaspekte zum Ausdruck bringt. Rechenberg versucht dies in [Rech86] mit seinem Compound Complexity Measure (CC). Sein Komplexitätsmaß berücksichtigt die Lesbarkeit, Verstehbarkeit und Änderbarkeit von Programmen. Die Maßtheorie zeigt aber deutlich die Grenzen und Gefahren dieses Maßes auf. Es werden unterschiedliche Komplexitätsaspekte durch relationale Operatoren verknüpft, ohne daß der Nachweis erbracht wird, ob dies auf den zugrundeliegenden mathematischen Strukturen überhaupt möglich ist.

1.3.6.2 Maße von Halstead

Der Ansatz von Halstead (Software Science, siehe [Hals77]) beruht auf der Prämisse, daß ein Programm nur aus Operanden und Operatoren besteht. Jedes Symbol oder Schlüsselwort, das eine Aktion kennzeichnet, wird als Operator bezeichnet (z. B. arithmetische Operatoren wie +, -, *, /; Schlüsselwörter wie WHILE, FOR, READ, etc; spezielle Symbole wie :=, Klammern, etc; Funktionen wie EOF etc.). Alle Symbole, die Daten darstellen, werden als Operanden bezeichnet (Variable, Konstanten und Sprungmarken). Die Klassifikation der Operanden und Operatoren ist sprachabhängig und wurde nicht eindeutig von Halstead festgelegt. Als Basismeßgrößen werden folgende definiert:

n_1 ... Anzahl verschiedener Operatoren
n_2 ... Anzahl verschiedener Operanden
N_1 ... Gesamtanzahl aller Operatoren
N_2 ... Gesamtanzahl aller Operanden
$n = n_1 + n_2$ ... Anzahl verschiedener Symbole
$N = N_1 + N_2$ ... Gesamtanzahl aller Symbole

Wir bezeichnen n auch als Vokabular des Programms und N als Programmlänge. Sie ist ein intuitives Maß für die Programmgröße.

Das Programmvolumen (auch der Programmumfang) ist definiert als

$V = N \log_2 n$

Diese Formel hat Halstead in Anlehnung an die Informationstheorie erstellt. Sie beschreibt die Länge eines Satzes bei optimaler Binärcodierung unter der Voraussetzung, daß eine Gleichverteilung der Wörter vorliegt. Untersuchungen von Smith [Smit80] am IBM-Labor Santa Teresa haben gezeigt, daß es eine starke Korrelation zwischen ausführbaren Anweisungen (executable lines of code, kurz ELOC), Programmlänge und Programmvolumen gibt, d. h., daß alle drei Kenngrößen eine gute Abschätzung für die Modulgröße liefern. Der Unterschied der drei Kenngrößen besteht darin, daß das Volumen und die Länge sprachunabhängig sind, während die ELOC sprachabhängig sind.

Die Schwierigkeit, ein Programm zu verstehen oder zu schreiben, beschreibt Halstead durch

$$D = \frac{n_1 \cdot N_2}{2 \cdot n_2}$$

D ist eine Funktion vom Vokabular und der Anzahl der Operanden. Der Quotient $\frac{N_2}{n_2}$ ist ein Indikator für die durchschnittliche Verwendung von Operanden. Aus der Formel für D (insbesondere wegen $\frac{n_1}{2}$) könnte man ableiten, daß Sprachen mit einer großen Anzahl von Operatoren (beispielsweise Assembler-Sprachen) zu großen D-Werten führen. Diese Schlußfolgerung berücksichtigt die Semantik der Operatoren nicht (vergleiche die Semantik von Operatoren in APL und in Assembler-Sprachen). D beschreibt den Aufwand des Codierens von Algorithmen, den Aufwand bei Code-Reviews (Lesen von Code) und das Verstehen von Code bei Wartungsvorgängen.

Der Programmieraufwand E (effort) wird von Halstead als Funktion des Volumens V und des Schwierigkeitsgrades D dargestellt.

$$E = D \cdot V$$

Die Maßeinheit sind elementare Denkschritte (elementary mental discriminations). Unter E versteht Halstead den Denkaufwand, der bei einer Programmieraufgabe zu leisten ist. Halsteads Überlegungen für den Programmieraufwand gehen davon aus, daß der Programmierer bei der Formulierung einer Programmieraufgabe logische Denkschritte durchführen muß. Halstead bezog sich dabei auf Arbeiten des Psychologen Stroud, der die Verarbeitungsrate des Gehirns und insbesondere die Struktur elementarer Gehirnoperationen näher untersuchte. Nach dessen Studie führt das Gehirn eines Programmierers zwischen 5 und 18 Elementaroperationen pro Sekunde aus. Diese Aussage erlaubt es, Maße in einen zeitlichen Aufwand umzurechnen.

Sheppard [Arth85] hat 1980 in Experimenten festgestellt, daß es eine starke Korrelation zwischen dem Programmieraufwand E und dem Programmieraufwand gibt, der in Manntagen und Mannmonaten ermittelt wird.

Halstead hat sich auch über die bei der Programmierung auftretende Fehleranzahl Gedanken gemacht. Er schätzt beispielsweise die Anzahl der zu erwartenden Programmierfehler durch folgende Formel ab:

$$\beta = \frac{V}{3000}$$

Halstead hat bei Experimenten festgestellt, daß im Mittel nach ca. 3000 Elementaroperationen des Gehirns ein Programmierfehler auftritt.

Wenn wir nun den Ansatz von Halstead zusammenfassend kritisch betrachten, so stellen wir folgendes fest:

- Halstead betrachtet nur einen Teil des Entwicklungsprozesses und zwar jenen der Umsetzung des Feinentwurfes in Quellcode (das sog. Codieren). Dabei läßt er viele Ursachen für Komplexität unberücksichtigt (beispielsweise Schachtelungstiefe, Gültigkeitsbereich von Namen, etc.).

- Halsteads Messungen sind mit Vorsicht zu betrachten, da Mehrdeutigkeiten im Meßansatz (Klassifikationsregeln für Operanden und Operatoren) bzw. Fehler im Meßwerkzeug die Ergebnisse verfälschen können. Weiters fehlt im Ansatz die Berücksichtigung des Eichens der Meßwerkzeuge.

Halsteads Meßansatz zeigt sicherlich den richtigen Weg auf, wie das Messen im Rahmen der Software-Erstellung durchzuführen ist. Es wäre zu wünschen, daß ähnliche Meßansätze für frühere Phasen, beispielsweise den Grobentwurf oder den Feinentwurf, erstellt werden und daß alle relevanten Komplexitätsursachen dabei berücksichtigt werden.

1.3.7 Erfahrungen bei der Anwendung von Qualitätskenngrößen

In einer Studie von Itzfeld (siehe [Itzf87]) wurde die Anwendung von Qualitätskenngrößen in der Informatik-Praxis der Bundesrepublik Deutschland untersucht. Hinsichtlich der Bedeutung von Kenngrößen für die Bewertung von Qualitätseigenschaften wurde folgende Rangordnung festgestellt:

- 67 % Wartbarkeit (Wartungsfreundlichkeit, Pflegbarkeit, Testbarkeit, Änderbarkeit, Anpaßbarkeit, Erweiterbarkeit)
- 65 % Benutzerfreundlichkeit (Benutzbarkeit, Handhabbarkeit, Bedienerfreundlichkeit, Anwenderfreundlichkeit, Dokumentation, Transparenz)
- 60 % Zuverlässigkeit (Verfügbarkeit, Robustheit, Sicherheit, Stabilität, Instandsetzbarkeit, Reaktionssicherheit im Fehlerfall, Reproduzierbarkeit)
- 40 % Korrektheit (Funktionserfüllung, Fehlerfreiheit, Richtigkeit, Gebrauchstauglichkeit, Vollständigkeit)
- 19 % Effizienz (Performance, Verbrauchsverhalten, angemessener Ressourcenverbrauch, Zeitverhalten)
- 15 % Portabilität (Übertragbarkeit, Kompatibilität)
- 17 % Sonstige (Modularität, Stukturierung, Systemkonformität, Verwendung von Standards).

Eine der wesentlichen Aussagen dieser Statistik ist, daß die Wartbarkeit eine immense Bedeutung in der kommerziellen Informatik-Praxis einnimmt. Eigenschaften wie Korrektheit und Effizienz, die in der Vergangenheit eine sehr große Rolle gespielt haben, treten dagegen in den Hintergrund.

Interessant ist auch an dieser Studie, welche Kenngrößen in der Informatik-Praxis für die Bewertung welcher Qualitätseigenschaften herangezogen werden. In der Studie wurden folgende Klassen von Eigenschaften und Kenngrößen ermittelt:

Effizienz:
Transaktionszeiten, Durchsatz, Anzahl der Eingabe- und Ausgabeoperationen

Korrektheit:
McCabes Komplexitätsmaß, Testabdeckungsmaße, Anzahl aufgetretener Fehler pro Zeiteinheit, Biwowarsky-Komplexitätsmaß, Moses-Maß, MTBF-Statistiken

Zuverlässigkeit:
Testabdeckungsmaße, Ausfallzeiten oder -raten, Restfehlerrate, NDBF-Statistiken

Wartbarkeit:
McCabes Komplexitätsmaß, Anzahl und Größe der Module, Prozedurgröße, Schachtelungstiefe, Anzahl aufgetretener Fehler pro Zeiteinheit im Verhältnis zur Anzahl der geänderten lines of code, Anzahl der Änderungen pro Zeiteinheit, Dokumentationsgrad des Programms

Die Stichprobe der Studie umfaßte 285 Anwender mit einer Rücklaufquote von 20 %.

Aus dieser Studie geht klar hervor, daß die Qualitätsprobleme in der Wartung liegen. Gefordert wird ein Meßinstrumentarium mit einer Konzentration auf einige wenige aussagekräftige Maße. Die Notwendigkeit für Qualitätsmessungen zur objektiven Kontrolle der Software-Qualität wird aus wettbewerblichen und rechtlichen Gründen nicht mehr bestritten. Die Praktiker erwarten eine bessere Werkzeugunterstützung für die Ermittlung von Maßen und den Nachweis ihrer Eignung als Instrument der Qualitätsmessung.

Arthur berichtet vom Einsatz der Kenngrößen in Zusammenhang mit Programmprüfungen [Arth85]. Unter der Voraussetzung einer COBOL-Entwicklungsumgebung sollten demnach Programme genauer untersucht werden, wenn folgende Werte von Kenngrößen überschritten werden:

- ELOC > 100
- $V(g) > 10$
- Difficulty > 50

- Entscheidungsdichte > 20 %
- Funktionsdichte < 10 %
- Kommentardichte < 10 %

Erläuterungen:

Entscheidungsdichte = (Gesamtanzahl der Entscheidungen/ELOC) *100
Funktionsdichte = (Gesamtanzahl der Funktionen/ELOC) *100
Kommentardichte = (Anzahl der Kommentare/LOC) *100
ELOC ... ausführbare Zeilen des Quellcode (executable lines of code)

Abschließend stellen wir noch einige Überlegungen zum praktischen Einsatz von Kenngrößen an. Wir sind davon überzeugt, daß Kenngrößen sicherlich nicht der einzige Lösungsansatz der Software-Krise sind. Viele Firmen haben vordringlichere Probleme als die Anwendung von Kenngrößen und Qualitätsmaßen. Trotzdem sind wir der Meinung, daß Kenngrößen ein wichtiges Hilfsmittel sind, um die qualitative Erstellung und Pflege von Arbeitsergebnissen transparent zu machen. Darüberhinaus fördern sie ingenieurmäßiges und damit systematisches Vorgehen im Entwicklungs-, aber auch im Pflegeprozeß.

Wichtig ist, nochmals festzuhalten, daß mit Kenngrößen und Maßen nur der Prozeß und daraus resultierende Produkte, nicht aber die Mitarbeiter zu beurteilen sind. Weiters weisen wir auf den Mißbrauch hin, der mit Kenngrößen getrieben werden kann. Beispielsweise kann eine isolierte und strenge Vorgabe von Qualitätszielen in Form von Qualitätsmeßwerten dazu führen, daß der Software-Entwickler aus purer Angst vor Beurteilung seine zu entwickelnden Module mit aller Gewalt an die vorgegebenen Werte der Kenngrößen ausrichtet und damit eine an das Problem optimal angepaßte Lösung verhindert.

Wie viele andere Hilfsmittel des Software Engineering sind Kenngrößen und Maße vorsichtig und kontrolliert einzusetzen und nur im Zusammenhang mit umfassenden Qualitätssicherungsmaßnahmen anzuwenden. Sie sind immer nur Indikatoren für ganz bestimmte Standpunkte im Rahmen einer Qualitätsaussage.

Wir geben einige Fragestellungen an, die die Ermittlung und den Einsatz von Kenngrößen erleichtern:

R1) Warum messe ich überhaupt?

Es ist der Grund der Messung und eventuell der Kontext der Meßsituation festzulegen. Der Grund der Messung können Probleme, aber auch Ziele sein, die den Entwicklungsprozeß oder das Produkt (Zwischen- und Endergebnisse von Phasen) betreffen.

R2) Was messe ich?

Ausgehend von den Gründen werden Merkmale gesucht, die die Probleme oder Ziele aussagekräftig beschreiben. Damit zusammenhängend ist das Meßobjekt festzulegen. Für jedes Merkmal benötigen wir eine einfach zu bestimmende und zu messende Kenngröße. Die Kenngröße ist genau zu definieren, d. h. es ist eine Berechnungsformel anzugeben. Alle Elemente dieser Formel sind zu prüfen, ob sie verständlich, eindeutig und konsistent sind. Es ist gründlich zu überlegen, welche Dimension die Kenngröße besitzt, und auf welcher Art von Skala die Meßwerte anzugeben sind. Qualitätsmodelle (siehe Anhang A1 und A2) sind eine gute Hilfestellung, um Merkmale und Kenngrößen festzulegen.

Es ist auch die Hypothese zwischen der Kenngröße und dem damit abzuschätzenden Merkmal bzw. der Eigenschaft anzugeben. Wir meinen damit den Einfluß von Meßwertveränderungen auf das Merkmal oder die Eigenschaft. Konkret bedeutet dies, ob beispielsweise ein »steigender« Meßwert die Qualität verbessert oder verschlechtert. Darüberhinaus ist ein möglicher Zusammenhang der Meßgröße mit Meßgrößen anderer Merkmale zu beobachten.

R3) Wie wird gemessen?

Es ist ein Verfahren (Algorithmus) oder ein Werkzeug anzugeben, mit dem gemessen wird. Es sind eventuell organisatorische oder personelle Voraussetzungen zu schaffen, um die Messung zu ermöglichen. Darüberhinaus ist auch zu hinterfragen, wie vollständig und aktuell die Meßdaten sind.

R4) Was sagen die Meßwerte aus?

Es sind Interpretationen oder ein Beurteilungsmaßstab für die Meßwerte anzugeben, d. h. es ist festzulegen, was ein qualitativ guter und was ein qualitativ schlechter Meßwert ist.

R5) Kann ich die Messung mit veränderten Versuchsbedingungen und Parametern durchführen?

Dies führt uns auf das Problem der Validierung von Kenngrößen. Mit dieser Fragestellung soll angedeutet werden, daß durch eine geeignete Versuchsplanung bei der Durchführung des Experiments die Stabilität der Messung bzw. die Validität der Meßergebnisse zu untersuchen ist.

R6) Mit welchem Aufwand und Nutzen wird gemessen?

Dazu ist unter anderem auch der Informationsgewinn der Messung zu untersuchen. Beispielsweise läßt sich durch Messungen relevanter Größen die Basis für Entscheidungen verbreitern und Argumente für die Verbesserungsmaßnahmen des Entwicklungsprozesses gewinnen. Es ist die Frage zu beantworten, ob durch die Kenngrößenermittlung technische oder organisatorische Veränderungen nötig sind. Beides kann den Aufwand einer Messung erheblich vermehren. Bei der Bewertung des Kosten-Nutzen-Verhältnisses ist auch der Wert eines verbesserten Qualitätsmanagements miteinzubeziehen.

Abschließend schlagen wir folgende Maßnahmen vor, um das Messen von Kenngrößen zu etablieren:

- Überzeuge zunächst das Management vom Nutzen des Messens. Ohne die Verwendung aussagekräftiger Kenngrößen ist Qualitätssicherung nicht sinnvoll durchführbar.
- Automatisiere die Ermittlung und Auswertung von Kenngrößen, wo immer nur möglich. Baue die für deine Bedürfnisse notwendige Meßinfrastruktur (Meßwerkzeuge, Meßwertdatenbasis) auf. Dadurch steigen der potentielle Nutzen und die Akzeptanz erheblich.
- Beziehe die Programmierer und Analytiker in die Entwicklung und Verbesserung von Messungen ein. Dadurch wird die Akzeptanz von Meßwerkzeugen und den resultierenden Meßergebnissen gesteigert.
- Sammle und archiviere die ermittelten Werte der Kenngrößen über längere Zeiträume (mindestens drei Jahre).
- Analysiere die gesammelten Meßwerte und achte auf Trends, Regelmäßigkeiten und Unregelmäßigkeiten in den Meßwerten.
- Untersuche und erforsche die Ursachen dieser analysierten Ergebnisse. Ziehe dazu die Projektleiter und das Management bei.

Mit diesen Maßnahmen läßt sich bereits ein einfaches Kenngrößensystem etablieren. Regelmäßig durchgeführte Workshops helfen das Verständnis und die Verankerung eines solchen Systems vertiefen.

Von seiten der Forschung müssen verstärkte Anstrengungen zur Validierung von Maßen unternommen werden. Nur nachgewiesene meßtaugliche Maße können bestehende Akzeptanzbarrieren überwinden. Ohne Zusammenarbeit zwischen Forschung und Informatik-Praxis werden wir wahrscheinlich noch lange auf gesicherte und praktikable Qualitätsmaße warten müssen.

1.4 Qualitätsmodelle

Nach der DIN-Norm ist die Qualität eines Software-Produkts die Gesamtheit von Eigenschaften und Merkmalen, die sich auf die Eignung dieses Produkts für die Erfüllung vorgegebener Erfordernisse beziehen. Diese Definition legt den Begriff Qualität generell fest, ist aber für konkrete Planungs- und Bewertungsaufgaben noch zu ungenau. Wir benötigen daher zur Spezifikation, aber auch zur Prüfung des Erfüllungsgrades von Qualitätsanforderungen Hilfsmittel, die sich einerseits auf den Entwicklungsprozeß, andererseits auf das Produkt beziehen. Differenzierte und den Erfordernissen von Software-Produkten angepaßte Möglichkeiten zur Spezifikation von Qualitätsanforderungen, die auch die Anforderungen an den Prozeß berücksichtigen, bieten Qualitätsmodelle. In der Vergangenheit wurden verschiedene Qualitätsmodelle entwickelt, wie beispielsweise von Boehm [Boeh76], McCall [McCa77] (siehe Anhang A1), Murine [Muri84], NEC [Azum85], Schweiggert [Schw84] und Wallmüller [Wall87] (siehe Anhang A2).

1.4.1 Struktur und Inhalt von Qualitätsmodellen

Mit Hilfe eines Qualitätsmodells wird der allgemeine Qualitätsbegriff durch Ableiten von Unterbegriffen operationalisiert (siehe Abbildung 1.11). Die einzelnen Unterbegriffe werden durch Festlegen von Indikatoren, das sind entweder Produkt- oder Prozeßkenngrößen, meß- und bewertbar gemacht. Wir nennen diese Größen Qualitätskenngrößen (englisch »metrics«).

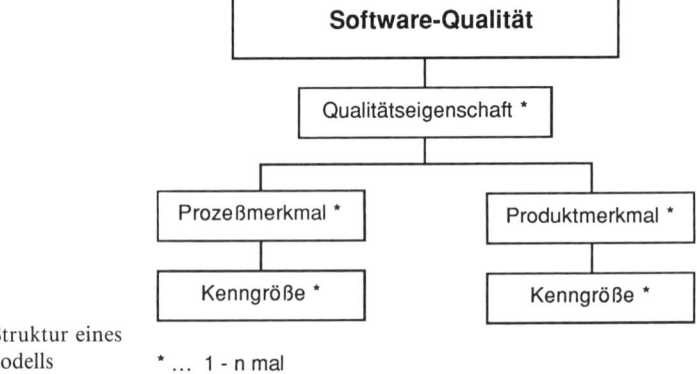

Abb. 1.11 Struktur eines Qualitätsmodells   * ... 1 - n mal

Ein wesentlicher Aspekt dieser Qualitätsmodelle ist die Zerlegungssystematik von Qualitätseigenschaften, die sich auf der untersten Ebene auf Qualitätskenngrößen abstützt. Erstmals hat Boehm 1976 in seinem Modell 21 Eigenschaften und ca. 60 Qualitätskenngrößen vorgeschlagen und aufgezeigt, wie er damit Software-Qualität bewertet.

In Abhängigkeit von dem vorgegebenen Qualitätsmodell und den spezifischen Produktanforderungen wird für jedes Projekt bzw. Produkt eine spezifische Menge von Eigenschaften, Merkmalen und Qualitätskenngrößen festgelegt, wobei deren Anzahl stark variieren kann. Beispielsweise wird man bei einem Produkt mit hohen Wartungsanforderungen den Merkmalen Modularität der Software-Architektur, Lesbarkeit und Verständlichkeit des Codes besondere Bedeutung im Entwurf und in der Codierung schenken. Diese Merkmale können mit der Effizienz des ausführbaren Codes in inverser Beziehung stehen, d. h. ein Programm mit klarem modularen Aufbau und verständlichem Code kann in der Ausführung langsamer sein als eine unstrukturierte, komplexe Lösung. Wir sehen daraus, daß es Zielkonflikte bei der Definition verschiedener Merkmale geben kann.

In vielen Projekten werden im großen und ganzen nur funktionelle Anforderungen, Performance-Anforderungen und Anforderungen an die Benutzerschnittstelle spezifiziert. Anforderungen hinsichtlich der Wartbarkeit, der Portabilität oder ähnlicher Eigenschaften werden meistens vergessen oder ignoriert. Der Grund dafür liegt darin, daß die für die Spezifikation Verantwortlichen keine Hilfsmittel besitzen, um diese Qualitätsanforderungen zu formulieren. Qualitätsmodelle bzw. Qualitätskenngrößen bieten nun die Chance, diese Anforderungen zu spezifizieren.

Die Anwendung dieser Modelle muß auch vom Kunden und Auftraggeber unterstützt werden und im Projekt verankert sein. Aus Benutzerperspektive interessante Merkmale und Kenngrößen sind beispielsweise:

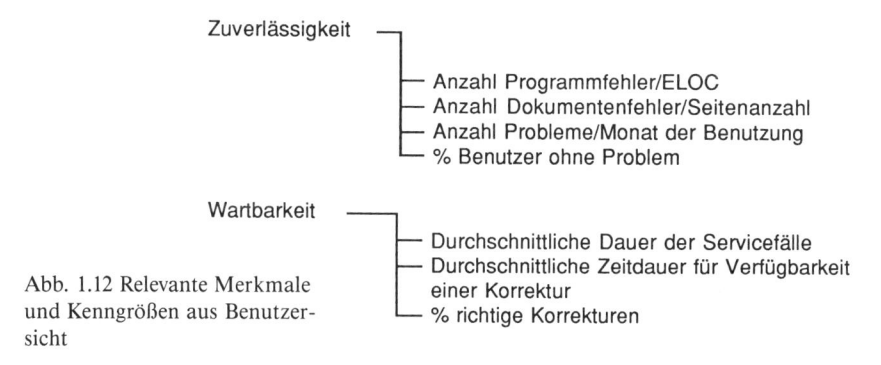

```
                    Zuverlässigkeit  ─┐
                                      ├─ Anzahl Programmfehler/ELOC
                                      ├─ Anzahl Dokumentenfehler/Seitenanzahl
                                      ├─ Anzahl Probleme/Monat der Benutzung
                                      └─ % Benutzer ohne Problem

                    Wartbarkeit      ─┐
                                      ├─ Durchschnittliche Dauer der Servicefälle
                                      ├─ Durchschnittliche Zeitdauer für Verfügbarkeit
                                      │  einer Korrektur
                                      └─ % richtige Korrekturen
```

Abb. 1.12 Relevante Merkmale und Kenngrößen aus Benutzersicht

Beispiele für einfache Kenngrößen aus Entwicklerperspektive, die sich direkt ermitteln lassen, sind die maximale Anzahl der Anweisungen eines Moduls, die Schachtelungstiefe von Kontrollstrukturen oder der prozentuelle Anteil der Kommentaranweisungen eines Moduls. Diese Qualitätskenngrößen eignen sich dazu, die Verständlichkeit eines Moduls abzuschätzen oder zu bewerten.

Folgender Zweck wird durch den Einsatz von Qualitätsmodellen erreicht [Wall87]:

- Vereinheitlichung der verschiedenen Vorstellungen über die Software-Qualität,
- einheitliche Kommunikation,
- Qualität wird konkretisiert, d. h. sie ist definierbar und planbar.

Ein Nachteil ist, daß die Plausibilität und die Zusammenhänge zwischen Qualitätskenngrößen, -merkmalen und -eigenschaften noch nicht theoretisch bewiesen, sondern bloß Hypothesen sind. Die Entwicklung und Validierung von Qualitätsmodellen ist ein aktuelles Forschungsgebiet des Software Engineering.

48   1 Software-Qualität und Software-Qualitätssicherung

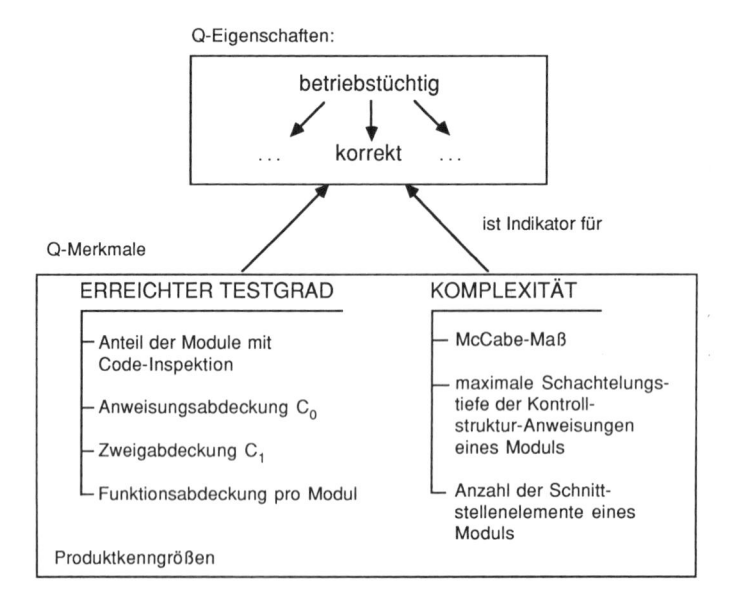

```
                    Q-Eigenschaften:
                    ┌─────────────────────┐
                    │    betriebstüchtig  │
                    │    ↙    ↓    ↘      │
                    │ ...    korrekt   ...│
                    └─────────────────────┘
                         ↗         ↖
                                        ist Indikator für
  Q-Merkmale
  ┌──────────────────────────────┬──────────────────────────────┐
  │ ERREICHTER TESTGRAD          │ KOMPLEXITÄT                  │
  ├──────────────────────────────┼──────────────────────────────┤
  │ ├ Anteil der Module mit      │ ├ McCabe-Maß                 │
  │   Code-Inspektion            │                              │
  │                              │ ├ maximale Schachtelungs-    │
  │ ├ Anweisungsabdeckung C₀     │   tiefe der Kontroll-        │
  │                              │   struktur-Anweisungen       │
  │ ├ Zweigabdeckung C₁          │   eines Moduls               │
  │                              │                              │
  │ └ Funktionsabdeckung pro Modul│ └ Anzahl der Schnitt-       │
  │                              │   stellenelemente eines      │
  │                              │   Moduls                     │
  └──────────────────────────────┴──────────────────────────────┘
  Produktkenngrößen
```

Abb. 1.13 Ausschnitt des SPARDAT-Qualitätsmodells

In Abbildung 1.13 wird die Anwendung eines Qualitätsmodells demonstriert. Als Basis dient das SPARDAT-Qualitätsmodell, das im Anhang A2 beschrieben ist. Für ein spezielles Projekt sei die Betriebstüchtigkeit von Bedeutung. Die Betriebstüchtigkeit läßt sich durch verschiedene Qualitätseigenschaften weiter verfeinern. Von diesen sei für unser Beispiel die Korrektheit von Bedeutung. Zur Bewertung der Korrektheit verwenden wir die Merkmale erreichter Testgrad und Komplexität eines Moduls. Als Qualitätskenngrößen für den erreichten Testgrad bieten sich die Anzahl der Module, die einer Code-Inspektion unterworfen wurden, und die Testabdeckung hinsichtlich der Anweisungen, der Verzweigungen und der Funktionen des Moduls an. Die Komplexität eines Moduls schätzen wir mit dem Qualitätsmaß von McCabe, der maximalen Schachtelungstiefe der Kontrolstuktur-Anweisungen bzw. der Anzahl der Schnittstellenelemente des Moduls ab.

Für die Qualitätsplanung eines bestimmten Moduls bietet sich nun folgende Strategie an: einerseits soll die Maximierung der verschiedenen Testabdeckungsgrade erreicht bzw. kontrolliert werden, indem bestimmte Vorgabewerte definiert werden. Anderseits wird die Komplexität eines Moduls durch Vorgabe bestimmter Schranken begrenzt. Aufgrund von Erfahrungen von McCabe und der IBM ist eine Schranke von 10 für V(g) und von 4 für die Schachtelungstiefe von Prozeduren sinnvoll.

Qualitätsmodelle helfen, die Prozeßqualität zu verbessern. Typische Prozeßprobleme sind beispielsweise unzureichende Projektplanung und -steuerung, Unterschätzung der Entwicklungskosten am Anfang des Projekts oder zu späte Auslieferung des Produkts. Durch die Wahl geeigneter Kenngrößen für spezifische Prozeßfaktoren, wie beispielsweise die Projektplanung und -führung, oder durch standardisiertes Vorgehen im Projekt lassen sich auch Produkt- bzw. Prozeßprobleme rascher in den Griff bekommen. Für die Einhaltung der Projektplanung (Merkmal »Termintreue«) können wir zum Beispiel folgende Kenngröße einführen: verschobene Meilensteine/Anzahl der Meilensteine pro Monat und Projekt.

Qualitätsmodelle können uns auch helfen, die Zusammenhänge zwischen den einzelnen Eigenschaften besser zu verstehen und aufzuzeigen. Wir kennen drei Klassen von Beziehungen zwischen Eigenschaften:

- indifferent
- konkurrierend
- verstärkend

Zwei Qualitätseigenschaften sind indifferent, wenn es keine sichtbare Wechselwirkung zwischen diesen Eigenschaften gibt, d. h. es gibt keine Wechselwirkung zwischen den Ausprägungen der Qualitätsmerkmale dieser Eigenschaften. Beispielsweise sind die Portabilität und die Korrektheit indifferent.

Zwei Eigenschaften sind konkurrierend, wenn eine Verbesserung der einen Eigenschaft die Verschlechterung der anderen nach sich zieht. Beispielsweise führt eine Erhöhung der Zuverlässigkeit in der Regel zu einer Verschlechterung der Performance.

Zwei Eigenschaften verstärken sich, wenn die Erhöhung der Qualität einer Eigenschaft die Erhöhung der Qualität der anderen nach sich zieht. Beispielsweise sind Korrektheit und Zuverlässigkeit zwei sich verstärkende Eigenschaften.

Qualitätsmodelle sind auch ein sehr gutes Hilfsmittel, um die Einflußnahme von unabhängigem Qualitätssicherungspersonal zu verbessern. Das Problem beim Einsatz von unabhängigem Qualitätssicherungspersonal besteht darin, daß diese Leute vom eigentlichen Projektgeschehen entfernt sind und ihnen oft der direkte Bezug zu den aktuellen Problemen und Schwierigkeiten im Projekt fehlt. Durch ein aussagekräftiges Netz von Qualitätskenngrößen über alle Phasen bzw. abgestimmt auf die Besonderheiten des Projekts ist es auch unabhängigem Personal möglich, Fehlentwicklungen und Mängel im Entwicklungsprozeß oder in Zwischen- und Endprodukten rechtzeitig zu entdecken. Qualitätsmodelle können somit als Frühwarnsystem für die Qualitätssicherer verwendet werden. Damit werden Schwachstellen im Entwicklungsprozeß rechtzeitig aufgezeigt, und geeignete konstruktive Hilfsmittel können zum Einsatz gebracht werden.

Ein für die Qualitätsplanung und -beurteilung wichtiger Aspekt sind Qualitätssichten. Wie bereits ausgeführt ist Qualität nichts Absolutes, sondern etwas Relatives und beruht immer auf den vorgegebenen Anforderungen. Diese vorgegebenen Anforderungen sind natürlich sehr stark abhängig von der Person, die sie erstellt. Verschiedene Personenkreise, die mit der Entwicklung eines Software-Produkts zu tun haben, haben natürlich verschiedene Qualitätssichten. Dißmann und Zurwehn [Dißm86] haben versucht, diesen Aspekt bei der Gestaltung von Qualitätsmodellen zu berücksichtigen. Sie definieren vier Personengruppen, die die Qualität aus vier unterschiedlichen Sichten betrachten bzw. spezifizieren:

50   1 Software-Qualität und Software-Qualitätssicherung

- Benutzer
- Betreiber
- Designer
- Programmierer

Abhängig von den verschiedenen Personengruppen lassen sich nun differenzierte Qualitätssichten festlegen. Unter Qualitätssicht wird eine Menge von untereinander in Beziehung stehenden Qualitätseigenschaften bezeichnet, die zur Planung und Beurteilung der Qualität für die Personengruppe relevant sind. In den Abbildungen 1.14 a), 1.14 b), 1.14 c) und 1.14 d) (Seite 52) sind die relevanten Eigenschaften aus Benutzersicht, Betreibersicht, Designersicht und Programmierersicht dargestellt.

Die erste Gruppe sind die Benutzer eines Software-Produkts. Unter Benutzer eines Software-Produkts verstehen wir Personen oder technische Systeme, die die Leistung des Software-Systems in Anspruch nehmen. Qualitätsanforderungen dieser Gruppe betreffen in der Regel die Schnittstellen des Produkts (Benutzerschnittstellen, Systemschnittstelle) und sind betriebsbezogen.

Die zweite Kategorie von Personen mit eigener Qualitätssicht sind die Betreiber eines Software-Produkts. Unter Betreiber verstehen wir im Unterschied zum Benutzer Institutionen, die Software-Produkte in ihrem Einflußbereich zur Verfügung stellen, d. h. sie stellen das Produkt den Benutzern zur Verfügung, organisieren die Nutzung, legen den Life Cycle fest oder beeinflussen ihn. Die Anforderungen dieser Gruppe an das Produkt sind in der Regel einsatzorientiert und betreffen die Zukunft des Produkts.

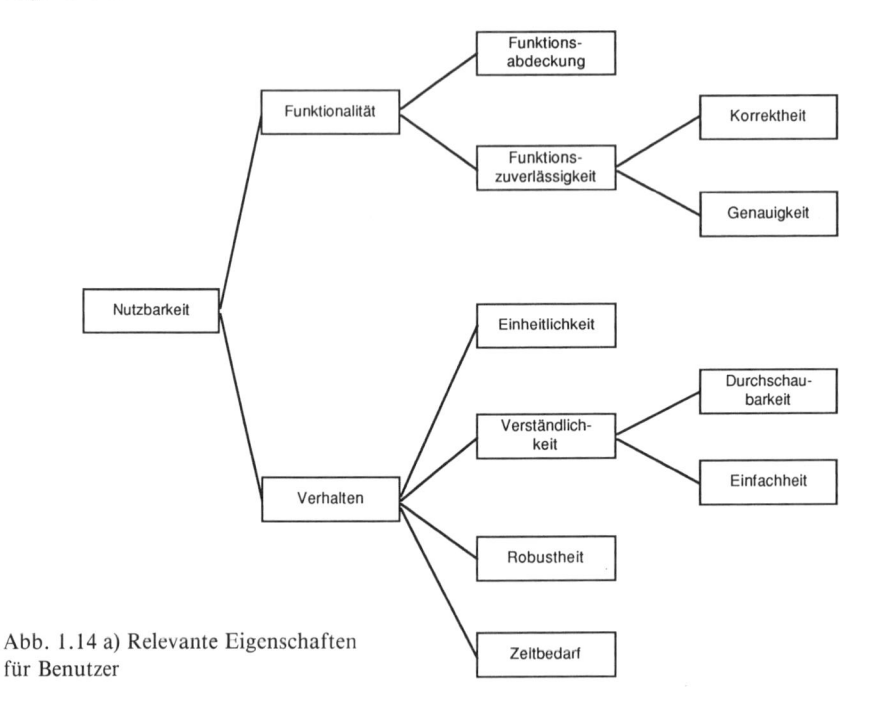

Abb. 1.14 a) Relevante Eigenschaften für Benutzer

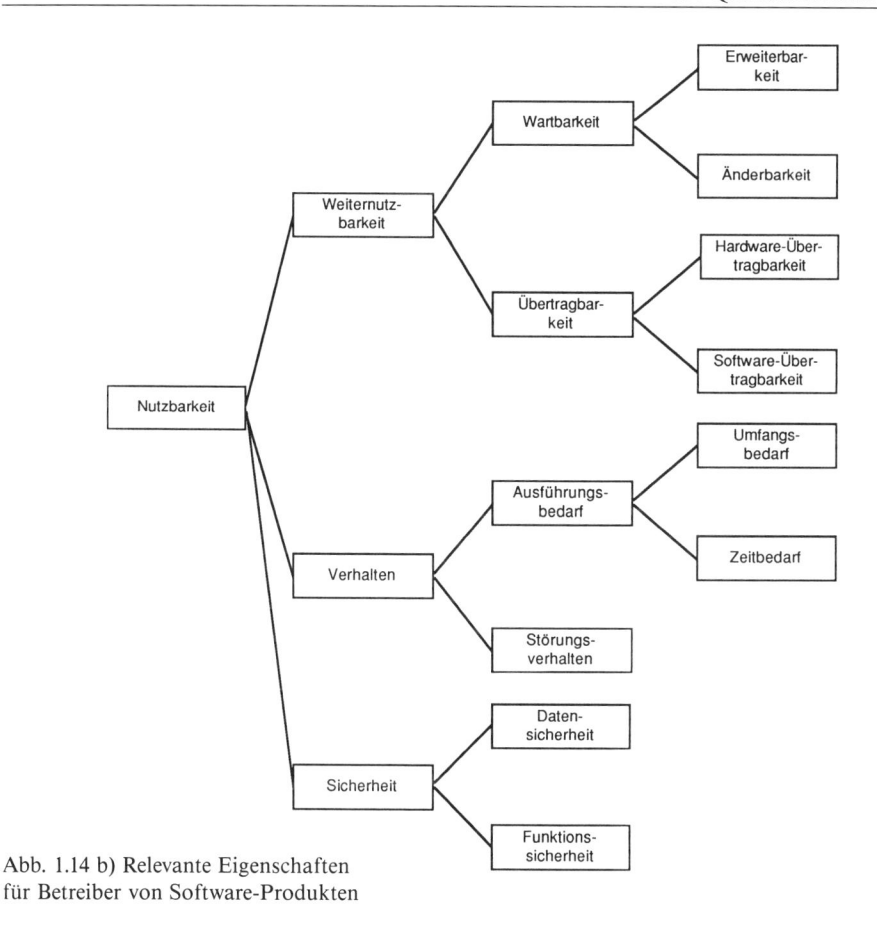

1.4 Qualitätsmodelle

```
Nutzbarkeit
├── Weiternutzbarkeit
│   ├── Wartbarkeit
│   │   ├── Erweiterbarkeit
│   │   └── Änderbarkeit
│   └── Übertragbarkeit
│       ├── Hardware-Übertragbarkeit
│       └── Software-Übertragbarkeit
├── Verhalten
│   ├── Ausführungsbedarf
│   │   ├── Umfangsbedarf
│   │   └── Zeitbedarf
│   └── Störungsverhalten
└── Sicherheit
    ├── Datensicherheit
    └── Funktionssicherheit
```

Abb. 1.14 b) Relevante Eigenschaften für Betreiber von Software-Produkten

Die dritte Personengruppe sind die Designer. Sie legen die technische Struktur des Produkts als Kombination von Komponenten bzw. die Aufgaben der Komponenten fest. Die Qualitätsziele dieser Personengruppe betreffen in der Regel die Strukturierung der Architektur, zielen auf die Befriedigung von Benutzer- und Betreiberanforderungen ab und gehen in Richtung Entwicklung oder Weiterentwicklung des Produkts.

Die vierte Personengruppe sind die Programmierer. Sie realisieren die Komponenten des Systems entsprechend den festgelegten Aufgaben in Form von Programmen und Modulen. Ihre Qualitätsziele betreffen in der Regel die Programmstruktur im kleinen, den Programmierstil und die einzelnen Algorithmen.

Evans und Marciniak [Evan87] vertreten die Ansicht, daß die verschiedenen Qualitätssichten entscheidend für die Planung des Qualitätsniveaus eines Produkts und für ein besseres Verständnis des Entwicklungsprozesses sind. Sie unterscheiden Kunden-, Projektmanager- und Entwicklersicht. Die Kundensicht wird einerseits dadurch bestimmt, inwieweit das gelieferte Produkt die operationellen Einsatzbedingungen und den

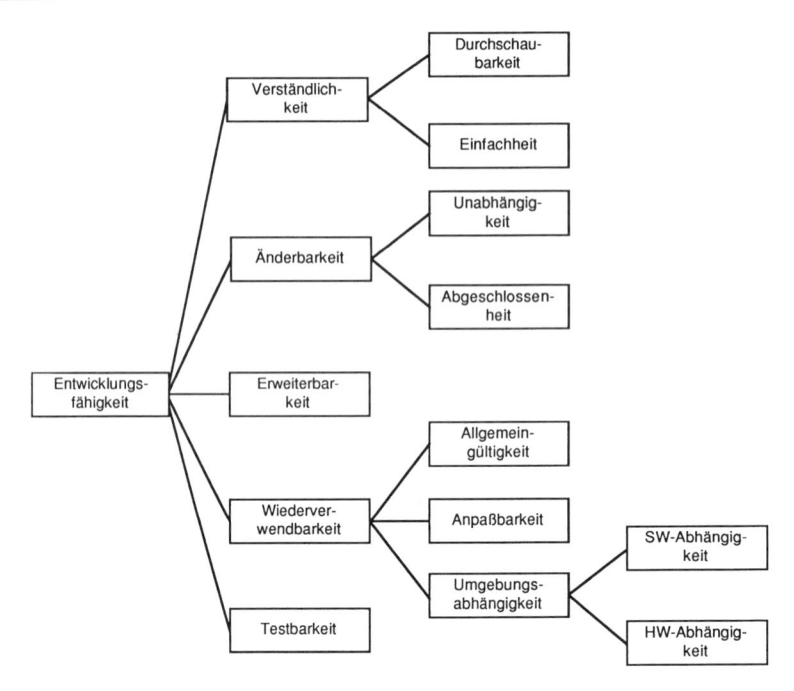

52 1 Software-Qualität und Software-Qualitätssicherung

```
Entwicklungs-
fähigkeit
├── Verständlich-
│   keit
│   ├── Durchschau-
│   │   barkeit
│   └── Einfachheit
├── Änderbarkeit
│   ├── Unabhängig-
│   │   keit
│   └── Abgeschlossen-
│       heit
├── Erweiterbar-
│   keit
├── Wiederver-
│   wendbarkeit
│   ├── Allgemein-
│   │   gültigkeit
│   ├── Anpaßbarkeit
│   └── Umgebungs-
│       abhängigkeit
│       ├── SW-Abhängig-
│       │   keit
│       └── HW-Abhängig-
│           keit
└── Testbarkeit
```

Abb. 1.14 c) Relevante Eigenschaften für Designer

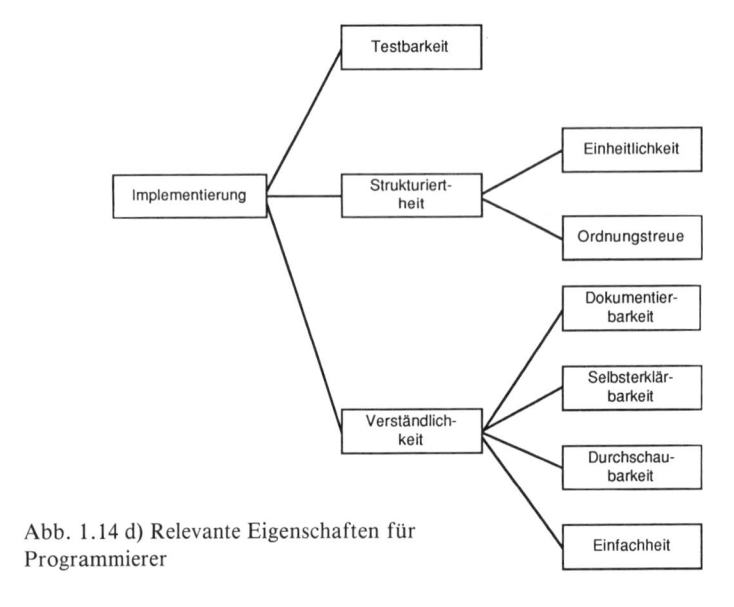

```
Implementierung
├── Testbarkeit
├── Strukturiert-
│   heit
│   ├── Einheitlichkeit
│   └── Ordnungstreue
└── Verständlich-
    keit
    ├── Dokumentier-
    │   barkeit
    ├── Selbsterklär-
    │   barkeit
    ├── Durchschau-
    │   barkeit
    └── Einfachheit
```

Abb. 1.14 d) Relevante Eigenschaften für Programmierer

versprochenen Nutzen erfüllt. Andererseits interessiert den Kunden, inwieweit durch Kosten, Termine und technische Risiken die Qualität und die Anwendung des Produkts beeinflußt wird. Die Sicht des Projektmanagers bezieht sich einerseits auf die Erfüllung der getroffenen Übereinkünfte hinsichtlich Kosten und Termine und andererseits auf das Erreichen eines akzeptablen Qualitätsniveaus, das mit anderen Produkten des Benutzers vergleichbar ist. Die Entwickler und insbesondere der Projektleiter sehen aus ihrer Warte einerseits die Vollständigkeit und Beherrschbarkeit des Entwicklungsprozesses im Vordergrund ihrer Qualitätsbetrachtungen. Andererseits ist die Erfüllung der spezifizierten Anforderungen oder deren Nachweis ein wesentliches Qualitätsziel dieser Gruppe.

Die Grenzen heutiger Qualitätsmodelle liegen einerseits in der mangelnden Beschreibbarkeit von Software-Produkten durch quantifizierbare Merkmale und andererseits in der schlechten Strukturierung sowie formalen Beschreibung von Entwicklungs- und Pflegeprozessen. Viele der in Qualitätsmodellen verwendeten Zusammenhänge zwischen Eigenschaften, Merkmalen und Kenngrößen beruhen auf Erfahrungswerten, die größtenteils nicht systematisch ausgewertet wurden.

Zusammenfassend läßt sich sagen, daß durch eine Berücksichtigung der verschiedenen Sichten die Anwendbarkeit eines Qualitätsmodells erleichtert und vereinfacht wird.

1.4.2 Pragmatisches Erstellen eines Qualitätsmodells

Welche Möglichkeiten gibt es, wenn kein ausgereiftes Qualitätsmodell zur Verfügung steht und trotzdem ernsthaft Qualitätsplanung und -bewertung betrieben werden soll? Wir schlagen dazu eine systematische Vorgehensweise vor, die folgende Regeln berücksichtigt:

- Identifiziere die Besonderheiten der Anwendung (Klassifikation des Software-Produkts).
- Bestimme die wichtigen Qualitätseigenschaften (maximal 3).
- Definiere dazupassende Prozeß- und Produktmerkmale.
- Definiere zu den einzelnen Merkmalen Qualitätskenngrößen, die sich leicht ermitteln lassen.
- Ordne die Kenngrößen nach den Phasen, in denen sie erstmals gemessen und ermittelt werden können.
- Definiere Meß- und Bewertungsmethoden und erstelle Checklisten zur Bewertung von nicht quantifizierbaren Merkmalen.
- Bestimme den Zeitpunkt der Messung und der Bewertung.
- Selektiere oder entwickle einfache Werkzeuge, die das Messen und Bewerten erleichtern.
- Versuche Grenzwerte und Sollwerte für die Qualitätskenngrößen vorzugeben. Diskutiere Maßnahmen, um diese Grenz- und Sollwerte zu erreichen.
- Ermittle die Werte der Kenngrößen.
- Analysiere die ermittelten Werte der Kenngrößen und vergleiche sie mit den definierten Grenz- und Sollwerten. Die graphische Darstellung der ermittelten Werte zusammen mit den Grenz- und Sollwerten fördert die Akzeptanz der Qualitätsplanung.

- Sind Abweichungen zu den vorgegebenen Grenz- und Sollwerten vorhanden, leite Korrekturmaßnahmen ein und überprüfe diese.

Die Voraussetzung für die Erstellung und den Einsatz von Qualitätsmodellen ist ein stabiler Entwicklungsprozeß mit einem geordneten Projektmanagement. Der Einsatz von Qualitätsmodellen führt zu einer Erhöhung der Fehlerentdeckungsrate beim Testen, zu einer Verbesserung der Produktivität und zu einer Kostenreduktion in der Wartung [Azum87].

1.4.3 Bedeutung von Qualitätsmodellen in einem Qualitätssicherungssystem

Qualitätsmodelle sind ein aktuelles Forschungs- und Entwicklungsgebiet des Software Engineering ([Azum85], [Asam86]). Je besser die Entwicklungsprozesse durch Vorgehensmodelle beherrscht werden, desto mehr Möglichkeiten ergeben sich für den Einsatz und die Verwendung von Qualitätsmodellen.

Die zentralen Anliegen der Qualitätssicherung, wie Qualitätsplanung, Qualitätslenkung und Qualitätsprüfung, können ernsthaft nur durch quantitative Kenngrößen gelöst werden. Qualitätsmodelle bieten dazu die geeignete Grundlage (Eigenschaften, meß- und bewertbare Merkmale).

Für ein Projekt werden die drei wichtigsten Qualitätseigenschaften ausgewählt. Danach werden für sie quantitative Qualitätsziele festgelegt. Das setzt voraus, daß entsprechende Merkmale zu den Eigenschaften existieren und diese auch meßbar sind. Anschließend werden die entsprechenden Qualitätssicherungsmaßnahmen ausgewählt, um die Qualitätsziele auch zu erreichen. Diese Maßnahmen umfassen den Einsatz von Methoden, Werkzeugen und Hilfsmitteln. Die Qualitätslenkung besteht nun in der praxisrechten Anwendung dieser Maßnahmen (siehe Abbildung 1.15).

Zu im Qualitätssicherungsplan definierten Zeitpunkten werden Zwischenbewertungen in Form von Qualitätsprüfungen an Phasenendprodukten durchgeführt (Abbildung 1.16). Sie zeigen uns, in welchem Ausmaß die Qualitätsziele in jeder Phase erreicht worden sind. Gleichzeitig dienen sie zum Auslösen von Korrekturmaßnahmen, um die angestrebten Qualitätsziele zu erreichen. Das Grundkonzept dabei ist, durch systematisches Vorgehen und praxisnahe Hilfsmittel des Software Engineering ausgehend von einer Soll-Qualität zu einer tolerierbaren Ist-Qualität zu gelangen.

Die folgenden Vorteile ([Azum85], [Wall87]) lassen sich durch den Einsatz von Qualitätsmodellen erzielen:

- Qualitätsziele sind spezifizierbar, indem aussagekräftige, quantifizierbare Qualitätsmerkmale für das Produkt bzw. den Prozeß zur Verfügung stehen.
- Qualität läßt sich objektiv bewerten. Damit wird der Entwicklungsfaktor Qualität plan- und steuerbar.
- Dem Management läßt sich graphisch darstellen, in welchem Ausmaß Qualitätsziele erreicht wurden [Azum85].

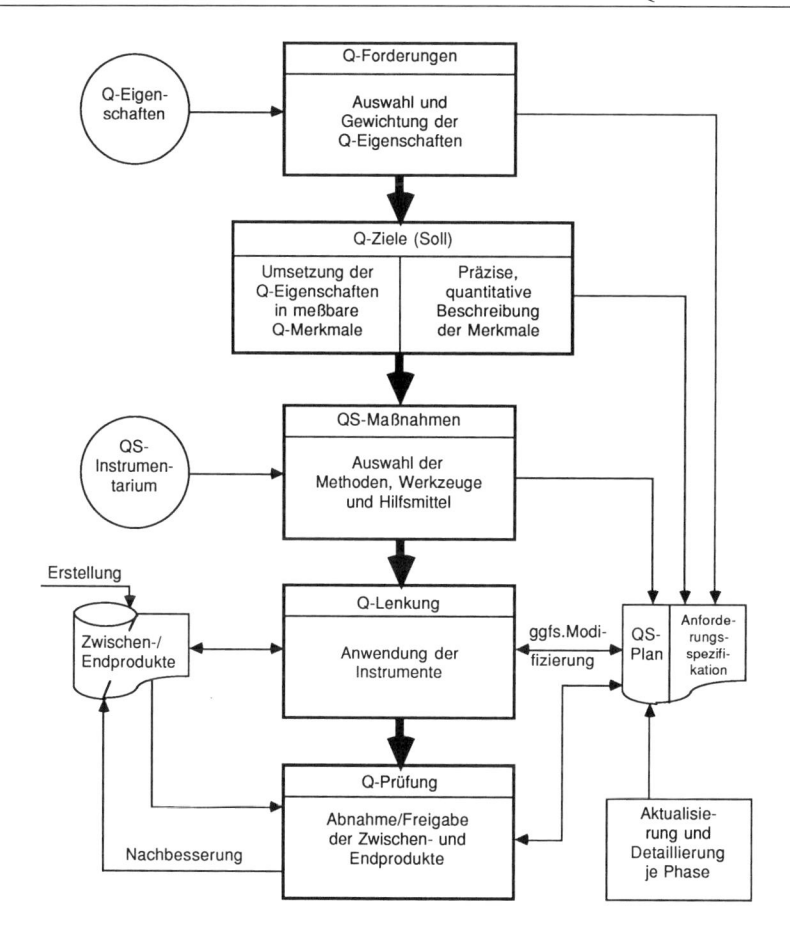

Abb. 1.15 Qualitätssicherung mit einem Qualitätsmodell

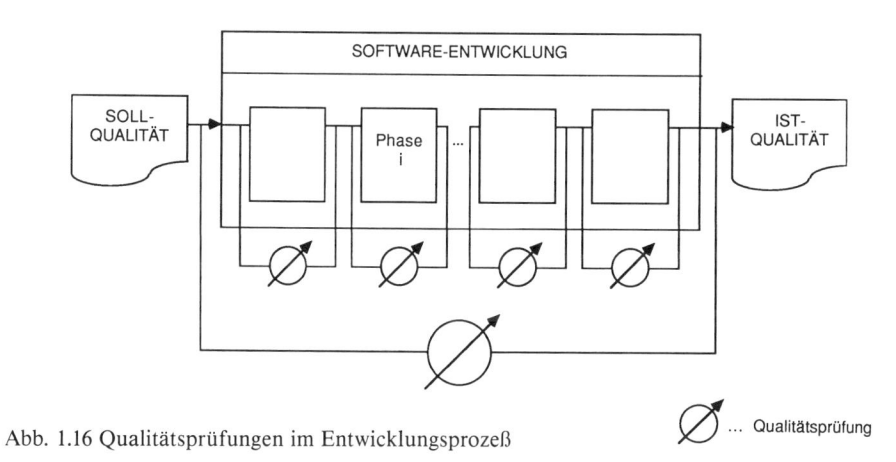

Abb. 1.16 Qualitätsprüfungen im Entwicklungsprozeß

- Die Dokumentation des Produkts wird besser.
- Die Erfüllung der Benutzeranforderungen wird einfacher zu überprüfen.
- Der Nachweis der Wirkung von Qualitätssicherungsmaßnahmen wird transparent und dadurch auch einfacher.

Neben diesen Vorteilen gibt es aber eine Reihe von Problemen, die gelöst gehören. Qualitätsmodelle sind auf die Projektinfrastruktur, die Organisationsstruktur der Entwickler, die Managementstruktur der Entwicklerorganisation und auf soziale und psychologische Faktoren abzustimmen.

Die Auswahl aussagekräftiger quantifizierbarer Merkmale ist für verschiedene Entwicklungsprozesse unterschiedlich und divergiert. Die Validierung von Qualitätsmodellen steckt erst in der Anfangsphase.

Trotz vieler noch nicht gelöster Probleme sind Qualitätsmodelle bereits gegenwärtig ein sinnvolles Instrumentarium. Sie helfen den Faktor Qualität besser zu beherrschen [Muri84].

2 Software-Qualität und Produktivität

Die Nachfrage nach neuen Applikationen übersteigt gegenwärtig die Lieferfähigkeit von Software-Entwicklungsorganisationen in vielen Firmen bzw. allgemein in der Informatik-Industrie. Dies führt schon seit geraumer Zeit dazu, daß es bei vielen Informatik-Anwendern zu einem Applikationsstau (application backlog) kommt. Gegenwärtig sind Software-Entwicklungsprozesse sehr personalintensiv und erfordern gut ausgebildete und erfahrene Entwickler, die auch in absehbarer Zeit Mangelware sein werden. Wir sehen daraus, daß die Produktivität in vielen Informatik-Organisationen zu niedrig ist.

Die Lösungsansätze zur Steigerung der Produktivität gehen in zwei Richtungen:

- Einsatz von Methoden, Software-Werkzeugen und Hilfsmitteln, um die Produktivität im konventionellen Entwicklungsprozeß zu verbessern.
- Verringerung des arbeitsintensiven Prozesses der Programmierung durch Einsatz von 4. Generationssprachen, Generatoren und ein Entwicklungsvorgehen, das sich nicht am klassischen Life Cycle-Modell orientiert (z. B. evolutionäres Prototyping). Dabei werden verstärkt die Endbenutzer direkt miteinbezogen.

Für beide Ansätze gibt es bereits ausreichende praktische Erfahrungen [Jone86]. Bei der Diskussion dieser Lösungsansätze tauchen immer wieder folgende Fragen auf:

- Was verstehen wir unter Produktivität?
- Wie hängt Produktivität bzw. ihre Verbesserung mit der Qualität der Produkte zusammen?

Beide Fragen sind gegenwärtig noch nicht vollständig zufriedenstellend zu beantworten. Es fehlt an einem Erklärungsmodell für den Entwicklungsprozeß. Wir können in den nachfolgenden Abschnitten nur einen Überblick bzw. Ansätze zur Lösung dieser Fragestellungen aufzeigen.

2.1 Was ist Produktivität?

Der Begriff Produktivität ist gegenwärtig nicht eindeutig definiert. Im Zusammenhang mit Software-Entwicklung sehen wir drei Aspekte: Zeit, Return on Investment und Qualität.

Wenn wir die Produktivität steigern wollen, so beabsichtigen wir,

- Systeme schneller zu entwickeln,
- Systeme zu entwickeln, die einen höheren Return on Investment liefern und
- Systeme mit besserer Qualität zu entwickeln.

Der erste Aspekt weist darauf hin, daß wir die Kalenderzeit reduzieren wollen, in der wir ein Software-Produkt entwickeln. Viele Manager von Informatik-Organisationen bezeichnen diesen Aspekt auch als Effizienzsteigerung.

Der zweite Aspekt kann auch so formuliert werden, daß eine Informatik-Organisation einfach weniger Geld ausgeben will, um Software-Produkte bei gleichbleibenden Anforderungen zu entwickeln bzw. zu pflegen.

Der dritte Aspekt hat mit Qualitätssicherung zu tun und wird häufig mit dem ersten Aspekt zusammen als eine der Zielsetzungen für eine Entwicklungsorganisation festgesetzt.

Um diese drei Ziele zu erreichen, ist es notwendig, die Entwicklungsproduktivität zu messen. Dazu brauchen wir Produktivitätsmaße. Die gegenwärtig akzeptierten Produktivitätsmaße basieren auf den Ergebniseinheiten Codezeilen pro Zeiteinheit oder Function Points pro Zeiteinheit [Albr79]. Function Points eignen sich ausschließlich für die Bewertung von kommerziellen Informationssystemen (geringe algorithmische Komplexität der Lösung). Bei ihrer Berechnung werden folgende Applikationsparameter berücksichtigt: Anzahl der Benutzereingaben, Anzahl der Benutzerausgaben, Anzahl der Benutzerabfragen, Anzahl der Dateien bzw. Datenbanken und Anzahl der Schnittstellen zu Nachbarapplikationen oder zu anderen Systemen. Diese so ermittelten Function Points werden durch zusätzliche Komplexitätsparameter der Applikation und empirische Konstanten des Entwicklungsprozesses gewichtet.

Die am häufigsten verwendeten Produktivitätsmaße sind:

$$P_1 = \frac{CSI}{PY}$$

$$P_2 = \frac{Cost}{CSI}$$

$$P_3 = \frac{FP}{PM}$$

CSI ... Changed Source Instruction (neue und modifizierte Zeilen Code)
PY ... Person Year
PM ... Person Month
FP ... Function Points

Die Produktivitätsmaße auf der Basis von Lines of Code (LOC) pro Zeiteinheit sind unbefriedigend. Die Gründe dafür sind vielfältig:

- Der eigentliche Erstellungsprozeß von Code (das »Programmieren«) umfaßt nur ca. 20 % des gesamten Entwicklungsaufwands einer Applikation [Case85]. Aussagen über die Gesamtproduktivität eines Entwicklungsprozesses müssen auch die Aktivitäten der frühen Phasen berücksichtigen.
- Die Zählproblematik. Wie sind Kommentare, nichtausführbarer Code und mehrfach verwendeter Code zu zählen? Das Zählen von Anweisungen ist überaus problematisch, wenn man bedenkt, wie in modernen Sprachen, beispielsweise Ada und Modula-2, Anweisungen begrenzt oder verbunden sind.

- Es ist nicht sehr sinnvoll, Mitarbeiter über ihre LOC-Leistung zu motivieren oder zu bewerten. Dies führt meist zur Produktion von nutzlosem Code.

Auch die Produktivitätsmaße auf der Basis von Function Points haben Kritik hervorgerufen, beispielsweise:

- Die Schätzung der Function Points einer Applikation, die zwar mit der Anzahl der produzierten Anweisungen korreliert [Albr83], berücksichtigt die algorithmische Komplexität der gewählten Lösung nicht.
- In der Berechnung der Function Points werden Applikationsparameter und Gewichtungsfaktoren verwendet, die durch subjektive Einschätzungen und Bewertungen ermittelt werden (beispielsweise: Sind die Eingaben, Ausgaben, Datenbanken und Abfragen komplex?).

Jede Debatte über Produktivitätsmaße führt unweigerlich auch zur Frage, wie diese so ermittelten Werte verwendet werden sollen. Sollen P_1- oder P_3-Werte einer Entwicklergruppe mit denen einer anderen verglichen werden? Soll das Management diese Maße auch für die Bewertung einzelner Entwickler oder Gruppen von Entwicklern heranziehen? Die Antwort auf diese Frage ist ein entschiedenes Nein. Die Gefahr, Äpfel mit Birnen zu vergleichen, ist gegeben und führt rasch zu Mißinterpretationen.

Boehm [Boeh87] definiert Produktivität wie folgt:

$$P = \frac{\text{Produzierte Ergebnisse im Entwicklungsprozeß}}{\text{Aufwand}}$$

Wir können demnach die Produktivität des Entwicklungsprozesses verbessern, wenn wir entweder seine Ergebnisse vermehren oder seinen Aufwand verringern, oder beides gleichzeitig. Der Aufwand für den Entwicklungsprozeß umfaßt Arbeits- und Ausbildungskosten, Kosten für Computerressourcen und Hilfsmittel. Er läßt sich folgenden Aufwandsklassen zuordnen:

- Phasen
- Aktivitäten
- Personal
- Ausbildung
- Hilfsmittel

Der Aufwand läßt sich am besten in Geldeinheiten ausdrücken.

Die kritische Diskussion der Boehm'schen Formel zeigt uns folgende Schwierigkeiten und Unklarheiten:

1. Wie sollen wir die Ergebnisse, insbesondere phasengerecht, definieren? Wie sehen diese Ergebnisse für die frühen Phasen aus?
2. Wie gut eignen sich die Ergebnisse zur Bewertung und Messung? Wir haben bereits ausführlich die Vor- und Nachteile der Ergebniseinheit LOC diskutiert. Es gibt aber auch konzeptionelle Ergebnisse, wie beispielsweise ein Systemkonzept oder eine

Anforderungsdefinition, die nicht einfach quantitativ zu bewerten sind und bei denen eine Aufwandsreduktion auch zu Mängeln führen kann.
3. Die Formel eignet sich schlecht zum Vergleich von Produktivitätswerten unterschiedlicher Projekte, da sie in keiner Weise die verschiedenen Einflußgrößen auf die Produktivität berücksichtigt (siehe dazu 2.2).

Wir sehen also, daß auch dieser Versuch, die Produktivität zu definieren, mit Schwierigkeiten behaftet ist. Es scheint notwendig zu sein, die produktivitätsbeeinflussenden Faktoren näher zu untersuchen und anschließend eine verbesserte Definition der Produktivität zu formulieren.

2.2 Produktivitätsbeeinflussende Faktoren

Es gibt bereits eine Reihe von Untersuchungen [Cont86], die den Einfluß verschiedenster Faktoren auf die Produktivität untersucht haben. Wir wollen im folgenden zwei Untersuchungen näher betrachten, jene von Packer [Lans86] und jene von Remus [Remu82].

Packer vom MIT Laboratory for Manufacturing and Productivity hat eine qualitative Methode zur Untersuchung von Produktivitätsfaktoren entwickelt [Lans86]. Diese Methode wurde erstmals im Rahmen einer Produktivitätsanalyse bei der Bank of America eingesetzt. Er benutzte dazu eine Fragebogenaktion, die vor und nach bestimmten technischen und organisatorischen Veränderungen im Systementwicklungsprozeß mit den vier Gruppen Programmierer, Analytiker, Manager und Benutzer durchgeführt wurde.

Die Fragenschwerpunkte auf organisatorischer und betrieblicher Ebene beziehen sich auf fünf Gruppen (Cluster) von Produktivitätsfaktoren, die zur Erklärung der Produktivität einer Organisation herangezogen werden. Sie umfassen:

OG1 Bedeutung der Arbeit/Jobzufriedenheit/Arbeitsmoral
OG2 Unabhängigkeit/adäquate Bereitstellung von Ressourcen/Verantwortlichkeit für Ergebnisse
OG3 Innovation/Kreativität/Möglichkeiten für organisatorische Verbesserungen
OG4 Teamarbeit/Managementunterstützung
OG5 Ziele und Feedback über die Zielerreichung

Diese fünf Fragenschwerpunkte werden zur Befragung der obigen vier Personengruppen verwendet. Durch Mehrfachantworten, die alle eine Gewichtung aufweisen, werden Durchschnittswerte je Schwerpunkt (z. B. OG1) gebildet und auf einer fünfstufigen Skala in einem Diagramm (Produktivitätskarte) eingetragen. Beim ersten Analyseschritt wird die ideale Sicht des Managements aufgezeichnet (ideale organisatorische Umgebung und Arbeitsbedingungen), d. h., was benötigt das Management, um seinen Verantwortlichkeiten gerecht zu werden. Diese erste Bewertungskurve (basierend auf den gewichteten Antworten) kann zur Analyse herangezogen werden, inwieweit es Unterschiede zwischen der idealen Sicht des Managements und den strategischen Zielen der Organisation gibt.

Beispielsweise gibt es in Abbildung 2.1 beim Schwerpunkt 3 einen erheblich niedrigeren

2.2 Produktivitätsbeeinflussende Faktoren 61

Wert als bei anderen Gruppenergebnissen bezüglich der idealen Managementsicht. Dies deutet auf organisatorische Schwäche hin. Es ist dann zu hinterfragen, was getan werden kann, um beispielsweise Innovation zu fördern.

Als zweiter Schritt wird die aktuelle Managementsicht erhoben und diese mit der Idealsicht verglichen. Beispielsweise gibt es signifikante Unterschiede bei Schwerpunkt 2. Dieser Unterschied wurde durch eine teilweise Verlagerung der Computerressourcen von der Entwicklung in die Produktion verursacht.

Liegen alle aktuellen Sichten der vier Personengruppen vor, kann im dritten Schritt mit dem Vergleich dieser vier Sichten begonnen werden. Die Frage ist, ob alle vier Personengruppen die organisatorische Umgebung und die Arbeitsbedingungen gleich einschätzen.

In Abbildung 2.1 schätzen die Programmierer den Schwerpunkt 1 niedriger ein als alle anderen drei Gruppen. Dies kann beispielsweise damit zu tun haben, daß die Beziehungen zwischen Jung-Programmierern und Senior-Programmierern schlecht ist oder kein adäquater Leistungsanreiz für Programmierer geboten wird.

In einem vierten Schritt können Veränderungen über die Zeit in der Organisations-Produktivitätskarte untersucht werden. Dazu ist es notwendig, die Befragung vor und nach einer Organisationsveränderung durchzuführen, die Karten zu zeichnen und sie miteinander zu vergleichen.

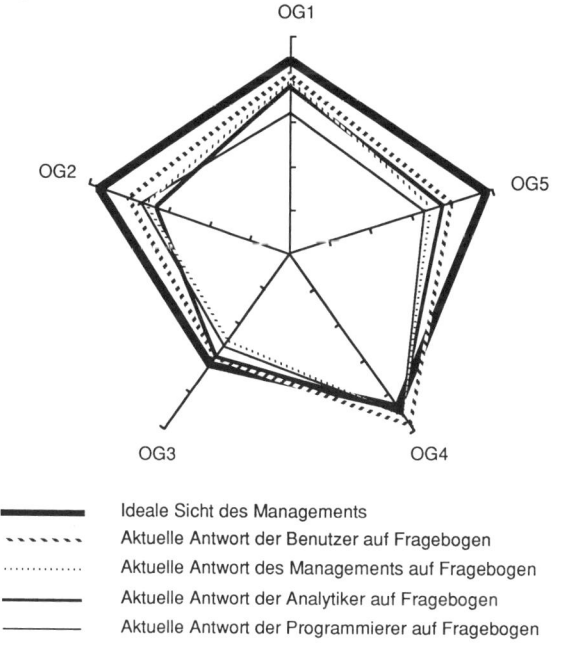

Abb. 2.1 Packers Produktivitätskarte für den Bereich Organisation

62 2 Software-Qualität und Produktivität

Darüber hinaus wird die spezifische Produktivitätssituation auf der Informatik-Ebene untersucht. Die Fragenschwerpunkte beziehen sich auf folgende sechs Produktivitätsfaktoren:

DV1 Kommunikation
DV2 Strategische Informatik-Planung (z. B. unternehmensweite Datenplanung)
DV3 Projektmanagement
DV4 Standards/Qualitätssicherungsmaßnahmen
DV5 Mitarbeiterführung und -förderung (z. B. spezifische Informatik-Fortbildungskurse)
DV6 Technische Entwicklungsumgebung (z. B. eigenes Entwicklersystem)

Beim Vergleich der idealen Sicht mit den aktuellen Sichten ergibt sich in Abbildung 2.2 bei Schwerpunkt 6 die größte Übereinstimmung, während bei Schwerpunkt 2 die größten Abweichungen auftreten. Die Schwerpunkte 2, 3 und 4 sind alle relativ niedrig bewertet worden. Dies zeigt auf, wo überall noch Verbesserungen durchzuführen sind.

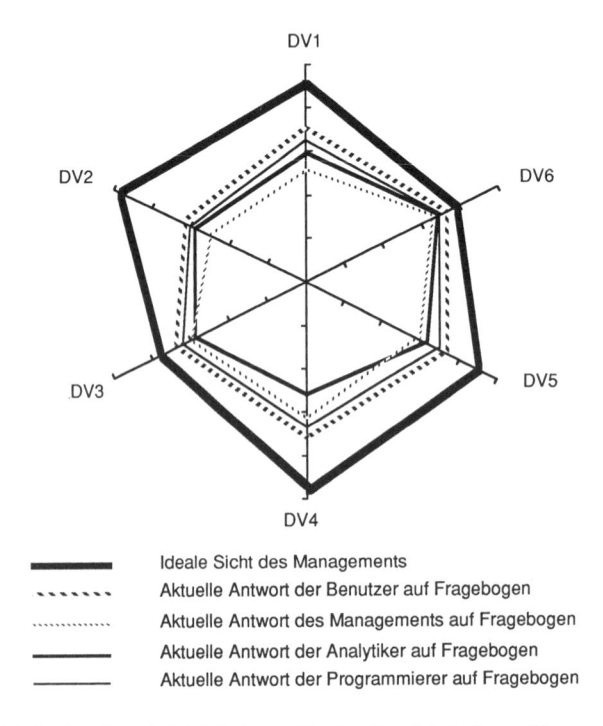

⸺ Ideale Sicht des Managements
⋯⋯⋯ Aktuelle Antwort der Benutzer auf Fragebogen
⋯⋯⋯ Aktuelle Antwort des Managements auf Fragebogen
⸺ Aktuelle Antwort der Analytiker auf Fragebogen
⸺ Aktuelle Antwort der Programmierer auf Fragebogen

Abb. 2.2 Packers Produktivitätskarte für den Bereich Informatik

Die erhobenen und bewerteten Produktivitätsaussagen zu den Faktoren OG1 bis OG5 und DV1 bis DV6 werden vor und nach den Veränderungen in einer Produktivitätskarte dargestellt. Anschließend werden sie verglichen und die Auswirkungen auf die vier beteiligten Personengruppen diskutiert.

Unserer Meinung nach stellt dies einen brauchbaren Ansatz dar, der sowohl technische als auch nicht technische Faktoren zu bewerten hilft. Es wird auch klar, daß hohe Produktivität nur im abgestimmten Zusammenwirken der vier Personengruppen erreichbar ist und von verschiedensten Faktoren beeinflußt wird. Dieser Systems Engineering-Ansatz zeigt sehr gut das komplizierte Zusammenwirken von Informatik-Technologie und Organisation auf. Er relativiert aber auch quantitative Einzelaussagen wie LOC/Zeiteinheit.

Remus, der Produktivitätsanalysen im IBM-Programmierlabor in Santa Teresa durchführte, hat den Bereich der Entwicklung und Pflege von Systemsoftware näher untersucht. Er unterscheidet dabei Einflußgrößen auf die Produktivität, die durch das Produkt selbst, die Entwickler und das Management bedingt sind.

a) Produktabhängiger Einfluß

   a1) Stabilität der Anforderungen
   Vage und sich häufig ändernde Anforderungen verlangsamen den Prozeß.

   a2) Produktgröße (LOC)
   Wenn die Menge des wiederverwendbaren Code gleichbleibt oder es keinen wiederverwendbaren Code gibt, so nimmt mit steigender Produktgröße die Produktivität zu (Erklärung: der Testoverhead ist bei kleinen Produkten umfangreicher als bei größeren).

   a3) Art des Code (neuer Code/modifizierter Code)
   Die Produktivität beim Modifizieren ist niedriger als jene beim Schreiben von neuem Code.

   a4) Komplexität/Schwierigkeit der Aufgabenstellung
   Die Komplexität und Schwierigkeit einer Aufgabenstellung beeinflussen signifikant die Ergebnisleistung der Entwickler. Experimente mit verschiedenen Komplexitätsmaßen haben diese Aussage bestätigt.

b) Personenabhängiger Einfluß

   b1) Fähigkeiten und Erfahrung
   Untersuchungen haben gezeigt, daß die Fähigkeiten und Erfahrungen von Entwicklern stark variieren. Kontrollierte Experimente von Chrysler [Chry78], Boehm [Boeh81] und Curtis [Curt81] bestätigten, daß die Erfahrung den größten Einfluß auf die Produktivität hat. Bei diesen Experimenten wurde festgestellt, daß ein Programmierer mit mehrjähriger Praxis bis zu 20mal produktiver ist als ein Programmierer, der gerade seine Ausbildung absolviert hat.

   b2) Einstellung und Haltung zur Arbeit
   Neben dem Verstehen des Entwicklungsprozesses ist die Einstellung und Haltung zur Arbeit (insbesondere unter dem Aspekt Qualität und Produktivität) ein Schlüsselelement, um bessere Qualität und höhere Produktivität zu erreichen. Verbesserungen können hier durch Messung der Arbeitsergebnisse und durch Belohnung der Entwickler mit guter Einstellung erzielt werden.

b3) Codier- und Entwurfsverfahren
Ein signifikanter Unterschied ist bei der Verwendung unterschiedlicher Verfahren und Werkzeuge feststellbar. Geeignete Schulungs- und Nachschulungsaktivitäten können hier zu Verbesserungen führen.

c) Prozeßabhängiger Einfluß

c1) Vorgehensmodell
Ein geordneter Prozeßablauf und das Wissen um die notwendigen Prozeßschritte ermöglichen eine umfassende Messung und Bewertung des Prozeßzustands.

c2) Störungen
Störungen und Beeinträchtigungen des Arbeitsflusses durch Besprechungen, Reviews, Ausbildung neuer Mitarbeiter und ungeplante Ereignisse (beispielsweise Maschinenstillstand, mangelnde Unterstützung und nicht eingehaltene Zusagen, die die Entwickler betreffen) lassen die Produktivität sinken.

c3) Softwaretechnische Lösung
Die Wahl der geeigneten Software-Architektur ist eine Managemententscheidung. Eine schlechte Entscheidung führt zur Überarbeitung der Phasenergebnisse und verzögert den Entwicklungsprozeß. Prototyping und evolutionäres Entwickeln können helfen, Sackgassen in der Produktentwicklung zu vermeiden.

c4) Werkzeuge
Werkzeuge, die Prozeßschritte automatisieren (Dokumenten-, Codegeneratoren, Analysatoren, etc.) und alle Phasen unterstützen (Software Engineering-Datenbanken), können signifikante Verbesserungen bringen. Ebenso helfen Management-Werkzeuge zur Ermittlung des Produktstatus die Produktivität zu verbessern. Entscheidend beim Werkzeugeinsatz ist der Aspekt der Human Factors. Werkzeuge müssen benutzerfreundlich sein, insbesondere sollten sie das leisten, was der Benutzer von ihnen erwartet.

c5) Kontrolle und Messungen
Regelmäßige und für die Entwickler einsehbare Messung der Ergebnisse führt zu besserer Qualität und höherer Produktivität. Durch Messungen wird der Entwicklungsprozeß transparent, und durch die Interpretation von Meßwerten wird ein Lernprozeß bei allen Beteiligten angestoßen. Wichtig dabei ist die Vermeidung jeglicher Bürokratie und das Verständnis der Mitarbeiter, wofür die Messungen/Bewertungen verwendet werden.

c6) Physische Arbeitsumgebung und Arbeitsplatzausstattung
Die Auswirkungen der folgenden Faktoren sind erkannt und sollten bei jeder Entwicklung berücksichtigt werden:

- die Ausstattung des Büro-Arbeitsplatzes,

- Hardware-Verfügbarkeit,
- einfacher Zugriff auf Bildschirmarbeitsplätze.

Die höchsten Produktivitätssteigerungen werden nach Remus durch die Wiederverwendung von Code und den Einsatz von Werkzeugen erzielt.

Zusammenfassend sehen wir aufgrund der obigen Untersuchungen folgende Faktoren als entscheidend für die Beeinflussung der Produktivität:

- an der Entwicklung beteiligte Gruppen (Management — Entwickler — Benutzer),
- Aufgabenstellung (Schwierigkeit),
- Entwicklungsprozeßmodell (Vorgehen, Methoden, Werkzeuge),
- Produktanforderungen,
- Entwicklungsressourcen und insbesondere deren Verfügbarkeit.

Die Erreichung einer besseren Produktivität ist primär eine Managementaufgabe und sollte durch eine permanente Diskussion mit den Entwicklern (z. B. in Form eines Arbeitskreises) wahrgenommen werden.

2.3 Zusammenhang zwischen Qualität und Produktivität

Man mag vielleicht glauben, daß Maßnahmen zur Qualitätsverbesserung (z. B. erhöhter Aufwand für konstruktive und analytische Qualitätssicherungsmaßnahmen) mehr kosten und daß dadurch bessere Qualität niedrigere Produktivität nach sich zieht. Diese Überlegungen sind zunächst rein spekulativ. Sie weisen auf ein fehlendes Erklärungsmodell hin, das den Zusammenhang von Qualität, Produktivität und anderer Entwicklungsgrößen umfassend darstellt.

Wir haben in der Literatur zwei einfache Erklärungsmodelle gefunden, die zwischen Qualität und Produktivität einen Zusammenhang herstellen. Das eine stammt von A. Case [Case85] und das andere von V. Basili [Basi84].

Case geht davon aus, daß Produktivität eine Funktion von Effizienz und Qualität ist. Er versteht unter Effizienz die Geschwindigkeit, mit welcher eine Ressource eine vollständige Entwicklungsaufgabe löst. Das Generieren von 100 Zeilen Spezifikation, Quellcode oder Dokumentation durch eine Ressource (z. B. einen Generator) ist effizienter als das Generieren von 50 Zeilen pro Zeiteinheit durch dieselbe Ressource. Dies hat zunächst nichts mit Produktivität zu tun.

Unter der Annahme gleicher externer und interner Prozeßbedingungen wird eine raschere Durchführung des Entwicklungsprozesses die Wahrscheinlichkeit erhöhen, daß Fehler im Produkt auftreten. Diese Fehler können entweder im Entwicklungsprozeß behoben werden oder erst in der Wartungsphase. Beide Alternativen erfordern zusätzlichen Aufwand (Kosten). Wie bereits mehrfach erwähnt, führt eine Verlängerung der Zeitspanne von der Verursachung des Fehlers bis zu dessen Behebung zu einer Erhöhung der Kosten. Wir vermuten daraus, daß eine Verzögerung der Identifikation und Korrektur eines Fehlers die

Produktivität verschlechtert. Als Schlußfolgerung liegt nahe, daß eine Messung der Produktivität sowohl die Effizienz als auch die Qualität berücksichtigen muß.

Die Produktivität wird als indirekt proportionale Funktion der Größen Effizienz und Qualität dargestellt (siehe Abbildung 2.3).

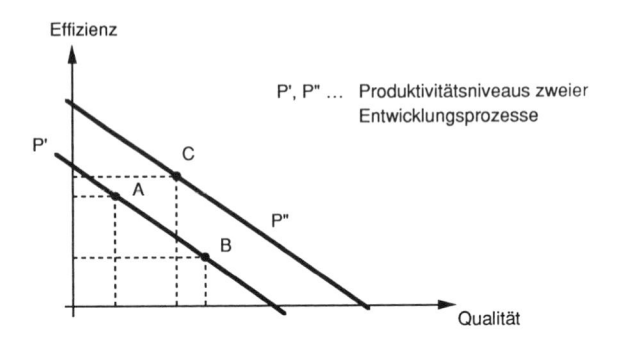

Abb. 2.3 Produktivität als Funktion von Effizienz und Qualität

Dies spiegelt den Sachverhalt wider, daß die einseitige Verbesserung der Qualität oder Effizienz die Produktivität P' nicht verbessert. Dieser Zusammenhang wird in der Informatik-Praxis häufig übersehen. Der Entwicklungsmanager übt oft Druck aus auf seine Entwickler, um rascher zu Meilensteinergebnissen zu kommen und verursacht damit schlechte Qualität dieser Ergebnisse. Sie müssen später mit zusätzlichem Aufwand verbessert werden. Die Gesamtproduktivität hat sich dadurch nicht (!) erhöht.

Der andere Fall ist jener, wo versucht wird, die Qualität eines Produkts zu verbessern. Mit zusätzlichen Ressourcen (z. B. mehr Personal, siehe dazu auch [Broo75]) wird versucht, das Produkt zu verbessern. Der bekannte Effekt dieser Vorgehensweise besteht in einer verlängerten Entwicklungszeit. Durch diese Anstrengungen wird die Effizienz reduziert. In Abbildung 2.3 bedeutet dies, daß wir uns von Punkt A nach B bewegen.

Der Entwicklungsmanager befindet sich in einem Zielkonflikt. Die tatsächliche Verbesserung besteht in der Wahl eines besseren Produktivitätsniveaus (P'' statt P'), d. h. die Effizienz und die Qualität müssen gleichzeitig besser werden. Erfahrungen an verschiedenen Orten ([Arth85], [Boeh87]) zeigen auch, daß Qualitäts- und Produktivitätsverbesserungen zur gleichen Zeit stattfinden. Die Produktivitätsfunktion ist von den in Abschnitt 2.2 beschriebenen Einflußgrößen determiniert.

Die Schlußfolgerungen aus diesem Modell bzw. für Produktivitätsverbesserungen sind:

- Messungen der Effizienz und der Qualität sind notwendig. (Wie rasch führt die Ressource X mit der Technologie Y die Aufgabe Z durch? Welche Fehlerraten treten in welcher Phase bei gegebener Projektinfrastruktur auf?)
- Eine einseitige Verbesserung von Qualität oder Effizienz hebt das Produktivitätsniveau nicht an. Qualitativ schlechte Systeme schneller realisieren bewirkt keine Produktivitätssteigerung.

2.3 Zusammenhang zwischen Qualität und Produktivität

- Der Bereich der Produktivitätsverbesserung muß alle Phasen der Entwicklung umfassen. Wenn beispielsweise die Programmierungsaktivitäten nur 20 % des Projektaufwands ausmachen, bringt eine 80%ige Verbesserung der Programmierproduktivität nur eine 16%ige Verbesserung bei der Gesamtproduktivität.

Das Erklärungsmodell von Basili (siehe Abbildung 2.4) geht von der in Abschnitt 2.1 präsentierten Formel für Produktivität aus (Produzierte Ergebnisse/eingesetzter Aufwand). Der dortige Nachteil des Fehlens einer praktikablen Ergebnisbewertung wird durch Ersetzung der Anzahl der Ergebnisse durch den Produktwert behoben. Die Produktivitätsformel nach Basili lautet daher:

$$P = \frac{\text{Wert}}{\text{Kosten}}$$

Die Software-Produktion wird als Prozeß mit Wertschöpfung betrachtet. Das entstehende Software-Produkt stellt also einen Wert dar, der nach Basili durch Benutzer- und Unternehmensbedürfnisse, Qualitätsanforderungen, die Wiederverwendung von Bauteilen und die Quantität bestimmt wird. Die Quantität kann mit der Größe des Produkts gleichgesetzt werden, die durch den funktionalen Umfang, die Anzahl der Quellcode-Anweisungen und der elementaren Quellcode-Elemente (Tokens) bestimmt wird.

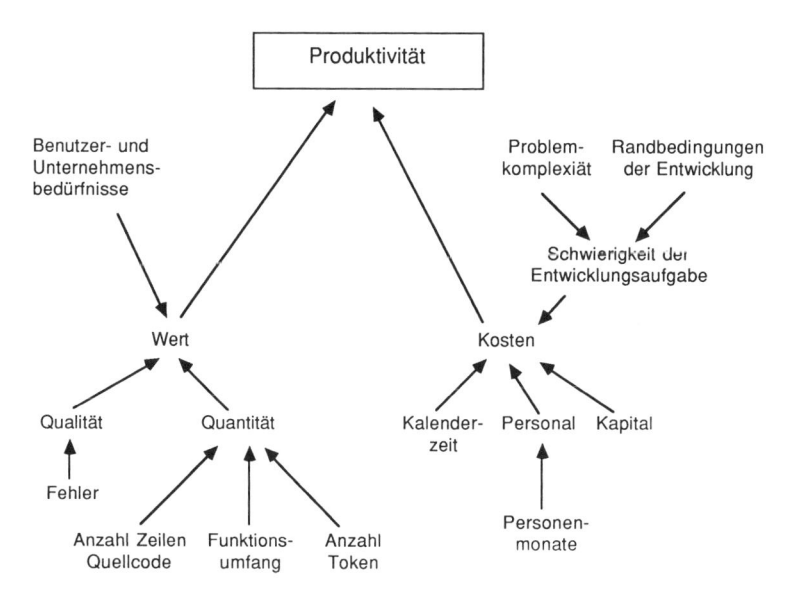

Abb. 2.4 Produktivitätsmodell von Basili

Entscheidend für die Festlegung des Wertes scheint heute der mögliche Nutzen (Befriedigen von Bedürfnissen) eines Software-Produkts zu sein, den dieses den Benutzern oder einer Unternehmung bietet.

Dem Wert stehen in dem Modell von Basili die aufgewandten Kosten gegenüber. Als potentielle Kostenverursacher sieht er das Personal (Personenmonate), die Kalenderzeit (Zeitraum um etwas zu entwickeln), das eingesetzte Kapital (Ressourcen) und die Schwierigkeit der Entwicklungsaufgabe (Komplexität des Problems, Randbedingungen der Entwicklung).

Anhand dieses Modells können nun einige interessante Aussagen diskutiert werden:

1. In einem Projekt können zwar die Software-Entwicklungskosten zu Lasten der Qualität reduziert werden, jedoch zieht dies eine Erhöhung der Life Cycle-Kosten nach sich (40 % Entwicklungskosten : 60 % Wartungskosten), beispielsweise durch Fehlerkorrekturen oder mangelhaften Funktionsumfang. Weinberg hat in einem Experiment diese Aussage nachgeprüft [Wein74]. Boehm hat ebenfalls durch Analysen der COCOMO-Datenbasis (63 Entwicklungsprojekte, 24 Evolutions-/Wartungsprojekte) diese Erfahrungswerte überprüft [Boeh81]. Im Modell bedeutet dies, daß sich durch mangelnde Qualität und reduzierte Quantität der Wert des Produkts langfristig reduziert.
2. In einem Projekt können durch den Einsatz von konstruktiven Maßnahmen, wie z. B. Methoden und Werkzeugen, gleichzeitig die Software-Kosten reduziert und die Software-Qualität verbessert werden ([Boeh84], [Vosb84], [Mats87]). Der Produktwert steigt somit, die Produktivität erhöht sich.

Wenn wir die beiden Erklärungsmodelle zusammenfassend bewerten, so ist das Modell von Case ein rasch einsetzbares Hilfsmittel, um aus der Sicht des Informatikers Produktivitätsverbesserungen in bezug auf Effizienz und Qualität zu untersuchen und zu überprüfen. Das Modell von Basili liefert eine Verbesserung der Boehm'schen Produktivitätsformel. Es wirft aber auch neue, noch nicht beantwortete Fragen auf, beispielsweise wie eine praktikable Funktion zur Wertbildung nun tatsächlich aussieht, oder wie in einem Projekt vorzugehen ist, um möglichst frühzeitig den Wert eines Produktes schätzen zu können.

2.4 Möglichkeiten zur Produktivitätssteigerung

Wir geben im folgenden einen Überblick zu den gegenwärtigen Möglichkeiten, die Produktivität zu verbessern. Gleichzeitig wirken sich viele dieser Verbesserungsmaßnahmen auch auf die Qualität des Entwicklungsprozesses und des Endproduktes aus.

Eine erfolgversprechende Maßnahme für das Management einer Informatik-Organisation zur Feststellung der Produktivität bzw. zu deren Verbesserung ist eine regelmäßige Fragebogenaktion. Die Firma Toshiba führt in ihrer Software-Organisation, der Fuchu Software Factory mit ca. 2 300 Mitarbeitern (1985), zweimal pro Jahr eine Umfrage durch, bei der jeder Mitarbeiter und jeder Qualitätszirkel Stellung nehmen und darlegen muß, wie er die verlangte Zielproduktivität und Zielqualität erreicht.

Die Auswertung des Fragebogens für 1985 hat folgende Ergebnisse gebracht (siehe [Mats87]):

2.4 Möglichkeiten zur Produktivitätssteigerung

% der Befragten	Aussagen
52,0 %	durch wiederverwendbare Entwürfe und wiederverwendbaren Code
18,0 %	durch Verbesserung der Arbeitsschritte, der Vorgehensprozeduren und der Arbeitsumgebung
9,8 %	durch Verwendung neuer Software-Werkzeuge
7,2 %	durch Anwendung des Software Engineering
6,7 %	durch Verbesserung der funktionalen Zerlegung der Systeme
6,3 %	durch Benutzung von Very High Level Languages (VHLL) (z. B. 4. Generationssprachen etc.)

Diese Statistik zeigt sehr gut auf, wo das größte Produktivitätspotential zu finden ist, nämlich bei der Wiederverwendung von Entwicklungsbausteinen. Trotz dieser ermutigenden Feststellung scheint eine wesentliche Steigerung der Produktivität durch diesen Ansatz erst bei Einführung der objektorientierten Programmierung tatsächlich machbar zu sein [Mart87].

Boehm [Boeh87], der seine Verbesserungsmaßnahmen in sechs Kategorien einteilt (siehe Abbildung 2.5), berücksichtigt ebenfalls die Wiederverwendbarkeit.

```
Verbessere
Produktivität
├── Erhöhe die Leistung      - qualifiziertes Personal
│   der Mitarbeiter          - Hilfsmittel/Arbeitserleichterungen
│                            - Personalführung und -förderung
│
├── Gestalte die Arbeits-    - Software-Werkzeuge, Software-
│   schritte effizienter       Produktionsumgebung
│                            - Workstations
│                            - Büroautomatisierung
│
├── Eliminiere               - automatisiertes Dokumentieren
│   Arbeitsschritte          - 4. Generationssprachen
│                            - Anwendungsgeneratoren
│
├── Eliminiere Über-         - Hilfsmittel für die frühen Phasen
│   arbeitungsschritte       - AI-Unterstützung
│                            - Information Hiding und andere
│                              Software Engineering-Konzepte
│                            - evolutionäres Entwickeln
│                            - Einsatz von Wegwerf-Prototypen
│
├── Baue einfachere          - Prozeßmodelle
│   Produkte                 - Prototyping
│                            - evolutionäres Entwickeln
│
└── Wiederverwendung         - Modulbibliotheken
    von Software-            - objektorientierte Programmierung
    Bausteinen
```

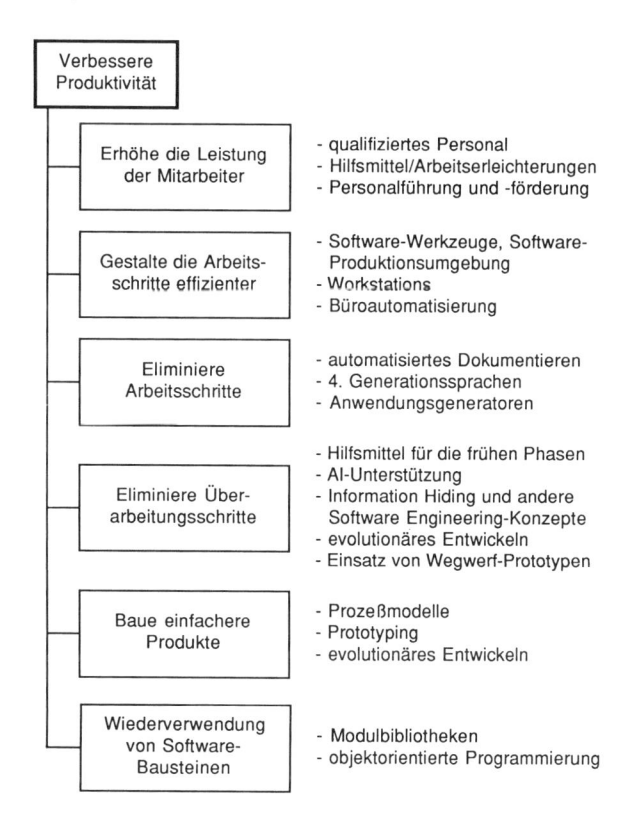

Abb. 2.5 Kategorien von Maßnahmen zur Produktivitätssteigerung

Die Kategorie »Erhöhe die Leistung der Mitarbeiter« kann kurz mit der Aufforderung »Unterstütze die Mitarbeiter, damit sie das Beste geben« umrissen werden. Qualifiziertes Personal spielt hier eine Schlüsselrolle. Die Konsequenz daraus ist, die besten Leute einzustellen. Da Entwicklung und Pflege sehr arbeitsintensive Prozesse sind, bieten Kapitalinvestitionen zur Arbeitsunterstützung und -erleichterung eine große Möglichkeit zur Verbesserung der Situation. Eine durchschnittliche Kapitalinvestition von ca. 2.000,— bis 3.000,— $ für einen amerikanischen Software-Entwickler unterscheidet sich nur geringfügig von der für einen Büroangestellten. Große Firmen wie IBM, TRW und Bell Laboratories investieren dagegen ca. 10.000,— bis 30.000,— $ pro Software-Entwickler, um entsprechende Verbesserungen zu erzielen. Typische Investitionen in diesem Bereich sind Einzelbüros und diverse Büro-Infrastrukturverbesserungen. Schlechtes Management kann die Produktivität schneller als andere Faktoren verschlechtern. Einige Beispiele dafür sind: schlechte Planung, einseitige Fähigkeiten eines Managers, Unerfahrenheit beim Personaleinsatz sowie bei der Kontrolle der Programmierer, keine leistungsorientierte Bezahlung und fehlende Karrierepläne.

In der Kategorie »Gestalte die Arbeitsschritte effizienter« geht es darum, sich oft wiederholende, arbeitsintensive Prozeßschritte durch Werkzeugeinsatz zu rationalisieren. Der kritische Erfolgsfaktor dabei ist die Integration dieser Werkzeuge in einer durchgängigen Arbeitsumgebung für die Projektarbeit (Integrated Project Support Environment — IPSE). Weitere Verbesserungen bestehen in der Eliminierung gewisser Arbeitsschritte. Beispiele in diesem Bereich sind Prüfprogramme für Standards und Software-Entwürfe, Generatorsysteme und 4. Generationssprachen.

Einen großen Nutzen bringt die Eliminierung von Überarbeitung. Nach Schätzungen werden ca. 60 % des Gesamtaufwands im Life Cycle eines Produkts für Wartung aufgewandt. Ansatzpunkte für Verbesserungen sind hier der Einsatz von Methoden und Werkzeugen für die frühen Phasen, Artificial Intelligence (AI), Information Hiding, bessere Prozeßmodelle und der Bau von Prototypen. Neben diesen technischen Aspekten sollte auch der Dialog mit dem Benutzer effizienter gestaltet werden, beispielsweise durch die Schaffung einer Organisation von Benutzervertretern oder durch regelmäßige Aussprachen mit den Benutzern. Die Idee bei allen diesen Verbesserungsmaßnahmen besteht darin, bei der Erstentwicklung eine gute Modularisierung und damit eine verbesserte Wartbarkeit zu erzielen (siehe Kapitel 5).

Eine bereits mehrfach erwähnte Möglichkeit zur Verbesserung der Produktivität und der Produktqualität ist die Wiederverwendung von Software-Entwürfen und von Code. Dabei spielen Modulbibliotheken, Applikationsgeneratoren und objektorientierte Sprachen eine große Rolle. Endres [Endr88] zeigt vier Methoden auf, die zu einer geplanten Wiederverwendung von Software führen:

- Programmportierung
  beispielsweise ist die große Verbreitung des Betriebssystems UNIX in hohem Grad die Folge seiner Portabilität.

- Programmadaptierung
  beispielsweise durch Einsatz von Makropräprozessoren.

- Schablonen-Technik
  beispielsweise in der Form generischer abstrakter Datentypen, die in Ada und Modula-2 unterschiedlich unterstützt werden (siehe [Pomb87]), oder durch hierarchische Datentypen (z. B. Klassen) in objektorientierten Sprachen wie beispielsweise C++.

- Baustein-Technik
  die auf Unterprogramm-, Makro- und Objektbibliotheken beruht.

Viele strukturelle Probleme bei der Wiederverwendbarkeit sind noch nicht befriedigend gelöst [Wolf85]. Wolf und Schmid vom IBM-Labor in Böblingen sehen folgende vordringliche Problemkreise:

- Wiederverwendung von Software-Bausteinen als eines der Ziele in Entwicklungsprozessen,
- Verwendungsverzeichnis von wiederverwendbaren Inhalten und Strukturen von Software,
- Kategorien wiederverwendbarer Bausteine,
- Abstraktionsstufen der Systembeschreibung, die sich am besten zur Wiederverwendung von Bausteinen eignen,
- Retrieval (insbesondere das Auffinden) geeigneter wiederverwendbarer Software-Bausteine.

Sie sehen die Lösung dieser Problemkreise im Technologiefortschritt auf den Gebieten der Programmiersprachen, der Parametrisierung und Standardisierung von Software-Systemen, der Programmspezifikation und der Nutzung von Wissensbasen.

Unserer Meinung nach spielt dabei auch die Klasse der Applikationen eine entscheidende Rolle. Für eine breite Klasse von kommerziellen Applikationen sind Datenbanksysteme mit Generatoren für die Datenselektion, Graphik-, Bildschirm- und Listengenerierung in der Regel ausreichend. Spreadsheet-Programme mit bereits vorgefertigten Lösungsmodellen sind für bestimmte kleine kommerzielle Applikationen die geeignetsten Entwicklungswerkzeuge, um die Produktivität zu steigern.

Jones [Jone86] weist im Zusammenhang mit Produktivitätsverbesserung auf die Größe einer Informatik-Organisation hin. Er stellte fest, daß in Abhängigkeit vom Faktor »Anzahl der Entwickler« gezielte Verbesserungsmaßnahmen besondere Auswirkungen zeigten.

Die Basis für eine gute Produktivität bilden bei kleineren Software-Organisationen (bis 10 Entwickler) Kapitalinvestitionen in Form von Workstations und Werkzeugen. Ebenso können bei Unternehmen mit 11 bis 50 Software-Entwicklern durch Workstations und den Einsatz von Werkzeugen wesentliche Verbesserungen erzielt werden. Hier eignet sich auch der Einsatz von Standardpaketen, Datenbank-Generatoren und Spreadsheet-Programmen. Bei einer Größe von 51 bis 200 Mitarbeitern lohnt es sich bereits, neben den Maßnahmen für kleine Informatik-Organisationen Spezialisten für Testen, Entwurf und Datenbanken zu beschäftigen. Der Einsatz von Applikationsgeneratoren, Reviews/Audits und Prototypen hilft hier besonders, die Leistung der Entwickler zu verbessern. Bei noch größerer Informatik-Organisation zeichnet sich zusätzlich zu dem bisher Genannten der Aufbau von Spezialistengruppen für Qualitätssicherung, Testen, Datenbanken und Software-Werkzeuge ab. Weiters ist die Etablierung regelmäßiger Meßaktionen für Qualität und Produktivität zielführend. Die Realisierung von Konzepten für die Wiederverwendung von Entwürfen und Code sowie die Organisation spezieller Vorgehensweisen, um dies zu erreichen, sind für große Informatik-Organisationen Maßnahmen, die langfristig erhebliches Produktivitätswachstum sichern.

3 Konstruktive Qualitätssicherungsmaßnahmen

Unter konstruktiver Qualitätssicherung verstehen wir den Einsatz technischer, organisatorischer oder psychologisch-orientierter Maßnahmen und Hilfsmittel. Die Anwendung dieser Maßnahmen und Hilfsmittel hat das Ziel, ein Produkt zu entwickeln oder zu pflegen, das a priori bestimmte Eigenschaften besitzt und bei dessen Entwicklungs- oder Pflegeprozeß so viele Mängel und Fehler als möglich vermieden werden.

Wenn wir im Duden© unter »konstruktiv« nachschlagen, so finden wir folgende Erklärungen [Müll82]:

- die Konstruktion betreffend;
- auf die Erhaltung, Stärkung und Erweiterung des Bestehenden gerichtet;
- aufbauend, helfend, einen brauchbaren Beitrag liefernd.

Die erste Bedeutung des Wortes »konstruktiv« weist auf die Möglichkeit hin, ein Software-Produkt ingenieurmäßig zu entwerfen und zu planen. Dazu eignen sich besonders technisch-konstruktive Qualitätssicherungsmaßnahmen, wie beispielsweise die Anwendung von Methoden und Werkzeugen. Daneben sind auch Maßnahmen des Projektmanagements zu erwähnen, die die Erstellung und Pflege von Plänen (z. B. Projektplan, Entwicklungsplan) zum Ziel haben.

Die zweite Bedeutung weist auf den die Qualität pflegenden und schützenden Charakter dieser Maßnahmen hin. Beispielsweise vermeidet der Einsatz von Hilfsmitteln zur Konfigurationsverwaltung, seien es nur Organisationsanweisungen oder ein Werkzeug zur Code-Verwaltung, inkonsistente Produkt-Konfigurationen und ermöglicht die Entwicklung qualitativ gleichwertiger Produktvarianten.

Die dritte Bedeutung des Wortes weist auf den die Software-Qualität aufbauenden und einen Beitrag leistenden Charakter hin. Beispielsweise fördert der Einsatz von modulorientierten Programmiersprachen (wie jener von Ada und Modula-2), die Modularisierung großer Software-Produkte und leistet damit einen erheblichen Beitrag zu deren besserer Wartbarkeit. Aber auch Schulungsmaßnahmen oder Maßnahmen, die zu einer besseren Kommunikation zwischen Entwicklern, mit Auftraggebern und Benutzern beitragen, sind von konstruktiver Natur.

Aus dem bisher Diskutierten lassen sich verschiedene Klassen von konstruktiven Maßnahmen feststellen:

- technische
  beispielsweise die Verwendung von Prinzipien, Methoden und Werkzeugen des Software Engineering,
- organisatorische
  beispielsweise die Verwendung eines Vorgehensmodells oder der Einsatz eines Plans zur Konfigurationsverwaltung,

- menschliche
  beispielsweise Schulungs- und psychologisch-orientierte Maßnahmen, die den Entwicklern die Ausführung ihrer Arbeit erst ermöglichen oder verbessern helfen.

Eine der effektivsten konstruktiven Maßnahmen der Qualitätssicherung ist die Aus- und Fortbildung der Mitarbeiter und des Managements. Die meisten der technisch konstruktiven Qualitätssicherungsmaßnahmen sind ohne entsprechende Ausbildungsmaßnahmen wirkungslos. Aus- und Fortbildung verbessern die Qualifikation der Mitarbeiter. Boehm [Boeh81] hat in diesem Zusammenhang auch auf die Auswirkung der Qualifikation auf die Produktivität hingewiesen.

Beispiele für konkrete konstruktive Qualitätssicherungsmaßnahmen sind:

- Der Einsatz eines Vorgehensmodells, das in jeder Phase explizit eine Risikoabschätzung für den Entwicklungsprozeß vorsieht.
- Der Einsatz einer Aufwands- und Kostenschätzungstechnik, z. B. COCOMO [Boeh81] oder Function Point-Methode [Albr79], mit der die Qualitätsmerkmale Kosten- und Termintreue besser geplant und realisiert werden können.
- Der Einsatz einer Anforderungsdefinitionsmethode, beispielsweise Strukturierte Analyse (SA) [DeMa78], SADT [Ross77] oder LITOS-A ([Wall85], [Färb87]), die uns hilft, die Anforderungen in Form des Abstraktionsstufenkonzeptes auf mehreren Ebenen strukturiert und übersichtlich zu erfassen.
- Ein Werkzeug, z. B. LITOR-A ([Wall85], [Färb86]), das sicherstellt, daß die durch eine Methode (LITOS-A) vorgegebenen Prinzipien eingehalten werden. Beispielsweise wird bei LITOS-A das Prinzip der Abstraktion, der Spezifikation von Schnittstellen und der definierten Lücken (dummy) erzwungen bzw. gefördert.
- Der Einsatz eines Werkzeugs zur Ermittlung von Querverweisen, die zur Analyse und Auswertung einer Anforderungsdefinition eingesetzt werden. Dadurch können Qualitätsmerkmale einer Anforderungsdefinition, wie Vollständigkeit und Widerspruchsfreiheit, teilweise automatisiert überprüft werden.
- Ein Dokumentenmuster für ein Pflichtenheft mit vorgegebenem Gliederungsschema und einer Anleitung für das Ausfüllen, das dafür sorgt, daß alle wichtigen Punkte behandelt und beschrieben werden.
- Der Einsatz einer Programmiersprache, die ein strenges Typenkonzept aufweist, beispielsweise Ada oder Modula-2. Dies bedeutet, daß während der Übersetzung, aber auch zur Laufzeit, Typenprüfungen stattfinden.
- Die Verwendung eines Werkzeuges zur Konfigurationsverwaltung von Quell- und Objektcode.
- Ausreichende fachliche Fortbildung und Persönlichkeitsbildung für jeden am Projekt Beteiligten.

In Abschnitt 3.1 wird auf die konstruktiven Elemente des Software Engineering näher eingegangen. In Abschnitt 3.2 wird das Vorgehensmodell als Träger dieser konstruktiven Elemente im Detail diskutiert. Da ein Software-Produkt ohne adäquate Dokumentation unbrauchbar ist — schlechte Benutzerhandbücher verärgern die Anwender und ungenügende technische Beschreibungen erschweren oder verhindern gar Wartungsaktivitäten — stellen wir in Abschnitt 3.3 den konstruktiven Beitrag der Dokumentation zur Qualitätssicherung dar.

In den Abschnitten 3.4 und 3.5 werden technisch-konstruktive Maßnahmen (Einsatz von Programmiersprachen und Software-Produktionsumgebungen), in 3.6 organisatorisch-technische Maßnahmen (Konfigurationsmanagement) und in Abschnitt 3.7 konstruktive Maßnahmen erläutert, die die Qualitätsbeeinflussung durch menschliches Verhalten behandeln.

3.1 Konstruktive Elemente des Software Engineering zur Qualitätssicherung

Was verbirgt sich hinter Software Engineering? Wir zitieren dazu Pomberger [Pomb87]: »Software-Engineering ist die praktische Anwendung wissenschaftlicher Erkenntnisse für die wirtschaftliche Herstellung und den wirtschaftlichen Einsatz zuverlässiger und effizienter Software.«

Gegenüber klassischen Produktentwicklungsbereichen, z. B. in der Industrie, die über eine lange technologische Tradition mit bewährten Techniken und spezialisierten Mitarbeitern verfügen, befindet sich die Software-Entwicklung und damit auch das Software Engineering erst am Anfang.

Wenn wir heute den Stand der Technik im Software Engineering betrachten, so stellen wir fest, daß in der Methodik die Strukturierte Programmierung, die Begrenzung von Programmbausteinen auf klare und einfache Strukturen (insbesondere der Verzicht auf Sprunganweisungen) und das Prinzip des Information Hiding zur Modularisierung von Programmsystemen als die bisher wichtigsten Ergebnisse betrachtet werden können.

Bei den Programmiersprachen gibt es bereits Vertreter, wie z. B. Modula-2 und Ada, die den Stand der Technik in geeigneter Weise unterstützen. Mit Sprachen wie beispielsweise Lisp, Prolog, Smalltalk und anderen bieten sich alternative Möglichkeiten der Programmierung an (funktionale, wissensbasierte und objektorientierte).

Zu den konstruktiven Elementen des Software Engineering zur Qualitätssicherung gehören jene, die zur Qualitätslenkung (siehe Abschnitt 1.2.4) beitragen. Es sind dies:

- Prinzipien (Konzepte), die wir unserem Handeln im Software Engineering zugrunde legen;
- Methoden, die Software Engineering-Prinzipien unterstützen und die Entwickler zu planbaren Ergebnissen führen;
- Formalismen, insbesondere Sprachen, die auf den verschiedenen Abstraktionsebenen zur Ergebnisbeschreibung verwendet werden und die die Darstellung von Zwischen- und Endergebnissen des methodischen Arbeitens ermöglichen;

- Werkzeuge, die die Anwendung von Prinzipien, Methoden und Formalismen unterstützen und sowohl dem Software-Entwickler, als auch der Projektführung und dem Software-Qualitätssicherungsingenieur nützen;
- Strukturierung des Entwicklungs- und Pflegeprozesses durch ein standardisiertes Vorgehen (Vorgehensmodell).

Wir wollen den Zusammenhang dieser Elemente in Form eines Dreiecks verdeutlichen (Abbildung 3.1).

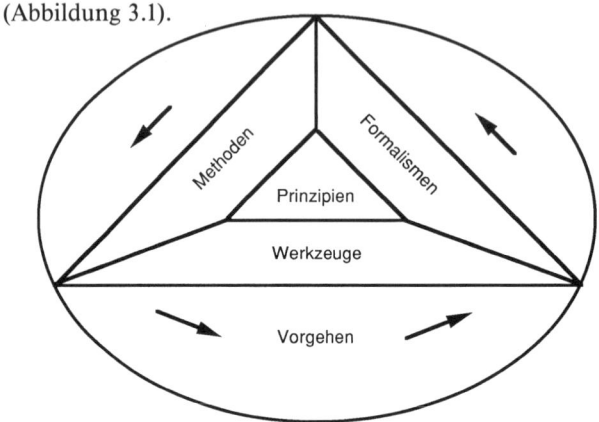

Abb. 3.1 Konstruktive Elemente des Software Engineering für die Qualitätslenkung

Das verbindende Element ist ein standardisiertes Vorgehen, das über Aktivitäten- und Ergebnistypen alle anderen Elemente integriert. Die Beschreibung des standardisierten Vorgehens wird als Vorgehensmodell bezeichnet. Wir gehen in 3.2 näher auf die Bedeutung von Vorgehensmodellen für die Qualitätssicherung ein.

3.1.1 Prinzipien

Unter einem Prinzip verstehen wir einen Grundsatz, den wir unserem Handeln zugrunde legen. Prinzipien umfassen allgemeine Verhaltensregeln, geben aber keine Vorschriften zur Erreichung von Zielen an. Beispielsweise sagt das Prinzip »Regelmäßige Sportausübung fördert die Gesundheit« nichts darüber aus, welcher Sport wie oft und wie lange zu betreiben ist.

Für die verschiedenen Aufgaben in der Entwicklung und Pflege von Software lassen sich allgemein anerkannte Prinzipien angeben. Sie werden auf der Basis des gegenwärtig verfügbaren theoretischen Wissens und der praktischen Erfahrung durch logische Analyse und verallgemeinertes Schließen gewonnen.

Nach Balzert [Balz85] lassen sich folgende Prinzipien feststellen:

- Konstruktive Voraussicht
- Abstraktionsstufen mit schrittweiser Verfeinerung (Konkretisierung) und schrittweiser Vergröberung
- Strukturierung

- Modularisierung (Bausteinprinzip)
- Lokalität (Überschaubarkeit)
- Information Hiding
- Integrierte Dokumentation (Single Source-Prinzip)
- Objektorientierter Entwurf
- Wohldefinierte Schnittstellen
- Standardisierung (Einheitlichkeit)
- Mehrfachverwendung

Ein wesentlicher Erfolgsfaktor für ein praktikables Software Engineering ist die ausreichende Unterstützung dieser Prinzipien durch Methoden und Werkzeuge. Die Auswahl von Formalismen, Methoden und Werkzeugen sollte sich grundsätzlich an diesen Prinzipien orientieren.

Prinzipien sind aus der Sicht der konstruktiven Qualitätssicherung eine Art von »Katalysator«, der das Entstehen von Qualität unterstützt bzw. fördert. Beispielsweise hilft ein gut strukturiertes Dokumentenmuster (Anwendung des Prinzips der Strukturierung) für eine Anforderungsdefinition (Numerierung der Anforderungen, Gruppierung der Anforderungen nach bestimmten Kriterien) einem Analytiker bei der Spezifikation klarer, widerspruchsfreier und vollständiger Aussagen. Aus der Sicht der analytischen Qualitätssicherung verbessern diese Prinzipien die Prüfbarkeit der Ergebnisse.

3.1.2 Methoden

In Anlehnung an Balzert [Balz82] definieren wir Methoden als planmäßig angewandte Vorgehensanweisungen zur Erreichung von festgelegten Zielen (z. B. bessere Qualität und standardisierte Ergebnisse). Methoden zeigen dem Anwender den Weg auf, wie er sein Ziel erreichen kann und vermeiden nutzloses Herumprobieren. Die Anwendung von Methoden führt zu Arbeitsergebnissen, von denen wir erwarten können, daß sie einer bestimmten Qualität bzw. einem Standard entsprechen.

Eine Methode kann aus mehreren alternativen Verfahren oder einer Kombination von Verfahren bestehen. Ein Verfahren beschreibt einen ganz konkreten Weg zur Lösung eines Problems oder einer Aufgabe. Es enthält oft formale Vorschriften, die das Erstellen von Standards unterstützen.

Methoden beruhen meist auf Prinzipien. Beispielsweise findet das Prinzip der Abstraktionsstufen bei der Methode der strukturierten Analyse Verwendung. Ein grober Datenfluß wird dabei in konkretere Datenflüsse zerlegt (Hierarchie von Datenflußdiagrammen).

Beispiele für Methoden sind die Jackson-Programmentwicklungs- (JSP) und die -Systementwicklungsmethode (JSD) ([Jack83], [Jack85]).

In der Literatur finden sich eine Reihe von Charakteristiken, die Methoden kennzeichnen ([Ross75], [Char86]). Nach Charette [Char86] sind dies:

- Gesichtspunkt
  Je nach Methode werden die festgelegten Ziele unter verschiedenen Gesichtspunkten erreicht. Mögliche Gesichtspunkte sind der funktionsorientierte, der datenorientierte, der verhaltensorientierte und der objektorientierte.
- Anwendungsgebiet
  Viele Methoden unterstützen nur bestimmte Tätigkeiten im Life Cycle (z. B. Spezifikation oder Entwurf). Außerdem sind sie häufig nur auf ganz bestimmte Problemklassen anwendbar.
- Prinzipien
  Bei der Anwendung einer Methode werden Prinzipien verwendet, die die Zielerreichung unterstützen (siehe Prinzipien).
- Notation
  Methoden verwenden zur Ergebnisbeschreibung bestimmte Notationen (z. B. natürliche, graphische oder formale Sprachen).
- Anleitung
  Um eine Methode anwenden zu können, benötigt man eine Anleitung (z. B. Reihenfolge der Vorgehensschritte, zu fällende Entscheidungen).

Ein Zweck des Einsatzes von Methoden aus der Sicht der Qualitätssicherung besteht in der systematischen und daher auch nachvollziehbaren Ergebnisermittlung und in der Erstellung projektbegleitender Dokumentation. Grundsätzlich fordern wir von einer Methode, daß sie die Dokumentation der Arbeitsergebnisse vereinheitlicht, eine systematische und zielstrebige Vorgehensweise bietet und nach einer Anzahl planbarer Schritte zum Ergebnis der Aufgabe führt.

Mehrere quantitative Untersuchungen über den Effekt einzelner Methoden liegen inzwischen vor, so von Baker [Bake75], Fagan [Faga76], Walston und Felix [Wals77] und Black [Blac77]. Sie zeigen einen durchschnittlichen Produktivitäts- und Qualitätsgewinn von ca. 50 bis 150 % je nach Methode, d. h. der Effekt ist bedeutsam.

3.1.3 Formalismen (Sprachen)

Sehr häufig sind Methoden direkt oder indirekt mit Formalismen oder formalen Sprachen verbunden. Wir verstehen unter einem Formalismus eine spezielle textuelle oder graphische Notation. Er ist mehr oder minder formal durch ein System von Regeln festgelegt, die die Syntax und Semantik beschreiben. Beispiele dafür sind die verschiedenen Formalismen für die Strukturierte Analyse, wie jene von DeMarco [DeMa78], Gane und Sarson [Gane82], sowie Yourdon [Your78]. Weitere Beispiele für Sprachen, die nicht zur Implementierung eingesetzt werden, sind RSL (Requirements Statement Language [Alfo85]) und PSL (Problem Statement Language [Teic77]).

Programmiersprachen wie Modula-2 und Ada [Pomb87b] bieten Sprachkonzepte für die Entwurfsphase an. Das bedeutet, daß eine Sprache sowohl für die Implementierung, als

3.1 Konstruktive Elemente des Software Engineering zur Qualitätssicherung   79

auch für den Entwurf eingesetzt wird. Beispielsweise werden Entwürfe großer Systeme mit den Möglichkeiten der Modulspezifikation von Ada und Modula-2 dokumentiert. Sprachen wie beispielsweise C++ unterstützen das Prinzip des objektorientierten Entwurfs.

Der konstruktive Qualitätssicherungsaspekt von Formalismen und Sprachen besteht in der Unterstützung einer formalisierten Ergebnisbeschreibung, die Methoden liefern. Formalisierte Ergebnisbeschreibungen sind wiederum Voraussetzung für automatisierte Prüfungen (analytischer Qualitätssicherungsaspekt).

3.1.4 Werkzeuge

Lange Zeit waren Editoren, Compiler und Binder die einzigen Werkzeuge des Software-Ingenieurs. Mit der Entwicklung und Verbreitung von leistungsstarken PCs und Workstations nahm der Einsatz von Werkzeugen sehr rasch zu. Das gegenwärtige Problem ist, daß es viele Werkzeuge gibt, die sich nur schwer miteinander kombinieren lassen. Vielfach fehlt ein Konzept für den Werkzeugeinsatz.

Eine Klassifikation von Werkzeugen nach Denert [Dene86] unterscheidet Werkzeuge zum

- Erzeugen (z. B. Editoren, Textformatiersysteme),
- Prüfen (z. B. Spezifikationsanalysatoren, Statische Programmanalysatoren),
- Generieren (z. B. Compiler, Entscheidungstabellen-Generatoren),
- Testen (z. B. Testsysteme) und
- Verwalten (z. B. Projektbibliothekssysteme, Datenlexikon, Konfigurationsverwaltungssysteme)

von Software und zum

- Planen und Kontrollieren (z. B. Netzplansysteme, Tabellenkalkulationssysteme)

ihrer Entwicklung.

Werkzeuge helfen die Qualität insofern zu verbessern, indem sie einerseits das Entstehen von Fehlern unterbinden (konstruktiver Aspekt) und andererseits die Anwendung der Prinzipien, Methoden und Formalismen vereinfachen und unterstützen. Insbesondere der Werkzeugeinsatz in den frühen Phasen bringt erhebliche Qualitätsverbesserungen. Viele Werkzeuge besitzen Prüffunktionen, mit denen sich Ergebnisse qualitativ bewerten lassen (analytischer Qualitätssicherungsaspekt). Des weiteren sind Werkzeuge eine wichtige Unterstützung, um große Mengen von Informationen, wie sie bei größeren Applikationen anfallen, organisatorisch und physisch zu bewältigen. Trotz der vielfältigen Möglichkeiten von Werkzeugen können sie das Denken und kreative Handeln der Entwickler nicht ersetzen, sondern nur anregen und unterstützen. Charette [Char86] meint, daß durch den Werkzeugeinsatz die Entwicklertätigkeiten weniger verwaltungsorientiert und mehr schöpferisch werden können.

Im Abschnitt 3.5 geben wir eine detaillierte Werkzeugklassifikation an und gehen auf Software-Produktionsumgebungen näher ein.

3.1.5 Die Technik des Prototyping

Wenn man einzelne konstruktive Elemente kombiniert und aufeinander abstimmt, spricht man in Anlehnung an Balzert [Balz82] von einer Technik. Eine solche Technik ist beispielsweise das Prototyping.

Wie bereits in 1.1 erwähnt, treten Probleme bei der Entwicklung nach dem klassischen Life Cycle auf. Seit Beginn der 80er Jahre wird versucht, diese Probleme durch die Prototyping-Technik zu lösen ([Seew82], [Garm85], [Budd86], [Remm87], [Färb87b]). Prototyping unterstützt das Entdecken fehlender und fehlerhafter Anforderungen vor dem Entwurf und der Implementierung. Der Hauptzweck des Prototyping besteht für die Entwickler und das Management in einer frühzeitigen Rückkopplung hinsichtlich der Durchführbarkeit der Systementwicklung, um so zu verhindern, daß Ressourcen unnötig verbraucht werden und das falsche Produkt entwickelt wird. Prototyping ist somit eine wirksame Technik des Risikomanagements von Informatik-Projekten [Boeh79b].

Der Begriff Prototyp stammt aus dem Griechischen und bedeutet Urbild, Vorbild oder auch Modell. In der Industrie versteht man unter einem Prototyp das erste erprobte Modell (z. B. eines Kraftfahrzeuges oder eines Flugzeugs), das vor der Serienfertigung erstellt und getestet wird.

In der Literatur finden wir folgende Einteilung für das Prototyping ([Floy84], [Budd86]):

- Exploratives Prototyping
- Experimentelles Prototyping
- Evolutionäres Prototyping

Exploratives Prototyping

Das Ziel beim explorativen Prototyping [Remm87] ist eine möglichst vollständige Systemspezifikation, um den Entwicklern einen Einblick in den Anwendungsbereich zu ermöglichen, mit dem Anwender verschiedene Lösungsansätze zu klären und die Realisierbarkeit des geplanten Systems in einem gegebenen organisatorischen Umfeld abzuklären. Anhand des Prototyps werden konkrete Anwendungsbeispiele durchgespielt und die gewünschte Funktionalität erprobt. Im Vordergrund steht nicht die Qualität der Konstruktion des Prototyps, sondern die Funktionalität, die leichte Änderbarkeit und die Kürze der Entwicklungszeit.

Der Prototyp wird von Entwicklern und Anwendern gemeinsam realisiert. Er wird im Life Cycle in den Phasen Anforderungsanalyse und Systemspezifikation erstellt (siehe Abbildung 3.2).

Aus der Sicht der Qualitätssicherung hat das explorative Prototyping folgende Vorteile:

- Anforderungs- und Spezifikationsprobleme/-fehler werden sehr früh (und damit kostendämpfend) erkannt und behoben. Die Funktionalität wird umfassender spezifiziert und durch den Anwender geprüft.

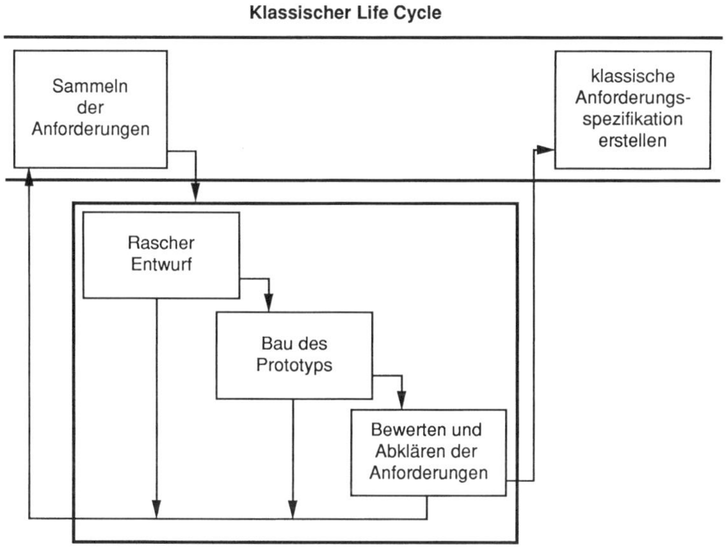

Klassischer Life Cycle

```
[Sammeln der Anforderungen] → [klassische Anforderungsspezifikation erstellen]
         ↓
    [Rascher Entwurf]
         ↓
    [Bau des Prototyps]
         ↓
    [Bewerten und Abklären der Anforderungen]
```

Abb. 3.2 Exploratives Prototyping

- Neben der Benutzeroberfläche des Systems wird auch die Dynamik im Ablauf modelliert und geprüft.
- Die Sprach- und Kommunikationsprobleme zwischen Entwicklern und Anwendern werden minimiert und somit daraus resultierende potentielle Fehlerquellen beseitigt.
- Der Anwender validiert sehr früh seine Wünsche und Anforderungen an das geplante System anhand eines ausführbaren Systemmodells. Dies ist eine nützliche Ergänzung zu den statischen Reviews der schriftlich erstellten Anforderungs- und Systemspezifikationen.
- Die Entwickler können mit dem Anwender sinnvolle Ausbaustufen für das System definieren und so einen Teil der Wartungsprobleme durch ein Release-Stufenkonzept abfangen.

Als Nachteil sehen wir die Gefahr, den Prototyp permanent zu ändern und somit die Projektplanung zu destabilisieren. Auch könnte der Anwender bei fehlender Aufklärung meinen, der Prototyp sei bereits das fertige System.

Der qualitätssichernde Beitrag liegt bei dieser Art des Prototyping durch eine frühzeitige Kommunikation zwischen Anwendern und Entwicklern sowohl im konstruktiven Bereich (Vermeiden von Anforderungsfehlern, vollständige und konsistente Funktionsspezifikation), als auch im analytischen Bereich (Validieren der Wünsche und Ziele der Anwender an einer ausführbaren Anforderungs- und Systemspezifikation).

Experimentelles Prototyping

Das Ziel beim experimentellen Prototyping ist eine ausführbare Entwurfsspezifikation, die die Basis für die Implementierung bildet. Dies bedeutet die Überprüfung der technischen Zielsetzungen auf Durchführbarkeit. Es soll damit die Tauglichkeit und Güte der Software-Architektur des geplanten Systems, der darin enthaltenen Lösungsideen und der Zerlegung in Systemkomponenten (Module) experimentell nachgewiesen werden.

Pomberger schlägt folgende Vorgehensweise vor [Pomb87]: Ausgehend von den ersten Vorstellungen über die Zerlegung des Systems wird ein Prototyp entwickelt, der es erlaubt, die Wechselwirkung zwischen den Schnittstellen der einzelnen Systemkomponenten und die Flexibilität der Systemzerlegung in Hinblick auf Erweiterungen im Experiment zu erproben. Ebenso können im Rahmen von Teilimplementierungen einzelner Komponenten Entwurfs- und Implementierungsanforderungen (z. B. Performance, Parallelität etc.) geprüft werden und ihre Auswirkungen auf die Systemzerlegung untersucht werden.

Bei der Realisierung des Prototyps wirken in der Hauptsache nur die Entwickler mit. Das experimentelle Prototyping unterstützt den System- und Komponentenentwurf.

Die Vorteile aus der Sicht der Qualitätssicherung sind:

- frühzeitige Prüfung von Entwurfs- und Implementierungsanforderungen;
- verbesserte Wartbarkeit durch Verifikation der Modularisierung in Hinblick auf die Eigenschaften Erweiterbarkeit und Anpaßbarkeit;
- konsistente und vollständige Schnittstellenspezifikation der Systemkomponenten;
- geringeres Risiko von Entwurfsüberarbeitungen;
- Ergänzung zu statischen Entwurfsreviews.

Als Nachteil sehen wir den zusätzlichen Aufwand, der das Projekt verzögern kann. Der Einsatz entsprechender Werkzeuge mildert diesen Nachteil.

Das experimentelle Prototyping bietet dem Entwickler sowohl im konstruktiven Bereich der Qualitätssicherung (Erforschung der Funktionsstruktur), als auch im analytischen Bereich (Prüfen von Entwurfsentscheidungen und Verifizieren der Anwenderanforderungen) Unterstützung.

Evolutionäres Prototyping

Das evolutionäre Prototyping unterscheidet sich von den zwei oben beschriebenen Prototyping-Ansätzen derart, daß es sich dabei um eine inkrementelle Systementwicklung, d. h. eine sukzessive Entwicklungsstrategie handelt. Der Prototyp wird laufend den neu hinzukommenden und aktualisierten Anforderungen angepaßt. Die Entwicklung ist somit kein abgeschlossenes Projekt, sondern verläuft parallel zur Nutzung der Anwendung. Es gibt keine Trennung zwischen Prototyp und Produkt. Bei dieser Art des Prototyping wird der Prototyp in der Regel nicht weggeworfen, sondern sukzessive zum Produkt »hochgezogen« [Pomb87]. Es handelt sich im Gegensatz zu Wegwerf-Prototypen und zu unvollständigen Prototypen hier um einen vollständigen Prototyp, der alle wesentlichen Funktionen einer Evolutionsstufe des Produkts enthält.

Die Vorteile aus der Sicht der Qualitätssicherung sind:

- Das Spezifikationsproblem des klassischen Life Cycle, immer mit einer unvollständigen Spezifikation zu arbeiten, läßt sich dadurch vereinfachen. Der Prototyp ist ein ausführbarer Teil der Systemspezifikation.
- Die Wartungsproblematik (schwere Änderbarkeit, »auseinanderlaufende« und veraltete Dokumentation) wird entschärft, weil Anforderungen an die Wartbarkeit von vornherein berücksichtigt werden.
- Die rasche Validierung der Anforderungen durch die Anwender ist sofort am ausführbaren System möglich.

Die Nachteile aus der Sicht der Qualitätssicherung sind gefährlich:

- Die Entwurfsstruktur kann mangelhaft sein (»Flickwerk«). Das Problem des Systementwurfs ist durch diesen Ansatz nicht gelöst.
- Entwickeln wird zu einem permanenten Änderungsprozeß, der nicht mehr zielgerichtet ist und dadurch schwer kontrollierbar werden kann.
- Das Projektmanagement wird dadurch wesentlich aufwendiger.

Unseres Erachtens eignet sich evolutionäres Prototyping nur für jene Anwendungen, die von Natur aus rasch wechselnden Anforderungen unterliegen. Sommerville und andere sehen den Wert dieser Art des Prototyping in der Entwicklung kleinerer Systeme, bei denen die Wartbarkeit eine untergeordnete Rolle spielt [Somm85].

Zusammenfassend sehen wir aus der Sicht der Qualitätssicherung im experimentellen und explorativen Prototyping in der Form einer Ergänzung zum klassischen Life Cycle eine Möglichkeit, sowohl konstruktiv als auch analytisch die Qualität zu verbessern. Voraussetzung dafür sind Werkzeuge, die beide Arten des Prototyping ausreichend unterstützen [Pomb88]. Falls sich Teile der Prototypen im späteren Zielsystem wiederverwenden lassen, so wird dadurch die Produktivität erhöht. Der Hauptnutzen besteht für uns in der Einbeziehung der Anwender, der verbesserten Kommunikation mit ihnen und in einer sehr frühen Einschulung in das Zielsystem. Damit läßt sich das Risiko, ein falsches, nicht gewünschtes Produkt zu entwickeln, erheblich reduzieren.

Das evolutionäre Prototyping ist aus der Sicht der Qualitätssicherung kritisch zu beurteilen und birgt die Gefahr einer chaotischen und unkontrollierten Entwicklung.

3.2 Vorgehensmodelle und ihre Bedeutung für die Qualitätssicherung

Ein bedeutender Schritt beim Übergang von einer chaotischen Software-»Bastelei« zu einer industriellen Software-Produktion ist die Einführung und Verwendung von Vorgehensmodellen. Neben einer klaren und systematischen Vorgehensweise wird dabei die zeitliche und inhaltliche Strukturierung des Entwicklungsprozesses angestrebt. Durch Vorgehensmodelle wird der Software-Entwicklungsprozeß in aufeinander abgestimmte Phasen zerlegt, und für jede Phase werden Tätigkeiten und Ergebnisse festgelegt.

Ein Vorgehensmodell beschreibt modellhaft, d. h. idealisiert und abstrahierend, den Software-Entwicklungs- und -Pflegeprozeß. Synonyme für Vorgehensmodelle sind »Software Life Cycle«, »Phasenmodell«, »Projektmodell« und »Prozeßmodell«.

Vorgehensmodelle werden neben Methoden und Werkzeugen als eines der wichtigsten konstruktiven Qualitätssicherungselemente bewertet.

3.2.1 Typen von Vorgehensmodellen

Nach Hausen [Haus84] und Boehm ([Boeh79], [Boeh81], [Boeh86]) lassen sich folgende Typen von Vorgehensmodellen unterscheiden:

- Sequentielles Modell
- Schleifenmodell (»Wasserfallmodell«)
- V-Modell (V steht für Verifikation)
- Sichtenmodell
- Spiralmodell

Beim **sequentiellen Modell** sind die Phasen entlang einer Zeitachse angeordnet. Innerhalb einer Phase sind die Aktivitäten und die Phasenzwischen- und -endergebnisse festgelegt. Die Phasenbezeichnungen orientieren sich im allgemeinen an den in der Phase auszuführenden Schwerpunktaktivitäten (z. B. analysieren, spezifizieren, entwerfen, programmieren, testen). Keine Aussage erfolgt in der Regel darüber, wer welche Aktivitäten ausführt, wie die Ergebnisse zusammenhängen und wie phasenübergreifende Maßnahmen durchzuführen sind.

Eine Verbesserung des rein sequentiellen Modells bringt das **Wasserfallmodell** [Boeh73]. Die Phasen werden zwar als abgeschlossene Einheiten, bestehend aus Aktivitäten und Ergebnissen definiert, trotzdem ist es möglich, Ergebnisse jeder zuvor abgewickelten Phase zu verbessern. Dieses Vorgehen ist in dem Sinne iterativ, als frühere Phasen mehrfach ausgeführt werden.

Eine der Konsequenzen daraus ist, daß bestimmte Aktivitäten zu den geplanten Meilensteinen nie vollständig abgeschlossen sind. Erst wenn der letzte Meilenstein erreicht ist, sind im schlechtesten Fall die Aktivitäten aller Phasen abgeschlossen.

Im Vordergrund steht bei Prozessen, die nach einem detaillierten Wasserfallmodell ablaufen, die Entwicklung und Pflege von Dokumenten (»dokumentenorientierte Software-Entwicklung«).

Nach Boehm [Boeh89] haben Wasserfallmodelle sehr viel dazu beigetragen, daß der Prozeßablauf diszipliniert, sichtbar und kontrollierbar geworden ist. Als Nachteile sieht Boehm die Gefahr, daß die Dokumentation wichtiger wird als das eigentliche System, die Risikofaktoren eines Projekts zu wenig Berücksichtigung finden und Reviews zu aufwendig werden.

Besondere Bedeutung für die Qualitätssicherung haben **V-Modelle** erlangt [Boeh79]. Konstruktive Aktivitäten (z. B. modularisiere den Systementwurf) sind in der Regel von prüfenden Aktivitäten (z. B. prüfe die Konsistenz der Modulschnittstellen) getrennt. Die prüfenden Aktivitäten sind Verifikations- und Validationsaktivitäten (siehe dazu Kapitel 4). Boehm schlug als erster vor, einer Phase mit mehrheitlich konstruktiven Aktivitäten die Phase mit den entsprechenden prüfenden Aktivitäten gegenüberzustellen (z. B. die Phase Komponentenentwurf der Phase Integration). Die so entstandene Phasenzuordnung kann bildhaft als V dargestellt werden, wobei die linke Achse konstruktive Aktivitäten und die rechte Achse mehrheitlich prüfende Aktivitäten enthält.

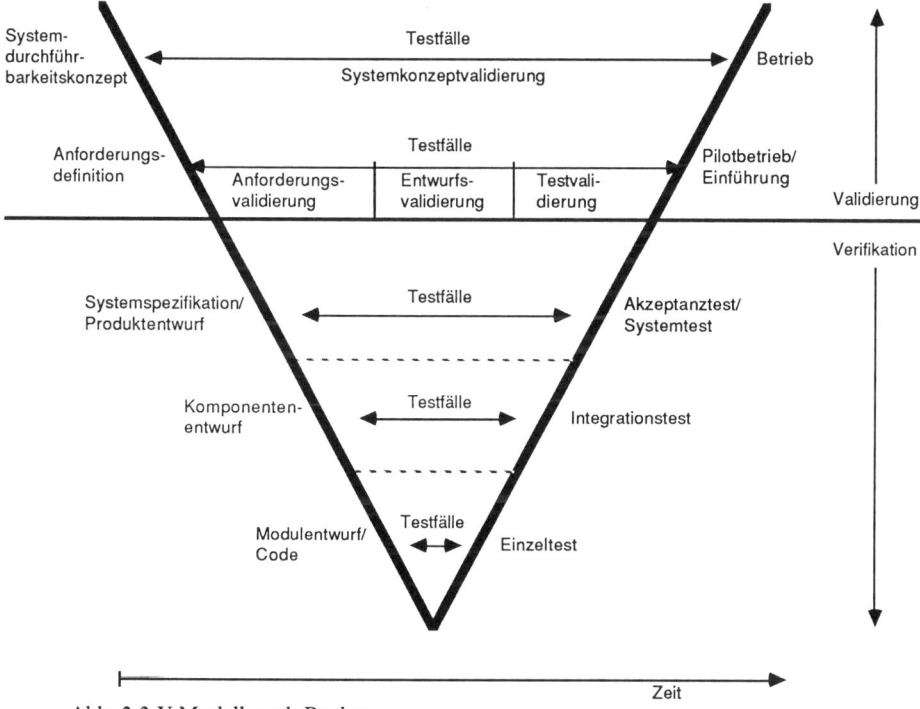

Abb. 3.3 V-Modell nach Boehm

Abbildung 3.3 zeigt ein Beispiel für so ein V-Modell. Die Symmetrie dieses Modells kann folgendermaßen interpretiert werden:

- Fehler können am einfachsten auf derjenigen Abstraktionsstufe gefunden werden, auf der sie begangen wurden. Da wir bei einer Systementwicklung vom Ganzen (Aufgabenstellung) zum Detail (Code) fortschreiten — dies entspricht der linken Achse im V-Modell — und anschließend vom Detail (Code) über Integrations- (Montage-) und Testschritte zum Ganzen (Problemlösung) zurückkehren — dies entspricht der rechten Achse — ist es sinnvoll, in den Phasen auf der rechten Seite des V nur jene Fehler zu suchen, die in der symmetrischen Phase auf der linken Seite des V entstanden sind (gleiches Abstraktionsniveau). Konkret bedeutet dies, daß beispielsweise Testfälle in der Phase Modulentwurf erstellt werden und in der Phase Einzeltest zur Fehlerfindung ausgeführt werden.

- Je länger die Verweilzeit eines Fehlers im System ist, desto teurer ist seine Behebung. Durch entsprechende Prüfmaßnahmen am Ende jeder konstruktiven Phase kann dieser Zeitabschnitt verkürzt werden.

Das V-Modell zeigt, wie wichtig ein ausbalanciertes Vorgehensmodell für die Wirksamkeit von Qualitätssicherungsmaßnahmen sein kann.

Sichtenmodell

An einem Entwicklungsprozeß sind unterschiedliche Personengruppen beteiligt, beispielsweise Projektleiter, Benutzer, Analytiker, Programmierer und Qualitätssicherer. Jede dieser Gruppen führt unterschiedliche Aktivitäten schwerpunktmäßig aus, daher haben sie auch unterschiedliche Sichten auf das zu entwickelnde System bzw. auf die einzelnen Entwicklungsergebnisse (z. B. Benutzersicht, Entwicklersicht, Projektleitersicht, etc.).

Bei einem Sichtenmodell unterscheiden wir daher zwischen Aktivitäten, Entwicklungsergebnissen und Sichten. Damit läßt sich eine Zustandsmatrix angeben, mit deren Hilfe ausgesagt werden kann, wer mit welcher Sicht an welchem Entwicklungsergebnis arbeitet (welche Aktivität). Mit Hilfe des Sichtenmodells erreicht man eine bessere Auswahl der Projektmitarbeiter für spezifische Aktivitäten. Die Schulungs- und Fortbildungsmaßnahmen lassen sich dadurch gezielter einsetzen.

Boehm [Boeh76b] hat als einer der ersten auf die Wichtigkeit der Beherrschung von Risiken in Entwicklungsprozessen hingewiesen. Er mißt dieser Tatsache so große Bedeutung zu, daß er ein eigenes Vorgehensmodell vorschlägt [Boeh86], das die Risiken berücksichtigt, das **Spiralmodell** (siehe Abbildung 3.4).

Der Radius der Kurve stellt die bis zum jeweiligen Zeitpunkt kumulierten Kosten dar. Der Winkel gibt den Fortschritt an, der in jeder Phase erreicht wurde.

Ein Produkt wird evolutionär in Form von Produktstufen entwickelt. Jeder Zyklus der Spirale beginnt mit der Identifikation der Entwicklungsziele der Produktstufe, die in diesem Zyklus entwickelt wird. Zusätzlich werden Alternativen für die Implementierung von Ergebnissen der Produktstufe, sowie Restriktionen, die auf die Alternativen Auswirkung haben (gegliedert beispielsweise nach Kosten, Zeitplan, Schnittstellen, etc.), angegeben.

Im nächsten Schritt werden die Alternativen in bezug auf Restriktionen und Ziele bewertet. Dadurch werden Unsicherheiten und Quellen für Projektrisiken festgestellt, die dann durch Risikoanalysen auf der Basis von Kosten-Nutzen-Vergleichen näher untersucht werden. Dazu werden Techniken, wie beispielsweise Prototyping, Simulation, Benutzerbefragung oder analytische Modelle eingesetzt.

Für das weitere Vorgehen gibt es zwei Möglichkeiten:

- Es werden eine grobe Spezifikation eines Produktmodells und ein Plan für den nächsten zu bauenden Prototyp erstellt. Anschließend wird dieser Prototyp entwickelt, um die noch vorhandenen Risiken zu beseitigen.

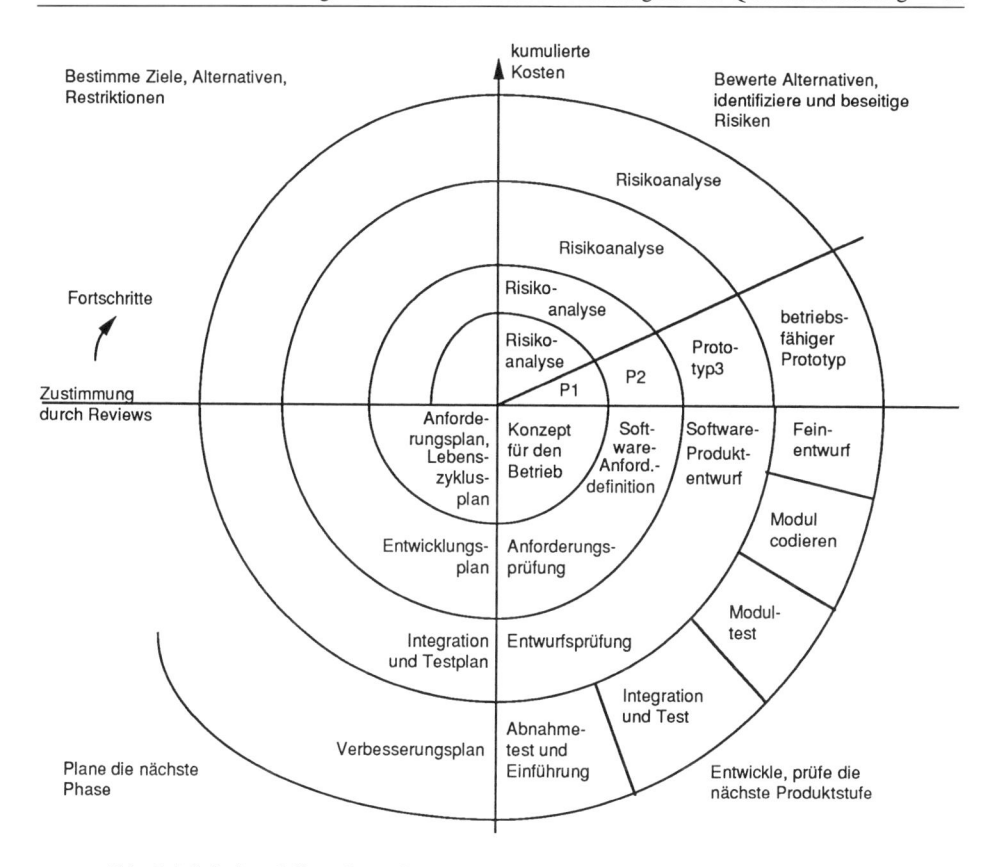

Abb. 3.4 Spiralmodell nach Boehm

- Falls alle Risiken (beispielsweise betreffend schlechter Performance, inadäquater Benutzerschnittstellen, inflexibler Systemschnittstellen, etc.) beseitigt wurden, kann die Entwicklung mit dem klassischen Wasserfallmodell fortgesetzt werden.

Jeder durchlaufene Zyklus schließt mit einem Review, an dem die betroffenen Organisationen und die Anwender beteiligt sind. Das Ziel ist, daß alle betroffenen Parteien die Zustimmung geben, um mit dem geplanten nächsten Zyklus beginnen zu können. Auf die gleiche Art lassen sich auch Wartungsfälle (z. B. Produktverbesserungen) behandeln.

Das Spiralmodell ist durch seine Risikoorientierung den mehr dokumentenorientierten oder code-orientierten Vorgehensmodellen in vielen Projektsituationen überlegen ([Boeh86], [Boeh88]). Es eignet sich insbesondere zur Durchführung sehr großer, komplexer Entwicklungsvorhaben. Das Spiralmodell wird seit einigen Jahren mit Erfolg von der Firma TRW für große Projekte eingesetzt. Boehm sieht aber auch weitere Verbesserungsmöglichkeiten am Spiralmodell, wie z. B. in bezug auf die Gestaltung von Verträgen mit Zulieferanten, dem Setzen von Meilensteinen, der Überwachung von Projektzuständen und der Identifikation von Risikobereichen.

Zusammenfassend läßt sich feststellen, daß Vorgehensmodelle sich in der Praxis der Informatik sowohl aus der Sicht des Projektleiters, als auch der Entwickler bewährt haben. Als besondere Vorteile gelten:

- Normierung und Vereinheitlichung des Entwicklungsprozesses und der Ergebnisse,
- Personenunabhängigkeit,
- Anleitung und Hilfestellung zur Lösung komplexer Entwicklungsaufgaben,
- Basis für eine effiziente Projektplanung und -überwachung.

Diese Fakten haben natürlich auch Auswirkungen auf die Produktivität. Lai [Lai84] berichtet, daß nach erfolgreicher Einführung und durch konsequente Einhaltung des Vorgehensmodells die Produktivität der Entwickler um ca. 25 bis 30 % gestiegen ist.

Spezifische Anforderungen, die beispielsweise die Größe, Komplexität und Rahmenbedingungen von Software-Projekten betreffen, erfordern jedoch die Anpassung und Verbesserung bestehender Vorgehensmodelle.

Als Nachteil stellen wir oft fest, daß das tatsächliche Vorgehen im Projekt mit dem Vorgehen nach dem Vorgehensmodell nicht übereinstimmt. Dies bringt Gefahren für die Projektplanung und -kontrolle mit sich (z. B. Verzögerungen und Verschiebungen von Meilensteinen). Auch sind vorhandene Rechnerunterstützungen für den Einsatz von Vorgehensmodellen nicht flexibel und schwer zu handhaben.

Gegenwärtig überwiegt der Einsatz des Wasserfallmodells in den verschiedensten Varianten. Vielerorts werden Wasserfallmodelle mit prototypingorientiertem Vorgehen ergänzt. Für sehr risikoorientierte Projekte eignet sich das Spiralmodell. Es stellt auch einen gelungenen Versuch dar, Techniken wie Prototyping in den Prozeßablauf zu integrieren. Vorgehensmodelle sind heute in der Informatik-Praxis akzeptiert und bilden den Ausgangspunkt für jegliche Art von Verbesserungsmaßnahmen.

3.2.2 Anforderungen an Vorgehensmodelle aus der Sicht der Qualitätssicherung und Verbesserungen

Ein Vorgehensmodell sollte eine eindeutige Beschreibung über das Was (»Ergebnistypen«) und das Wie (»Aktivitätentypen«) eines Prozesses zur Verfügung stellen. Insbesondere sollte die Prozeßbeschreibung detaillierte Auskunft über die Prozeßführung (»Prozeßsteuerung«, »Projektmanagement«), die Qualitätssicherung und das Konfigurationsmanagement geben.

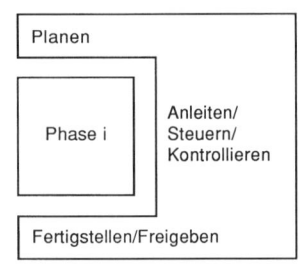

Abb. 3.5 Prozeßführung für eine Phase

3.2 Vorgehensmodelle und ihre Bedeutung für die Qualitätssicherung 89

Zu jeder Phase gehören Prozeßführungstätigkeiten. Sie bilden einen Rahmen um die produktionsorientierten Tätigkeiten der Phase (siehe Abbildung 3.5). Jeder Phase geht deren Planung voraus. Die eigentlichen Phasentätigkeiten werden begleitet von Anleitungs-, Steuerungs- und Kontrolltätigkeiten. Durch ein formal festgelegtes Fertigstellungsvorgehen (»Freigabemechanismus«) wird die Phase abgeschlossen. Nur so kann der ordnungsgemäße Ablauf einer Phase sichergestellt werden.

Im Rahmen der Phasenüberwachung finden Überprüfungen der anfallenden Ergebnisse (z. B. Reviews) statt. Diese Überprüfungen sind wesentliche Voraussetzungen für die Fertigstellung und Freigabe der Phasenergebnisse.

Die Tätigkeiten einer Phase werden unter Zuhilfenahme von konstruktiven Qualitätssicherungselementen, wie beispielsweise Prinzipien, Methoden, Werkzeugen, Mustern und Hilfsinformationen durchgeführt (siehe Abbildung 3.6). Die Durchführung einer Tätigkeit setzt gewisse Informationen voraus (z. B. Ergebnisse von anderen Tätigkeiten) und erzeugt Ergebnisse.

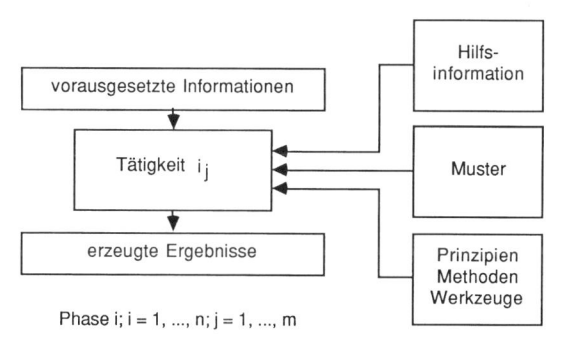

Abb. 3.6 Ablaufbeschreibung einer Tätigkeit [Chro86]

Phase i; i = 1, ..., n; j = 1, ..., m

Die begleitenden qualitätssichernden Tätigkeiten sind nach Radice [Radi85] durch Start- und Endekriterien mit den eigentlichen Entwicklungs- oder Pflegetätigkeiten einer Phase zu koppeln (siehe Abbildung 3.7). Nachfolgende Elemente und deren Zusammenhang bilden ein Schema:

- Liste der Startkriterien, die erfüllt sein müssen, um die Arbeitseinheit zu beginnen,
- Beschreibung der Tätigkeit oder Gruppe von Tätigkeiten, die durchzuführen ist,
- Qualitätsprüfung bzw. -bewertung der durchgeführten Tätigkeit(en),
- Liste der Endekriterien, die erfüllt sein müssen, um die Tätigkeit(en) abzuschließen.

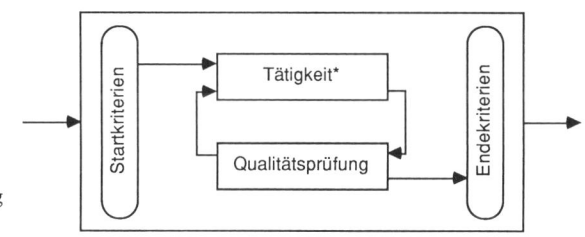

Abb. 3.7 Schema zur Beschreibung von Tätigkeiten

Der Vorteil eines solchen Schemas besteht darin, daß für eine Phase besser geplant wird, was parallel abgewickelt werden kann und damit die Produktivität erhöht wird.

Eine wesentliche Anforderung an ein Vorgehensmodell ist die Unterstützung der Prozeßführung durch geeignete Tätigkeitstypen zur Prozeßüberwachung. Diese Tätigkeitstypen sind einerseits durch das Vorgehensmodell selbst bedingt, indem beispielsweise für alle wesentlichen Tätigkeitsgruppen Prüfungen/Bewertungen vorgegeben sind [Radi85]. Andererseits wird der Prozeß durch Erfassung, Analyse und Auswertung von statistischen Produkt- und Prozeßdaten (»Qualitätsdaten«) kontrolliert und kann beim Auftreten von Anomalien gegebenenfalls verbessert werden.

Vorgehensmodelle werden in Handbüchern beschrieben. Die umständliche Handhabung dieser Bücher (»Schrankware«) hat bereits früh nach maschineller Unterstützung verlangt. Beispiele für computergestützte Vorgehensmodelle sind ADPS [Chro89], managerView [MSP88], GUIDE [GMO87] und VIDOC [IBM85].

Gegenwärtig ist man bemüht, diese computergestützten Vorgehensmodelle in bezug auf Methoden- und Werkzeugeinsatz [Chro86] zu erweitern. Die Integration dieser Modelle in Software-Entwicklungsumgebungen (siehe Abschnitt 3.5) ist bis jetzt noch nicht befriedigend gelöst.

Abschließend geben wir noch einige Qualitätsmerkmale für die Beurteilung konkreter Vorgehensmodelle an [Dene80]:

- Vollständigkeit
  Das Modell überspannt alle Phasen der Entwicklung und erstreckt sich auch auf die Wartung und Ablösung des Produkts. Ebenso werden alle Projektführungsmaßnahmen von der Initiierung bis zum Projektabschluß unterstützt.

- Modularität
  Der Projektablauf ist in überschaubare, separat zu behandelnde Abschnitte gegliedert, die wohldefinierte Vorgaben und Ergebnisse haben. Innerhalb dieser Abschnitte lassen sich handhabbare Arbeitseinheiten (Tätigkeitsgruppen) definieren, die einfach zu planen und zu kontrollieren sind.

- Systematik
  Alle Begriffe sind nach einer einheitlichen Systematik gebildet. Dadurch sind sie einprägsam und leicht rekonstruierbar. Die Begriffe sind treffend und aussagekräftig gewählt und ergänzen einander. Dadurch wird auch die Übersichtlichkeit gefördert.

- Allgemeingültigkeit
  Sowohl große, als auch kleine Projekte, Standard- und Sonderprojekte können abgewickelt werden. Die Art des Anwendungsbereichs, in den das Produkt fällt, spielt keine Rolle.

- Anpaßbarkeit
  Das Modell läßt sich organisatorischen, firmen- und projektspezifischen Gegebenheiten, sowie softwaretechnischen Neuerungen leicht anpassen.

- Maschinelle Unterstützung
  Es ist eine Rechnerunterstützung für das Vorgehensmodell vorhanden, die benutzerfreundlich, leicht anpaßbar und erweiterbar ist. Insbesondere die Initiierung von Werkzeugaufrufen ist möglich.

3.2.3 Forderungen an die Definition und Pflege von Vorgehensmodellen

Wie die Informatik-Praxis zeigt, muß für jedes Vorgehensmodell ein gangbarer Kompromiß zwischen einer zu geringen Unterstützung des Prozesses und einer zu starren Reglementierung gefunden werden. Dieser Kompromiß ist situationsabhängig und wird von der jeweiligen Prozeßumgebung beeinflußt. Vorgehensmodelle schaffen die Voraussetzung für eine wirkungsvolle analytische und konstruktive Qualitätssicherung.

Als Forderungen an die Einrichtung und Definition von Vorgehensmodellen ergeben sich:

- Das Vorgehensmodell ist begrifflich konsistent definiert und erfüllt die geforderten Qualitätsmerkmale (siehe 3.2.2).
- Das Vorgehensmodell berücksichtigt potentiell einsetzbare konstruktive Qualitätssicherungsmaßnahmen und regelt die Bedingungen für deren Einsatz.
- Das Vorgehensmodell berücksichtigt potentiell einsetzbare analytische Qualitätssicherungsmaßnahmen und regelt die Bedingungen für deren Einsatz.
- Im Vorgehensmodell sind die Maßnahmen zur Konfigurationsverwaltung berücksichtigt.
- Das Vorgehensmodell ermöglicht oder regelt die Bereitstellung von Prozeßdaten, um eine lückenlose Prozeßüberwachung sicherzustellen. Damit können auch Auswirkungen der Prozeßqualität auf die Produktqualität beobachtet und beurteilt werden. Gleichzeitig liefert die Analyse dieser Daten Ansatzpunkte zur Verbesserung des Prozesses [Radi85].

Als Forderungen an die Pflege von Vorgehensmodellen ergeben sich:

- Die Wirksamkeit der analytischen und der konstruktiven Qualitätssicherungsmaßnahmen wird durch Audits regelmäßig überprüft.
- Die im Vorgehensmodell verankerten konstruktiven Maßnahmen werden laufend dem Stand der Technik angepaßt. Nur so kann gewährleistet werden, daß die Qualität, aber auch die Produktivität, schrittweise verbessert wird.
- Die Beschreibungen der Ergebnistypen (Muster) werden regelmäßig auf ihre Einhaltung überprüft und gegebenenfalls verbessert.

Der fundamentalen Bedeutung eines Vorgehensmodells ist insbesondere durch Schulungs- und Fortbildungsmaßnahmen Rechnung zu tragen. Der erste Schritt einer Qualitätssicherungsschulung muß das Verständnis für den gesamten Entwicklungsprozeß und insbesondere für das Vorgehensmodell betreffen. Daran anschließend sind Methoden und Werkzeuge zu schulen.

3.2.4 Einführungsstrategie für Software Engineering-Maßnahmen

Zu den schwierigsten Aufgaben in der Informatik-Praxis gehört die Einführung von Software Engineering-Maßnahmen. Neben den rein technischen Problemen gibt es eine Reihe von sozialen Problemen und Führungsproblemen, die es zu lösen gilt. In der Regel sind mit der Einführung solcher Maßnahmen erhebliche Veränderungen in der »Informatik-Kultur« und im Arbeitsstil der Mitarbeiter verbunden.

Neben dem Aufzeigen des Nutzens solcher Maßnahmen — Erschließen der Rationalisierungs- und Qualitätssicherungspotentiale — ist die Beteiligung aller Betroffenen eine wesentliche Voraussetzung für den Erfolg dieses Vorhabens (kooperative Einführungsstrategie). Weitere kritische Erfolgsfaktoren für die Einführung von Software Engineering-Maßnahmen sind die Berücksichtigung des Reifegrads des Entwicklungs-/Pflegeprozesses und die Integration von Software Engineering-Maßnahmen im Vorgehensmodell. Die Einführung eines computergestützten Vorgehensmodells ist beispielsweise bei einer vorhandenen Ad hoc-Entwicklungsstrategie nicht empfehlenswert.

Der Bezugsrahmen für alle einzuführenden Maßnahmen ist das Vorgehensmodell. Versuche, Maßnahmen einzuführen, die auf das Vorgehensmodell nicht abgestimmt sind, führen zum Scheitern bzw. zur Nichteinhaltung der bereits etablierten Standards.

Chow [Chow85] gibt einige Regeln für die Einführung von Software Engineering-Maßnahmen an:

- Es ist zu vermeiden, mehrere verschiedene Techniken gleichzeitig einzuführen. Ein evolutionäres Vorgehen ist einem revolutionären vorzuziehen. Eine Strategie der kleinen Schritte, die auf Bewährtem aufbaut und dieses ausbaut, ist besser, als wenn man zu vieles zu rasch einführt. Wichtig dabei ist, daß die langfristigen Ziele nicht aus den Augen verloren werden.
- Die Entwickler sind grundsätzlich in den Auswahl- und Einführungsprozeß einzubeziehen (kooperative Einführungsstrategie). Es ist leichter für sie, eine Entscheidung zu vollziehen, wenn sie bei der Entscheidungsvorbereitung beteiligt waren.
- Es müssen Pilotprojekte mit der neuen Technik an kleinen, nicht mit Risiko behafteten Applikationen durchgeführt werden. Es müssen genügend Zeit und entsprechende Rahmenbedingungen zur Verfügung gestellt werden, um die Maßnahmen an die Einsatzumgebung anzupassen und einzuführen.
- Es ist empfehlenswert, zunächst eine Kosten-Nutzen- und Risikoanalyse durchzuführen, bevor die neue Technik eingeführt wird. Wichtig ist auch zu untersuchen, wie sich die neue Technik auf die Rechnerleistung (Speicher, Antwortzeiten, Echtzeitverhalten) auswirkt.
- Vor der Einführung ist auch ein Schulungskonzept zu planen.

Die Einführung einer neuen Technik ist in der Regel nicht nur durch die Sach- und Fachkenntnisse, die im eigenen Hause vorhanden sind, zu bewältigen, sondern wird meist effizienter durch externe Berater vorgenommen. Diese sind in der Regel didaktisch und psychologisch besser geschult als interne Mitarbeiter und sehen anstehende Probleme und deren Lösungen rascher (keine »Betriebsblindheit«). Es ist oft wirtschaftlicher und führt rascher ans Ziel, ein Werkzeug oder ein Schulungsprogramm von Externen erstellen zu lassen, als es im eigenen Haus zu entwickeln. Dazu kommt noch, daß Neuerungen, die von externen Beratern vorgeschlagen werden, schneller akzeptiert werden, als wenn dies von einem Mitarbeiter der eigenen Firma geschieht (persönliche Vorurteile, Interessenskonflikte).

Siegmund [Sieg84] berichtet über Erfahrungen mit Einführungsstrategien für neue Methoden und Werkzeuge. Sie unterscheidet die kritischen Faktoren Vorgehen, Management, Promotoren, Betroffene, Ausbildung und Unterstützung, Pilotprojekte und Werkzeuge.

Vorgehen

- Bewerte den Nutzen, den die einzuführende Technik bringen soll. Dieser Nutzen muß allen Beteiligten in entsprechender Form »verkauft« werden.
- Gib realistische Ziele vor, die keine überhöhten Erwartungshaltungen bei den Entwicklern und beim Management erzeugen. Dies ist oft Ursache für Mißverständnisse.
- Stecke den Rahmen der Möglichkeiten bzw. die Grenzen der Technik klar ab.
- Zeige den objektiven Erfolg, der bei der Einführung tatsächlich erreicht wurde, auf. Vielfach gibt es Diskrepanzen zur subjektiven Einschätzung des Erreichten durch einzelne Mitarbeiter bzw. durch das Management.
- Erkenne und analysiere die aktuellen Probleme und Ziele aller Beteiligten. Biete allen einen realistischen Lösungsansatz an.
- Analysiere genauestens die Einsatzumgebung der neuen Technik.
- Je stärker alle Beteiligten in den Einführungsprozeß aktiv einbezogen werden und sich mit den gesetzten Zielen und dem Lösungsweg identifizieren, desto größer ist die Chance auf eine erfolgreiche Einführung.

Management

- Das Management muß die finanziellen, organisatorischen, technischen und ideellen Voraussetzungen für eine erfolgreiche Einführung schaffen bzw. veranlassen.
- Vom Management ist darauf zu achten, daß die festgelegte Einführungsstrategie und die vereinbarten Maßnahmen strikt eingehalten werden. Wesentlich ist auch eine ausreichende Absicherung der Einführung, insbesondere dann, wenn Anfangsschwierigkeiten und Probleme auftreten.
- Das Management sollte den notwendigen Freiraum für die Mitarbeiter schaffen, damit sie den Mehraufwand beim Erlernen der neuen Technik bewältigen können.
- Das Management muß die geplanten Maßnahmen durchsetzen.

Promotoren

- Eine erfolgreiche Einführung wird durch die tätige Überzeugungskraft von Promotoren unterstützt. Dies können wichtige Meinungsträger oder Manager in einer Un-

ternehmung sein. Wichtig ist diese Unterstützung besonders dann, wenn nicht sofort ein nachweisbarer Erfolg vorliegt.
- Je schwieriger und komplexer eine neue Technik ist, umso wichtiger ist es, zugkräftige Promotoren auf allen Unternehmensebenen zu besitzen.
- Der Einsatz eines Promotors ist nicht nur in der Startphase bei der Einführung (Pilotprojekte), sondern auch später bei der Verbreitung der neuen Technik auf alle Projekte entscheidend, insbesondere dann, wenn die Begeisterung aller Beteiligten nachgelassen hat.

Die Betroffenen

- Mitarbeiter auf der untersten operativen Ebene haben oft großes Mißtrauen gegen die Einführung einer neuen Technik. Dieses Phänomen tritt besonders bei jenen auf, die sich über längere Jahre hinweg einen eigenen Arbeitsstil entwickelt haben.
- Ein Faktor für das Scheitern ist oft die Nichtwürdigung der mit bisherigen Mitteln erreichten Leistungen. Dies bewirkt eine Demotivation der Beteiligten, die im schlechtesten Fall bis zur Sabotage der neuen Technik führt.

Ausbildung und Unterstützung

- Fehlende oder mangelnde Ausbildung und Unterstützung sind vielfach eine der wesentlichen Ursachen für das Scheitern bei der Einführung einer neuen Technik.
- Das Management ist oft der Meinung, daß die Schulung durch den Besuch von Kursen ausreichend ist. Vielfach wird jedoch die Anwendung des Wissens in der aktuellen Projektsituation geprägt durch Termindruck und veränderte Aufgabenstellungen. Dies ist vom Management zu berücksichtigen, und das auf Kursen erworbene Wissen ist durch Musterprojekte zu vertiefen.
- Das gesamte Team ist schrittweise auszubilden.
- Theoretisches Ausbildungswissen sollte sofort in die Praxis umgesetzt werden.
- Je komplexer eine Technik ist, umso mehr Unterstützungsarbeit muß geleistet werden.
- Mitarbeiter, die Methoden und Werkzeuge perfekt beherrschen und ihre Kollegen praktisch unterstützen können, sind der sicherste Weg für eine erfolgreiche Einführung.
- Know-how-Träger lassen sich nicht durch Handbücher ersetzen.
- Umfassende Help-Konzepte in Werkzeugen sind noch kein Ersatz für eine persönliche Unterstützung durch einen Experten.

Pilotprojekte

- Die gesammelten Erfahrungen, insbesondere Vor- und Nachteile der eingeführten Technik, sollten dokumentiert und konsequent ausgewertet werden.
- Pilotprojekte liefern auch Erkenntnisse, ob die Technik auf breiter Basis eingeführt werden soll oder nicht. Ebenso werden Aufschlüsse gewonnen darüber, ob die Einführungsstrategie verbessert gehört bzw. die eingesetzten Hilfsmittel weiterzuentwickeln sind.

- Die Grenzen und Möglichkeiten der eingesetzten Technik sind klarzustellen.
- Bei einem erfolgreichen Pilotprojekt überträgt sich die Überzeugung der Beteiligten leicht auf andere (Schneeballeffekt).
- Die Auswahl der Mitarbeiter und des Projekts legt letztendlich den Erfolg oder Mißerfolg einer Einführung fest.
- Nach Abschluß des Pilotprojekts sind die Beteiligten auf andere Projekte als Knowhow-Träger und Know-how-Transfergeber zu verteilen. Dadurch wird der Lernaufwand wesentlich reduziert.

Werkzeuge

- Werkzeuge müssen zuverlässig sein. Sie helfen einen sichtbaren Nutzen zu erzielen.
- Die Datensicherheit und die Wahrung der Konsistenz der Ergebnisse muß durch die eingesetzten Werkzeuge sichergestellt werden.
- Das Sichern der Arbeitsergebnisse muß einfach sein.
- Die Antwortzeiten müssen befriedigend sein.
- Die Benutzerfreundlichkeit ist wichtig.
- Der Leistungsumfang soll den gestellten Aufgaben entsprechen.
- Das Werkzeug sollte an die Ablauforganisation des Entwicklungsprozesses angepaßt werden und ein methodisches Vorgehen unterstützen.

Pressmann [Pres88] schlägt zur Einführung von Software Engineering-Maßnahmen folgende Schritte vor:

- Analyse und Bewertung des Zustands des vorhandenen Software Engineering,
- Ausbildung,
- Auswahl der Software Engineering-Maßnahmen,
- Einführung und Umsetzung,
- Bewertung der eingeführten Maßnahmen.

Im ersten Schritt erfolgt eine Bewertung der bisher praktizierten Vorgehensweisen, Methoden und eingesetzten Werkzeuge. Es werden die Stärken und Schwächen der Entwicklungs- und Pflegeprozesse analysiert und dargestellt. Dieser Bewertungsschritt führt zu Empfehlungen, die dazu beitragen, daß bestimmte Ziele, beispielsweise verbesserte Produktivität, rasches Reagieren auf Entwicklungsaufträge, bessere Produktqualität oder bessere Arbeitsmoral der Entwickler erreicht werden. Diese Zielsetzungen werden vom Management festgesetzt. Die Bewertungen und die Empfehlungen werden in einer ersten Version eines Einführungsplans festgehalten.

Im zweiten Schritt erfolgt eine spezifische Ausbildung in Software Engineering-Maßnahmen. Ohne ein klares Verständnis für diese Maßnahmen ist der Widerstand gegen Veränderungen sehr stark. Erfahrungen zeigen, daß gute Schulung den Betroffenen die Software Engineering-Maßnahmen am wirkungsvollsten vermittelt.

Im dritten Schritt erfolgt die Auswahl der spezifischen Methoden und Werkzeuge. Zuerst werden Auswahlkriterien definiert, die möglichen Kandidaten für Methoden und Werkzeuge bestimmt und letztere mit Hilfe der Kriterien bewertet. Die Auswahl sollte letztendlich eine Entscheidung sein, die rational begründet ist und die vom Management und von den Entwicklern gemeinsam getragen wird.

Im eigentlichen Einführungsschritt werden Einführungsrichtlinien erstellt, die Betroffenen spezifisch in den ausgewählten Software Engineering-Maßnahmen geschult und die Maßnahmen anhand von Pilotprojekten eingeführt.

Durch Messungen und Bewertungen am Produkt bzw. am Prozeß, sowie durch Befragungen der Beteiligten erfolgt eine Bewertung der Einführung.

Pressmann betont, daß mit Ausnahme der Bewertung am Beginn der Einführung alle Schritte in beliebiger Reihenfolge wiederholt werden können (siehe Abbildung 3.8).

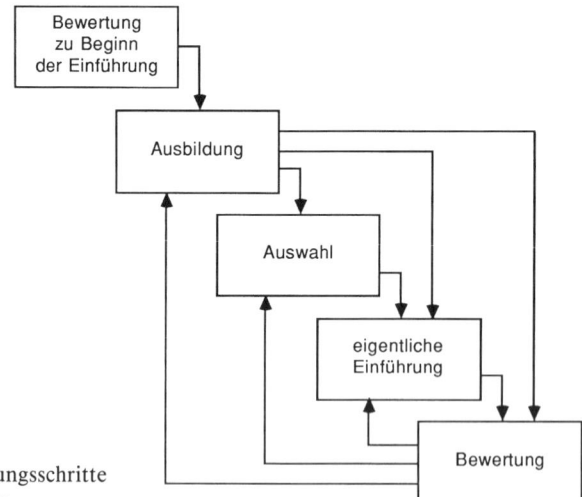

Abb. 3.8 Einführungsschritte mit Rückkopplung

Ohne Zweifel ist die Einführung einer neuen Technik ein langer und mühevoller Weg. Eine Strategie, die die Einführung von Methoden und Werkzeugen als ein Projekt versteht und die den Software-Entwickler als Mensch ausreichend berücksichtigt, hilft jedoch entscheidend mit, den möglichen Nutzen von Methoden und Werkzeugen weitgehend auszuschöpfen und die Einführungsrisiken zu minimieren.

3.3 Die Rolle der Dokumentation in der Qualitätssicherung

Die gegenwärtige Praxis beim Durchführen von Software-Projekten ist dadurch gekennzeichnet, daß der größte Teil der Dokumentation (System-, Benutzerdokumentation) nicht aktuell, unvollständig und oft schwer zu lesen und zu verstehen ist. Übergeordnete Konzepte und Strukturübersichten, die den Einstieg für den Leser erleichtern würden, fehlen und sind nur in den Köpfen der Entwickler vorhanden; sie sind deshalb nach einiger Zeit nicht mehr vollständig rekonstruierbar. Zusammen mit der hohen Personalfluktuation trägt dieser Zustand wesentlich zur allgemeinen Software-Krise, insbesondere zur Wartungskrise bei.

Software ist ein immaterielles, zunächst unsichtbares, geistiges Produkt. Fehlt nun die materielle Ausprägung, also die Dokumentation, so bleibt Software nur geistiges Gedankengut in den Köpfen der Entwickler oder Produktverantwortlichen.

Ohne ausreichende, qualitativ gute Dokumentation ist ein Software-Produkt wert- und nutzlos. Alle nachfolgenden Überlegungen stehen unter dem Leitsatz, daß jeder Software-Entwicklungs- und -Wartungsprozeß zugleich ein Dokumentationsprozeß ist. Dokumentieren als eine eigene, getrennt auszuführende Phase anzusehen ist nicht qualitätsfördernd und daher abzulehnen. Viele Ansätze, den Dokumentationsprozeß zu verbessern, sind gescheitert. Vielfach lag es daran, daß mit untauglichen Werkzeugen und unter qualitätsfeindlichen Bedingungen gearbeitet wurde.

3.3.1 Probleme des Dokumentationsprozesses

Viele Entwickler sind der Meinung, daß die ausreichende Dokumentation der Arbeitsergebnisse den Arbeitsfortschritt nur verzögert, denn es ist nur derjenige ein sehr guter Entwickler, der möglichst viele Lines of Code pro Tag erzeugt. In dieser Betrachtungsweise senkt die Erstellung und Pflege einer ausreichenden und verständlichen Dokumentation die Produktivität. Oft liegt es auch an den verfügbaren Werkzeugen, die das Editieren von Texten ungenügend unterstützen.

Es werden immer wieder Fälle geschildert, in denen für große Software-Systeme außer dem Codelisting keine weitere Dokumentation vorhanden ist. Dies weist darauf hin, daß das Dokumentationsproblem gegenwärtig ein sehr großes und schwieriges Problem der Informationsverarbeitung ist.

Schweiggert [Schw85] gibt mehrere Gründe für die Dokumentationskrise an:

- Das Ziel des Managements ist es, möglichst rasch zu laufenden Applikationen zu gelangen. Durch starres Festhalten an den Terminen wird mangelhaftes Dokumentieren begünstigt.
- Software-Spezialisten vertreten häufig die Meinung, daß jemand, der sein Produkt ausreichend dokumentiert, damit seine Arbeit offenlegt. Er ist damit austauschbar.
- Das eigentliche Schreiben von Dokumentation ist ein monotoner Prozeß, bei dem nichts Technisches abläuft. Die Erfolgserlebnisse bei der Programmierung, wie beispielsweise der erste fehlerfreie Lauf eines Programms, sind in keiner Weise vergleichbar mit der Fertigstellung und Freigabe eines Dokuments.
- Software im Einsatz muß laufend angepaßt und geändert werden. Der Wartungsprogrammierer hat meist nicht die Zeit, Dokumentationsänderungen durchzuführen. Oft fehlen ihm auch dazu geeignete Werkzeuge. Dadurch verschlechtert sich die Qualität der Dokumentation laufend.

- Dokumentieren wird in der Ausbildung nicht oder nur teilweise gelehrt. Diejenigen, die sich mit solchen Konzepten beschäftigen, werden von ihren Kollegen oft nur belächelt (Image-Problem).

Wie wir festgestellt haben, bereitet der Prozeß der Dokumentationserstellung und -pflege den Informatikern erhebliche Probleme und Schwierigkeiten. Die Lösung dieser Probleme zählt zu den Hauptaufgaben der Qualitätssicherer.

3.3.2 Anforderungen an die Dokumentation und deren Erstellung aus der Sicht der Qualitätssicherung

Um die Aufgaben der Qualitätssicherung (Qualitätsplanung, Qualitätslenkung und Qualitätsprüfung) überhaupt erfüllen zu können, spielen die Dokumentation und ihr Erstellungs-/Pflegeprozeß eine große Rolle. Ohne ausreichende Dokumentation kann nur schlecht oder überhaupt nicht beurteilt werden, ob die Prozeß- und Produktanforderungen erfüllt werden.

Bei der Planung der Qualität eines Produkts sind die relevanten Qualitätsmerkmale mit ihren Grenz- und Zielwerten festzulegen. Dies erfolgt beispielsweise im Anforderungsdokument. Bei der Planung der Prozeßqualität ist festzulegen, welche Dokumente mit welchen Qualitätsmerkmalen wann zu erstellen und zu prüfen sind. Dies wird im Qualitätssicherungsplan vermerkt. Ebenso ist festzuhalten, wie die Entwicklungsdokumente zu ändern sind. Es sind auch Maßnahmen (z. B. Audits) zu spezifizieren, die die Konsistenz zwischen dem lauffähigen System und seiner Dokumentation bei Wartungsaktivitäten sicherstellen. Dies kann entweder auch über den Qualitätssicherungsplan erfolgen oder bei größeren Projekten über den Konfigurationsmanagementplan (siehe Abschnitt 3.6).

Bei der Qualitätslenkung wird das Entstehen der Dokumentation kontrolliert. Dies ist im wesentlichen eine Managementaufgabe. Für diese Kontrollaufgabe ist es hilfreich, verschiedene Bearbeitungszustände von Dokumenten zu unterscheiden (z. B. in Definition, in Arbeit, in Abnahme, freigegeben).

Bei der Qualitätsprüfung wird festgestellt, in welchem Ausmaß die Qualitätsanforderungen an die Dokumentation erfüllt sind. Diese Qualitätsprüfung der Dokumentation erfolgt in der Regel in Form von speziellen Dokumentationsaudits. Sie gliedern sich in eine Prüfplanung, Prüfdurchführung und Auswertung der Prüfung.

Bei der Planung der Prüfung geht es darum, das Prüfobjekt, den Zeitaufwand und die Kosten der Prüfung festzulegen. Die Prüfziele werden als konkrete Anforderungen in Form von Ausprägungen der selektierten Qualitätsmerkmale definiert. Als Resultat der Planung liegt ein Prüfauftrag vor.

Bei der Durchführung der Prüfung geht es um die Konzeption des Prüfvorganges. Diese sollte im Prüfplan festgehalten werden. Ebenso muß die Bereitstellung von Hilfsmitteln und Werkzeugen veranlaßt werden. Anschließend erfolgt der eigentliche Ablauf der Prüfung mit der Ermittlung und Dokumentation der Prüfergebnisse.

Bei der Auswertung der Prüfung werden die Prüfergebnisse analysiert, bewertet und in aussagekräftige Form gebracht. Der Abschluß der Prüfung erfolgt in der Regel durch einen Prüfbericht.

Eine gute Einführung in die Methodik der Dokumentationsprüfung findet sich in [Asam86]. Die Auswahl der Anforderungen an eine qualitativ gute Dokumentation sollte sich an den heute bekannten Qualitätsmerkmalen orientieren. In [DGQ86] werden folgende Qualitätsmerkmale für Dokumente vorgeschlagen und deren Förderung durch konstruktive Maßnahmen erläutert:

- Änderbarkeit
  Eignung von Dokumenten zur Ermittlung aller von einer Änderung betroffenen Dokumententeile und zur Durchführung der Änderung.

- Aktualität
  Übereinstimmung der Beschreibung des Programms in der Dokumentation mit dem jeweils geltenden Zustand des Programms.

- Eindeutigkeit
  Eignung von Dokumenten zur unmißverständlichen Vermittlung von Information an jeden Leser.

- Identifizierbarkeit
  Eindeutige Ansprechbarkeit der Teile von Dokumenten, die Angaben zu einem abgegrenzten Sachverhalt geben, die den Leser interessieren.

- Normkonformität
  Erfüllung der für die Erstellung von Dokumenten geltenden Vorschriften und Normen.

- Verständlichkeit
  Eignung von Dokumenten zur erfolgreichen Vermittlung der darin enthaltenen Informationen an einen sachkundigen Leser.

- Vollständigkeit
  Vorhandensein der für den Zweck der Dokumentation notwendigen und hinreichenden Information.

- Widerspruchsfreiheit
  Nichtvorhandensein von einander entgegenstehenden Aussagen im Dokument.

Heidrich weist in [Heid84] auf den engen Zusammenhang zwischen Prozeß- und Dokumentenqualität hin. Er verwendet die Prozeßmerkmale Vollständigkeit, Angemessenheit und Konsistenz auch als Dokumentationsmerkmale. Weiters unterscheidet er zwischen der Inhaltsqualität und der für den Leser des Dokuments ebenso wichtigen Gestaltungsqualität.

Für die Bewertung der Qualitätsmerkmale wird eine Skala mit folgenden Stufen vorgeschlagen: ohne Mängel, leichte Mängel, schwere Mängel und ausschließende Mängel.

Wir stellen fest, daß es derzeit keine theoretisch fundierten Qualitätsmaße für die Merkmale der Dokumentation gibt. Die vorhandenen Ansätze, wie z. B. die Messung der Textverständlichkeit (siehe [Smit70], [Kinc81]), sind in der Informatik-Praxis noch nicht akzeptiert. Dazu gehören Methoden, die auf Lesbarkeitsformeln, der Beurteilung der Textform und Leser-Text-Interaktionen beruhen. Sie sind Ergebnisse von Forschungsarbeiten in den Disziplinen Psychologie, Pädagogik und Linguistik.

Es ist ratsam, die Mängel und Fehler, die bei Dokumentenprüfungen anfallen, zu zählen und zu klassifizieren. Damit lassen sich einfache Qualitätskenngrößen, z. B. Fehleranzahl pro Seite eines Dokuments, angeben und somit einfache quantitative Vorgaben für Qualitätsziele erstellen.

3.3.3 Dokumentationsarten und -prinzipien

Dokumentation dient einerseits der Kommunikation aller an der Entwicklung beteiligten Gruppen und andererseits der Projektfortschrittskontrolle. Ebenso unterstützt eine aktuelle Dokumentation die Kalkulation der Projekt- und Produktkosten, sowie eine bessere Planung zukünftiger Projekte.

Pomberger unterscheidet drei wesentliche Lesergruppen, auf die entsprechende Dokumentationsarten abzustimmen sind [Pomb87]:

a) Die Anwender/Interessenten

Für sie ist die Benutzerdokumentation von Bedeutung. Diese soll ausreichende Information für diejenigen bieten, die sich über das Produkt informieren wollen. Der Systemanwender soll durch sie eine Unterstützung bei der sicheren und funktionsgerechten Handhabung erhalten und im Zweifelsfall die für ihn nötigen Informationen rasch, anschaulich und umfassend erhalten. Die Benutzerdokumentation ist in der Regel auch ein guter Indikator für die Qualität der Benutzerschnittstellen, die Sorgfalt beim Entwicklungsprozeß und den Umfang der eingesetzten Qualitätssicherungsmaßnahmen.

b) Die Entwickler/Pfleger

Für sie ist die System- und die Wartungsdokumentation von Bedeutung. Die Systemdokumentation enthält alle jene Informationen, die benötigt werden, um das System vom Aufbau her kennenzulernen und den aktuellen Zustand beurteilen zu können. Auf der Basis dieser Informationen können Änderungen und Erweiterungen durchgeführt werden. Sie soll einen ausreichenden Einblick in den bereits durchgeführten Entwicklungsprozeß bieten und somit alle wesentlichen Phasenergebnisse in knapper und übersichtlicher Weise darstellen. Die Wartungsdokumentation enthält bei guter Organisation nur mehr jene systembeschreibenden Informationen, die die aktuelle Version des Systems ausreichend beschreiben.

c) Die Manager

Für sie ist die Projektdokumentation von Bedeutung. Diese enthält Informationen aus organisatorischer, kalkulatorischer und führungspolitischer Sicht. Sie umfaßt im wesentlichen Projekt- und Organisationspläne, sowie Berichte, die Auskunft über Personal- und sonstigen Ressourceneinsatz, Zieldefinition, Zielerreichung und Projektvorkommnisse geben. Nach Projektabschluß dient diese Dokumentation zur statistischen Auswertung und soll helfen, nachfolgende Projekte und deren Umgebung besser zu planen.

Wesentlich für eine solche zielgruppengerechte Dokumentation ist, daß sie vollständig und auf die Interessen der jeweiligen Gruppe ausgerichtet ist. Für eine qualitative Bewertung der Dokumentation verweisen wir auf den Abschnitt 3.3.2.

Als Dokumentationsprinzipien empfehlen wir nach Howar [Howa81]:

P1) Inhaltliche Güte

Damit meinen wir die Breite und die Tiefe, mit der der jeweilige Textinhalt behandelt wird. Beide Aspekte müssen auf die jeweilige Zielgruppe abgestimmt sein. Die einzelnen Textabschnitte sollen vom Detaillierungsgrad (von der Tiefe) her ungefähr gleichbehandelt werden. Unter Breite verstehen wir den inhaltlichen Vollständigkeitsgrad, mit dem ein Thema behandelt wird. Ein Indikator dafür ist, in welchem Ausmaß Ausnahme- und Sonderfälle abgehandelt werden. Im Text soll keine unnötige Redundanz vorhanden sein und die Konsistenz des behandelten Textinhalts gewährleistet sein.

P2) Organisationsgüte

Die Form und die Reihenfolge, in der der Inhalt behandelt wird, bestimmen die Organisationsgüte. Der Leser sollte immer wissen, wo er sich gerade im Dokument befindet, von wo er ausgegangen ist und welches Leseziel er erreichen kann. Dabei helfen ihm eine konsequente Numerierung und aussagekräftige Überschriften. Der Text soll in logisch in sich abgeschlossene Abschnitte gegliedert werden. Eine ausgewogene, gut gegliederte Struktur hilft dem Leser, nicht von einer Fülle von Detailinformationen erschlagen zu werden. Einleitungen und Zusammenfassungen sind nützliche Hilfsmittel, diese Struktur zu verwirklichen. Sie fördern das Einprägen von Information in das Langzeitgedächtnis des Lesers.

P3) Formatgüte

Der Inhalt des Dokuments wird durch den Gebrauch geeigneter Sprachmittel (Ausdrucksweise) und durch Illustrationen leichter verstehbar. Ein einfaches Vokabular bzw. die Erklärung von Fachwörtern in einem Glossar, zusammen mit kurzen und direkten Sätzen in aktiver Form erhöhen wesentlich die Verständlichkeit des Textes. Durch Illustrationen, z. B. Diagramme, wird das nichtverbale Verstehen angesprochen. Sie sind dann am wirkungsvollsten, wenn sie nahe der auf die Illustration bezugnehmenden Textstelle stehen.

3.3.4 Förderungsmaßnahmen zur projektbegleitenden Dokumentation

Wir haben bereits in der Einleitung zu 3.3 auf die Probleme und Schwierigkeiten durch mangelhafte Software-Dokumentation hingewiesen. Es stellt sich nun die Frage, was alles getan werden kann, um diese Dokumentationskrise zu bekämpfen. Wir wollen dazu auf die Ausführungen von Bartsch-Spörl [Bart84] zurückgreifen, die nachfolgende Faktoren als Schlüssel zur Eindämmung und Beseitigung dieser Krise angibt:

- Einstellung, Ziele und Ausbildung
- Infrastruktur des Arbeitsplatzes
- Dokumentenmuster
- Werkzeugunterstützung
- Qualitätssichernde Maßnahmen
- Managementunterstützung
- Akzeptanzstrategien

Einstellung, Ziele und Ausbildung

Grundsätzlich ist das Dokumentieren eine gleichwertige Aktivität neben dem Codieren, den Analyse-, Entwurfs- und Testaktivitäten. Der Zeitaufwand für das Erstellen und Nachführen der Dokumentation muß genauso eingeplant und als produktiv bewertet werden wie der Aufwand für andere Tätigkeiten. Der Termindruck darf nicht dazu führen, Dokumentationsprozesse zu vernachlässigen oder zu verhindern. Software-Produkte sind solange unvollständig und nicht vertriebsreif, solange ihre Dokumentation unvollständig ist oder den Anforderungen nicht entspricht.

In der Aus- und Fortbildung ist auch das Dokumentieren zu berücksichtigen.

Infrastruktur des Arbeitsplatzes

Am Arbeitsplatz des Entwicklers sind Geräte und Werkzeuge bereitzustellen, die die Dokumentationserstellung unterstützen. Die gerätetechnische Ausstattung muß sowohl auf die programmtechnischen, als auch auf dokumentationstechnische Anforderungen ausgerichtet sein.

Ganz wenige Entwicklersysteme sind von vornherein auf die Belange der Dokumentationsprozesse ausgerichtet. Das Korrigieren und Aktualisieren von Dokumenten wird erleichtert, wenn komfortable Möglichkeiten zur Textmanipulation am Arbeitsplatz vorhanden sind. Graphische Darstellungen sind durch Werkzeuge zu unterstützen, die in die Arbeitsumgebung des Programmierers integriert sind. Ebenso ist der papierlose Austausch von Dokumenten in und zwischen Entwicklergruppen zu unterstützen. Wenn z. B. nur PCs zur Dokumentation verwendet werden, ist eine Vernetzung empfehlenswert.

Dokumentenmuster

Eine sehr hilfreiche und die Qualität fördernde Maßnahme ist die Bereitstellung von Dokumentenmustern (siehe [Wall84]). Es handelt sich dabei um Inhaltsverzeichnisse für alle wichtigen Phasendokumente zusammen mit Erläuterungstexten, wie das Skelettdokument auszufüllen ist. Darin können Dokumentationsrichtlinien verpackt werden, die die Numerierung oder Überschriftengliederung regeln. Dokumentenmuster eignen sich für eine life cycle- und dokumentenorientierte Entwicklungsmethodik [Pomb89].

Grundsätzlich sollten Dokumentationsrichtlinien nicht in Aktenschränken verstauben, sondern als aktuelle, im Direktzugriff befindliche Datei am Arbeitsplatzrechner des Entwicklers vorhanden sein. Textschablonen, die beispielsweise Leerformulare, Titelblätter, Seitenköpfe, Modulköpfe und Programmrahmen enthalten, steigern die Qualität und Produktivität der Arbeit des Entwicklers. Sie tragen auch dazu bei, das Aussehen der Dokumente zu standardisieren. Es ist von Zeit zu Zeit zu prüfen, ob diese Schablonen der aktuellen Situation entsprechen oder verbessert gehören.

Bei einer prototypingorientierten Software-Entwicklungsmethodik (siehe Abschnitt 3.1), die auf einem Life Cycle beruht, werden die Phasendokumente auch weiterhin benötigt. Durch Prototyping kann der Inhalt der Phasendokumente qualitativ stark verbessert werden, beispielsweise dadurch, daß die Anforderungsdefinition anhand des Prototyps zusammen mit dem Auftraggeber verifiziert wird.

Eine prototypingorientierte Software-Entwicklung ohne Phasendokumente lehnen wir wegen der Gefahr des permanenten Änderns am Prototyp (»Trial and Error«-Entwicklung) ab. Diese Gefahr besteht beim evolutionären Prototyping. Ohne festgelegte Ziele und Anforderungen kann bei dieser Entwicklungsmethodik (Protoyp ist Produkt) der Aufwand einer Systementwicklung unkontrollierbar werden. Auch können bestimmte Qualitätseigenschaften (z. B. Zuverlässigkeit, Performance) nicht zufriedenstellend realisiert werden.

Werkzeugunterstützung

Software-Werkzeuge können dazu eingesetzt werden, um Projekt- und Produktdokumentationen zu entwickeln und zu pflegen. Ausreichende Werkzeugunterstützung hat eine Reihe von Vorteilen. Die Dokumentation ist

- leichter zu modifizieren und zu aktualisieren,
- leichter zu formatieren,
- leichter papierlos zu übermitteln,
- leichter mit Konfigurationsmanagementwerkzeugen zu verwalten, und
- es gibt Retrieval-Funktionen, die das Suchen von oder in Dokumenten wesentlich erleichtern.

Aus dem bisher Geschilderten läßt sich folgern, daß wir zur Unterstützung des Dokumentationsprozesses folgende Werkzeuge benötigen:

- Textverarbeitungswerkzeuge,
- Editoren, die die Erstellung von Hypertext und Literate Programming unterstützen,
- Informationsgeneratoren,
- Graphikwerkzeuge und
- Browser.

Zu den Methoden und Werkzeugen, die in Zukunft wesentlich zur Qualitätsverbesserung beitragen können, gehören Literate Programming ([Knut84], [Lins89]) und Hypertext ([Bige88], [Fris88]).

Unter Literate Programming verstehen wir eine Entwurfs- und Dokumentationstechnik für Programme. Das Ziel dieser Technik besteht darin, ein gut strukturiertes Programm zu entwickeln, das für den Leser ein qualitativ hochwertiges Dokument darstellt. Unter einem »gut strukturierten« Programm versteht Lins [Lins89] ein Programm, das aus

- kleinen, leicht verstehbaren Teilen und
- einer geringen Anzahl von leicht verstehbaren (logischen) Beziehungen zwischen diesen Teilen

besteht. Knuth [Knut84] demonstrierte seine Ideen über Literate Programming mit Hilfe des WEB-Systems. Dieses System verwendet eine Formatiersprache für Dokumente (TEX) und eine Programmiersprache (PASCAL). Weitere nützliche Attribute des WEB-Systems sind die Verwendung von WEB-Macros und die Erzeugung von Stichwortverzeichnissen.

Der Benutzer des WEB-Systems schreibt ein PASCAL-Programm unter gleichzeitiger Verwendung der Formatiersprache TEX. In einem von zwei möglichen Verarbeitungsschritten wird ein Dokument erzeugt, das das Programm beschreibt und die Programmwartung erleichtert. Im anderen Verarbeitungsschritt wird ein ausführbares Programm erzeugt. Das Programm und seine Dokumentation werden beide vom selben Quelltext erzeugt. Damit wird die Konsistenz von Programm und Dokumentation sichergestellt.

Hypertext-Systeme sind Systeme zur Speicherung, Verknüpfung und selektiven Suche von graphischer und textueller Information. Der zugrundeliegende Text wird in Form von Informationsknoten und dynamisch aktivierbaren Verbindungen (Links) strukturiert.

Hypertext-Systeme lassen sich sehr gut für die Speicherung von Entwicklungsdokumenten einsetzen [Bige88]. Informationsknoten können beispielsweise sowohl Teile der Programmdokumentation als auch des Quellcodes sein. Die Verbindungen zwischen diesen sind entweder »Führt-zu«-Beziehungen oder dynamisch aktivierbare Verbindungen in Form von »Kommentiert«- oder »Aufruf«-Beziehungen (siehe Abbildung 3.9).

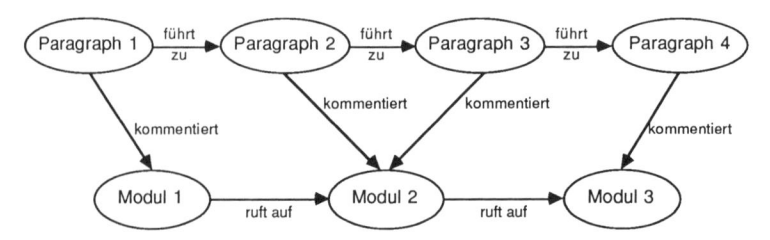

Abb. 3.9 Kommentierter Quellcode in Hypertextdarstellung

In Abbildung 3.10 ist beispielhaft die Verbindung zwischen den in Hypertext gespeicherten Entwicklungsdokumenten dargestellt. Es ist somit jederzeit möglich, von einer be-

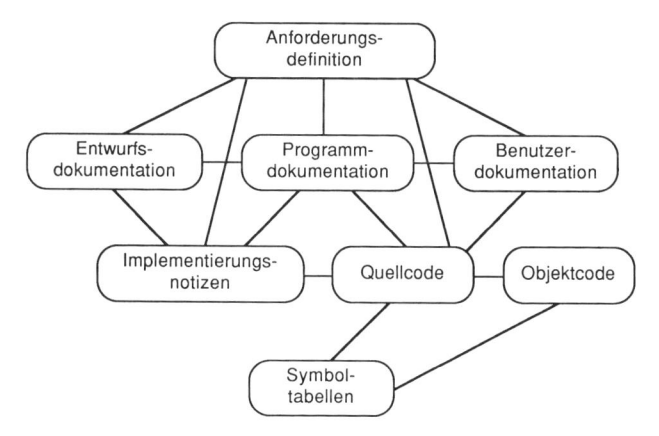

Abb. 3.10 Verbindungen zwischen Dokumenten in Hypertextdarstellung

stimmten Stelle im Quellcode auf die relevanten Stellen in der Programm- oder in der Entwurfsdokumentation zu springen.

Wesentlich ist, daß eine einfache und wirkungsvolle Integration dieser Werkzeuge in die rechnergestützte Arbeitsumgebung des Entwicklers erfolgt. Auf Werkzeuge gehen wir ausführlicher in Abschnitt 3.5 ein.

Qualitätssichernde Maßnahmen

Jedes Dokument ist nach seiner Erstellung einem Prüfprozeß zu unterwerfen, um die inhaltliche und die äußere, formale Qualität festzustellen, sofern dies nicht vom verwendeten Werkzeug selbst zumindest zum Teil erzwungen wird. Je nach Bedeutung des Dokuments können abgestufte Qualitätssicherungsmaßnahmen ausgewählt werden.

Beginnen wir beim einfachen Autor-Kritiker-Zyklus. Sobald ein erstelltes Dokument fertig ist, übergibt es der Autor einem Kollegen zur kritischen Durchsicht. Das Dokument wird von diesem sorgfältig und genau gelesen. Der Kritiker sollte die fachliche Qualifikation für die inhaltliche Prüfung des Dokuments besitzen. Kritik, Mängel und Verbesserungsvorschläge sind schriftlich festzuhalten.

Reviews sind bereits umfangreichere Prüfmaßnahmen, wobei mehrere Prüfer und eine strukturierte Vorgehensweise zum Einsatz gelangen. Bei Reviews werden sowohl inhaltliche als auch formelle textliche Aspekte geprüft. Die wesentlichen Dokumente, die durch Reviews geprüft werden, sind Anforderungsdefinition, Entwurfsspezifikationen, Testplan, Testfälle, Code und Benutzerhandbücher.

Es ist empfehlenswert, Benutzerhandbücher potentiellen Benutzern, die das System noch nicht kennen, zur kritischen Durchsicht zu übergeben.

Wir gehen in Kapitel 4 im Detail auf die verschiedenen Prüfmethoden von Dokumenten näher ein.

Managementunterstützung und Akzeptanzstrategien

Alle bisher besprochenen Maßnahmen fruchten letztendlich nicht, wenn das Management nicht voll hinter ihnen steht. Wenn das Management Prioritäten setzt, die das Dokumentieren vernachlässigen, kann viel an Motivation und Überzeugungskraft zerstört werden.

Von seiten des Managements ist ausreichend Zeit für

- die Entwicklung und Einführung von Dokumentationsverfahren,
- die notwendige Planung und Beschaffung der Infrastruktur bzw. der Werkzeuge und
- nötige Qualitätssicherungsmaßnahmen

bereitzustellen. Insbesondere in der Einführungsphase neuer Dokumentationsverfahren ist die Unterstützung durch das Management entscheidend.

Die Basis für eine Akzeptanzstrategie bilden eine ausreichende Informationsbereitstellung bzw. die Einbeziehung der Mitarbeiter in die Entscheidungsfindung. Die Vorteile der Neuerungen müssen überzeugend propagiert werden. Außerdem ist bei Bedarf ausreichende Hilfestellung durch kompetente Fachleute bereitzustellen.

Zusammenfassend stellen wir fest, daß ein geeignetes Klima für die Einführung und Durchführung der gewählten Maßnahmen geschaffen werden muß. Der Umstellungsprozeß ist langwierig und schwierig. Alternativen zu diesen Maßnahmen sind nicht in Sicht.

3.4 Die Programmiersprachen und ihr Einfluß auf die Qualität

3.4.1 Bedeutung von Programmiersprachen

Die Bedeutung der jeweils gewählten Programmiersprache für ein Software-Projekt wird heute geringer eingestuft als früher. Bei einem gut organisierten Software-Entwicklungsprozeß beträgt der Aufwand für die Implementierung nur mehr ca. 20 bis 30 % des Projektaufwands. Die Bedeutung der Sprache kommt gegenwärtig im Wartungsprozeß zum Tragen. Hier stellt sich die Frage, welche Eigenschaften eine Sprache besitzen muß, um den Wartungsaufwand so gering wie möglich zu halten.

Die Applikation sollte auf alle Fälle in einer höheren Programmiersprache geschrieben werden, die die Möglichkeit bietet, ein System von unabhängigen Modulen zu realisieren, die über wohldefinierte Schnittstellen miteinander kommunizieren. Die Sprache sollte weiters Kontroll- und Datenstrukturen besitzen, die gut strukturierte Programme ermöglichen. Durch ein flexibles Datentypenkonzept werden die problembezogenen Daten leichter lesbar und zuverlässiger.

3.4.2 Qualitätssichernde Konzepte von Programmiersprachen

Folgende Konzepte und Merkmale von Sprachen fördern die Erstellung von qualitativ guter Software:

- ein Modulkonzept mit klarer Trennung von Modulschnittstelle und Modulrumpf;
- getrennte Übersetzung, die es ermöglicht, bereits zum Übersetzungszeitpunkt der Schnittstellen etwaige Schnittstellenfehler aufzuzeigen;
- Datenkapselung und abstrakte Datentypen zur sauberen Trennung von Datenrepräsentation und Datenverwendung, wodurch die objektorientierte Entwicklung gefördert und die Wiederverwendbarkeit von Code-Teilen erhöht wird;
- strukturierter Kontrollfluß, der zu übersichtlichen, leicht lesbaren und überprüfbaren Programmstrukturen führt und dadurch die Abstraktion des Kontrollflusses verbessert;
- ein Datentypenkonzept und Laufzeitprüfungen, die eine problemnahe und ausdrucksstarke Darstellung von Daten erlauben und somit die Problemabstraktion fördern;
- beschreibende Namen zur relevanten Bezeichnung von Programm- und Datenelementen;
- objektorientierte Programmierung (Information Hiding, Datenabstraktion, Vererbung und dynamische Bindung), die die Änderbarkeit, Erweiterbarkeit und Wiederverwendbarkeit erheblich steigert.

Sprachen wie Ada [Barn82] und Modula-2 ([Wirt80], [Pomb87]) bieten hinsichtlich der oben erwähnten ersten sechs Punkte bereits gute Unterstützung. Objektorientierte Sprachen, wie beispielsweise Smalltalk-80 [Gold83] oder C++ [Stro86], fördern im besonderen den Einsatz wiederverwendbarer Software-Bausteine und erhöhen dadurch die Produktivität, aber auch die Qualität wesentlich. Für die Praxis der Informatik ist zu untersuchen, wie weit Software-Systeme, die in diesen Sprachen geschrieben sind, mit konventionell erstellter Software verknüpfbar sind bzw. wie gut deren Erlernbarkeit ist. Davon hängt unter anderem ab, inwieweit diese qualitätsfördernden Sprachkonzepte in der Informatik-Praxis Eingang finden.

3.4.3 Pragmatische Kriterien zur Auswahl einer Sprache

Vielfach stellt sich die Frage nach dem Einsatz einer neuen Sprache gar nicht, da durch die vorhandene Software die Sprache festgelegt ist.

Nach Sommerville [Somm85] sind die wichtigsten Kriterien, nach denen in der Praxis eine Programmiersprache ausgewählt wird, folgende:

- Anforderungen durch den Auftraggeber,
- Verfügbarkeit von Compilern und von Programmierumgebungen,
- Portabilität der Sprache,
- Ausbildungsstand der Programmierer,

- Implementierungssprache früherer Projekte,
- Verfügbarkeit von Entwicklungswerkzeugen.

Häufig werden im Zusammenhang mit Datenbanken statt den klassischen höheren Programmiersprachen Anwendungsgeneratoren und deren Sprachen eingesetzt. Sie werden als 4. Generationssprachen bezeichnet. Diese Sprachen sind meist aus Datenbank-Abfragesprachen entstanden und zeichnen sich durch mächtige Befehle für den Datenbankzugriff sowie für den Aufbau und die Benutzung von Bildschirmmasken und Dialogabläufen aus. Sie tragen wesentlich zu einer Produktivitätssteigerung der Entwickler bei, falls in der jeweiligen Applikation Datenbanken und Bildschirmmasken eine wichtige Rolle spielen.

Der wesentliche Einfluß dieser 4. Generationssprachen auf die Qualitätssicherung ist ihre Unterstützung des Prototyping. Durch die rasche Erstellung von Prototypen ist eine Validierung von Benutzeranforderungen frühzeitig im Life Cycle möglich. Die Gefahr beim Einsatz der 4. Generationssprachen besteht in einer Ad hoc-Entwicklung von Applikationen, denen es an guter Modularisierung fehlt. Die Folgen sind häufig schlechte Wartbarkeit und eine kurze Lebensdauer der Produkte.

Zusammenfassend läßt sich sagen, daß die Wahl der Programmiersprache bedeutend für alle Entwicklungs- und Wartungsaspekte ist. Keine der heute bekannten Sprachen eignet sich für alle denkbaren Applikationen gleich gut. Bei der Wahl der Programmiersprache ist einerseits auf die jeweilige Einsatzsituation und andererseits auf die Unterstützung heute bekannter qualitätsfördernder Prinzipien des Software Engineering zu achten [Balz82].

3.5 Die Bedeutung von Software-Werkzeugen und -Produktionsumgebungen für die Qualitätssicherung

Werkzeuge haben die Qualität und Effizienz der Aufgabenerledigung wesentlich verbessert. Man denke nur an das Ausheben einer Baugrube für ein Familienhaus. Ein Bagger leistet hier dasselbe in kürzerer Zeit, was zehn Bauarbeiter mit Schaufeln in zwei Wochen gerade schaffen.

Bei Software-Werkzeugen können wir in den letzten 20 Jahren eine Entwicklung zu verbessertem Benutzerkomfort und zu einer umfassenderen Funktionalität feststellen. Blicken wir zurück in die Vergangenheit.

Lange Zeit waren Editoren, Compiler, Binder und Debugger die einzigen Werkzeuge, die zur Unterstützung des Entwicklungsprozesses zur Verfügung standen. Mit dem Einsatz und der Verbreitung von Software Engineering-Prinzipien und -Methoden nahm auch das Angebot an Werkzeugen zu, die diese unterstützen. Werkzeuge werden eingesetzt, um die Entwickler beim Anwenden von Software Engineering-Prinzipien und -Methoden anzuleiten und zu unterstützen. Außerdem gibt es viele Methoden, die erst durch den Einsatz von Werkzeugen praktisch durchführbar wurden (z. B. Structured Analysis).

Am Beispiel der Editoren läßt sich die rasante Entwicklung der Software-Werkzeuge demonstrieren. Zuerst wurden Zeileneditoren eingesetzt. Damit konnte immer nur eine aktuelle Zeile verändert werden. Diese mußte meistens mit einer Zeilennummer angesprochen werden, wobei eine Reihe von Fehlern passieren konnte. Wenn beispielsweise die Zeilennumerierung nicht stimmte, konnte es vorkommen, daß am falschen Ort Zeilen ersetzt wurden. Der Überblick über den Code fehlte, und die Handhabung war sehr mühsam.

Eine Verbesserung brachte die Einführung des Ganzseiteneditors. Der aktuell zu verändernde Bereich war nun eine ganze Bildschirmseite. Damit wurden die Texteingabe und das Ändern erleichtert.

Die nächste Stufe waren Mehrdokumenteneditoren. Mit ihnen können wir mehrere Dokumente gleichzeitig bearbeiten. Eine weitere qualitative Verbesserung brachten kontextsensitive Editoren, die es gestatten, in Abhängigkeit vom Kontext, z. B. der Modulschnittstelle, bestimmte Eingaben oder Änderungen durchzuführen. Dies hilft, fehlerhafte Eingaben von vornherein zu vermeiden.

Gewisse Editoren ermöglichen es, den aktuellen Zustand der Arbeitsdateien (Cursor-Position, Schreib- und Lesezustand der Dateien) abzuspeichern, sodaß beim nächsten Mal die Arbeit an der richtigen Stelle fortgesetzt werden kann und der alte Zustand der Arbeitsdateien nicht noch mühsam hergestellt werden muß (siehe MAESTRO-System [Soft84]).

Eine weitere Steigerungsstufe bei den Editoren stellen Hypertextsysteme dar (siehe dazu Abschnitt 3.3.4). Sie gestatten es, von einer bestimmten Textstelle ausgehend eine dynamisch aktivierbare Verbindung zu Textabschnitten in unterschiedlichen Dokumenten herzustellen.

Die Erfahrungen mit den individuellen phasenbezogenen Werkzeugen zeigen, daß sie nur isolierte Teile der Entwicklungsarbeit unterstützen. Sie versagen beispielsweise, wenn es darum geht, Ergebnisse von einer Phase an die nächste so weiterzugeben, daß die anschließend zum Einsatz kommenden Werkzeuge ohne zusätzliche Eingriffe die Ergebnisse weiterverwenden können. Dabei treten häufig Inkonsistenzen zwischen Ergebnissen unterschiedlicher Phasen auf. Ein weiteres Problem ist die arbeitsteilige Unterstützung von mehreren Entwicklern mit der Anforderung, daß die Arbeitsergebnisse konsistent bleiben müssen. Die Mängel von Einzelwerkzeugen betreffen unter anderem ihre Handhabung und ihre Erlernbarkeit.

Ein großes Problem sind die Systemschnittstellen zwischen den Werkzeugen. Einmal sind zwei Werkzeuge nicht kombinierbar, weil ihre Systemschnittstellen unverträglich sind. Das andere Mal rühren die Schwierigkeiten daher, daß die Werkzeuge auf unterschiedlichen Methoden beruhen, deren Ergebnisse nicht kompatibel sind.

Eine Lösung dieses Dilemmas besteht darin, einheitliche Software-Produktionsumgebungen einzusetzen, in denen die Werkzeuge integriert sind (siehe Abschnitt 3.5.2).

Nach dem Motto »Schuhmachers Kinder tragen die schlechtesten Schuhe« verwenden gegenwärtig noch viele Software-Entwickler ungenügende und für Qualitätsarbeit unbefrie-

110   3 Konstruktive Qualitätssicherungsmaßnahmen

digende Werkzeuge. Diese Situation beschleunigt die Entwicklung und den Einsatz von weiteren Software-Werkzeugen und Software-Produktionsumgebungen.

3.5.1 Die CASE-Werkzeuglandschaft

CASE (Computer Aided Software Engineering) ist der Versuch, mit Hilfe umfassender Hardware- und Software-Systeme die Arbeit der Software-Entwickler und -Pfleger qualitativ zu verbessern und die Produktivität zu steigern. CASE definieren wir folgendermaßen:

> CASE ist die Erstellung und Bearbeitung von Software mittels Werkzeugen (den CASE-Tools), die auf Rechnern realisiert sind. Durch CASE wird der Entwicklungs- und Pflegeprozeß soweit als möglich automatisiert.

Strateg. IS-Planungs-werkzeuge	Projektmanagementwerkzeuge			
	Analyse-/ Entwurfs-werkzeuge	Programmier-umgebungen und Codegeneratoren	Test-werk-zeuge	Wartungs-werk-zeuge
	Qualitätssicherungswerkzeuge			
	Konfigurationsmanagementwerkzeuge			

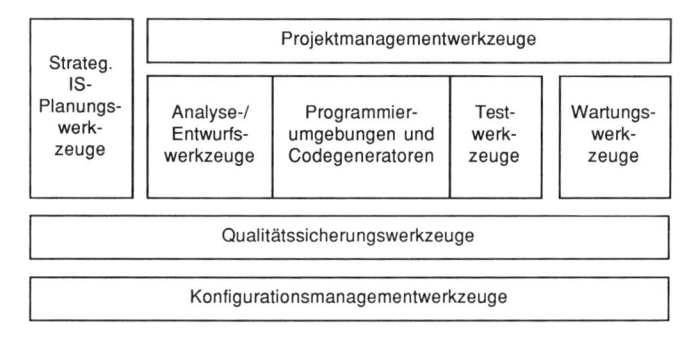

Abb. 3.11 CASE-Werkzeugklassifikation aufgrund von Marktanalysen

Das Marktvolumen der CASE-Werkzeuge vergrößert sich laufend. Nationale und internationale Förderungs-, Forschungs- und Entwicklungsprogramme, wie z. B. STARS [STAR86], ESPRIT und ALVI, sorgen für gewisse Standardisierungs- und Polarisierungstendenzen. Forschungsanalysen und Marktuntersuchungen ([Rock89], [McCl88]) zeigen heute folgende CASE-Werkzeugtypen auf (siehe Abbildung 3.11).

Die **strategischen Informationssystem-Planungswerkzeuge** dienen zur unternehmensweiten Planung und Verwaltung von Informationssystemen. Sie werden nur für diese Klasse von Applikationen verwendet. Eine kleine Gruppe von Spezialisten benutzt sie als applikationsübergreifende Werkzeuge für die Geschäftsplanung (inklusive der Unternehmenszielplanung), Ressourcenplanung, Technologieplanung und deren Übersichtsverwaltung, sowie Informationsarchitekturplanung und -verwaltung.

Die **Analyse- und Entwurfswerkzeuge**, auch Konstruktionswerkzeuge genannt, dienen zur Anforderungssammlung, -analyse und -definition, sowie zur Erstellung fachtechnischer, softwaretechnischer und betriebsorganisatorischer Entwürfe. Diese Werkzeuge umfassen Text- und Graphikeditoren zum Erstellen und Prüfen von Spezifikationen (»Specification Checker«), Prototyping-Werkzeuge und ein Repository. Die Prototyping-Werkzeuge helfen die Systemanforderungen zu bestimmen und zu validieren.

3.5 Software-Werkzeuge und -Produktionsumgebungen in der Qualitätssicherung

Die Prüffunktionen dieser Werkzeuge umfassen:

- Prüfen der Einhaltung von Syntax und Semantik einer Spezifikation (z. B. eines Diagramm-Modells),
- Prüfen einer Spezifikation auf Konsistenz und Vollständigkeit,
- Prüfen von Modelleigenschaften (z. B. Funktionszerlegung anhand der Baumstrukturdarstellung einer Applikation),
- Verfolgen der Anforderungen über die verschiedenen Life Cycle-Dokumente hinweg.

Ein konkretes Beispiel für ein umfassendes Anforderungssystem ist Software Requirements Engineering Methodology (SREM), das von TRW für die U.S. Army entwickelt wurde (siehe [Alfo77]). SREM besteht aus einer formalen Anforderungsspezifikationssprache (RSL) und einem Validierungssystem (REVS). Dieses Werkzeugsystem war eines der ersten, das eine integrierte Datenbasis besaß, auf die die Werkzeuge zugriffen. SREM ist in der Anwendung auf die Phasen Software-Anforderungsermittlung, -analyse und -definition für die Prozeßdatenverarbeitung beschränkt. Die Qualitätssicherung wird durch Hilfsmittel zur Verfolgung von Anforderungen, für das Prototyping und für die Wiederverwendung von Entwürfen unterstützt.

Die Klasse der **Programmierumgebungen** und **Generatoren** umfaßt Prototyping-Werkzeuge, Anwendungsgeneratoren, Compiler für 3. und 4. Generationssprachen, Editier- und Debugging-Systeme.

Viele Programmierumgebungen sind im Zusammenhang mit einer Programmiersprache entstanden und werden deshalb auch als sprachabhängige Programmierumgebung bezeichnet. Beispiele für solche sprachabhängigen Programmierumgebungen sind Interlisp für LISP, Integral-C für C, das CDL2-Lab für CDL2, Macmeth für Modula-2 und Toolpack für FORTRAN [Müll89].

Generatoren sind Werkzeuge, die aus einer vorgegebenen Spezifikation, die in textlicher Form, in einer formalen Sprache oder als Graphik vorliegen kann, vollständige Programmsysteme oder Programmteile erzeugen [Kell89]. Diese sind entweder direkt ausführbar oder müssen von einem Interpreter abgearbeitet werden. Im ersten Fall spricht man von Programmgeneratoren, im zweiten von Applikationsgeneratoren [Pres87].

Eine sehr verbreitete Programmierumgebung ist die UNIX Programmer's Workbench (PWB, siehe [Ivie77]). Diese Umgebung ist für Rechner verschiedener Hersteller verfügbar. Der Programmierer braucht also keine neuen Details zu lernen, wenn die Hardware geändert wird. Die UNIX/PWB ist fileorientiert. Die Schnittstellen zwischen den Werkzeugen sind shared files oder pipes, es gibt jedoch keine einheitliche Datenbasis für die Werkzeuge. Um dieses Problem zu umgehen, werden gegenwärtig Lösungen angestrebt, in deren Zentrum ein Software Engineering-Datenbanksystem steht (siehe dazu [Math87]).

Die Klasse der **Testwerkzeuge** umfaßt folgende Werkzeugtypen:

- Testdatengeneratoren,
- Testrahmen- und Testtreibergeneratoren,

3 Konstruktive Qualitätssicherungsmaßnahmen

- dynamische Analysatoren,
- Ergebnisvalidatoren und Dateikomparatoren.

Mit Testdatengeneratoren werden synthetische Testdaten erzeugt. Bei Generatoren für Testrahmen und Testtreiber greift der Tester über eine Benutzerschnittstelle auf die Operationen des Testsystems zu. Wesentlich ist, daß sich die Benutzerschnittstelle des Testsystems in die Werkzeugumgebung des Entwicklers lückenlos und integrativ eingliedern läßt. Durch eine Startoperation stößt der Benutzer die Testfallsteuerung an, und es werden der Reihe nach die definierten Testfälle zum Ablauf gebracht. Das Testobjekt, das beispielsweise für die C_1-Messungen entsprechend instrumentiert wurde, wird mit den Testfällen zur Ausführung gebracht. Dabei werden die von ihm angebotenen Exportoperationen entsprechend der gewählten Testfälle ausgeführt. Zur Durchführung der verschiedenen Funktionen und Operationen des Testobjekts benötigt es »dummy«-Module (»stubs«). Diese werden durch das Testsystem voreingestellt. Die vom Testsystem zur Verfügung gestellten Testausgabeoperationen bereiten die Ergebnisse auf. Zusätzlich besteht die Möglichkeit, die erhaltenen Testergebnisse mit den alten oder synthetisch vorgegebenen Testergebnissen zu vergleichen (Ergebnis-Komparator).

Dynamische Analysatoren liefern Ergebnisse, die bei der Ausführung eines Programmes ermittelt werden. Sie bestehen im allgemeinen aus den Teilen Instrumentierer, Testmonitor und Reportsystem. In [Snee83] findet sich ein guter Überblick zu Werkzeugen der dynamischen Analyse.

Bei großen, sicherheitsrelevanten Software-Systemen werden auch Umgebungssimulatoren verwendet. Wir verstehen darunter ein Programm, das das Verhalten der Umgebung eines Testobjekts, z. B. Betriebssystem, Interrupts, DB/DC-System, simuliert. Dieses Werkzeug wird meist dann eingesetzt, wenn es zu teuer oder zu umständlich ist, in der wirklichen Systemumgebung zu testen. Mit diesen Werkzeugen werden Benutzer, Hardware-Konfigurationen und Software-Schnittstellen modelliert. Umgebungssimulatoren werden eingesetzt für:

- Streß- und Volumentests, z. B. Simulation der Aktionen von 100 aktiven Terminals eines Timesharing-Systems,
- Tests von Software in Raumfahrtsystemen (beispielsweise Space-shuttle), Flugleitsystemen oder Verteidigungssystemen.

Die Klasse der **Wartungswerkzeuge** (Re-Engineering Tools) gewinnt immer mehr an Bedeutung ([Hort88], [Abi88]). Die Funktionen dieser Werkzeuge umfassen die Programmanalyse, automatische Dokumentation (analysiere Quellcode und erzeuge Dokumentation), das Restrukturieren und Portieren existierender Programme [McCl88]. Diese Werkzeuge werden durch Test- und Debuggingwerkzeuge, Code-Navigationswerkzeuge und Dateikomparatoren ergänzt.

Die Klasse der **Projektmanagementwerkzeuge** hilft dem Projektleiter, das Projekt besser zu planen, zu kalkulieren, zu kontrollieren und auszuwerten. Die Werkzeuge sind daher Planungs-, Schätz-, Textverarbeitungs-, Tabellenkalkulationsprogramme und Werkzeuge

3.5 Software-Werkzeuge und -Produktionsumgebungen in der Qualitätssicherung

für die elektronische Kommunikation. Planungs- und insbesondere Schätzwerkzeuge ermöglichen die Schätzung der Projektkosten. Außerdem ermöglichen sie »Was dann«-Analysen für Planungsgrößen wie z. B. Projektgröße oder Ressourcenbedarf. Beispiele solcher Planungswerkzeuge sind SLIM und ESTIMACS [Pres87].

Durch **Werkzeuge der Qualitätssicherung** werden qualitätssichernde Aufgaben einer Phase (z. B. das Prüfen eines Software-Entwurfs) oder über mehrere Phasen unterstützt. Spezielle Werkzeuge für die Software-Qualitätssicherung sind nach [DGQ86] Werkzeuge zur Fehlerverhütung, Fehlererkennung, Fehlerauswertung und zum Konfigurationsmanagement.

Werkzeuge zur Fehlerverhütung sind unter anderem:

- Prototyping-Werkzeuge zur Funktionserforschung
- Dokumentationssysteme mit Dokumentenmustern
- Syntaxgesteuerte Editoren
- Dictionaries
- Datenbankgeneratoren
- Assertionsgeneratoren
- Compiler für typgebundene Sprachen

Werkzeuge zur Fehlererkennung und zur Fehlerauswertung sind unter anderem:

- Statische Analysatoren zur Komplexitätsanalyse, wie beispielsweise Kontrollflußanalysatoren, Datenflußanalysatoren, Schnittstellenanalysatoren
- Pretty printer
- Cross-reference- und Listengeneratoren
- De-Assembler
- Prüfwerkzeuge für Standards
- Testabdeckungsanalysatoren
- Pfadausdrucksgeneratoren
- Testdatengeneratoren
- Testumgebungsgeneratoren
- Testverwaltungssysteme
- Testergebniskomparatoren
- Assertionsprüfprogramme
- Programme zur symbolischen Modulausführung
- Debugger
- Performance-Analysatoren
- Software-Monitore

Die Klasse der **Werkzeuge des Konfigurationsmanagements** wird im Abschnitt 3.6.3 beschrieben.

Abschließend stellen wir fest, daß CASE-Werkzeuge eine automatisierte Unterstützung für den gesamten Life Cycle bieten. Die Integration und die Einheitlichkeit bei der Benutzung sind gegenwärtig die größten Probleme beim Einsatz dieser Werkzeuge. CASE ist aber auch eine Kombination von Werkzeugen mit den verschiedensten Methoden zur Prozeßunterstützung. Die höchste Entwicklungsstufe von CASE-Werkzeugen sind Software-Produktionsumgebungen.

3.5.2 Software-Produktionsumgebung

Seit den frühen 80er Jahren existiert der Begriff Software-Produktionsumgebung (SPU). Synonyme dafür sind Software Engineering Environment (SEE), Software-Entwicklungsumgebung und Integrated Project Support Environment (IPSE). Der Begriff Software-Produktionsumgebung ([Char86], [Öste88], [Brer88]) wird auch im Zusammenhang mit CASE häufig genannt. Eine Software-Produktionsumgebung soll den Wunsch nach einer life cycle-umfassenden und integrierten Unterstützung der Entwickleraufgaben erfüllen. Dazu enthält eine SPU eine Sammlung von integrierten rechnergestützten Werkzeugen, die möglichst vollständig die Aufgaben im Life Cycle unterstützen.

CADES (Computer Aided Development and Evaluation System) von ICL [McGu79] war eine der ersten Produktionsumgebungen, die eine umfassende Unterstützung von der Analyse- und Entwurfsphase bis zur Wartung bot. Sie wurde für die Entwicklung des Betriebssystems VME/B erfolgreich eingesetzt. CADES war eine der ersten operational einsetzbaren Software-Produktionsumgebungen, die auch die Wartung berücksichtigt.

Eine ausgereifte Software-Produktionsumgebung hat nach Frühauf [Früh87b] eine einheitliche Benutzerschnittstelle, stellt ein Informationssystem für das Projektteam zur Verfügung und stellt die Konsistenz der Entwicklungsergebnisse durch den Einsatz eines Software Engineering-Datenbanksystems sicher. Generator- und Transformationsfunktionen unterstützen einerseits die Dokumentations- und Code-Erstellung, andererseits helfen sie, die Entwicklungsergebnisse von einem Entwicklungszustand (beispielsweise Grobentwurf) in den nächsten (z. B. Feinentwurf) überzuführen, ohne daß dabei Informationen mehrfach erfaßt werden müssen.

Im Gegensatz dazu ist ein Werkzeugkasten eine Sammlung von mehr oder weniger lose gekoppelten Einzelwerkzeugen mit einer meist heterogenen Benutzeroberfläche. Die UNIX Programmer's Workbench (PWB) ist ein Beispiel für solch einen Werkzeugkasten (siehe [Ivie77]).

Howden [Howd82] hat in Abhängigkeit vom Projekttyp und vom Projektumfang vier Kategorien von Werkzeugkästen unterschieden. Basiswerkzeuge, wie Compiler, Lader, Editoren und Debugger, sind überall inkludiert.

Werkzeugkasten vom Typ 1

Als einziges Werkzeug für die Anforderungsdefinition und den Entwurf ist ein Data Dictionary vorhanden. In der Codierphase wird ein Quellcode-Verwaltungssystem eingesetzt. Als Werkzeug für die Verifikation und Validation wird ein Dateikomparator verwendet. Dieser Typ von Werkzeugkasten ist für kleine bis mittlere kommerzielle Projekte (Entwicklungszeit < 2 Jahre, weniger als 7 Projektmitarbeiter) geeignet.

Werkzeugkasten vom Typ 2

Zusätzlich zu den Werkzeugen des Werkzeugkastens vom Typ 1 wird ein Software Engineering-Datenbanksystem eingesetzt. Das Datenmodell des Software Engineering-Datenbanksystems beruht auf dem Entity-Relationship-Attribut-Ansatz. Entitätstypen sind beispielsweise ein codierter Modul, ein Testplan, ein Entwurfsdokument und andere Entwicklungszwischen- und -endergebnisse. Das Datenbanksystem von PSL/PSA [Teic77] ist ein Vorläufer solch eines Software Engineering-Datenbanksystems. Zusätzlich gibt es Auswertungswerkzeuge, die die Abhängigkeiten der gespeicherten Elemente aufzeigen. Dieser Typ von Werkzeugkasten ist für mittlere Projekte (Entwicklungszeit 2—3 Jahre, 7—14 Projektmitarbeiter) geeignet.

Werkzeugkasten vom Typ 3

Zusätzlich zu den Werkzeugen des Werkzeugkastens vom Typ 2 werden weitere Life Cycle-Werkzeuge, die über das Software Engineering-Datenbanksystem integrierbar sind, verwendet. Die zusätzlichen Werkzeuge unterstützen die Verifikation und Validation. Sind die Werkzeuge nicht über das Software Engineering-Datenbanksystem integrierbar, so müssen sie kompatible Schnittstellen besitzen. Beispielsweise muß ein Konfigurationsmanagement-Werkzeug einen Compiler aufrufen können. Dieser Werkzeugkasten eignet sich für mittlere bis große Projekte (Entwicklungszeit 3-5 Jahre, 14-70 Mitarbeiter).

Werkzeugkasten vom Typ 4

Dieser Werkzeugkasten enthält ein Software Engineering-Datenbanksystem, das auch im Typ 3 enthalten ist. Zusätzlich sind noch Werkzeuge für die Projektplanung und -kontrolle integriert. Das Software Engineering-Datenbanksystem unterstützt auch die Konfigurations- und Versionsverwaltung.

Für diesen Typ von Werkzeugkasten ist die Bezeichnung Software-Produktionsumgebung gerechtfertigt. Damit können große Projekte (Entwicklungszeit > 5 Jahre, mehr als 70 Projektmitarbeiter) abgewickelt werden, die die Projekttypen »kommerzielles Projekt« und »integriertes Echtzeit-System« umfassen.

Osterweil [Oste81], Habermann/Notkin [Habe86] und Balzert [Balz88b] haben typische Merkmale von Software-Produktionsumgebungen untersucht und definiert. Nach diesen Untersuchungen zeichnen sich folgende Merkmale zur Einsatzplanung und Bewertung einer SPU ab:

- Breite des Einsatzes (verschiedene Applikationstypen und Projektgrößen),
- Benutzerfreundlichkeit (einheitliche Benutzerschnittstelle, klare und eindeutige Systemmeldungen, Help-System, Recovery bei Software-Fehlern, jederzeit eindeutige Identifikation des Entwicklungsstatus),
- automatisierte Konfigurations- und Versionsverwaltung,
- Wiederverwendung von Entwicklungsbausteinen,
- Integration der Werkzeuge,
- Vorhandensein eines Software Engineering-Datenbanksystems,
- Unterstützung von Projektmanagementaktivitäten,

- Unterstützung allgemeiner Bürodienste (verteilte Textverarbeitung, Terminkalender, Tabellenkalkulation, Formularverwaltung, elektronische Post),
- Erweiterbarkeit,
- Portabilität.

Diese Merkmale haben sich bei der Entwicklung und beim Einsatz von Software-Produktionsumgebungen, wie z. B. Gandalf, R1000 oder MAESTRO II, als relevant erwiesen.

Charette [Char86[charakterisiert eine SPU wie folgt:

»Eine SPU umfaßt den Prozeß, die Methoden und die Werkzeuge, um ein Software-System zu produzieren.«

Den Zweck des Einsatzes einer SPU sieht er in einer geordneten und kontrollierbaren Evolution von Software-Systemen.

Eine SPU kann nach Charette durch eine Drei-Schichten-Architektur dargestellt werden (siehe Abbildung 3.12). Die Grundschicht beschreibt den Entwicklungsprozeß. Die darüberliegende Schicht legt die einsetzbaren Methoden fest. Die abschließende Schicht enthält die für die darunterliegenden Ebenen nötigen Werkzeuge.

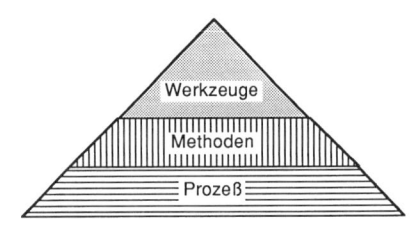

Abb. 3.12 SPU-Modell nach Charette

Die heute in der Informatik-Praxis vorhandenen Software-Produktionsumgebungen unterscheiden sich hinsichtlich der Gestalt der Schichten und ihrer Integration. Die Pyramidenform kommt deshalb zustande, da die Methoden den Prozeß nur teilweise abdecken. Die Methoden ihrerseits werden lediglich unvollständig durch Werkzeuge unterstützt.

Dieses Modell ist zwar einfach, erlaubt aber, alle wesentlichen Fragen und Probleme von Software-Produktionsumgebungen zu diskutieren (beispielsweise: Wo fehlt es an Methodenunterstützung im Prozeß? Wie groß ist die Kluft zwischen benötigter Methodik und der tatsächlich von den Werkzeugen unterstützten Methodik?).

Bei der Entwicklung der Programmiersprache Ada [Barn82] hat man versucht, ein standardisiertes Schichtenmodell für eine Software-Produktionsumgebung zu entwickeln [Fish80]. Die Anstrengungen in diese Richtung gipfelten in der Herausgabe eines Anforderungsdokumentes für die Architektur solcher Software-Produktionsumgebungen (STONEMAN) bzw. eines Normvorschlags (Common APSE Interface Set (CAIS)), der die Schnittstellenanforderungen definiert [CAIS88]. Der CAIS-Vorschlag zielt auf die Portabilität der Werkzeuge und eine Übertragbarkeit der Projektdatenbasis ab. 1987 wurde aus dem Normvorschlag eine gültige Norm, der DOD-Std-1838 [DOD86].

3.5 Software-Werkzeuge und -Produktionsumgebungen in der Qualitätssicherung 117

Eine APSE (Ada Programming Support Environment) soll auf verschiedenen Rechnern verfügbar sein, aber nicht notwendigerweise auf der Zielmaschine. Dies erfordert ein Verfahren der Cross-Compilation. Der Einsatzbereich dafür ist typisch für die Entwicklung von integrierten Echtzeitsystemen.

Die APSE weist eine vordefinierte Schichtenstruktur auf (siehe Abbildung 3.13). Die innerste Schicht heißt KAPSE (Kernel-APSE) und bildet die Schnittstelle zwischen Ada-Programmen und Software-Werkzeugen einerseits und dem Betriebssystem andererseits. Die KAPSE dient dazu, eine vom jeweiligen Betriebssystem unabhängige Umgebung (virtuelle Maschine) zur Verfügung zu stellen. Der Kern der APSE ist ein erweitertes Bibliothekssystem. Ein Ada-Compiler greift auf das System zu, um getrennt übersetzte Programmbausteine abzulegen. Das APSE-Bibliothekssystem verwaltet sowohl Quell- als auch Objektcode sowie Dokumentation. Weiters enthält die KAPSE das Ada-Laufzeitsystem und die Schnittstelle zu peripheren Geräten, wie beispielsweise Bildschirmen und Druckern.

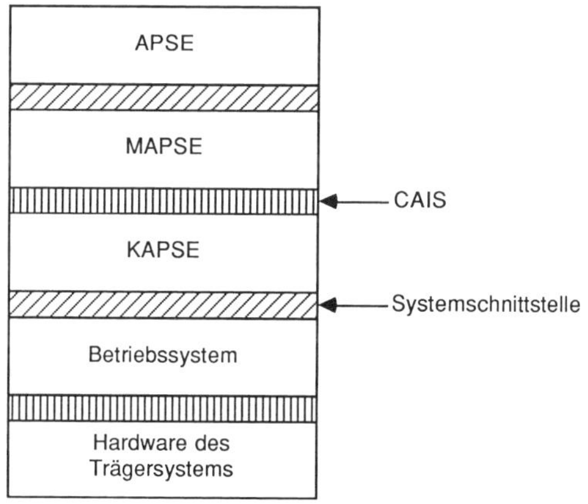

Abb. 3.13 Schichtenmodell des APSE-Konzepts mit CAIS-Norm

Schichten (von oben nach unten): APSE, MAPSE (← CAIS), KAPSE, Betriebssystem (← Systemschnittstelle), Hardware des Trägersystems.

Die nächste Schicht ist die MAPSE (Minimal APSE). Sie setzt auf die KAPSE auf und unterstützt den Ada-Programmierer mit Werkzeugen, wie Ada-Compiler, Editor, Binder, Lader, statische und dynamische Programmanalysatoren, Kommando-Interpreter und einem Konfigurationsmanagementsystem. Alle Werkzeuge müssen in Ada geschrieben sein. Die MAPSE kann als Programmierumgebung bezeichnet werden. Die höchste Schicht stellt für alle Phasen Werkzeuge zur Verfügung und bildet nach unserer Terminologie eine Entwicklungsumgebung.

Ein Vorteil dieses Konzepts ist, daß die APSEn als offene Schichten zur Aufnahme zukünftiger Werkzeuge konzipiert worden sind. Langfristig ist Ada für die Software-Industrie deshalb interessant, da sie eine portable Sprache ist und ihre Software-Produktionsumgebung ebenfalls portabel ist. Insbesondere können beliebige Phasendokumente auch dann weiter verwendet oder gepflegt werden, wenn ein Hardware-Wechsel erfolgt. Ada zusammen mit den APSEn ist eine mächtige Entwicklungs- und Pflegeumgebung [Wehr88].

Ein weiterer Versuch für die Normierung von Werkzeugschnittstellen wird durch das ESPRIT-Projekt Portable Common Tool Environment (PCTE) unternommen. PCTE und

CAIS sind von ihren technischen Zielsetzungen ähnlich [Lyon87]. In beiden Projekten liegt dem Objektmanagement-System ein ERA-Modell zugrunde. PCTE ist im Gegensatz zu CAIS auf das Betriebssystem UNIX-System V ausgerichtet. Die PCTE-Schnittstellenspezifikationen liegen in einer C- oder Ada-Version vor. Es gibt bereits einige Prototypen von Software-Produktionsumgebungen, beispielsweise Emeraude, PACT, Entreprise, Eclipse, die die PCTE-Norm implementiert haben ([Camp87], [Boud88]).

Nachdem wir verschiedene Versuche, die Architektur einer SPU sowie die Werkzeugschnittstellen zu definieren und zu normieren, näher betrachtet haben, sind folgende Aufgabenfelder zu lösen:

- Benutzeroberfläche
  Einheitlichkeit, einfacher Zugang zu Werkzeugen und leichte Erlernbarkeit sind die relevanten Anforderungen an eine Benutzeroberfläche.

- Werkzeugintegration
  Gegenseitiger Aufruf der Werkzeuge oder einzelner Werkzeugfunktionen und beliebiger Datenaustausch zwischen den Werkzeugen sind wesentliche Anforderungen, die es zu realisieren gilt.

- Datenmodell der zugrundeliegenden Datenbasis
  Flexibilität und Erweiterbarkeit bei der Objektverwaltung und -speicherung sind relevante Anforderungen an die Datenbasis, die es durch ein geeignetes Datenmodell und seiner effizienten Implementierung zu realisieren gilt.

- Integrität der Datenbasis
  Die Datenbasis muß jederzeit konsistent sein und eine redundanzfreie Speicherung der Entwicklungselemente sicherstellen.

- Trägersystem-Konzept
  Dazu gehören Fragen der Netzwerkfähigkeit, Multi-Host-Anschlüsse und des Betriebssystems.

Kritisch sei angemerkt, daß eine zu frühe und unausgereifte Normierung die Entwicklung einer innovativen und flexiblen Lösung stark behindern kann. Eine fehlende Normierung führt dagegen zu einem Wildwuchs von möglichen Lösungen und zu einer Vergeudung von Forschungs- und Entwicklungsressourcen. Daher scheint eine flexible Strategie, die zwischen Normvorschlägen, Prototypenbau und Revidierung von Normen unterscheidet, der beste Lösungsweg zu sein.

Wir sind der Überzeugung, daß die Integration der verschiedenen Werkzeugtypen nur über ein Software Engineering-Datenbanksystem möglich ist. Es werden auch die Begriffe Repository oder Object Management System (OMS) verwendet. Beispiele dafür sind das OMS des PCTE-Projekts oder DAMOKLES für die Produktionsumgebung Unibase [Abra87]. Eine Systemarchitektur einer umfassenden Produktionsumgebung, die auf diesem Konzept beruht, ist heute bereits erkennbar (siehe Abbildung 3.14).

Die Basis dieser Architektur ist ein Repository, das eine möglichst redundanzfreie physische Speicherung der Entwicklungs- und Pflegeelemente ermöglicht. Dazu wird ein sehr

3.5 Software-Werkzeuge und -Produktionsumgebungen in der Qualitätssicherung 119

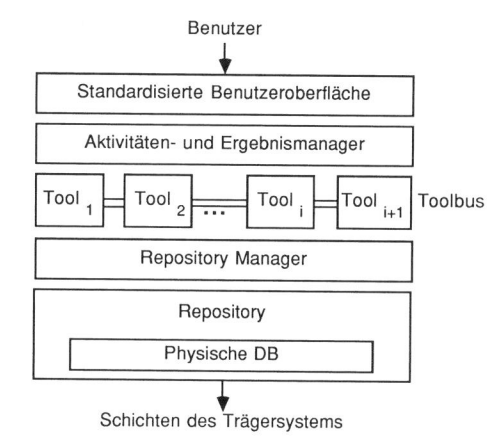

```
                    Benutzer
                       │
                       ▼
        ┌──────────────────────────────┐
        │ Standardisierte Benutzeroberfläche │
        ├──────────────────────────────┤
        │ Aktivitäten- und Ergebnismanager │
        ├──────────────────────────────┤
        │ ┌─────┐┌─────┐    ┌─────┐┌───────┐ │
        │ │Tool₁││Tool₂│ ...│Toolᵢ││Toolᵢ₊₁│ │ Toolbus
        │ └─────┘└─────┘    └─────┘└───────┘ │
        ├──────────────────────────────┤
        │      Repository Manager       │
        ├──────────────────────────────┤
        │          Repository           │
        │ ┌──────────────────────────┐ │
        │ │      Physische DB        │ │
        │ └──────────────────────────┘ │
        └──────────────────────────────┘
                       │
                       ▼
              Schichten des Trägersystems
```

Abb. 3.14 Auf einem Repository basierende Architektur einer SPU

flexibles Datenmodell (»Metamodell«) verwendet. Dieses legt fest, welche Entwicklungselemente zu speichern sind und welche Beziehungen zwischen diesen existieren.
Die Anforderungen an das Repository sind vielfältig:

- Komplexe Elemente müssen verwaltet werden. Ein komplexes Element wird hierarchisch aus einfacheren Elementen gebildet. Beispiele für solche Elemente sind Module, die neben dem Quellcode auch Spezifikationen, Testtreiber oder ähnliches umfassen.
- Elemente und deren Attribute müssen beliebige Länge haben können (z. B. Datei mit Quellcode oder Textbeschreibung einer Funktion).
- Lange Transaktionen müssen unterstützt werden. Beispielsweise kann die Transaktion, bei der ein Entwickler einen Modul bearbeitet, mehrere Stunden oder Tage dauern.
- Unterschiedliche Typen von Beziehungen zwischen Elementen müssen verwaltet werden.
- Mehrbenutzer-Fähigkeit und die Vergabe unterschiedlicher Zugriffsrechte müssen unterstützt werden.
- Die Konfigurations- und Versionsverwaltung ist zu unterstützen.

Die darüberliegende Schicht wird als Repository Manager bezeichnet. Sie ermöglicht die Elementverwaltung, -bereitstellung und die Generierung von neuen Elementdefinitionen.

Über dieser Steuerungs- und Kontrollschicht liegt die Schicht der eigentlichen Werkzeuge, die über eine standardisierte Schnittstelle bei Bedarf die jeweils benötigten Elemente erhält und sie über diese wieder zurückgibt. Auch zeichnet sich die Möglichkeit ab, neben fix vorgegebenen Werkzeugen eine Menge von generischen Basiswerkzeugen zur Verfügung zu haben (Toolkit) und mit diesen beliebige Werkzeuge zu entwickeln. Voraussetzung dafür ist eine standardisierte Schnittstelle, die den Zugriff zu den Elementen des Repositories regelt ([ESF89], [PCTE86], [Conn88]).

Ein Toolbus dient dazu, die verschiedenen Funktionen einzelner Werkzeuge wechselseitig zu aktivieren, d. h. von einem Werkzeug A ist es z. B. möglich, die Funktionen B1 und B2 des Werkzeugs B aufzurufen.

Zum Benutzer hin gibt es eine standardisierte, ergonomisch erprobte Benutzeroberfläche, die hochauflösende Bit-Map-Graphik unterstützt, eine Maus als Zeige-Instrument, Ganzseiten-Bildschirm, Mehrfenster-Technik, Ikonen und Pull-down- sowie Pop-up-Menüs enthält.

Von seiten der Qualitätssicherung sind die einheitliche Elementverwaltung und die darauf aufbauenden Konsistenz- und Vollständigkeitsprüfungen von großer Bedeutung. Vergleichbar mit einem vollautomatisierten Hochregallagersystem ist eine lückenlose Verwaltung und ein eindeutiger Zugriff auf alle Systementwicklungs- und Pflegeelemente gegeben. Wir erwarten durch die Realisierung dieser Architektur eine enorme Unterstützung bisheriger rein manuell ausgeführter Qualitätssicherungsmaßnahmen, wie beispielsweise Kenngrößenermittlung und Konsistenzprüfungen. Die Realisierung von Software-Produktionsumgebungen ist ein aktuelles Forschungsgebiet der Informatik und ist daher noch nicht abgeschlossen.

3.5.3 Anforderungen an eine Software-Produktionsumgebung aus der Sicht der Qualitätssicherung

Aus den verschiedenen Beispielen zur Definition einer SPU geht hervor, daß der gesamte Life Cycle durch eine SPU unterstützt wird. Daraus leiten wir die erste Anforderung ab, daß die SPU die Qualitätssicherungsaufgaben im gesamten Life Cycle unterstützen muß, d. h. auch für die Wartung von Software-Produkten sind Qualitätssicherungswerkzeuge in die SPU zu integrieren.

Das Ziel der konstruktiven Qualitätssicherungsmaßnahmen besteht in der Entwicklung von qualitativ hochwertigen Produktbausteinen (Prozeßergebnissen mit möglichst wenig Mängeln). Um dies zu erreichen, muß eine SPU folgendes anbieten:

- rechnergestütztes Vorgehensmodell mit Aktivitäten- und Ergebnismanagement (Prozeßmanagement),
- methodengestützte Werkzeuge,
- Muster von Produktbausteinen,
- Hilfsmittel zum Wiederfinden von Produktbausteinen, die sich zur Wiederverwendung eignen,
- Hilfsmittel zum Zusammenbau von wiederverwendbaren Produktbausteinen und
- ausreichende Hilfs- und Lernunterstützung.

Das Ziel der analytischen Qualitätssicherung besteht in der qualitativen und quantitativen Prüfung der Prozeßergebnisse. Eine SPU hat durch automatisierte Prüffunktionen diese Qualitätsprüfungen zu unterstützen. Diese Prüffunktionen sind entweder in den Werkzeugen oder direkt in der Steuerungs- und Kontrollschicht (Repository Manager) integriert (siehe Abbildung 3.15). Eine weitere Hilfsfunktion der SPU für Prüfmethoden sind

3.5 Software-Werkzeuge und -Produktionsumgebungen in der Qualitätssicherung

Auswertungen. Darunter verstehen wir beispielsweise das Aufzeigen von Querverweisen zwischen Produktbausteinen oder die Ermittlung und Aufbereitung von Qualitätsdaten (z. B. Werte von Prozeß- und Produktkenngrößen, Fehlerdaten, etc.). Diese Qualitätsdaten sind in der Datenbasis der SPU zu speichern und durch geeignete Hilfsmittel aufzubereiten (z. B. in Form von Trendkurven und Statistiken).

Neben automatisierten Prüffunktionen und Auswertungen trägt der Bau von Prototypen zur Qualitätssicherung bei. Diese Funktion wird in Form von Prototyping-Werkzeugen unterstützt. Gegenwärtig sind Werkzeuge für das Benutzerschnittstellen-Prototyping dominierend. Werkzeuge für das Architekturprototyping sind erst im Forschungs- und Entwicklungsstadium [Pomb88].

Im Bereich der psychologisch-orientierten Maßnahmen erfolgt die Unterstützung der SPU durch:

- einheitliche und einfach zu benutzende Benutzerschnittstellen der SPU,
- Kommunikationsunterstützung in Form von elektronischer Post und Hilfsdiensten für die Teamarbeit,
- Hilfsmittel für Entwickler und Manager, um ihre eigene Arbeit besser zu organisieren.

Die Anforderungen der Qualitätssicherung an die Benutzerschnittstelle einer SPU sind hoch. Um diese Anforderungen prüfen zu können, ist es zweckmäßig, zwischen physischer und logischer Benutzerschnittstelle zu unterscheiden. Die physische Schnittstelle ist in den letzten Jahren erheblich verbessert worden. Zeigeinstrumente, ein Bildschirm, der die Darstellung einer ganzen DIN-A4-Seite ermöglicht, hochauflösende Bilddarstellung (Bit-Map-Display) und Farbdarstellung haben sich als extrem benutzerfreundlich erwiesen. Die Auswirkungen auf die quantitative und qualitative Arbeitsleistung sind erheblich, wie Untersuchungen ([Fole84], [Niev81]) gezeigt haben.

Für die logische Benutzerschnittstelle gelten folgende Anforderungen:

- Einheitlichkeit
  Die verschiedenen Werkzeuge sind über eine einheitliche Bedienschnittstelle zu benutzen.

- Einfachheit der Benutzung
  Dies ist durch Ikonen, Menüs und Window-Systeme zu realisieren.

- Komfort
  Sowohl graphische als auch textliche Darstellung von Arbeitsergebnissen müssen parallel möglich sein.

Die Realisierung der Anforderungen an die logische und physische Schnittstelle hat auch eine einfachere Erlernbarkeit zur Folge.

Die Kommunikationsanforderungen an eine SPU umfassen die Unterstützung der Teamarbeit (Arbeiten in Gruppen an Zwischen- und Endergebnissen, Übergabe von Ergebnissen an Kollegen, Einsicht in Dokumente von anderen und elektronische Post). Zusätzlich

122   3 Konstruktive Qualitätssicherungsmaßnahmen

ist der Anschluß an internationale Informationsdienste und Kommunikationsnetze wünschenswert.

Im Bereich der Arbeitshilfsmittel und des Selbstmanagements für Entwickler und Manager geht es um die ordnungsgerechte Planung, Durchführung und Kontrolle der individuellen Arbeitsergebnisse des SPU-Benutzers. Das Vorhandensein eines geeigneten Formular- und Dokumentenverwaltungssystems, eines Arbeitsplanungswerkzeuges, von Text- und Graphikwerkzeugen sind weitere wesentliche Anforderungen.

In Abbildung 3.15 haben wir die oben beschriebenen Qualitätssicherungskomponenten einer SPU überblicksartig dargestellt.

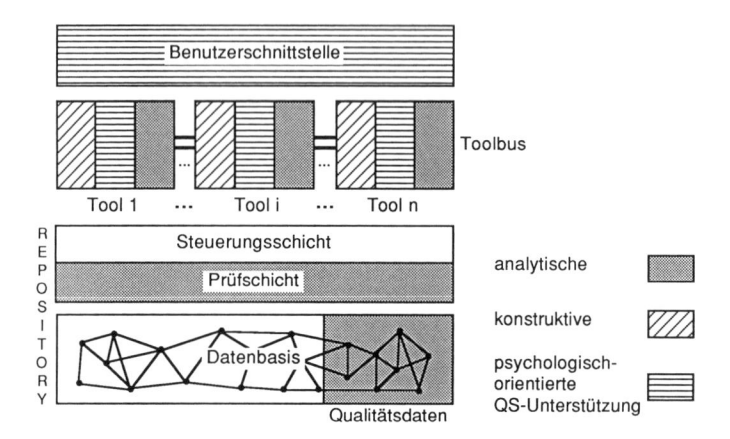

Abb. 3.15 Qualitätssicherungskomponenten einer SPU

Die Unterstützung der Qualitätssicherung durch eine SPU ist ein wichtiger Erfolgsfaktor für eine wirksame Qualitätssicherung. Gelingt es, dieses Konzept effizient zu realisieren, kann damit gerechnet werden, daß eine SPU von den Entwicklern als Arbeitshilfsmittel zur Entwicklung und Pflege qualitativ hochwertiger Software akzeptiert wird. Die Folge davon wird eine beachtliche Produktivitätssteigerung sein.

3.6 Software-Konfigurationsmanagement

3.6.1 Warum überhaupt Software-Konfigurationsmanagement?

Konfigurationsmanagement, im speziellen die Verwaltung von Konfigurationen, ist eine Disziplin, die traditionell bei der Entwicklung von Hardware-Systemen angewandt wird. Es bewirkt, daß Systementwicklungen und das damit verbundene Änderungswesen geordnet und strukturiert ablaufen. Konfigurationsmanagement beim Entwickeln von Hardware-Systemen besteht darin, einzelne Hardware-Bauteile zu identifizieren, zu bezeichnen, sie zu verwalten und Änderungen dieser Elemente zu kontrollieren und zu steuern.

Als erstes ist zu klären, was unter Konfiguration zu verstehen ist:

Die ISO (International Standards Organization) definiert diesen Begriff wie folgt: »Konfiguration ist die Anordnung eines Rechnersystems oder Netzwerks, das durch die Anzahl, Eigenschaften und Hauptmerkmale seiner funktionalen Einheiten definiert ist. Insbesondere kann sich der Begriff Konfiguration sowohl auf Hardware- als auch auf Software-Systeme beziehen.«

Die Norm DOD-Std. 480A gibt folgende Definition: »Unter Konfiguration versteht man die funktionalen und/oder physikalischen Eigenschaften von Hardware und Software, wie sie in einer technischen Dokumentation beschrieben und im Produkt enthalten sind.«

Die Firma Siemens definiert den Begriff folgendermaßen (siehe [End86]): »Eine Konfiguration ist eine benannte und formal freigegebene Menge von Entwicklungsergebnissen, die in ihrer Wirkungsweise und ihren Schnittstellen aufeinander abgestimmt sind und gemeinsam eine vorgegebene Aufgabe erfüllen sollen.«

Wir wollen zusammenfassend unter Software-Konfiguration die Gesamtheit der Software-Elemente bezeichnen, die zu einem bestimmten Zeitpunkt im Life Cycle in ihrer Wirkungsweise und ihren Schnittstellen aufeinander abgestimmt sind. Ein Software-Element ist entweder der kleinste, für eine Konfiguration unteilbare Bestandteil des Produkts, der eindeutig identifizierbar ist, oder wiederum eine Software-Konfiguration. Z. B. kann ein Software-Element ein Dokument, ein Modul oder eine Datei sein, wenn dieses Element als Ganzes eindeutig identifizierbar ist und dem Änderungsdienst unterzogen wird.

Konfigurationen dienen folgenden Zwecken:

- Sie regeln die Zugehörigkeit von Entwicklungsergebnissen zu Teilsystemen oder Systemen.
- Sie bringen Ordnung in die Zustandsvielfalt von Entwicklungsergebnissen.
- Sie bilden Bezugspunkte für definierte Entwicklungsschritte, da sie die Ergebnisse vorangegangener Entwicklungsschritte festhalten und somit eine wohldefinierte Basis darstellen.
- Sie halten Zwischenergebnisse eines Produkts über seine gesamte Lebensdauer fest und gewährleisten dadurch die Wiederverwendbarkeit und die Wartbarkeit des Produkts. Darüber hinaus bildet eine Konfiguration eine Informationsquelle zur Analyse des Entwicklungsprozesses und des Produkts. Konfigurationen eignen sich daher auch für die Aufgabe der EDV-Revision.

Unter Software-Konfigurationsmanagement verstehen wir die Gesamtheit von Methoden, Werkzeugen und Hilfsmitteln, die die Entwicklung und Pflege eines Software-Produkts als eine Folge von kontrollierten Änderungen (Revisionen) und Ergänzungen (Varianten) an gesicherten Prozeßergebnissen unterstützt. Damit wird die Evolution von qualitativ hochstehender Software sichergestellt.

Software ist sehr leicht änderbar. Das Löschen und Modifizieren von Programmteilen ist kein Problem. Solche Änderungen können katastrophale Folgen nach sich ziehen, wenn sie nicht systematisch geplant und geprüft werden.

Die Problematik des Änderns ist in der Wartung besonders groß (siehe dazu auch Kapitel 5). Vielfach werden Änderungen nur unvollständig realisiert und dokumentiert. Das Problem wird noch dadurch verschärft, daß die Dokumentation teilweise oder ganz fehlt und nicht aktuell ist. Die Auswirkungen dieses Zustands sind nicht mehr kontrollierbar und führen oft früher zur Notwendigkeit einer Neuentwicklung der Systeme als nötig.

Die Grundidee des Software-Konfigurationsmanagements besteht darin, mit Disziplin und Systematik Ordnung zu halten. Dazu sind vier Aufgaben zu erfüllen.

Die erste Aufgabe des Konfigurationsmanagements besteht darin, zu bestimmen, welche Elemente, wie beispielsweise Module, Dateien und Datenbanken, eine Konfiguration bilden. Es geht dabei um die Identifikation aller relevanten Elemente eines Software-Systems zu einem bestimmten Zeitpunkt.

Bei der zweiten Aufgabe werden die Änderungsanstöße in Form von Meldungen erfaßt. Die Änderungen müssen verwaltbar und referenzierbar sein. In einem weiteren Schritt werden die Änderungsanstöße in Aufträge zur Durchführung der Änderungen umgesetzt. Zuvor hat noch eine Prüfung stattzufinden, bei der die Notwendigkeit der Änderung untersucht und diese gegebenenfalls zurückgewiesen wird.

Bei der dritten Aufgabe wird geprüft, ob bei der Durchführung der Änderungen die Konsistenz der Software-Elemente und deren Beziehungen auch erhalten bleibt. Konkret geht es darum, daß die am Beginn der Systementwicklung aufgestellten Anforderungen der Benutzer oder des Auftraggebers, aber auch die Anforderungen, die während der Systementwicklung an einzelne Systembausteine gestellt worden sind, auch nach den Änderungen erfüllt bleiben. Ebenso ist sicherzustellen, daß alle von Änderungen betroffenen Elemente in verlangtem Umfang auch bearbeitet werden, und daß grundsätzlich keine ungeplanten Änderungen durchgeführt werden.

Die vierte Aufgabe besteht darin, alle Änderungen zu erfassen und aufzuzeichnen. Diese Buchführungsaufgabe ermöglicht es, jederzeit Auskunft darüber geben zu können, welche Änderungen bisher an dem System durchgeführt worden sind.

Folgende Probleme rechtfertigen den Einsatz eines Software-Konfigurationsmanagements [Höft85]:

- Mengenproblem
  Software-Systeme, beispielsweise in Form umfangreicher betrieblicher Informationssysteme, bestehen aus einer großen Anzahl von Elementen (z. B. Dateien, Datenbanken, Module, zugehörige Dokumente, wie Spezifikationen, Testfälle, Testpläne, etc.), zwischen denen es eine große Anzahl von Beziehungen gibt. Diese Elemente gilt es konsistent zu verwalten.

- Konsistenzproblem
  Systeme, die aus einer Vielzahl von Elementen bestehen, lassen sich nur schwer konsistent halten. Ein Element liegt in verschiedenen Zuständen vor. Beispielsweise existiert von einem Baustein zunächst eine Modulspezifikation, dann wird ein Entwurf für diesen Baustein angefertigt und schließlich der Code erzeugt. Weiters

kommen Testfälle, Testdaten und eine Teststrategie dazu, die zur Validierung dieses Bausteins dienen. Das Konsistenzproblem wird außerdem dadurch verschärft, daß aufgrund der Anforderungen das System weiterentwickelt wird (Revisionen) bzw. unterschiedliche Ausprägungen einzelner Elemente (Varianten) parallel angelegt werden müssen.

- Änderungsproblem
  Änderungen sind bei der Entwicklung und Pflege von Software unvermeidbar. Zusammen mit dem oben erwähnten Mengenproblem sind ungeplante und unkontrollierte Änderungen eine potentielle Quelle von Mängeln und Fehlern, die oft auf nicht aufeinander abgestimmte Software-Elemente zurückzuführen sind.

- Lebensdauerproblem
  Im Life Cycle eines Produkts kann es zu Mehrfacheinsätzen oder zu Überlegungen kommen, die Lebensdauer des Produkts zu erhöhen. Dies hat in der Regel zur Folge, daß unterschiedliche Mitarbeiter oder Organisationseinheiten für die Wartung und Weiterentwicklung verantwortlich sind. Die Durchführung dieser Wartung ist nur durch ausreichende Information über die Systemelemente und deren Abhängigkeiten voneinander möglich.

Ein für das Produkt verantwortliches Management muß sich diesen Problemen stellen und die notwendigen Hilfsmittel zu ihrer Lösung bereitstellen. Geschieht dies nicht, kommt es zu erheblichen Qualitätsminderungen bei der Pflege und beim Einsatz von Software-Produkten.

3.6.2 Grundlagen des Software-Konfigurationsmanagements

Die Auswirkungen des Software-Konfigurationsmanagements auf Software-Qualität und -Qualitätssicherung sind vielfältig. Durch organisatorische und technische Hilfsmittel und Werkzeuge kann frühzeitig eine umfassende Entwicklungsqualität sichergestellt werden. Sie ermöglichen eine bessere Lenkung des Entwicklungsprozesses, der Projektfortschritt kann leichter beurteilt werden und es wird sichergestellt, daß Änderungen des Produkts vollständig, systematisch und unter Wahrung der Konsistenz realisiert werden.

Begriffe

Das primäre Ziel des Software-Konfigurationsmanagements ist die effiziente Verwaltung der Software-Konfigurationen im Life Cycle des Produkts. Ein fundamentales Konzept dazu ist jenes der Baseline.

Deutsch [Deut82] definiert Baseline wie folgt: »The data processing resources produced by each phase of the software life cycle. These resources are controlled until superseded by a more current baseline. The data processing resources of the baseline consist of both documentation and the software physical product.«

Bersoff, Henderson und Siegel [Bers80] verstehen unter Baseline eine Konfiguration (Meilenstein), die am Ende einer jeden Phase des Entwicklungsprozesses freigegeben wird.

```
              Anforderungs-        Konzept-           Produkt-
              konfiguration        konfiguration      konfiguration
              ┌─────────────┐     ┌─────────────┐    ┌─────────────┐
              │• Pflichtenheft│   │• Leistungs-  │   │• Produkt    │
              │• Anforderungs-│   │  beschreibung│   │• Benutzer-  │
              │  katalog     │    │• Testkonzept │   │  handbuch   │
              │              │    │              │   │• Schulungs- │
              │              │    │              │   │  unterlagen │
              └──────┬───────┘    └──────┬───────┘   └──────┬──────┘
  Bezugs-            :                   :                  :
  konfigurationen────■───────────────────■──────....────────■────────► Zeit
                  Analyse-              Konzept-          Einführungs-
                  phase                 phase             phase
```

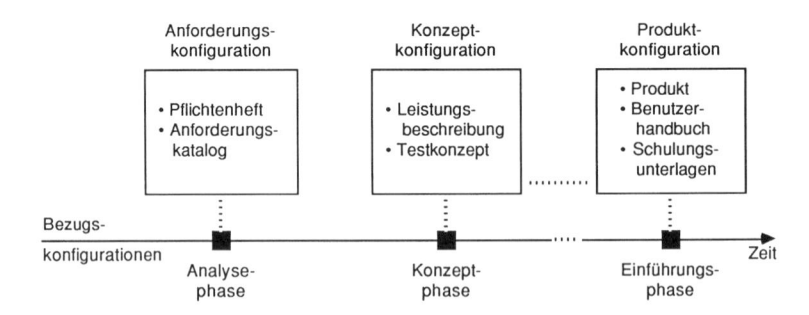

Abb. 3.16 Bezugskonfigurationen nach Bersoff, Henderson und Siegel

Wir verwenden für Baseline den Begriff Bezugskonfiguration und verstehen darunter eine zu einem bestimmten Zeitpunkt im Prozeß ausgewählte und freigegebene Konfiguration. Tichy nennt sie baseline configuration [Tich88]. Bersoff, Henderson und Siegel unterscheiden Anforderungs-, Konzept-, Entwurfs-, Integrations- und Produktkonfiguration (siehe Abbildung 3.16).

Wesentliche Aktivitäten bei der Erstellung und Pflege von Bezugskonfigurationen sind die Planung, Durchführung und Aufzeichnung aller Änderungen mit dem Ziel, daß die aktuelle Konfiguration mit ihrem Änderungsstatus zu jedem Zeitpunkt bekannt ist. Dies setzt voraus, daß alle Bezugskonfigurationen (des Software-Produkts) definiert werden und die Elemente jeder Bezugskonfiguration identifiziert und benannt sind.

Der Änderungsprozeß umfaßt die Erfassung, Berichterstattung über Änderungen und die Verifikation einer oder mehrerer Bezugskonfigurationen (Abbildung 3.17). Die Verifikation erfolgt durch technischorientierte Reviews oder Audits (siehe Abschnitt 4.1.2). Deutsch nennt diese Prüfmaßnahmen funktionales und physisches Konfigurationsaudit sowie formales Qualifikationsreview [Deut82].

```
  Lege Konfigurationsstruktur
  des Systems fest
  (Identifizieren und Kennzeichnen aller
  Elemente der Bezugskonfigurationen)
  ├──────────────────────────────────────────── Bezugskonfiguration A
  :    • Erfasse die Änderungen von A
  :    • Berichte über den Status der Änderungen
  :    • Verifiziere die neue Bezugskonfiguration
  ├──────────────────────────────────────────── Bezugskonfiguration B
  :    • Erfasse die Änderungen von B
  :    • Berichte über den Status der Änderungen
  :    • Verifiziere die neue Bezugskonfiguration
  └──────────────────────────────────────────── Bezugskonfiguration C
       • Erfasse die Änderungen von C
       • Berichte über den Status der Änderungen
       • Verifiziere die neue Bezugskonfiguration
                                                 freigegebene
                                                 Produktkonfiguration
```

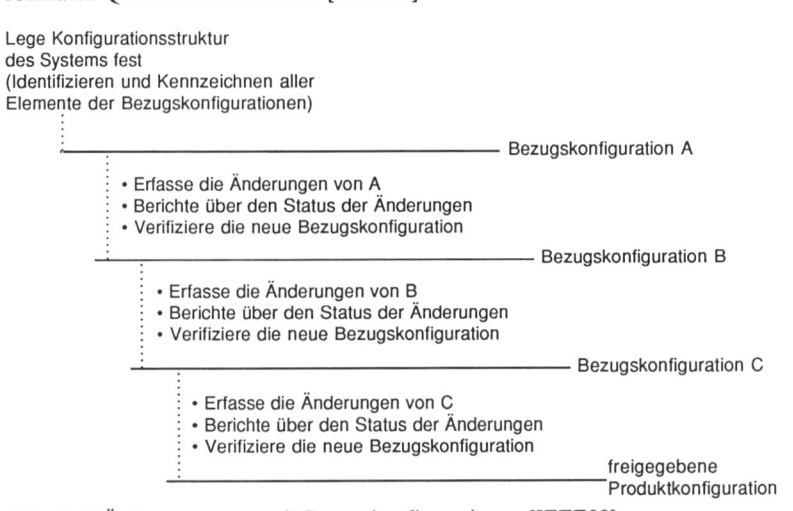

Abb. 3.17 Änderungswesen mit Bezugskonfigurationen [IEEE88]

3.6 Software-Konfigurationsmanagement

Wir halten fest, daß die Entwicklung und Pflege eines Produkts durch eine Reihe geplanter und freigegebener Bezugskonfigurationen erfolgt. Sie werden häufig von der Projektleitung und vom Wartungsverantwortlichen als Meilensteine behandelt. Das Produkt selbst besteht aus einer großen Anzahl von Software-Elementen, die die Konfigurationselemente der einzelnen Bezugskonfigurationen bilden. Software-Konfigurationsmanagement trägt dazu bei, daß die Sichtbarkeit, die Verfolgbarkeit und die Kontrollierbarkeit eines Produkts und seiner Teile im Life Cycle sichergestellt werden [Brya87].

Unter einem Software-Element verstehen wir nach Tichy [Tich88] ein identifizierbares, maschinenlesbares Dokument, das während des Life Cycle eines Produkts entsteht. Ein Software-Element kann entweder ein Quellelement oder ein abgeleitetes Element sein. Quellelemente, beispielsweise ein Entwurf, werden vom Entwickler durch einen Editor erzeugt. Sie können nie vollständig automatisch erzeugt werden.

Abgeleitete Elemente werden vollständig automatisch durch ein Programm von einem anderen Software-Element erzeugt. Beispiele für solche Programme sind Compiler, Binder, Formatierer oder Generatoren zum Erzeugen von Kreuzverweisen. Wir geben gegen Ende dieses Abschnitts einige typische Beispiele für Software-Elemente an.

Wir betrachten im folgenden die einzelnen Software-Elemente in Abhängigkeit von der Zeit und führen die Begriffe Versionsgruppe, Variante und Revision ein.

Ähnlich wie bei technischen Zeichnungen ist es nützlich, ein Numerierungsschema für Software-Elemente einzuführen. Beispielsweise könnte dies aus einer eindeutigen Nummer, einem eindeutigen Namen und einer Revisionsnummer bestehen (Abbildung 3.18).

Nummer:	EM114	... Programm 114 aus dem Projekt Emissionen
Revision:	2	... Revision 2
Art des Elements:	PV	... Programmiervorgabe

Software-Element

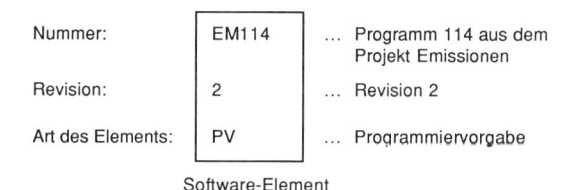

Abb. 3.18 Numerierungsschema für ein Software-Element

Die Programmiervorgabe EM114-2-PV ist das kleinste identifizierbare Software-Element, das einem Änderungsdienst unterworfen wird.

Ein nützliches Konzept [Tich88], um die Begriffe Variante und Revision einzuführen, sind zusammenhängende Versionsgruppen von Software-Elementen. Eine Versionsgruppe ist eine Menge von Software-Elementen, die durch die Relationen »ist Variante von« und »ist Revision von« verbunden sind. Die Relation »y ist Variante von x« ist folgendermaßen festgelegt:

> x und y sind Software-Elemente, die existieren und eine wesentliche Eigenschaft gemeinsam besitzen. Eine wesentliche Eigenschaft kann z. B. dieselbe funktionale Spezifikation eines Moduls bedeuten. Die Implementierungen dieses Moduls sind verschieden.

Varianten werden gewöhnlich parallel gewartet, und die Anzahl der Varianten sollte aus operativen Gründen gering gehalten werden.

Folgendes Beispiel soll den Begriff »Variante« verdeutlichen: Ein Software-Werkzeug soll auf den Rechnertypen SUN und VAX für die Betriebssysteme UNIX und VMS als Varianten entwickelt werden. Folgende Werkzeug-Varianten sind sinnvoll: V(VMS, VAX), V(UNIX, VAX), V(UNIX, SUN).

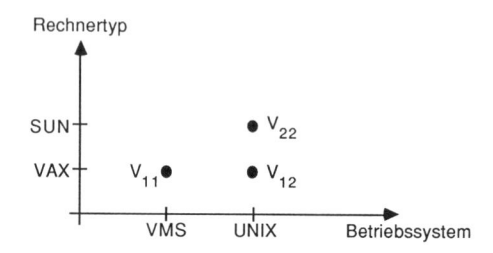

Abb. 3.19 Varianten eines Software-Werkzeuges

In Abbildung 3.19 haben wir die möglichen Varianten graphisch dargestellt.

Die Relation »y ist Revision von x« ist folgendermaßen definiert:

x und y sind Software-Elemente und y wurde durch Änderung einer Kopie von x erzeugt.

Dahinter steht die Absicht, daß y eine Verbesserung von x ist und x ersetzt. Beispielsweise wurde ein Modul X zweimal überarbeitet und es liegt somit die dritte Revision vor ($X_{R_0} \rightarrow X_{R_1} \rightarrow X_{R_2}$).

Aufgaben des Konfigurationsmanagements

Damit die Evolution eines Software-Produkts sichtbar, verfolgbar und kontrollierbar bleibt, sind vier Aufgaben zu erfüllen ([Baze85], [Bers80], [Bers79]):

A1) Bestimmung von Konfigurationen (configuration identification):

- Identifizieren und Definieren von Elementen einer Konfiguration,
- Festlegen von Einzelkonfigurationen,
- Festlegen der Konfigurationsstruktur (Gesamtheit aller Konfigurationen).

A2) Änderungssteuerung (configuration control):

- Einbringen von Änderungsanstößen (»Meldungen«) in den Entwicklungsprozeß,
- Steuerung der Bearbeitung von Änderungen durch ein internes Auftragsverfahren,
- Verfolgung sämtlicher interner Aufträge (von Änderungen) bis zu ihrem dokumentierten Abschluß.

A3) Änderungsüberwachung (configuration audit):

- Sicherstellen der Konsistenz und Vollständigkeit der Bezugskonfiguration nach Ein-

bringen und Durchführen von Änderungen (configuration verification) und gegebenenfalls Aufzeigen von Abweichungen,
- Sicherstellen, daß nach durchgeführten Änderungen die in den Bezugskonfigurationen festgelegten Ergebnisse die Anforderungen des Benutzers erfüllen (configuration validation),
- Sicherstellen der Übereinstimmung des Produkts mit der Dokumentation.

Diese Tätigkeiten können durch Organisationseinheiten, wie z. B. Qualitätssicherung und Systemtest wahrgenommen werden. Mit Hilfe von Reviews sind die Bezugskonfigurationen nach erfolgter Änderungsüberwachung freizugeben.

A4) Buchführung (configuration status accounting):

- Erfassen und Verwalten aller wesentlichen Informationen über alle Konfigurationselemente,
- Bereitstellen von Informationen über gespeicherte Konfigurationselemente und deren Beziehungen.

Das Zusammenspiel der obigen vier Aufgaben sieht nun wie folgt aus: Im Rahmen der Konfigurationsplanung wird die Konfigurationsbestimmung durchgeführt. Das Ergebnis sind definierte Konfigurationen. Während des Entwicklungsprozesses treffen laufend Meldungen über Änderungswünsche ein. Die Änderungssteuerung erfaßt diese Meldungen, prüft sie, stößt die Durchführung der Änderungen an und verfolgt deren Abschluß. Durch die Buchführung wird der Änderungsprozeß aufgezeichnet. Die Änderungsüberwachung prüft die geänderte Konfiguration auf Konsistenz und gibt sie nach erfolgreicher Prüfung frei. Die Änderungsüberwachung kann als die zentrale Qualitätskontrolle angesehen werden. Die Änderungssteuerung selbst ist ein formaler Vorgang, der sämtliche internen Entwicklungsaufträge, die durch Änderungsanträge verursacht wurden, bis zum dokumentierten Abschluß verfolgt. Bei der Buchführung geht es darum, alle Konfigurationselemente buchhalterisch aufzuzeichnen und zu erfassen. Wichtig dabei ist das Datum ihrer Gültigkeit (Release-Datum). Dadurch ist ein jederzeitiges Nachvollziehen des Änderungsgeschehens möglich.

Beispiele für Konfigurationselemente

Beispiele für Konfigurationselemente (configuration items) sind [Höft85]:

- freigegebene Entwicklungsergebnisse,
- Meldungen,
- interne Aufträge,
- Pläne.

Die freigegebenen Entwicklungsergebnisse sind in ihrer Wirkungsweise und ihren Schnittstellen aufeinander abgestimmt und erfüllen gemeinsam eine vorgegebene Aufgabe. Als Entwicklungsergebnisse werden alle Ergebnisse betrachtet, die im Verlauf der Software-Erstellung entstehen, beispielsweise Anforderungen, Entwürfe, Module in Quellcode- und Objektcodeform.

Die nächste wichtige Kategorie von Konfigurationselementen sind Meldungen. Sie dienen primär dazu, Änderungsanstöße zu verwalten, die Realisierung der Änderung zu planen und zu steuern. Folgende Klassen von Meldungen können unterschieden werden:

- Problemmeldungen (problem reports),
- Änderungsanforderungen (change requests),
- Fehlermeldungen (error reports).

Meldungen sind im Verlaufe ihrer Bearbeitung um Stellungnahmen zu ergänzen, in denen insbesondere Analyseergebnisse, Lösungsvarianten und Realisierungsentscheidungen zu dokumentieren sind. Meldungen und Stellungnahmen werden vom Konfigurationsmanagement behandelt, weil sie verantwortlich sind für die Veränderung von Konfigurationen und deren Bestandteile.

Interne Aufträge sind formale Hilfsmittel des Konfigurationsmanagements, um den Entwicklungs- und Änderungsprozeß zu steuern. Sie legen die Aufgabenstellung, Terminangaben und Ausführungsverantwortlichen fest.

Eine weitere Klasse von Elementen, die das Konfigurationsmanagement zu verwalten hat, sind Pläne. Es lassen sich zwei Arten von Plänen unterscheiden:

- Pläne, die Aufgaben und Maßnahmen des Konfigurationsmanagements beschreiben, sowie
- Pläne, die Strukturen beschreiben, das heißt, Elemente zueinander in Beziehung setzen.

Zur ersten Art gehört der Konfigurationsmanagementplan, der als Teilmenge des Projektplans die Maßnahmen für die effektive Durchführung des Konfigurationsmanagements beschreibt. Zur zweiten Art gehört der Elementstrukturplan, der ein Produkt in alle herzustellenden Einzelelemente (= einzelne Entwicklungsaufgaben) auflöst, einschließlich solcher Elemente, die als Hilfsmittel und Werkzeuge benötigt werden, aber nicht zur Auslieferung an den Anwender bestimmt sind.

Organisatorische Anforderungen

Wir betrachten im nachfolgenden das Konfigurationsmanagement aus der Dynamik des Entwicklungsablaufs. Nützliche Maßnahmen aus ablauforganisatorischer Sicht sind [Höft85]:

- Organisation des Entwicklungsprozesses (Prozeßmodell) einführen und etablieren,
- Verfahren zur Bestimmung der Konfigurationen festlegen,
- Meldewesen einrichten,
- internes Auftragsverfahren festlegen,
- Änderungsüberwachung definieren,
- Verfahren zur Software-Element- und Informationsverwaltung einführen,
- Berichtswesen festlegen,
- Dokumentenmanagement einführen,
- Projektbibliothek einrichten,

- Konfigurationsmanagementplanung durchführen und
- Konventionen festlegen.

Zur Steuerung der Aufgaben des Konfigurationsmanagements ist idealerweise ein verantwortlicher Konfigurationsmanager einzusetzen. Entscheidend für die Wahl der geeigneten Organisationsform ist die jeweilige Projektgröße (Volumen der Konfigurationselemente) und die verfügbaren Hilfsmittel, um die Konfigurationsmanagementaufgaben wahrzunehmen.

Die heutige Praxis zeigt jedoch, daß kein Manager ernannt wird. Die entsprechende Verantwortung liegt beim Projektleiter, der sich anderer Stellen oder Mitarbeiter für die Durchführung dieser Aufgaben bedient. Sie führen im wesentlichen die Funktion der Buchführung (z. B. Software-Bibliothekar) und der Verteilung von Software-Elementen (z. B. Software-Leitstelle) aus.

Eine weitere in der Praxis häufig vorzufindende Organisationsform ist der Change Control Board (CCB). Dies ist ein zentrales Entscheidungsgremium für die Genehmigung, Zurückstellung oder Ablehnung von Anforderungen bei Neuentwicklungen und von Meldungen während des Projektverlaufs. Auf der Basis entscheidungsreifer Vorschläge entscheidet der CCB,

- welche Anforderungen und Änderungswünsche in den aktuellen oder in den zukünftigen Entwicklungsprozeß eingebracht werden,
- welche Fehlermeldungen nicht mehr in dem aktuellen Entwicklungsprozeß berücksichtigt werden sollen,
- welche Konfigurationen zur Integration oder nach erfolgreichem Systemtest zur Auslieferung an den Anwender freigegeben werden.

Durch Vergabe von internen Aufträgen an die betroffene Projektstelle veranlaßt der CCB die notwendigen Aktivitäten. Der Projektleiter sollte entweder den CCB leiten oder eine Führungsfunktion im CCB übernehmen.

Ein häufiger Mangel gegenwärtiger Entwicklungsprozesse ist das Fehlen ausreichender Systemplanung, insbesondere was das Planen von Konfigurationen anbelangt. Dies ist unserer Meinung nach eine notwendige Bedingung, um die Aufgaben des Konfigurationsmanagements erfolgreich durchzuführen. Die Behebung dieses Mangels besteht einerseits in einer besseren Berücksichtigung des Konfigurationsmanagements durch die Projektleitung und andererseits im Einsatz von Werkzeugen und Hilfsmitteln des Konfigurationsmanagements.

3.6.3 Hilfsmittel und Werkzeuge des Konfigurationsmanagements

Geeignete Hilfsmittel und Werkzeuge sind eine wichtige Voraussetzung für die Durchführung des Konfigurationsmanagements. Ohne sie ist ein sinnvolles Konfigurationsmanagement nur schwer durchführbar. Mit ihnen werden nicht nur die Programme, sondern auch Spezifikationen und Entwurfsdokumente, sowie Testdaten und Testprozeduren verwaltet. Außerdem müssen Fehlermeldungen und Änderungsanforderungen möglichst automatisch erfaßt und verwaltet werden. Folgende Hilfsmittel und Werkzeuge sind heute bekannt:

- Konfigurationsmanagementplan
- Projektdokumentationssystem
- Projektbibliothek
- Werkzeuge zur Neukonfiguration von Software-Systemen
- Werkzeuge zur Versionskontrolle und -verwaltung

Über die Anwendung obiger Hilfsmittel liegen noch zu wenige Erfahrungen vor. Die meisten Erfahrungen stammen aus der Versions- und Konfigurationsverwaltung von Objekt- und Quellcode. Mit zunehmender Verbreitung und Reife von Software-Produktionsumgebungen wird auch der Einsatz von Hilfsmitteln für das Konfigurationsmanagement zunehmen.

Konfigurationsmanagementplan (KMP)

Der KMP regelt den Wirkungsbereich des Konfigurationsmanagements, die Projektorganisation unter Bezugnahme auf das Konfigurationsmanagement, die Auswahl geeigneter Verfahren und Werkzeuge, Konventionen zur Unterstützung des Konfigurationsmanagements und die Art der Zusammenarbeit mit Zulieferanten. Mit einem Konfigurationsmanagementplan läßt sich sehr gut die Einführung des Konfigurationsmanagements in einem Software-Projekt regeln.

Es existiert eine international anerkannte Norm der IEEE-Organisation für einen Software-Konfigurationsmanagementplan (IEEE-Std 828/1983). Wenn der Konfigurationsmanagementplan zur Einführung des Konfigurationsmanagements dient, sollte er zusätzlich eine geeignete Einführungsstrategie enthalten. Die IEEE-Norm enthält folgende Punkte:

- -- Einführung
  - --- Zweck
  - --- Geltungsbereich
  - --- Definitionen
  - --- Quellenangaben
- -- Management
  - --- Organisation
  - --- Verantwortlichkeiten
  - --- Schnittstellen
  - --- Umsetzung des Software-Konfigurationsmanagementplans
  - --- Anwendbare Grundsätze, Weisungen und Verfahren
- -- Aufgaben des Software-Konfigurationsmanagements
  - --- Konfigurationsbestimmung
  - --- Änderungssteuerung
  - --- Buchführung
  - --- Audits und Reviews

- Werkzeuge, Verfahren und Methoden
- Kontrolle der Lieferanten
- Aufzeichnungs-, Archivierungs- und Dokumentationsgrundsätze

Es gibt zur Norm IEEE-Std 828 einen Leitfaden [IEEE88], der Aussagen enthält, wie diese Norm für ein spezifisches Projekt zu interpretieren ist. Im Anhang dieses Leitfadens finden sich vier Beispiele für Software-Konfigurationspläne (Software für integrierte Systeme, Software für kommerzielle Systeme, Software-Wartungsprojekte und CAM-Software).

Projektdokumentationssystem und Projektbibliothek

Eine wichtige Rolle beim Software-Konfigurationsmanagement spielt das Projektdokumentationssystem. In jedem Projekt entsteht eine Vielzahl von Dokumenten. Es handelt sich dabei nicht nur um Entwicklungsergebnisse, sondern auch um Berichte, Verträge und Pläne. Die Erreichung der Projektziele hängt auch wesentlich von der ordnungsgemäßen Erstellung und der Güte dieser Dokumente ab. Im Zusammenhang mit dem Projektdokumentationssystem muß es eine Regelung zum Dokumentenmanagement und zur Dokumentenverwaltung geben. Diese muß im wesentlichen angeben, wie Dokumente zu klassifizieren sind, wie ihre Identifikation zu erfolgen hat, und sie muß Richtlinien für die äußere Form, für die inhaltliche Gliederung, den Verteilerkreis, ihre Ablage und für Statusübergänge der Dokumente (z. B. in Planung — in Arbeit — in Prüfung — freigegeben) enthalten.

Die Basis des Konfigurationsmanagements bildet die Projektdatenbank, die wir auch Projektbibliothek nennen. Sie enthält auch solche Daten, die nicht vom Konfigurationsmanagement erfaßt werden (z. B. private Arbeitsversionen von Entwicklern), sowie sämtliche Elemente, die im Rahmen der Dokumentenverwaltung und des Dokumentenmanagements identifiziert werden. Die Projektbibliothek geht von ihrem Wirkungsbereich weit über die Aufgaben des Konfigurationsmanagements hinaus. Sie ist ein allgemeines Instrument zur Speicherung und zur Verwaltung von Elementen für alle am Projekt Beteiligten, vom Projektleiter bis zum Entwickler.

Die Trennung von Element- und Informationsverwaltung wird als eine wesentliche Eigenschaft der Projektbibliothek angesehen, da die Verwaltung von Elementen und die Auswertung von Informationen an die Funktionalität der Projektbibliothek sehr unterschiedliche Forderungen stellt. Bei der Elementverwaltung geht es darum, Elemente geregelt in die Bibliothek einzubringen, aufzubewahren oder auszuleihen. Im Gegensatz zur Elementverwaltung, bei der die eingestellten Elemente lediglich wiedergewonnen werden sollen, muß die Informationsverwaltung die freizügige Auswertung der gespeicherten Informationen im Sinne logischer Verknüpfungen erlauben.

Werkzeuge zur Neukonfiguration von Software-Systemen

Diese Werkzeuge helfen beim selektiven Konfigurieren eines Software-Systems in Abhängigkeit von Änderungen. Es werden nur die Teile des Systems neu konfiguriert, beispielsweise compiliert und gebunden, die sich geändert haben oder die von geänderten Teilen abhängig sind. Um die Eindeutigkeit der Konfigurationselemente vor und nach der Neukonfiguration zu bestimmen, werden »Zeitmarken« (time stamps) verwendet. Die Abhängigkeit der Software-Elemente untereinander und die nötigen oder gewünschten Bearbeitungen werden durch eine vorgegebene Syntax beschrieben. Exemplarische Vertreter dieser Werkzeuge sind MAKE auf UNIX und MMC auf VMS.

In den letzten 15 Jahren sind eine Reihe von Werkzeugen entwickelt worden, die die verschiedenen Aufgaben des Konfigurationsmanagements unterstützen. Eines der ersten Werkzeuge war das Source Code Control System (SCCS [Roch75]), das sowohl unter UNIX als auch unter OS/370 verfügbar war. Ein funktional verbessertes System zum SCCS war das Revision Control System (RCS [Tich82]), das von der Purdue University zusammen mit AT&T entwickelt wurde. Eines der mächtigsten, gegenwärtig verfügbaren Werkzeuge des Konfigurationsmanagements ist das Domain Software Engineering Environment (DSEE) von APOLLO [Lebl84]. Es zeichnet sich durch die gute Integration in verteilte Entwicklungsumgebungen von APOLLO-Rechnern aus. Es ist sprachunabhängig und kann mit jedem Textprozessor kombiniert werden.

Werkzeuge zur Versionskontrolle und -verwaltung

Werkzeuge zur ökonomischen Speicherung mehrerer Revisionen und Varianten von Software-Elementen sind noch nicht weit verbreitet. In einem unter der vollständigen Kontrolle des Werkzeugs stehenden Speicherbereich werden nur die Differenzen zwischen den Versionen gespeichert. Es gibt im wesentlichen zwei Strategien zur Speicherung der Dateien, entweder wird die erste Version vollständig gespeichert oder die letzte. Beispiele für solche Werkzeuge sind SCCS unter dem Betriebssystem UNIX und CMS unter dem Betriebssystem VMS.

3.7 Qualitätsbeeinflussung durch menschliches Verhalten

In diesem Abschnitt gehen wir auf arbeitspsychologische und zwischenmenschliche Aspekte im Rahmen der Qualitätssicherung näher ein. Im Zentrum unserer Betrachtungen steht der Entwickler als Mensch, der nicht als Produktionsmittel, sondern als Persönlichkeit mit spezifischen Interessen, Zielen und Bedürfnissen gesehen wird. Unserer Erfahrungen nach haben Störungen und Mängel arbeitspsychologischer und zwischenmenschlicher Art stark negative Auswirkungen auf die Qualität der Arbeitsleistung und die Produktivität der Entwickler. Folgende drei Bereiche enthalten Störquellen, die sich negativ auf Qualität und Produktivität auswirken können (siehe Abbildung 3.20):

- die Unternehmenskultur,
- die zwischenmenschliche Kommunikation und
- die Arbeitsplatzgestaltung.

Informatiker neigen aufgrund ihrer technisch ausgerichteten Denkhaltung dazu, Probleme aus diesen Bereichen zu vernachlässigen. Wir untersuchen im folgenden diese drei Bereiche.

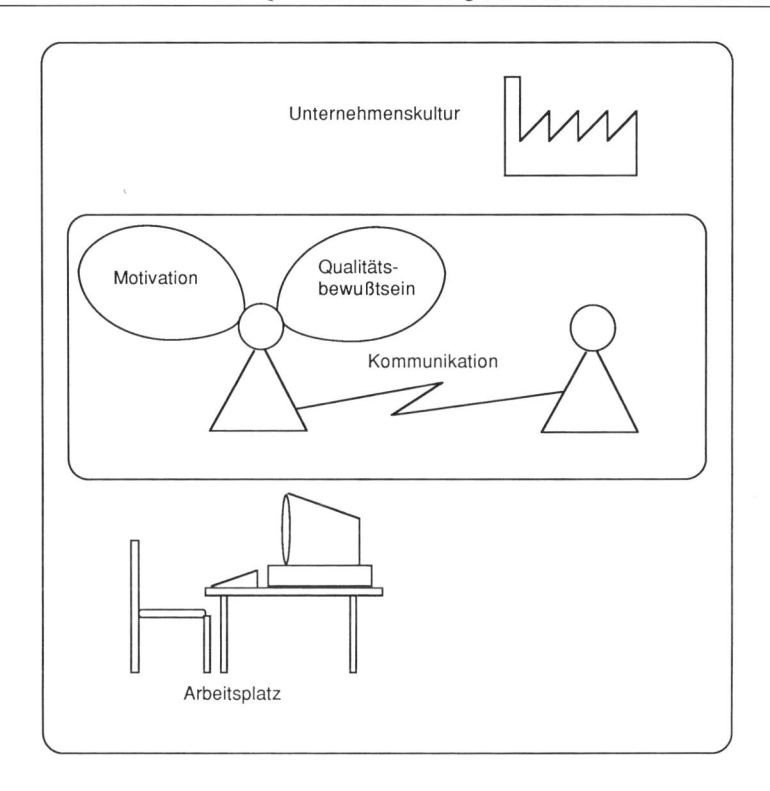

Abb. 3.20 Bereiche mit Störquellen, die menschliches Verhalten beeinflussen

3.7.1 Unternehmenskultur

Im Mittelpunkt jeder Informatik-Organisation stehen Menschen, die an Entwicklungs- und Pflegeprozessen beteiligt sind. Trotz der CASE-Visionen einer zukünftigen Software-Industrie sind wir der Überzeugung, daß Automatisierungstendenzen im Entwicklungsprozeß immer nur auf Teilbereiche beschränkt bleiben und der kreative, denkende Mitarbeiter auch in Zukunft die Schlüsselposition in der Entwicklung und Pflege qualitativ hochwertiger Produkte einnehmen wird. Das wertvollste für jede Informatik-Organisation bleibt — trotz immer umfangreicher werdender Software-Technologie — das Engagement und die Qualifikation der Mitarbeiter.

Ein Team arbeitet unter spezifischen Rahmenbedingungen, die durch Normen und Werte festgelegt sind. Die Werte können zwar in den Organisationseinheiten, z. B. Abteilung, Sektion oder Gruppe, geringfügig variieren, sind aber hinsichtlich der Grundwerte, wie beispielsweise der Einstellung zur Qualität, zu den Kunden, dem Gewinn, den Mitarbeitern, etc. unternehmensweit ähnlich. Das heißt, die Grundeinstellung der Mitarbeiter wird bis zu einem bestimmten Grad von der »Unternehmenskultur« — die wiederum vom Unternehmensleitbild abhängt — bestimmt.

Unter Unternehmenskultur [Stad88] verstehen wir die Gesamtheit des Denkens (Ideen, Normen, Weltanschauung), des Fühlens (Werthaltungen, Ethik) und des Handelns (Verhalten, Umsetzungsstrategie, Arbeitsweise), das durch eine spezifische Unternehmung geprägt und initiiert wird. Es beeinflußt das betriebliche Geschehen und vor allem die Beziehungen der Mitarbeiter untereinander.

Was hat nun das Unternehmensklima mit Qualität zu tun? Unsere Arbeitshypothese, die sich auf [Stad88] abstützt, beruht auf der Überlegung, daß sich die Denk- und Verhaltensweisen der Entwickler unmittelbar auf deren qualitative Leistungen und somit auch auf die Qualität des Produkts auswirken.

Die Unternehmenskultur schlägt sich nach Stadler [Stad88] in folgenden Bereichen nieder:

- Kommunikation (Vorgesetzter — Mitarbeiter, Mitarbeiter untereinander),
- Vorgehen bei der Lösung von Aufgaben (partizipativ, direkt vom Vorgesetzten gesteuert),
- Arbeitsmentalität (Gleichgültigkeit, Identifikation),
- textliche Qualität von Dokumenten (oberflächlich, fundiert),
- Ordnung (behindernd, rigide, funktional),
- Architektur und Gestaltung von Gebäuden und Arbeitsräumen (Funktionalität, Hygiene, Sicherheit),
- Umfang und Qualität der Bildungsmöglichkeiten.

Mängel in diesen Bereichen führen unweigerlich zu einer schlechteren Ergebnisqualität. Insbesondere der Bereich Dokumentengestaltung ist oft ein Indikator für die Einstellung zur Qualität und für das vorhandene Qualitätsbewußtsein im Rahmen einer Unternehmenskultur. Beispielsweise wird die Güte von Handbüchern unserer Erfahrung nach wesentlich von der vorherrschenden Unternehmenskultur und im speziellen durch die Einstellung des Managements zur Qualitätssicherung geprägt. Es ist daher nicht verwunderlich, daß Einzelaktionen zur Verbesserung der Dokumentenqualität mittel- und langfristig oft erfolglos bleiben, wenn nicht parallel dazu auch Veränderungen in der Unternehmenskultur erfolgen. Auf den Bereich Kommunikation gehen wir gesondert in 3.7.2 ein.

Es stellt sich die Frage, wer für die Unternehmenskultur verantwortlich ist. Primär wird sie durch den Unternehmer und die obere Führungsebene bestimmt. Sekundär wird sie aber auch durch die herrschenden politischen und wirtschaftlichen Verhältnisse geprägt. Des weiteren ist die Belegschaft selbst und die mittlere/untere Führungsebene für die Wertvorstellungen in der Arbeitswelt determinierend.

In Abbildung 3.21 sind Voraussetzungen für Mitarbeiter aufgezählt, um qualitativ gute Arbeit zu leisten [Stad88]. Wenn diese Voraussetzungen einigermaßen erfüllt sind, meint Stadler, können auch entsprechende qualitativ gute Arbeitsleistungen und -ergebnisse erbracht werden.

Wir haben bereits erwähnt, daß eine wesentliche Komponente der Unternehmenskultur die Beziehung Vorgesetzter — Mitarbeiter ist. Diese Beziehung wird durch den Führungs-

3.7 Qualitätsbeeinflussung durch menschliches Verhalten

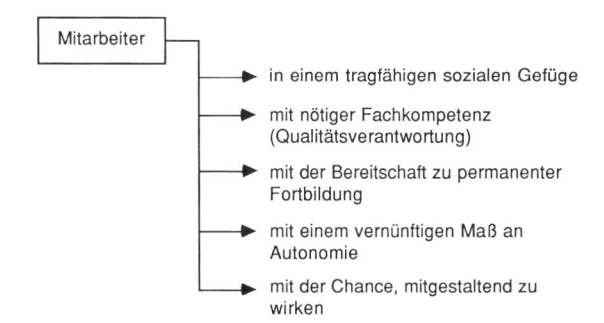

Mitarbeiter
- in einem tragfähigen sozialen Gefüge
- mit nötiger Fachkompetenz (Qualitätsverantwortung)
- mit der Bereitschaft zu permanenter Fortbildung
- mit einem vernünftigen Maß an Autonomie
- mit der Chance, mitgestaltend zu wirken

3.21 Den Mitarbeiter betreffende Voraussetzungen für qualitativ gute Arbeit

stil beeinflußt. Wir wollen hier keine Abhandlung über Führungsstile und Führungsverhalten präsentieren, sondern uns bloß auf den Aspekt der Qualitätsbeeinflussung durch den Führungsstil beschränken.

Unter Führen verstehen wir nach [Grun80] eine zielorientierte Beeinflussung menschlichen Verhaltens, sodaß sowohl die Ziele der Unternehmung, als auch die persönlichen Ziele der Mitarbeiter erreicht werden können.

Das Verhalten von Mitarbeitern kann einerseits durch das Wecken von Interesse und die Bereitstellung von Identifikationspotentialen, sowie andererseits durch das Erzeugen von Furcht beeinflußt werden. Beide Möglichkeiten werden als Elemente des Führungsstils eingesetzt. Bei der Manipulation wird der Mitarbeiter zu einem bestimmten Verhalten oder Handeln gezwungen, um die gesteckten Ziele zu erreichen. Durch motivierende Führung wird beim Mitarbeiter die Bereitschaft gefördert, sich auf eine bestimmte Art zu verhalten und vorgegebene oder vereinbarte Ziele anzustreben.

Im Software Engineering gibt es heute eine beträchtliche Zahl von Prinzipien, Methoden und Hilfsmittel, um bestimmte Aufgaben zu lösen. Die qualitative Wirksamkeit dieser Hilfsmittel hängt in erster Linie von der Akzeptanz durch die Mitarbeiter ab. Akzeptanz läßt sich nur durch ehrlich gemeinte Motivation und nicht durch eine den Menschen vernachlässigende, bloß zielgerichtete Manipulation erreichen.

Wir versuchen daher durch Motivationssteigerung die Ziele der Qualitätssicherung zu erreichen. Dem widerspricht eine arbeitsteilige Produktentwicklung, bei der der Mitarbeiter immer kleiner werdende Teilaufgaben zu lösen hat. Diese bloße Mitbeteiligung kann beim Mitarbeiter zum Verlust der eigentlichen »Erfolgserlebnisse« führen und läßt das Interesse an Qualitätsarbeit sinken. Die Aufgabe der Qualitätssicherung besteht daher auch darin, die Erfüllung der Bedürfnisse des Mitarbeiters nach Selbstbestätigung, Anerkennung für qualitativ gute Arbeit und Selbstverantwortung zu prüfen und für den Mitarbeiter fördernd einzugreifen.

3.7.2 Zwischenmenschliche Kommunikation

Kommunikation ist bei einer arbeitsteiligen Software-Entwicklung und -Pflege eine der Haupttätigkeiten der Mitarbeiter. Nach einer Studie von Jones [Jone86] nehmen Diskussion und Abstimmung von Arbeitsergebnissen mehr als 35 % der Tätigkeiten von Software-Entwicklern ein. Fehlerquellen liegen dabei meist in einer ungenügenden und mangelhaften Kommunikation. Folgende Schwerpunkte der Kommunikation sind zu unterscheiden:

- Kommunikation mit den Anwendern,
- innerhalb/zwischen Projektteams,
- Kommunikation mit Vertretern aus unterschiedlichen Hierarchiestufen der Unternehmung.

Kommunikation spielt auch eine bedeutende Rolle bei Qualitätssicherungsmaßnahmen, wie z. B. Reviews, Inspektionen und Qualitätszirkeln.

Wir wollen zunächst die Ursachen für Mängel in der Kommunikation näher betrachten. Dazu bedarf es eines Kommunikationsmodells [Birk82] (siehe Abbildung 3.22).

```
┌─────────────────┐              ┌─────────────────────┐
│       Ich       │              │   Gesprächspartner  │
├─────────────────┤              ├─────────────────────┤
│   - Absicht     │   ⟵〜〜⟶      │   - Wahrnehmung     │
│   - Verhalten   │              │   - Interpretation der│
│                 │              │     Wahrnehmung     │
└─────────────────┘              └─────────────────────┘
```

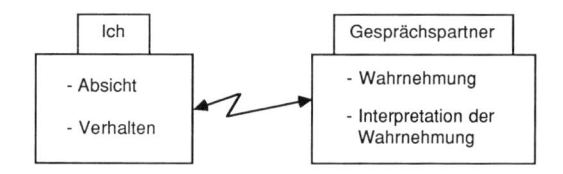

Abb. 3.22 Grundmodell einer einfachen Kommunikation

Bei der Übermittlung von Botschaften von einem Sender zu einem Empfänger können auf beiden Seiten Mißverständnisse verursacht werden. Es gilt der Leitsatz »Wahr ist nicht, was ich sage — wahr ist, was der andere hört oder versteht«. Um Mißverständnisse zu vermeiden, ist es notwendig, die Botschaft empfängerorientiert zu senden und senderorientiert zu empfangen. Konkret heißt das, daß ich beim Senden mein Verhalten auf den Empfänger abstimmen muß und der Empfänger seine Wahrnehmung immer in bezug auf die Absicht des Senders interpretieren muß.

Jedes Gespräch findet stets auf zwei Verhaltensebenen statt, die durch den Begriff »Klima« (Beziehungsebene) und »Sache« (Fachebene) charakterisiert werden. Fachliche Diskussionen können nutzlos sein, wenn auf der Klimaebene Probleme und Schwierigkeiten vorliegen. Eine positive Einstellung zum Gesprächspartner hilft, sowohl auf der Klimaebene, als auch auf der Sachebene eine gute Ausgangsbasis zu schaffen. Im Verlauf des Interagierens (z. B. diskutieren, verhandeln) ist es nötig, bewußt beide Ebenen, sowohl die Klima-, als auch die Sachebene zu berücksichtigen. Ein erfolgreiches Gespräch, bei dem die Botschaften richtig gesendet und empfangen werden, erfordert es, zwischen beiden Ebenen eine Balance zu halten. Eine elementare Voraussetzung für ein erfolgreiches Agieren in der Sache ist ein gelungenes Gesprächsklima.

Jeder von uns hat ein Selbstwertgefühl, das mit dem Bedürfnis verbunden ist, von anderen akzeptiert und anerkannt zu werden. Wenn wir in einem Gespräch den Partner wichtig und gut sein lassen, so erhöhen wir sein Selbstwertgefühl. Wenn wir hingegen sein Selbstwertgefühl bedrohen, so verschlechtern wir das Gesprächsklima.

Beispiele für Bedrohungen des Selbstwertgefühls sind: niederreden, Meinung aufzwingen, immer wieder unterbrechen, schulmeistern, direkter Widerspruch, Schwächen hart aufdecken, Zynismus, persönlich verletzen, sich mit etwas anderem beschäftigen, Dritte bevorzugen, Imponiergehabe, Überheblichkeit und ignorieren.

Beispiele für Erhöhungen des Selbstwertgefühls sind aktiv zuhören, den Partner ernst nehmen, Verständnis zeigen, Zeit haben, Gedanken des Partners aufgreifen, sich entschuldigen, Anerkennung, Lob, Bewunderung, den Partner in den Mittelpunkt stellen, um Rat fragen, mit Namen und Titel ansprechen, Freundlichkeit und Höflichkeit.

Durch Vermeidung von Bedrohungen des Selbstwertgefühls und gezieltem Verhalten zur Steigerung des Selbstwertgefühls läßt sich der Kommunikationsprozeß wesentlich verbessern und die Fehler, die sich oft in Form von falsch verstandener oder überhörter Information niederschlagen, reduzieren.

Die Auswirkungen von mangelhafter Kommunikation auf die Qualität wird bei Software-Projekten unterschätzt. Daher ist es für eine Informatik-Organisation empfehlenswert, das Management und die Entwickler durch Schulungs- und Selbsterfahrungskurse auf Kommunikationsschwächen und die Möglichkeiten der positiven Kommunikationsgestaltung hinzuweisen.

3.7.3 Einfluß der Arbeitsplatzgestaltung

Es gibt zahlreiche psychologische Studien ([Paul80], [Wald81], [Oldh83]), die zeigen, daß die physische Beschaffenheit der Arbeitsplatzumgebung Auswirkungen auf das Verhalten und die Einstellung der Mitarbeiter hat.

Es sind vor allem folgende Faktoren, die das Mitarbeiterverhalten beeinflussen:

- Personendichte,
- Arbeitsplatzgestaltung, wie Raumhelligkeit und Abgeschlossenheit des Arbeitsplatzes,
- persönliche Distanz.

Unter Personendichte wird die Anzahl der Mitarbeiter in einem speziellen Arbeitsbereich (z. B. Büro) verstanden, unabhängig vom verfügbaren Platz in diesem Bereich. Paulus und Sundstrom [Sund78] wiesen nach, daß der einzelne bei erhöhter Personendichte negativ reagiert (Ablenkung, kein Interesse an der Arbeit des Kollegen). Weiters wurde ein Zusammenhang zwischen der Personendichte und der Fluktuationsrate der Mitarbeiter nachgewiesen.

Auch die Raumhelligkeit und die Farbe der Wände im Büro wirken sich auf das Mitarbeiterverhalten aus. Dunklere Räume und dunkle Farben der Bürowände werden von der

Mehrheit der Mitarbeiter als störend bezeichnet (geringe Arbeitszufriedenheit und Arbeitsleistung [Oldh83]). Kritisch stellen wir dazu fest, daß die Einstellung zu Farben und Tageslicht/Kunstlicht stark personenabhängig ist. Probleme in diesem Bereich sind durch die Mitarbeiter selbst zu lösen, indem sie bei der Arbeitsplatzgestaltung mitwirken.

Unter Abgeschlossenheit am Arbeitsplatz verstehen Psychologen die Anzahl der Wände und Trennwände, die den Arbeitsplatz des Mitarbeiters von seiner Umgebung abschirmen. Untersuchungen zeigen eine positive Korrelation zwischen der Abgeschlossenheit und der individuellen Jobzufriedenheit, der Zufriedenheit am Arbeitsplatz und der erlebten Intimsphäre. Zusätzlich wurde festgestellt, daß vermehrt Arbeitsunterbrechungen (z. B. Kaffeepausen) auftreten, wenn die Abgeschlossenheit gering ist (Großraumbüros ohne Trennwände).

Unter persönlicher Distanz wird die physische Arbeitsplatzentfernung eines Mitarbeiters zum nächsten verstanden. Forschungsarbeiten zeigen, daß die Mitarbeiter sich eingepfercht, eingesperrt und abgelenkt fühlen, wenn geringe persönliche Distanzen zwischen ihnen herrschen ([Paul80], [Sund80]).

Diese Ergebnisse müssen in einer Analyse der qualitativen und quantitativen Arbeitsleistung von Software-Entwicklern berücksichtigt werden. Häufige Mängel in der Arbeitsplatzgestaltung von Informatikern sind:

- Maschinengeräusche (Drucker, Ventilation von Rechnern) in der direkten Umgebung des Arbeitsplatzes,
- keine ausreichende Ablagefläche für Dokumente neben dem Rechnerbildschirm,
- keine Möglichkeit zum Anbringen von graphischen Darstellungen und Bildern im unmittelbaren Sichtfeld des Mitarbeiters.

Diese Aufzählung ist exemplarisch. In diesem Zusammenhang sind auch die Erkenntnisse der Software-Ergonomie ([Schö87], [Balz83]) von Interesse, die gegenwärtig noch viel zu wenig beachtet werden.

Bei der Einrichtung von Arbeitsplätzen für Informatiker sind obige Erkenntnisse in Form von Checklisten zu berücksichtigen. Der Mitarbeiter ist ausreichend bei der Gestaltung seines Arbeitsplatzes zu beteiligen.

Wir haben mit diesem Abschnitt versucht, ein Bild von den menschlichen Aspekten im Entwicklungsprozeß zu zeichnen. Viele der hier aufgezeigten Störquellen sind erforscht. Weitere interdisziplinäre Forschung ist notwendig, um den Erkenntnishorizont zu weiten. Die Qualitätssicherung hat die Aufgabe, diese Erkenntnisse bei ihrer praktischen Arbeit einfließen zu lassen.

4 Analytische Qualitätssicherungsmaßnahmen

Durch analytische Qualitätssicherungsmaßnahmen wird die Qualität von Software geprüft und bewertet. Diese Maßnahmen führen gegebenenfalls zu einer Verbesserung des Produkts. Es gibt verschiedene Gründe, um diese Prüfungen durchzuführen:
- Der Käufer bzw. Auftraggeber möchte wissen, ob ein Software-Produkt seine Anforderungen erfüllt.
- Der Projektleiter ist an der Qualität der Zwischen- und Endprodukte einer Phase interessiert.
- Der Entwickler möchte wissen, ob er qualitativ gute Arbeit geleistet hat.

Eine wesentliche Voraussetzung für analytische Qualitätssicherungsmaßnahmen ist eine funktionierende Qualitätsplanung. Sie legt fest, welche Anforderungen an das Produkt gestellt werden. Daraus lassen sich später die Prüfziele ableiten.

Es reicht nicht aus, wenn wir erst nach der Entwicklung eines Software-Systems feststellen, ob es die geforderten Merkmale besitzt und die spezifizierten Anforderungen erfüllt (Problem der Validation). Die Prüfung der Qualität der Software ist nicht nur eine Prüfung von Zwischen- und Endprodukten (z. B. durch Reviews), sondern auch eine Bewertung des Entwicklungsprozesses (z. B. durch ein Prozeßaudit). Es müssen die verschiedenen Repräsentationen des zu erstellenden Software-Produkts von der Anforderungsdefinition bis zum einsatzfähigen System geprüft werden. Aber auch die Übereinstimmung dieser Repräsentationen ist zu prüfen (Problem der Verifikation), z. B. der Anforderungsdefinition mit der Entwurfsspezifikation.

Eine bedeutende Rolle spielen Software-Prüfungen für Verifikation, Validation (V & V) und Zertifikation. Um eine Basis für die weitere Diskussion zu schaffen, definieren wir die drei Begriffe wie folgt:

Validation
Unter Validation verstehen wir die Prüfung und die Bewertung eines Software-Produkts am Ende des Entwicklungsprozesses, um die Übereinstimmung der Produktanforderungen mit dem Produkt nachzuweisen.

Verifikation
Unter Verifikation verstehen wir Prüfungen und Bewertungen, mit denen die Übereinstimmung von Zwischen- und Endergebnissen einer Phase im Life Cycle mit Ergebnissen (z. B. Spezifikationen) der vorangegangenen nachgewiesen wird.

Zertifikation
Unter Zertifikation verstehen wir die Prüfung und die Bewertung eines Software-Produkts oder eines Qualitätssicherungssystems, mit denen die Erfüllung vorgegebener Anforderungen (z. B. Normkonformität) nachgewiesen wird. Bei Erfüllung der gestellten Anforderungen wird von einer unabhängigen Prüfstelle (z. B. Technischer Überwachungsverein) ein Zertifikat vergeben.

Beispielsweise erstellen die Deutsche Gesellschaft zur Zertifizierung von Qualitätssicherungssystemen (DQS) und die Schweizerische Vereinigung für Qualitätssicherungszertifikate (SQS) Qualitätsnachweise für Qualitätssicherungssysteme nach den Normen ISO 9001 — ISO 9003. Für Anwendungssoftwareprodukte, die die Gütekriterien nach der Norm DIN V66285 erfüllen, kann über die von der Gütegemeinschaft Software e.V. autorisierten Prüfstellen ein Zertifikat (»Gütezeichen Software«) erworben werden [Schm84] (siehe Anhang A7).

Historisch betrachtet wurden Verifikation und Validation zunächst für die Bewertung der Funktionalität und der Performance eines Produkts herangezogen. Fragen, die im Zusammenhang mit Verifikation und Validation in der Vergangenheit gestellt wurden, sind:

- Enthalten der Produktentwurf und das Produkt alle geforderten Funktionen, und sind die Funktionen auch korrekt implementiert?
- Gewährleistet der gewählte Entwurf bzw. das gefertigte Produkt die Erfüllung der geforderten Ergebnisse mit der spezifizierten Genauigkeit und unter den spezifizierten Zeitrestriktionen?
- Arbeitet das Produkt mit den verfügbaren Ressourcen zufriedenstellend?

Aufgrund der wachsenden und komplexen Anforderungen an Software-Produkte wurde die zentrale Bedeutung der Verifikation und Validation erkannt und deren Aufgabenspektrum modifiziert und erheblich erweitert.

Gegenwärtig wird durch Verifikation und Validation u. a. versucht, folgende Fragen zu beantworten:

- Erfüllt das Produkt die Spezifikation?
- Kann das zu realisierende Produkt innerhalb der vertraglich festgelegten Kosten- und Zeitrahmen hergestellt werden?
- Kann das installierte Produkt einfach modifiziert und an die sich ändernden Benutzerbedürfnisse angepaßt werden?
- Kann das Produkt effizient in der Benutzerumgebung betrieben werden?

Die zentrale und zunehmende Bedeutung der Verifikation und Validation erkennt man auch daran, daß es bereits eine internationale Norm für Software-Verifikations- und -Validationspläne (SVVP) gibt (IEEE Std 1012-1986 [IEEE86]).

Durch Verifikations- und Validationsaktivitäten, die in einem Software-Verifikations- und -Validationsplan festgehalten sind, wird versucht,

- Fehler so früh als möglich im Life Cycle zu entdecken und zu beseitigen,
- Projektrisiken und -kosten zu reduzieren,
- die Produktqualität zu verbessern,
- die Transparenz des Entwicklungsprozesses für das Management zu verbessern und
- vorgeschlagene Änderungen und deren Auswirkungen in bezug auf Produktqualität, Kosten und Termine rasch abschätzen zu können.

Der Inhalt des Verifikations- und Validationsplans nach der IEEE-Norm 1012 ist wie folgt gegliedert:

-- Zweck
-- Benützte und referenzierte Dokumente
-- Definitionen
-- Überblick mit besonderer Berücksichtigung von
    --- Organisation
    --- Prozeßmodell
    --- Ressourcen
    --- Verantwortlichkeiten
    --- Methoden, Verfahren und Werkzeuge
-- Spezifische Verifikations- und Validationsaktivitäten im Life Cycle
-- Berichtswesen im Bereich Verifikation und Validation
-- Organisation und Verwaltung der Verifikation und Validation

Die Norm legt die notwendigen Voraussetzungen, minimalen Aufgaben und Ergebnisse je Phase fest, um die Ziele der Verifikation und Validation zu erfüllen. Als Beispiel ist dies für die Phase Entwurf in Abbildung 4.1 dargestellt.

VORAUSSETZUNGEN
- Standards/Normen
- Anforderungsspezifikation
- Entwurfsbeschreibung
- Benutzerdokumentation

AUFGABEN
- Entwurfsverifikation
- Entwurfsbewertung
- Schnittstellenanalyse
- Testplanerstellung/-erweiterung
- Testentwurfserstellung/-erweiterung

ERGEBNISSE
- Verifikations- und Validations-aufgabenbericht
- Testplan
- Testentwurf
- Anomaliebericht
- Zusammenfassender Verifikations- und Validationsbericht

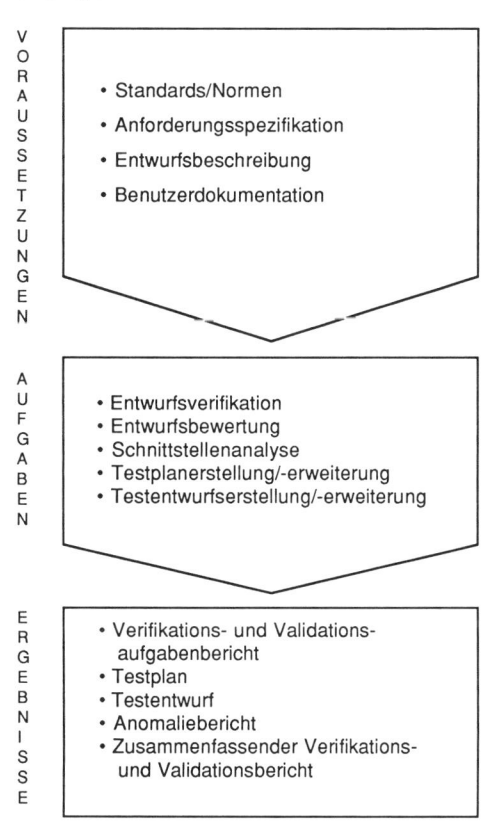

Abb. 4.1 Voraussetzungen, Aufgaben und Ergebnisse der Verifikation und Validation für die Phase Entwurf [IEEE86]

Jede Prüfung hat ein bestimmtes Ziel, das durch die Anforderungen an die Software bestimmt wird. Die Ziele sind vielschichtig. Beispielsweise geht es bei einer Entwurfsbewertung darum, die Einhaltung der Normen, Standards und Richtlinien zu prüfen, oder die Merkmale wie z. B. Korrektheit, Konsistenz, Vollständigkeit, Genauigkeit und Testbarkeit zu bewerten.

Die zur Verfügung stehenden Prüfmethoden lassen sich in zwei Kategorien einteilen, in statische und dynamische Prüfungen. Der wesentliche Unterschied besteht darin, daß das Prüfobjekt bei der dynamischen Prüfung ausgeführt wird, was bei der statischen Prüfung nicht der Fall ist.

4.1 Statische Prüfungen

Zu den statischen Prüfungen gehören Audits, Reviews (Inspektionen, Walkthroughs), die statische Analyse mit Software-Werkzeugen, Korrektheitsbeweise (mathematische Programmverifikation) und die symbolische Programmausführung.

4.1.1 Audits

Wir definieren in Anlehnung an die ANSI-Norm N45.2.10-1973 ein Audit folgendermaßen:

> Ein Audit ist eine Aktivität, bei der sowohl die Angemessenheit und Einhaltung vorgegebener Vorgehensweisen, Anweisungen und Standards, als auch deren Wirksamkeit und Sinnhaftigkeit geprüft werden.

In Verbindung mit Qualität und Qualitätssicherung werden folgende Arten von Audits unterschieden:

- Audit der Produktqualität
  Bei dieser Art von Audit erfolgt eine quantitative Bewertung der Konformität des Produkts mit den geforderten Produktmerkmalen. Beispiele für Produktmerkmale sind die physische und funktionale Vollständigkeit.

- Audit der Prozeßqualität
  Bei dieser Art von Audit werden die Elemente eines Prozesses auf Vollständigkeit und Wirksamkeit geprüft und etwaige Verbesserungen vorgeschlagen. Unter Prozeß verstehen wir den Management- und Entwicklungsprozeß.

- Audit des Qualitätssicherungssystems
  Bei diesem Audit wird geprüft, ob die vorhandenen Elemente eines Qualitätssicherungssystems gemäß den vorgegebenen Anforderungen vollständig, wirksam und dokumentiert sind. Gegebenenfalls werden Verbesserungsmaßnahmen vorgeschlagen.

Audits der Produktqualität werden in der Software-Industrie häufig eingesetzt. Audits der Prozeßqualität und des Qualitätssicherungssystems sind selten und variieren in der Art der Durchführung. Typische Beispiele für Audits aus der Informatik-Praxis [Craw85] sind Entwicklungsprozeßaudits (häufig auch Projektaudits genannt), die die Produktivität und Leistungen eines Projektteams, die Konformität von Projektergebnissen mit vorgegebenen Standards, sowie die Wirksamkeit der eingesetzten Methoden und Werkzeuge prüfen, und Projektmanagementaudits, bei denen die Managementpraktiken bzw. -leistungen (der Managementprozeß) und die Projektorganisation überprüft werden.

Die wesentlichen Merkmale von Audits sind [Evan87]:

- Produkt-, Prozeß- oder Systembewertung,
- Bewertung aus einer neutralen, einheitlichen Sicht,
- Vorschlag von Verbesserungsmaßnahmen,
- Einsatz von Checklisten.

Was sind die wesentlichen Ergebnisse von Audits? Audits sollen konkrete Problemsituationen (Abweichungen des Ist-Zustands vom Soll-Zustand) identifizieren und gezielt Lösungs- und Verbesserungsvorschläge anregen.

Der Ablauf eines Audits besteht aus folgenden Schritten:

- Ziele definieren,
- Umfang und Anwendungsbereich definieren,
- Initiierung,
- Überblick gewinnen und Daten sammeln,
- Analyse der gesammelten Daten,
- Lösungs- und Verbesserungsvorschlag erarbeiten,
- Erstellen und Präsentieren des Ergebnisberichts.

Im ersten Schritt, der Zieldefinition, geht es darum, die spezifischen Ziele zu identifizieren. Diese Ziele hängen von der jeweiligen Projektsituation, der Erfahrung des Projektpersonals und dem Zweck des Audits ab. Grundsätzlich sind bei der Zieldefinition eines Audits folgende Fragen zu beantworten:

- Was ist das Aufgabengebiet, bzw. welche Ergebnisse soll das Audit liefern?
- Warum wird das Audit durchgeführt?
- Handelt es sich um ein routinemäßiges Audit, oder sollen mit diesem Audit spezifische Projektprobleme identifiziert und gelöst werden?
- Wer sind die Auftraggeber des Audits?
- Was sind die speziellen Erwartungen des Empfängers der Auditergebnisse?
- Ist eine offene Bewertung des Projektstatus willkommen? (Dies soll zwar nicht die Zielsetzungen des Audits beeinflussen, hat aber einen Einfluß auf seine Durchführung.)
- Wie und wozu wird das Ergebnis des Audits verwendet?
- Gibt es nachfolgende Audits für weitere Projektbewertungen?

Nachdem die Ziele des Audits eindeutig festgelegt sind, wird der Umfang und der Anwendungsbereich des Audits definiert. Um praktikablere Aussagen hinsichtlich des Zeit- und Kostenaufwands für die Planung zu erhalten, ist es nützlich, das Produkt hinsichtlich des

Produkttyps (z. B. betriebliches Informationssystem, technische Prozeßsteuerung, etc.), der Größe (z. B. Mitarbeiteranzahl, Anzahl Personenjahre, etc.), der Komplexität (z. B. kommerzielle Applikation mit vielen Schnittstellen) und der geplanten Entwicklungsphasen (siehe Abschnitt 3.2.1) zu charakterisieren, um darauf aufbauend einen Auditplan zu erstellen. Dieser Plan sollte knapp gehalten sein und die Ziele des Audits, die Art, wie das Audit geführt wird, die notwendigen Projektmitarbeiter, den Bereich, der bewertet werden soll und die erwarteten Ergebnisse beschreiben. Weiters soll spezifiziert werden, welche Daten gesammelt werden und wie die Datensammlung durchzuführen ist.

Bei der Initiierung des Audits geht es darum, daß die Beziehung zwischen dem Auditteam und dem Projektpersonal hergestellt wird. Eine Voraussetzung für die erfolgreiche Durchführung ist, daß die Ziele des Audits klar dargestellt werden und der Eindruck eines Verhörs des Projektpersonals vermieden wird. Die Initiierung des Audits geschieht in der Regel durch eine Eröffnungskonferenz (Kick-off-Meeting).

In der Überblicksphase geht es darum, Grobdaten zu sammeln, die beispielsweise von Reviews stammen. Es wird die Projektgeschichte analysiert und der Fortschritt des Projektes untersucht. Dazu ist es notwendig, Interviews mit dem Projektpersonal zu führen. Eines der Hauptprobleme ist, daß das Auditteam mit einer großen Menge von Daten konfrontiert wird und die Schwierigkeit darin besteht, die relevanten Daten zu selektieren.

Die Analyse der gesammelten Daten ist von einer Person zu leiten, und die Analyseergebnisse sind zu verdichten. Als praktikable Methoden zur Verdichtung der Analysedaten haben sich die ABC-Analyse und Multimomentverfahren erwiesen [Deym84]. Die verdichteten Analyseergebnisse sind von verschiedenen Auditmitarbeitern parallel zu bewerten. Anschließend sind diese Einzelbewertungen miteinander zu vergleichen, bei größeren Abweichungen ist nach den Ursachen zu forschen.

Anhand der Analyseergebnisse werden Verbesserungsvorschläge erarbeitet, die das weitere Vorgehen bezüglich der untersuchten Auditelemente festlegen.

Im letzten Schritt geht es um die Berichterstellung. Es sind die Ergebnisse bzw. die Sachlage, die im Audit festgestellt wurden, verständlich darzustellen. Eine Präsentation dieses Berichtes schließt das Audit ab.

4.1.2 Reviews

In Anlehnung an die IEEE-Norm 729-1983 (»Glossary of Software Engineering Terminology«) definieren wir ein Review folgendermaßen:

> Ein Review ist ein mehr oder weniger formal geplanter und strukturierter Analyse- und Bewertungsprozeß, in dem Projektergebnisse einem Team von Gutachtern präsentiert und von diesem kommentiert oder genehmigt werden.

Der besondere Stellenwert dieser Prüfverfahren liegt darin, daß Software-Entwicklung und -Pflege in hohem Maß ein Dokumentationserstellungs- und -pflegeprozeß ist. Jedes Dokument sollte in irgendeiner Form überprüft werden. Gegenwärtig überwiegen im Entwicklungsprozeß informelle Dokumente, halbformale und formale Dokumente sind selten. Gerade für diese informelle Dokumentation bieten Reviews die beste Möglichkeit, Mängel und Abweichungen von Qualitätsvorgaben festzustellen. Reviews sind heute die einzigen wirksamen Prüfverfahren, die in den frühen Phasen nutzbringend eingesetzt werden können.

Im Jahre 1981 führten Diesteldorf, Bons und van Megen [Dies81] eine Befragung unter Firmen durch, die Reviews einsetzten. Die Untersuchung enthielt unter anderem eine genaue Analyse der Zielsetzungen von Reviews. Die Hauptgründe für den Einsatz von Reviews waren:

- unmittelbare Qualitätsverbesserung des Prüfobjekts,
- indirekte Verbesserung der Prozeßqualität und
- bessere Kontrolle der Projektfaktoren Kosten und Zeit.

Hinsichtlich der unmittelbaren Qualitätsverbesserung des Prüfobjekts wurden folgende Subziele, nach ihrer Bedeutung absteigend, festgestellt:

- frühzeitige Fehlererkennung,
- Sicherstellung der geforderten Qualitätseigenschaften,
- Überprüfung der Einhaltung von Entwicklungsstandards und -richtlinien und
- Überprüfung von Schnittstellen der Systembausteine.

In bezug auf die zweite Zielsetzung »indirekte Verbesserung der Prozeßqualität« wurde festgestellt, daß durch den Einsatz von Reviews eine wesentliche Kommunikationsverbesserung innerhalb des Projektes erzielt wurde und außerdem die Kommunikation mit den Fachabteilungen besser gestaltet werden konnte.

Hinsichtlich der Projektgrößen Kosten und Zeit wurde festgestellt, daß durch Reviews der Projektfortschritt genau und zuverlässig kontrolliert werden konnte und eine erhebliche Aufwandsreduzierung beim Programmtest erfolgte.

4.1.2.1 Ablauf eines Reviews (Reviewprozeß)

Die einzelnen Reviewschritte sind in Abbildung 4.2 (siehe nächste Seite) dargestellt.

Planung

Als erstes werden die Prüfziele und die Auslösekriterien für das Review bestimmt. Letztere legen fest, unter welchen Bedingungen das Reviewobjekt als prüfgerecht bezeichnet werden kann. Die Planung wird meist vom späteren Moderator durchgeführt. Das Review ist zu einer möglichst störungsfreien Zeit und an einem möglichst störungsfreien Ort anzusetzen. Es muß auch sichergestellt sein, daß die Teilnehmer zur Reviewsitzung verfügbar sind.

Eine wichtige Frage ist, wieviel Zeit für den Reviewprozeß eingeplant und verwendet werden soll. Für Code-Inspektionen liegen empirische Untersuchungen vor. Buck gibt in einer Studie [Buck81] folgende Produktivitätswerte für Code-Inspektionen an:

Abb. 4.2 Der Ablauf eines Reviews

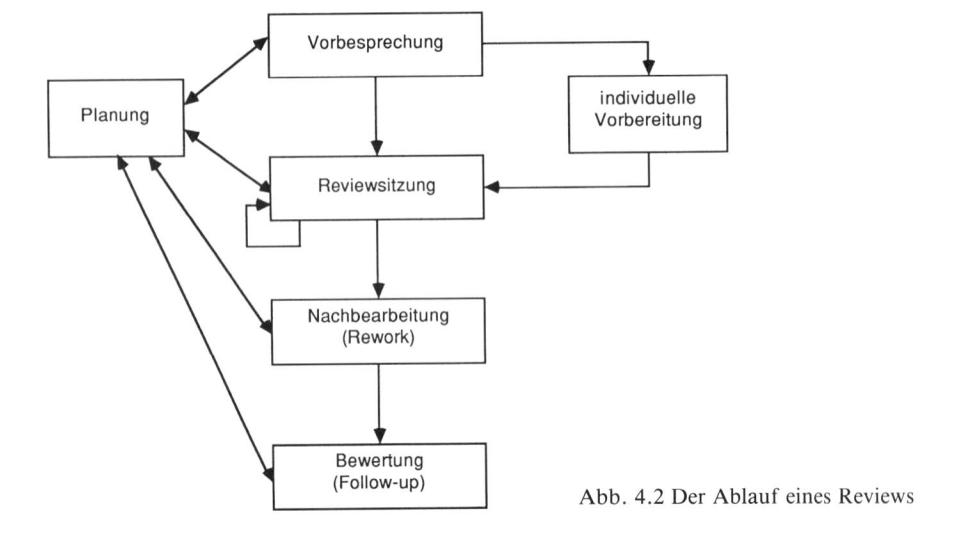

- für die Vorbesprechung ca. 500 Anweisungen pro Stunde,
- für die Vorbereitung ca. 125 Anweisungen pro Stunde,
- für die Inspektion ca. 90 Anweisungen pro Stunde.

Die maximale Inspektionsrate beträgt ca. 125 Anweisungen pro Stunde. Wird diese Rate überschritten, so wurde festgestellt, daß die Mängelentdeckungsrate stark abnimmt. Dies führt meist dazu, daß Re-Inspektionen (also Wiederholungen der Inspektion) durchgeführt werden müssen.

Vorbesprechung

Bei komplexen oder neuen Prüfobjekten ist es sinnvoll, eine Vorbesprechung zum Review abzuhalten. Sie dient den Reviewteilnehmern dazu, einen Überblick über das Prüfobjekt zu gewinnen.

Individuelle Vorbereitung

Anschließend erfolgt die individuelle Vorbereitung auf das Review. Dafür ist genügend Zeit einzuplanen. Die kompletten Unterlagen für ein Review sind rechtzeitig vor der Reviewsitzung mit dem Hinweis auf deren Durcharbeitung zu verschicken. Die Reviewteilnehmer arbeiten das Reviewdokument intensiv durch. Dazu benutzen sie die Prüfziele und eine Checkliste, die den Unterlagen beigelegt sind. Es ist auf die Möglichkeit hinzuweisen, in dieser Checkliste Ergänzungen anzubringen. Auftretende Fragen, Mängel und Formalfehler (z. B. Schreibfehler) werden schriftlich erfaßt.

Reviewsitzung

Am Anfang der Reviewsitzung werden die sogenannten Formalfehler vom Moderator aus Zeitgründen eingesammelt. Anschließend gibt der Ersteller einen Überblick zum Reviewobjekt. Bei einer Inspektion lesen die Teilnehmer gemeinsam unter Anleitung des Erstellers das Dokument durch, bei Walkthroughs spielen sie die Funktionalität des Prüfobjekts anhand von Testfällen und Beispielen durch. Auftretende Mängel werden in einer Aktionsliste zur Aufarbeitung aufgezeichnet. Zum Kenntlichmachen der bisher entdeckten Mängel (in der Aktionsliste) eignen sich Overhead-Folien oder ein Flip-chart.

Die Dauer der Reviewsitzung ist auf zwei Stunden zu begrenzen. Während der Sitzung sollten Mängel nur entdeckt und nicht korrigiert werden. Die Teilnehmer sind angehalten, nur konstruktive und sachliche Kritik zu äußern. Eine der wichtigen Aufgaben des Moderators besteht darin, die beiden letztgenannten Punkte sorgfältig zu kontrollieren.

Zum Schluß der Reviewsitzung bestimmen die Teilnehmer das Ergebnis des Reviews. Dabei gibt es verschiedene Möglichkeiten:

- Das Review wird abgeschlossen. Es sind keine wesentlichen Mängel entdeckt worden.
- Das Review wird abgeschlossen, nachdem offene Mängel in einer Nachbearbeitungsphase behoben worden sind.
- Das Review wird aufgrund schwerwiegender Mängel nicht abgeschlossen und muß wiederholt werden. Es ist zu prüfen, ob das Reviewobjekt tatsächlich prüfgerecht vorliegt.

Nachbearbeitung

In der Nachbearbeitungsphase (Rework) sind die Korrekturen der Mängel vom Autor des Reviewobjekts zu erledigen. Es ist ein zusammenfassender Mängelbericht zu erstellen und eine Erledigungsliste der Korrekturen anzulegen.

Bewertung

Als letzter Schritt erfolgt eine Bewertung (Follow-up). Ziel dieser Bewertung ist die Feststellung, ob alle Korrekturen vollständig erledigt und dabei keine neuen Probleme verursacht worden sind. Diese Bewertung führt der Moderator durch. Das Management wird durch den »Managementbericht« über den Abschluß des Reviewprozesses informiert.

4.1.2.2 Auswahl der Teilnehmer

Der erste Schritt bei der Auswahl ist die Suche nach einem Moderator. Ausgehend von den Entscheidungen, die der Moderator zu treffen hat, gibt Schnurer [Schn88] folgende Kriterien an, um den geeigneten Moderator zu finden.

- Fachkompetenz, um Fehler zu erkennen und zu bewerten,
- Durchsetzungsvermögen, um Entscheidungen glaubwürdig zu vertreten,
- Neutralität, um keine Personen oder Methoden zu bevorzugen.

Als gute Moderatoren haben sich Mitarbeiter einer unabhängigen Qualitätssicherungsstelle erwiesen. Sie sind durch ihre organisatorische Unabhängigkeit von den Entwicklern und durch ihr Fachwissen besser dafür geeignet als Mitglieder der Entwicklungsmannschaft.

Wenn der Moderator bestimmt ist, wählt er mit dem Autor des Prüfobjekts die weiteren Teilnehmer aus. Die Auswahl der Teilnehmer sollte mit größter Sorgfalt und unter besonderer Beachtung ihrer Fähigkeiten durchgeführt werden. Nach Parnas [Parn85], der genaue Regeln für diesen Selektionsprozeß angegeben hat, sollen folgende Personen an einem Review teilnehmen:

- Spezialisten, also Personen mit einem Fachwissen und langjähriger Erfahrung, z. B. im Gebiet der Datenbanken, des Flugwesens, etc.;
- mögliche Benutzer des Systems;
- alle jene, die die Fähigkeit besitzen und Freude daran finden, logische Widersprüche in einer systematischen Weise aufzudecken.

Parnas betont auch die Notwendigkeit, die Auswahl der Teilnehmer von den speziellen Zielsetzungen eines Reviews abhängig zu machen.

Reviews mit einer großen Anzahl von Teilnehmern (> 8) sind schon sehr schwierig zu moderieren. Für die Teilnehmeranzahl von Inspektionen empfiehlt Schnurer [Schn88]:

- 5—8 für die Inspektion der Spezifikation,
- 6 für die Inspektion des Grobentwurfs,
- 5 für die Inspektion des Feinentwurfs,
- 4 für die Code-Inspektion.

Je höher der Grad der Arbeitsteilung in einem Projekt ist, desto größer ist natürlich auch die Anzahl der Teilnehmer an der Reviewsitzung.

4.1.2.3 Die Rolle des Managements

Der Software-Projektmanager, der die Verantwortung für ein Software-Projekt hat, ist auch an der Beurteilung der Qualität interessiert. Es gibt zwei verschiedene Modelle für die Rolle des Managements in Reviews.

Bei der ersten Variante, dem Management-Review, ist der Manager für folgende Aktivitäten verantwortlich: Er plant das Review, stellt das Reviewteam zusammen und veranlaßt, daß die Teilnehmer auch zur Verfügung stehen. Weiters entscheidet er über Abnahme oder Überarbeitung des Reviewobjekts. An der eigentlichen Reviewsitzung nimmt der Manager teil.

Bei der zweiten Variante initiiert der Autor eines Dokuments das Review und lädt das Reviewteam, insbesondere auch den Moderator ein. Das Reviewteam selbst entscheidet über Abnahme oder Überarbeitung des Reviewobjekts. Der Moderator informiert das Management über die Reviewergebnisse im Managementbericht.

Ein Review dient nicht zur Mitarbeiterbeurteilung. Es gibt allerdings genügend Hinweise dafür, daß gerade das Management versucht, Reviews dafür heranzuziehen.

Die Gefahr einer Mitarbeiterbeurteilung ist bei Variante 1 größer, da der Manager bei der Reviewsitzung anwesend ist. Weinberg und Freedman [Wein84] schlagen in diesem Zusammenhang vor, daß diejenigen, die die Entwickler eines Produkts zu bewerten haben, von fachtechnischen Reviews fernbleiben sollen, da sonst ein beachtlicher Teil des Reviewaufwands durch positive Selbstdarstellung der Entwickler verlorengeht.

Ohne ausreichende Managementunterstützung ist die Einführung von Reviews gefährdet. Es ist daher ratsam, für das Management eine spezielle Schulung anzubieten, die folgendes vermittelt:

- Grundlagen und Prinzipien von Reviews,
- Nutzen für das Management,
- Bedeutung des Managements für eine erfolgreiche Reviewabwicklung,
- Motivation, um ausreichende Ressourcen bereitzustellen und die Verfügbarkeit der Teilnehmer zu sichern.

4.1.2.4 Hilfsmittel für Reviews

Reviews können durch verschiedene Hilfsmittel effizienter geplant und durchgeführt werden. Das sind vor allem statische Analysatoren und verschiedene Formulare (siehe Anhang A3).

Durch statische Analysatoren kann man jene Teile von Dokumenten bzw. eines Software-Produkts herausfiltern, die einen gewissen Grad an Komplexität übersteigen oder Anomalien (z. B. toten Code) enthalten. Diese Teile sind besonders geeignete Kandidaten für Reviews.

Folgende Formulare können verwendet werden:

- Reviewprofil
- Reviewvorbereitung
- Reviewmängelliste
- Zusammenfassender Mängelbericht
- Managementbericht

Das Formular »Reviewprofil« dient zur Planung eines Reviews.

Das Formular »Reviewvorbereitung« wird in der persönlichen Vorbereitungsphase von jedem Reviewteilnehmer ausgefüllt. Es enthält Mängel, Probleme und Unklarheiten, die der Reviewteilnehmer festgestellt hat.

Das Formular »Reviewmängelliste« füllt der Moderator oder ein von ihm ernannter Schriftführer während der Reviewsitzung aus. Es dient zur Aufzeichnung von Mängeln, die während der Sitzung entdeckt werden. Die Mängel werden durch ihre Position im Dokument, eine verbale Beschreibung, die Klasse und den Typ erfaßt.

Das Formular »Zusammenfassender Mängelbericht« füllt wiederum der Moderator aus. Es dient dazu, eine genaue Klassifikation der entdeckten Mängel bereitzustellen und wird an die Qualitätssicherungsorganisation geschickt.

Das Formular »Managementbericht«, das ebenfalls vom Moderator ausgefüllt wird, enthält eine Zusammenfassung der Reviewaktivitäten und -ergebnisse und geht an das Management. Es ist somit ein formeller Nachweis über die Durchführung des Reviews und sollte auch die Unterschrift des verantwortlichen Moderators enthalten.

Die Formulare »Zusammenfassender Mängelbericht« und »Managementbericht« sind bis zum Follow-up auszufüllen. Mit Abschluß des Follow-up sollten alle Korrekturen ordnungsgemäß erledigt worden sein. Die Erstellung und Verteilung beider Formulare ist somit ein Abschlußkriterium für den Reviewprozeß.

4.1.2.5 Walkthroughs und Inspektionen

Wir konzentrieren uns im folgenden auf die verschiedenen Durchführungsarten von Reviews. Grundsätzlich wird zwischen Walkthroughs und Inspektionen unterschieden. Der wesentliche Unterschied zwischen den beiden besteht darin, daß Inspektionen formaler geplant und durchgeführt werden als Walkthroughs. Bei Walkthroughs wird die Funktionalität des Prüfgegenstands anhand von Beispielen und Testfällen durchgespielt, bei Inspektionen hingegen wird die Dokumentation des Prüfgegenstands Zeile für Zeile gelesen. Walkthroughs dienen unter anderem zur Ausbildung von Mitarbeitern und fördern die Teamkommunikation. Sie können zu regen Diskussionen bzw. zu einer hohen Interaktion zwischen dem Vortragenden und den Teilnehmern führen.

Bei der Planung einer Inspektion wird darauf geachtet, daß die Inspektionsziele spezifiziert und durch eine begrenzte Anzahl von Fragen behandelt werden. Ein weiteres Kennzeichen von Inspektionen ist, daß jeder Teilnehmer eine ganz bestimmte vordefinierte Rolle einnimmt. In Inspektionen involviert sind der Moderator, der die Inspektion plant und leitet, der Autor, dessen Dokument inspiziert wird, und Gutachter (Inspektoren).

Wir gehen im folgenden detailliert auf Inspektionen ein. Als Beispiel wählen wir eine Code-Inspektion.

Auslösekriterien

Damit eine Inspektion überhaupt begonnen werden kann, muß das zu inspizierende Objekt einige Bedingungen erfüllen bzw. müssen bestimmte Zusatzinformationen vorhanden sein.

Zur Auslösung einer Code-Inspektion müssen beispielsweise folgende vier Bedingungen erfüllt sein:

- Der Quellcode muß fehlerfrei übersetzt sein, d. h. die Programmliste darf keine Syntaxfehler enthalten.
- Alle Entwurfsänderungen müssen im Code dokumentiert sein. Dem Quellcode liegen alle Entwurfsunterlagen und eine Liste der Änderungen bei.
- Das Dokumentationsraster im Modulkopf muß vollständig ausgefüllt und aktuell sein. Es enthält unter anderem Hinweise über den Ersteller des Moduls, Vor- und Nachbedingungen, die Änderungsgeschichte und technische Details.
- Der Code muß so kommentiert sein, daß ein unabhängiger Leser anhand der Programmdokumentation den Code versteht.

Endekriterien

Für die Beendigung einer Inspektion müssen Abschlußbedingungen gelten. Beispiele für solche Abschlußbedingungen sind »alle Code-Mängel sind korrigiert« oder »alle nicht behobenen Mängel sind im Problemaufzeichnungssystem für das Projekt erfaßt«.

Strategien zur Mängelentdeckung

Aufgrund der bisherigen Erfahrung ist es sinnvoll, eine Strategie zur Mängelentdeckung bereits bei der Vorbereitung einer Inspektion zu entwickeln. Durch Checklisten und Richtlinien kann eine solche Strategie unterstützt werden. Beispielsweise ist bei einer Code-Inspektion auf die Ursachen der häufigsten Programmier- und Codierfehler in Form einer Checkliste hinzuweisen.

Mängelbewertung und -klassifikation

Für spätere Analysen des Entwicklungsprozesses ist es wichtig, die aufgetretenen Mängel und Fehler in Klassen und Typen einzuteilen. Eine sinnvolle Klasseneinteilung ist z. B. jene in fehlende Aussagen, falsche Aussagen und Diverses. Hinsichtlich der Typen können die Mängel und Fehler eingeteilt werden in solche, die die Daten, die Funktionalität, die Schnittstellen, etc. betreffen. Weitere Kriterien zur Einteilung von Mängeln und Fehlern können der Schwierigkeitsgrad (Form, Inhalt, »offene Fragen«) oder die Fehlerquelle (welche Aktivität im Prozeß hat den Fehler verursacht?) sein.

Bei der Klassifikation ist auf Konsistenz und Einheitlichkeit zu achten. Nur so ist es möglich, die Inspektionsergebnisse zu vergleichen. Es ist daher ratsam, Klassifikationsrichtlinien auszuarbeiten und regelmäßig die Moderatoren und Projektleiter zu schulen.

4.1.2.6 Reviews im Entwicklungsprozeß

Große Hersteller, wie z. B. die IBM, haben die Bedeutung von Reviews seit längerem erkannt und setzen diese sehr erfolgreich im Entwicklungsprozeß ein [Faga86].

Reviews können je nach Reviewgegenstand in technischorientierte Reviews und managementorientierte Reviews (sogenannte Projektreviews) eingeteilt werden. Bei technischorientierten Reviews wird ein Software-Produkt nach Form und Inhalt geprüft und bewertet. Bei den managementorientierten Reviews wird die Einhaltung von Kosten- und Zeitplänen im speziellen und der Projektfortschritt im allgemeinen geprüft und bewertet.

Im weiteren gehen wir auf Projektreviews und auf technischorientierte Reviews und ihre Anwendung näher ein. Die wesentlichen Prüfobjekte von technischorientierten Reviews sind Anforderungsspezifikation, Entwurf, Code, Testpläne, Testfälle, Testergebnisse und das Benutzerhandbuch.

Projektreviews

Projektreviews sind Reviews, die Projekte zu bestimmten Zeitpunkten im Entwicklungsprozeß aus der Sicht des Managements bewerten. Sie werden häufig als Projektstandssitzungen bezeichnet. Da sie in der Praxis oft eingesetzt werden, stellen wir sie im folgenden näher dar.

Die Ziele dieser Reviews, die durch das Management bestimmt werden, sind:

- Kontrolle des Projekts
  Typische Fragen zu dieser Zielsetzung sind:
  — Hat das Projektteam den gestellten Projektauftrag verstanden?
  — Ist der Projektauftrag zu modifizieren?
  — Gibt es einen prüf- oder meßbaren Projektfortschritt?
  — Ist die bisher geleistete Arbeit vollständig und korrekt durchgeführt worden, und bildet sie eine zuverlässige Basis für weitere Arbeiten?
  — Wurden die vorgegebenen Standards und Richtlinien eingehalten?
  — Können die Zeit- und Kostenpläne eingehalten werden?

- Steuerung des Projekts
  Die Projektmitarbeiter diskutieren spezifische Lösungsansätze für anstehende Probleme mit dem Management. Der Projektmanager gibt in Abstimmung mit dem Projektleiter die Lösungsstrategie bekannt.

Die Planung und Durchführung ist bei weitem nicht so straff und formal wie beispielsweise bei einer Inspektion. Die Teilnehmer sind:

- der Projektmanager, der z. B. in der Linienorganisation für das Projekt verantwortlich ist (z. B. Sektions-, Abteilungsleiter),
- der Projektleiter,
- die Projektmitglieder,
- externe Spezialisten, die das Projekt begleiten.

Die Reviewsitzung ist dadurch gekennzeichnet, daß der Projektmanager das Review leitet, der Projektleiter das Projekt präsentiert und anschließend eine Diskussion stattfindet.

Erfolgskriterien für Projektreviews sind:

- Die Projektergebnisse müssen »reviewbar« (lesbar und verständlich) sein.
- Die Projektplanung und -durchführung erfolgt in kleinen und überschaubaren Arbeitseinheiten, die vom Aufwand her leicht einem Review unterzogen werden können.
- Es gibt einen gut strukturierten Entwicklungsplan mit Meilensteinen, an denen der Projektfortschritt gemessen werden kann (keine »90 %-Fertig-Meldungen«).
- Es gibt gut dokumentierte oder bereits durch technische Reviews bewertete Projektergebnisse.

Gerade der letzte Punkt ist in der Praxis häufig eine Schwachstelle von Projektreviews. Aus Zeitmangel oder aus Angst des Managements, Entscheidungen bzw. Prüffunktionen zu delegieren, wird auf technische Reviews verzichtet. Es besteht dann die Notwendigkeit, beim Projektreview auch inhaltlich tiefgehende (produkt-)technische Bewertungen durchzuführen. Für diese reicht meistens die geplante Zeit nicht. Daher werden wesentliche technische Probleme und Schwachstellen im Entwicklungsprozeß übersehen, und der Projektmanager trifft seine weiteren Entscheidungen auf der Basis einer sehr unsicheren technischen Bewertung.

4.1 Statische Prüfungen

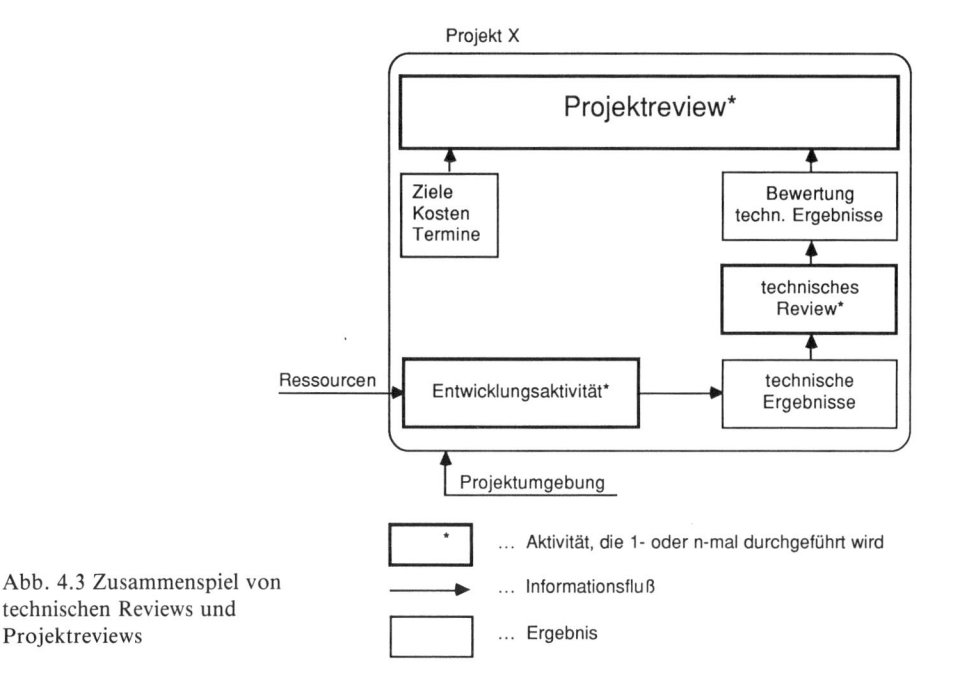

Abb. 4.3 Zusammenspiel von technischen Reviews und Projektreviews

Die ideale Situation des Zusammenspiels von technischen Reviews und Projektreviews ist in Abbildung 4.3 dargestellt. Das Ziel ist, technische Bewertungen soweit als möglich in technische Reviews zu verlagern und sicherzustellen, daß die Ergebnisse der technischen Reviews in Projektreviews ausgiebig mit dem Projektteam besprochen werden.

Abschließend fassen wir die Ergebnisse von Projektreviews für das Management zusammen:

- Projektfortschrittskontrolle,
- differenzierte Risikobeurteilung bezogen auf Kosten, Termine, verbrauchte Ressourcen und Produktqualität,
- generelle Produktbewertung.

Eine ausgewogene Planung berücksichtigt beide Arten von Reviews (Projektreviews und technische Reviews).

Review der Anforderungsspezifikation

Mangelhafte Anforderungen haben bereits viele Informatik-Projekte erheblich verzögert oder den Abbruch von Projekten verursacht. Nach der Erfahrung des Autors findet man folgende Kategorien von Anforderungsfehlern häufig vor:

K1) unklare, widersprüchliche Anforderungen,
K2) fehlende und unvollständige Anforderungen,
K3) fehlerhafte, untestbare Anforderungen,

K4) Anforderungen, die außerhalb des Auftrags liegen,
K5) Anforderungsfehler, die auf Schreibfehlern beruhen.

Ein Teil dieser Fehler läßt sich durch strukturiertes methodisches Vorgehen, die Verwendung einer präzisen Anforderungsdefinitionssprache und den Einsatz von Software-Werkzeugen zur Anforderungsermittlung und -prüfung reduzieren. Boehm stellte fest [Boeh84], daß es bis zu 100mal so teuer sein kann, einen Anforderungsfehler zu beheben, wenn sich die Software bereits im Einsatz befindet als wenn dieser Fehler in der Anforderungsspezifikation festgestellt und behoben wird. Gerade Reviews der Anforderungsspezifikation sind ein sehr nützliches Hilfsmittel, Fehler in den frühen Phasen aufzudecken.

Eine wesentliche Zielsetzung bei einem Review der Anforderungsspezifikation ist die Prüfung, ob bestimmte Qualitätsmerkmale erfüllt sind. Folgende Qualitätsmerkmale einer Anforderungsdefinition sind zu prüfen:

a) intern und extern widerspruchsfrei
Für die interne Widerspruchsfreiheit wird überprüft, ob die Elemente der Spezifikation miteinander in Konflikt stehen. Für die externe Widerspruchsfreiheit wird geprüft, ob die Elemente der Spezifikation mit externen Spezifikationen oder Entitäten der realen Welt in Widerspruch stehen.

b) vollständig
Die Anforderungen enthalten keine Lücken, es gibt keine Bezugnahmen auf nicht existierende Funktionen, Eingaben oder Ausgaben; es fehlen keine Elemente des Dokumentenmusters, keine Funktionen und keine Teilprodukte.

c) realistisch/durchführbar
Die Anforderungen sind hinsichtlich der Ergonomie (Human Engineering), technischer und wirtschaftlicher Ressourcen und Risiken durchführbar.

d) überprüfbar/präzise
Die Anforderungen sind nicht in vager Form formuliert. Alle Anforderungen sind eindeutig identifizierbar und referenzierbar.

e) verständlich
Die Anforderungen sind z. B. durch Graphiken und/oder halbformale Spezifikationen so formuliert, daß sie sowohl für den Auftraggeber/die Benutzer, als auch für den Software-Ingenieur verständlich sind.

Wie schon früher erwähnt, sind Checklisten eine wertvolle Hilfe zur Durchführung von Reviews. Eine Checkliste für Reviews der Anforderungsspezifikation sollte einerseits die Struktur des zu prüfenden Dokuments und andererseits die Kategorien von typischen Anforderungsfehlern berücksichtigen. Eine solche Checkliste im Bereich der Prozeßdatenverarbeitung könnte folgende Fragen enthalten:

- Sind die Anforderungen vollständig und widerspruchsfrei spezifiziert?
- Sind alle benötigten Hardware-Ressourcen spezifiziert?

- Sind die spezifizierten Antwortzeiten auch realisierbar?
- Sind alle Hardware- und externen Software-Schnittstellen beschrieben?
- Sind alle Schnittstellenelemente durch ihre Quellen und Senken identifiziert bzw. durch Format-, Wertebereichs- und Skalenangaben spezifiziert?
- Wurden externe Schnittstellenprogramme definiert?
- Wurden die Eingabedatenströme in Form von Menge pro Zeiteinheit oder, wenn notwendig, in Form einer statistischen Verteilung spezifiziert?
- Wurden alle Funktionen, die der Benutzer benötigt, identifiziert und spezifiziert?
- Sind alle Algorithmen, die zu den funktionalen Anforderungen vorgegeben sind, spezifiziert?
- Wurden Anforderungen in bezug auf die zeitliche Ausführung einer jeden Funktion spezifiziert?
- Gibt es zu jeder spezifizierten Funktion Abnahmekriterien?
- Wurden Genauigkeitsangaben für Ergebnisse spezifiziert?
- Ist der Initialzustand des Systems definiert?
- Sind alle benötigten Initialisierungsoperationen spezifiziert?
- Gibt es Anforderungen für die Gültigkeitsprüfungen von Eingabedaten?
- Sind die Anforderungen verständlich für jene, die den Entwurf durchführen müssen?
- Sind die Anforderungen überspezifiziert?
- Wurden Anforderungen für spätere Erweiterungen spezifiziert und sind diese Anforderungen speziell gekennzeichnet?
- Wurden die notwendigen Erfahrungen und Ausbildungsbedürfnisse des Bedienpersonals spezifiziert?

Viele Werkzeuge zum Erstellen und Pflegen einer Anforderungsdefinition besitzen Prüffunktionen, die die Prüfung obiger Fragestellungen unterstützen können.

Entwurfsreviews

Je nach Art des Entwurfs unterscheidet man Grobentwurfsreviews (preliminary design reviews) und Feinentwurfsreviews (critical design reviews). Folgende Ziele werden durch Entwurfsreviews verfolgt:

a) Feststellen und Bewerten des jeweiligen Zustands eines Entwurfs (Merkmal Vollständigkeit)

b) Aufdecken von Fehlern und Widersprüchlichkeiten

z. B. Widerspruch zwischen der Spezifikation und dem Entwurf, Widersprüche zwischen Modulschnittstellen.

Wir geben im folgenden eine Checkliste für Grobentwurfsreviews an:

Performance

- Gibt es Hinweise auf die Nichterfüllung von Performance-Anforderungen?

Benutzerschnittstelle

- Sind die Layouts der Benutzerschnittstellen einheitlich?
- Sind die Bildschirmmasken mit Informationen nicht überladen?
- Sind die Bildschirmausgaben übersichtlich?
- Ist die Benutzerführung ausreichend?
- Sind die Benutzereingaben auf ein Minimum beschränkt?

Daten

- Wurde das Datenmodell geprüft?
- Gibt es fehlende oder nicht benutzte Variablen in einem Input-, Output- oder Update-Modul?
- Gibt es falsche oder fehlende Datentypen in einem Input-, Output- oder Update-Modul?

Schnittstellen (bei älteren 3. Generationssprachen)

- Gibt es einen Programmaufruf zu viel oder zu wenig in einem Verarbeitungsteil?

Bei modernen Sprachen wie Modula-2 oder Ada bieten der Compiler und das Laufzeitsystem ausreichende Schnittstellenprüfungen, um diese Art von Fehlern zu lokalisieren oder zu verhindern.

Funktionalität

- Ist in einem Verarbeitungsmodul ein Teil nicht vorhanden, überflüssig oder falsch?
- Sind in einem Verarbeitungsmodul logische Bedingungen nicht vorhanden, überflüssig oder falsch formuliert?

Dokumentation

- Ist die Entwurfsbeschreibung unvollständig?
- Ist die Entwurfsbeschreibung mehrdeutig?
- Sind die Algorithmen eines Moduls nicht klar spezifiziert?

Standards

- Ist ein relevanter Entwicklungsstandard des Projekthandbuchs nicht eingehalten worden?

Syntax der Entwurfsbeschreibung

- Wurde die Entwurfsnotation syntaktisch inkorrekt verwendet?
- Enthält die Entwurfsbeschreibung Rechtschreibfehler?

Diverses

- Gibt es andere Fehler, die nicht zu einem der oben angegebenen Typen gehören?

Für Feinentwurfsreviews existieren ähnliche Checklisten.

Code-Inspektionen

Bereits im Jahre 1972 wurden bei IBM Code-Inspektionen eingeführt [Faga76]. Die Absicht war, einerseits die Software-Qualität zu verbessern und andererseits die Produktivität der Programmierer zu steigern. Eine weitere Zielsetzung von Code-Inspektionen ist die Überprüfung des Codes auf Übereinstimmung mit dem Feinentwurf. Ebenso wird diese Art von Reviews verwendet, um die Einhaltung von Programmierrichtlinien und Codierstandards zu überprüfen.

Mögliche Prüfbereiche bei einer Code-Inspektion sind:

- Schnittstellen des Prüfobjekts,
- Ablaufstruktur des Programms,
- die Verwendung von Variablen bzw. deren Namen,
- Berechnungsformeln,
- Ein-/Ausgabe,
- Kommentare,
- Einhaltung der Codierstandards.

Eine wichtige Voraussetzung bei der Durchführung von Code-Inspektionen ist die Fähigkeit, Code richtig lesen zu können. In diesem Zusammenhang sind einige interessante Fakten zu nennen:

- Programmierer haben oft Probleme mit der Anerkennung ihrer Arbeit. Der Grund dafür besteht darin, daß der Quellcode von niemandem gelesen wird. Die korrekte Ausführung des Programmes ist oft zu wenig, um Programmierer zu motivieren, eine bessere Arbeit zu leisten. Durch Code-Inspektionen wird hier Abhilfe geleistet.
- Das Lesen von Code sollte vor dem Schreiben von Code gelehrt werden. Dies führt zu leichter lesbarem Code.

Gute Lesbarkeit des Codes erreicht man dadurch, daß beim Schreiben des Codes eine einfache, klare und logische Struktur entworfen wird. Trickreiche Programme sind schwierig zu lesen.

Beim Lesen eines Programmes sind folgende Regeln zu beachten:

R1) Aufmerksamkeit schenkt man zuerst der Struktur des Programms.
R2) Ein erkannter Fehler ist noch kein Indiz, daß keine weiteren Fehler existieren.
R3) Auch Kommentare können fehlerhaft sein.
R4) Bei schwer lesbarem Code ist eine Untersuchung der Ursachen durchzuführen.
R5) Beim Lesen von Code sind alle Details von Bedeutung.
R6) Beim Lesen von Code ist nichts als wahr anzunehmen, wenn es nicht zuvor geprüft wurde.

Untersuchungen [Faga86] zeigen, daß 67 % der Programmierfehler vor dem Modultest bereits gefunden werden können, und daß in Programmen, die einer Code-Inspektion unterzogen worden sind, um 38 % weniger Fehler enthalten sind. Dabei wurde eine 7monatige Betriebsphase nach Abnahme des Produkts untersucht.

Testreviews

Wir unterscheiden zwei Arten von Reviews für das Testen, nämlich Testentwurfsreviews und Testinspektionen (Testkonferenzen).

Die Zielsetzung von Testentwurfsreviews ist die Überprüfung der Übereinstimmung des Testentwurfs mit den Testzielen. Jeder Testfall sollte einer Vollständigkeitsprüfung unterzogen werden. Dabei sind folgende Fragen zu beantworten:

- Welche Eigenschaften des Testobjekts sollen geprüft werden?
- Wurden alle Testziele des Testplans bei der Erstellung der Testfälle für das Testobjekt berücksichtigt?
- Wurden die Testfälle so gewählt, daß auch wirtschaftliche Aspekte bei der Erreichung der Testziele berücksichtigt werden?
- Welche Umgebung ist für die Testfallausführung notwendig?
- Wie bekommt das Testobjekt welche Eingabewerte zur Verfügung gestellt?
- Welche Ausgabewerte (Sollwerte) sind zu erwarten?

Die Ziele bei der Testinspektion sind:

- Begutachtung und Revidieren von Testfällen,
- Prüfung der korrekten Durchführung des Tests laut Testprozedur und Testprotokoll,
- Aufdecken von Mängeln in Schnittstellenspezifikationen einzelner Module,
- Besprechung des Erfolgs der Einzeltests.

Bei dieser Art von Review geht es prinzipiell darum, den Erfolg der Testaktivitäten zu untersuchen. Der Durchführungszeitpunkt für die Testinspektion ist nach der Testdurchführung.

Larsen [Lars75] hat Erfahrungen mit Reviews für verschiedene Testaufgaben veröffentlicht. Bei einem Produkt von ca. 20.000 Zeilen Code wurden durch Inspektion folgende Ergebnisse erzielt:

- Reduktion der funktionalen Testmatrizen um ungefähr 30 % der Testfälle,
- Entdeckung von 176 schweren Mängeln in Testplänen und Testfällen,
- Einsparung von Testzeit durch Entdeckung dieser Mängel in Inspektionen anstatt bei funktionalen Tests.

Diese Ergebnisse zeigen anschaulich, daß sowohl die Produktivität des Projektteams, als auch die Qualität der Software durch Reviews gesteigert werden kann.

Zusammenfassende Bewertung

Erfahrungen der letzten Jahrzehnte haben gezeigt, daß Reviews eine sehr wirksame Fehlerentdeckungsmethode sind. Die Wirksamkeit der Reviews ist durch folgende Fakten bedingt:

- Vier Augen sehen mehr als zwei.

- Bei der Erklärung seiner Arbeit bemerkt der Entwickler oft selbst Unstimmigkeiten.
- Die an der Entwicklung unbeteiligten Prüfer kommen oft auf Fragestellungen, die dem Entwickler fremd sind, da er inzwischen eine eingeschränkte Sicht auf das Prüfobjekt hat.

Die Fehlerentdeckungsraten liegen bei 60 bis 90 % vor Abnahme der Software [Faga86]. Reviews liefern dem Programmierer sehr gute Hinweise für die Verbesserung seiner zukünftigen Arbeit.

Die Kosten für Entwurfs- und Code-Inspektionen zusammen werden auf ca. 15 % der Projektkosten geschätzt.

Folgende Vorteile lassen sich beim Einsatz von Reviews feststellen:

- Durch Reviews können die menschlichen Denk- und Analysefähigkeiten (kognitive Fähigkeiten) zur Bewertung und Prüfung komplexer Sachverhalte genutzt werden.
- Reviews eignen sich sowohl für formale (z. B. Code-Listing) als auch informale Dokumente (z. B. verbale Entwurfsbeschreibungen).
- Reviews sind Prüfverfahren mit einer hohen Erfolgsquote.

Als Nachteile beim Einsatz von Reviews sehen wir:

- Der Erfolg eines Reviews ist stark personenabhängig. Insbesondere ist die Moderatorrolle von entscheidender Bedeutung.
- Das Gesprächsklima ist wichtig für die Aktivierung der menschlichen Denk- und Analysefähigkeiten.
- Das Abgleiten in Problemlösungen kann dazu führen, daß die kostbare Reviewzeit verstreicht und keine weiteren Mängel mehr entdeckt werden.
- Die Gefahr der Mitarbeiterbeurteilung ist gegeben. Darunter kann die Akzeptanz dieses sehr nützlichen Prüfverfahrens leiden.

Die Bedeutung von Reviews im Entwicklungsprozeß wird oft unterschätzt. Die wesentlichen Auswirkungen auf den Entwicklungsprozeß sind:

- frühe und umfassende Mängelentdeckung,
- kostensparende Mängelverhütung,
- wirksame Kontrolle und Steuerung des Entwicklungsprozesses,
- Steigerung der Produktivität durch Reduzierung des Testaufwands,
- Zwang zu sauberer Dokumentation.

Durch den Einsatz statischer Analysatoren läßt sich die Effizienz von Reviews noch weiter steigern. Somit sind Fehlerraten von weniger als ein Fehler pro 10.000 LOC realisierbar.

4.1.3 Statische Analyse mit Software-Werkzeugen

Mit dem Einsatz von Software-Werkzeugen nimmt auch die Möglichkeit der werkzeuggestützten statischen Analyse von Prozeßergebnissen, wie beispielsweise von Anforderungs-, Entwurfsdokumenten oder dem Quellcode zu. Mit dieser Analysetechnik können alle Prozeßdokumente analysiert werden, die nach einem vorgegebenen Formalismus aufgebaut sind.

Wir verstehen im folgenden unter statischer Analyse mit Software-Werkzeugen die Prüfung und Bewertung von Qualitätsmerkmalen eines Produkts, insbesondere seiner Form, seiner Struktur, seines Inhalts oder seiner Dokumentation, mit rechnergestützten Werkzeugen.

Durch die statische Analyse lassen sich auch Aussagen über die Eigenschaften »syntaktisch« und »semantisch korrekt« eines Analyseobjekts machen. Die semantische Korrektheit ist natürlich nur in dem Maße analysierbar, in dem die Semantik formal beschrieben ist (denotationale Semantikbeschreibung).

Der Vorteil dieser Prüfungen besteht darin, daß umfangreiche Dokumente analysiert werden können und daß der Analyseprozeß wesentlich konsequenter erfolgt als bei manueller Durchführung. Die Informationen, die beispielsweise durch die statische Programmanalyse erzeugt werden, lassen sich wie folgt klassifizieren:

a) syntaktische Informationen
z. B. Komplexitätsmaße, Abhängigkeitsgraphen wie Aufrufgraphen, Importgraphen und Strukturbäume, Bewertungen des Quellprogrammformats, etc.

b) semantische Informationen
z. B. Steuerfluß- und Datenflußanomalien, deklarierte, aber nicht verwendete Variablen, nicht initialisierte Variablen, etc.

c) lexikalische Informationen
z. B. Prozedurenlängen, Häufigkeiten und Länge von Programmelementen wie Anweisungen, Kommentare, verschachtelte Blöcke, etc.

Die Bedeutung dieser Werkzeuge im Rahmen der Qualitätssicherung besteht im Aufdecken von Mängeln, die in großen Code-Mengen mit hoher Wahrscheinlichkeit bei manuellen Prüfungen übersehen werden.

Typische Mängel, die mit solchen Werkzeugen erkannt werden, sind:

- falsche Verwendung von lokalen oder globalen Variablen,
- nicht zusammenpassende Parameterlisten,
- unerlaubte Verschachtelung von Schleifen und Verzweigungen,
- falsche Reihenfolge der Verarbeitungsschritte,
- undefinierte Variablen,
- Endlosschleifen,
- Aufrufe nicht existierender Prozeduren,

- fehlender Code oder fehlende Sprungmarken,
- unbenutzte Variablen,
- unerreichbarer Code (toter Code),
- nicht referenzierte Sprungmarken,
- komplizierte Berechnungen,
- Verletzung von Codierstandards.

Viele dieser Mängel lassen sich durch den Einsatz moderner Sprachen wie Ada oder Modula-2 vermeiden.

Die statische Programmanalyse wird verstärkt auch für die Wartung von alter Software eingesetzt. Statische Programmanalysatoren gehören zu einem unabdingbaren Werkzeug für jede Wartungsorganisation. Es ist aber auch einsichtig, daß für jede Sprache eigene, spezifisch auf die Syntax der Sprache abgestimmte Analysatoren notwendig sind. Diese Tatsache schränkt die Anwendbarkeit heutiger Analysatoren erheblich ein. Beispiele für statische Programmanalysatoren sind ASCOT [IBM87b], RXVP80 [Deut82] und INSTRU [Huan81].

Beispiele für Werkzeuge zur statischen Analyse von Anforderungsdokumenten sind SREM [Alfo85], TAGS [Siev85], LITOR-A ([Färb86], [Wall85], [Wall87b]) und PSA [Deut82]. Darüber hinaus gibt es eine Reihe von CASE-Werkzeugen, wie z. B. IEW[1], Excelerator[2], Software Through Pictures[3] und Teamwork[4], die sowohl für Anforderungen, als auch für Entwürfe Analysefunktionen integriert haben.

Zusammenfassend stellen wir fest, daß die statische Analyse mit Werkzeugen das Stadium des Experimentierens bereits verlassen hat. Im Rahmen der systematischen Mängelentdeckung stellt sie eine ergänzende analytische Qualitätssicherungsmaßnahme dar.

4.1.4 Korrektheitsbeweise (mathematische Programmverifikation)

Mit dieser Prüfmethode wird unter Verwendung mathematischer Beweisverfahren die Konsistenz eines Programms mit seiner Spezifikation nachgewiesen. Die Klasse der Dokumente, für die dieses Prüfverfahren anwendbar ist, beschränkt sich auf Aufgaben, die sich mit rein formalen Beschreibungsmitteln spezifizieren lassen.

Das Prinzip der Korrektheitsbeweise besteht darin, schrittweise für jede Programmoperation zu zeigen, daß sich die Beschreibung der Nachbedingung einer Operation aus der beschriebenen Vorbedingung ableiten läßt. Ebenso gehört zu einem Programmbeweis dazu, daß das Programm bei Einhaltung der Vorbedingung terminiert. Die Vor- und Nachbedingungen werden auch als Zusicherung (assertion) benannt. Wir betrachten dies an einem Programmstück zur Fakultätsberechnung (Abbildung 4.4).

---
[1] Produkt der Firma KnowledgeWare, Inc.
[2] Produkt der Firma Index-Technology, Inc.
[3] Produkt der Firma Interactive Development Environments, Inc.
[4] Produkt der Firma Cadre Technologies, Inc.

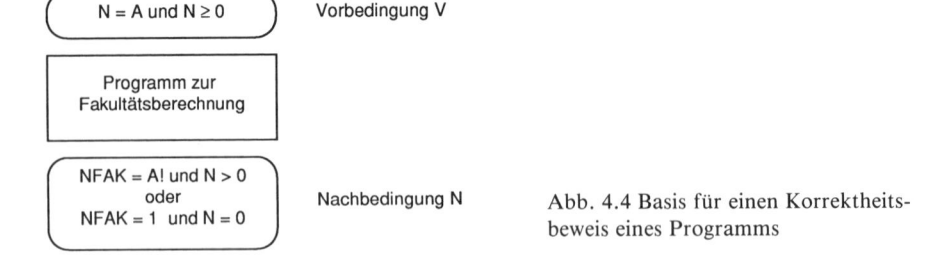

```
┌─────────────────────┐
│  N = A und N ≥ 0    │      Vorbedingung V
└─────────────────────┘

┌─────────────────────┐
│   Programm zur      │
│ Fakultätsberechnung │
└─────────────────────┘

┌─────────────────────┐
│ NFAK = A! und N > 0 │
│       oder          │      Nachbedingung N      Abb. 4.4 Basis für einen Korrektheits-
│ NFAK = 1  und N = 0 │                                    beweis eines Programms
└─────────────────────┘
```

Alle zulässigen Eingabewerte werden mit A bezeichnet. Im Programm werden beim Beweis an verschiedenen Stellen weitere Zusicherungen angebracht, um zu zeigen, daß aus der Vorbedingung V die Nachbedingung N folgt.

$$V = \{Z_1\}\, a_1\, \{Z_2\}\, \ldots\, \{Z_i\}\, a_i\, \{Z_{i+1}\}\, a_{i+1}\, \{Z_{i+2}\}\, \ldots\, a_n\, \{Z_{n+1}\} = N$$

Z_i ist dabei diejenige Bedingung, die sich aus Z_{i-1} ergibt, wenn man berücksichtigt, daß inzwischen Operation a_{i-1} ausgeführt wurde.

Beispiele für Methoden der Programmverifikation sind das Verfahren der induktiven Zusicherungen nach Floyd [Floy67] und Hoare [Hoar69] und Ansätze, die auf abstrakten Datentypen beruhen ([Zill74], [Gutt77], [Beie88]).

Die Nachteile dieser Prüfverfahren sind:

- Eine rein manuelle Beweisführung ist sehr fehleranfällig. Der Einsatz von rechnergestützten Werkzeugen für die Beweisführung (z. B. Generator von Verifikationsbedingungen, Theorem-Proofer) reduziert die Wahrscheinlichkeit von Fehlern.
- Auch wenn der Beweis gefunden wird und die Beweisführung formal in Ordnung ist, erhält man keine Aussage darüber, ob die Spezifikation überhaupt richtig ist und das Programm die eigentliche Aufgabe löst.
- Es ist oft schwierig, Zusicherungen zu finden, aus denen Verifikationsbedingungen erzeugt werden können.
- Auch wenn theoretisch die Beweisbarkeit oder die partielle Korrektheit nachgewiesen werden kann, ist es nicht sichergestellt, ob der Beweis in einer vertretbaren Zeit gefunden wird.

Zusammenfassend läßt sich feststellen, daß Korrektheitsbeweise nur für ganz bestimmte Aufgabenstellungen der Echtzeitdatenverarbeitung sinnvoll sind, beispielsweise bei integrierten Systemen im Flugwesen. In der kommerziellen Applikationsentwicklung sollten sie nur für Programmteile angewendet werden, die extrem kritisch sind und sich einer formalen Spezifikation nicht entziehen. Die Gründe dafür sind die hohen Kosten für die aufwendigen Verifikationsaktivitäten.

4.1.5 Symbolische Programmausführung

Wegen der Nähe zur Programmverifikation und der Verwendung von Symbolen ordnen wir diese Methode den statischen Prüfungen zu.

Wir definieren die symbolische Programmausführung folgendermaßen:

> Die symbolische Programmausführung ist eine Methode zur Ausführung von Programmpfaden, bei denen eine Reihe von symbolischen Ausdrücken in Übereinstimmung mit einer Menge von vordefinierten Bedingungen und Zusicherungen mathematisch verifiziert wird.

Symbolische Programmausführung, auch symbolische Bewertung oder symbolisches Testen genannt, ist eine Programmanalysemethode, bei der statt aktuellen Datenwerten symbolische Ausdrücke (bestehend aus Variablennamen) zur Ausführung von Programmpfaden verwendet werden. Dies bedeutet, daß alle Manipulationen an Variablen und Entscheidungen im Programm symbolisch ausgeführt werden. Ein Beispiel soll dies verdeutlichen [Fair85]:

```
function SUM(A: INTARRAY; N: NATURAL) return INTEGER is
   S: INTEGER := 0;
   I: NATURAL := 1;
begin
   while I <= N loop
      S := S + A(I);
      I := I + 1;
   end loop;
   return (S);
end SUM;
```

Abb. 4.5 Darstellung einer symbolischen Programmausführung

Dieses Ada-Programm berechnet die Summe von N Elementen eines Integer-Feldes A. Wir stellen die Werte des Feldes A durch die symbolischen Werte $a_1, a_2, \ldots, a_n$ dar. Die symbolische Ausführung dieses Codes kann an einer Baumdarstellung erläutert werden (siehe Abbildung 4.5).

Die symbolische Ausführung kann durch die symbolische Formel

$$S = \sum_{j=1}^{I-1} a_j$$

dargestellt werden. Am Schleifenausgang hat I den Wert N + 1. Indem wir I durch N + 1 ersetzen, erhalten wir

$$S = \sum_{j=1}^{(N+1)-1} a_j = \sum_{j=1}^{N} a_j$$

was dem gewünschten Ergebnis entspricht.

Das Ergebnis einer symbolischen Ausführung ist in der Regel ein langer, komplexer Ausdruck. Dieser kann zerlegt und als Baumstruktur interpretiert werden, in der jedes Blatt der Struktur einen Pfad durch das Programm darstellt. Jeder Verzweigungspunkt in der Struktur stellt einen Entscheidungspunkt im Programm dar. Die Baumstruktur kann anschließend zur Erzeugung von Testdaten für dynamische Prüfungen verwendet werden, sodaß jeder Pfad im Programm ausgeführt wird. Der Einfachheit halber betrachten wir nur Programme ohne Schleifen. Die Prädikate jedes Verzweigungspunktes in der Baumstruktur werden für jeden Pfad in Form eines gemeinsamen Pfadausdrucks vereinigt. Testdaten, die die Ausführung eines speziellen Pfades bewirken, werden gefunden, indem man jene Daten bestimmt, die den Pfadausdruck bei dessen Auswertung auf den Wahrheitswert »true« setzen.

Die Ergebnisse der Pfadauswertung können mit externen Spezifikationen des Programms verglichen werden. Unter der Voraussetzung, daß diese externen Spezifikationen streng formal beschrieben sind, läßt sich zeigen, ob die symbolischen Pfadausdrücke kongruent zu diesen externen Spezifikationen sind, oder ob es irgendwelche Differenzen gibt, die auf mögliche Fehler hinweisen.

Beispiele für Werkzeuge, die die symbolische Programmausführung unterstützen, sind DISSECT [Howd77] und ATTEST [Clar81]. Die Symbolmanipulation wird dabei automatisch durchgeführt. Nur bei Entscheidungspunkten (z. B. Verzweigungen) muß der Benutzer eingreifen und den weiteren Programmablauf eingeben.

Es gibt zwei Hauptprobleme beim Einsatz dieser Prüfmethode. Erstens führt die Anzahl der Pfade bei größeren Programmen zu einem erheblichen Berechnungsaufwand. Das zweite Problem besteht darin, ob es Werte gibt, die für den vereinigten Pfadausdruck den Wahrheitswert »true« liefern.

Die Methode der symbolischen Programmausführung wird als Basis für Forschungsarbeiten auf dem Gebiet der Auswahl von Testpfaden und Testdaten verwendet [Clar84]. Sie wird auch zur mathematischen Programmverifikation eingesetzt, insbesondere zur Erzeugung von Verifikationsbedingungen [Hant76].

4.2 Dynamische Prüfungen — Testen

Bei diesen Prüfungen wird das Prüfobjekt ausgeführt. Ein Programm wird mit einer stichprobenartig ausgewählten Menge von Eingabewerten getestet. Dabei wird geprüft, ob sich das Programm so verhält, wie es in der Spezifikation gefordert wird. Wichtigstes dynamisches Prüfverfahren ist das Testen.

Der Vollständigkeit halber sind auch alle jene Methoden zu erwähnen, bei denen das Prüfobjekt oder ein Modell davon (z. B. als Prototyp oder als Entwurf in Form eines Petri-Netzes) ausgeführt, interpretiert oder simuliert wird. Beispielsweise ermöglicht ein umfassender Prototypingansatz eine hybride Ausführung eines Prüfobjekts [Bisc89]. Dabei werden entworfene, aber noch nicht implementierte Module simuliert, teilweise codierte Module interpretiert und Module, die codiert und getestet sind, direkt ausgeführt. Die Möglichkeiten und Grenzen des Prototyping wurden in Abschnitt 3.1.5 diskutiert.

Simulationsmodelle für Software-Systeme werden u. a. für die Bewertung von Entwürfen [Zinc84] und Leistungsanforderungen oder in Form von Umgebungssimulatoren verwendet. Mit letzteren wird das Verhalten des Prüfobjekts in bezug auf seine Umwelt geprüft. Nähere Details über die Simulation als Hilfsmittel zur dynamischen Prüfung von Software findet man in [Deut82] und [Dunn84].

Im folgenden gehen wir im Detail auf das Testen ein.

Gegenwärtig gibt es keine einheitliche Theorie bzw. keinen einheitlichen Methodenverbund für das Testen. Es gibt jedoch eine Anzahl von methodischen Ansätzen, um den Testprozeß zu strukturieren bzw. ihn effizienter zu gestalten.

Bevor wir auf die methodischen Ansätze näher eingehen, sind einige Begriffe zu definieren:

> Testen ist ein Prozeß, bei dem ein Programm ausgeführt wird, um Fehler zu finden [Myer79].

> Debugging ist ein Prozeß, bei dem die Ursache eines Fehlers lokalisiert, dessen Korrektur überlegt, die Folgen der Korrektur geprüft und die Korrektur durchgeführt wird.

Nach dem Debugging eines Fehlers wird in der Regel der Test wiederholt, um zu prüfen, ob der Fehler auch tatsächlich korrigiert wurde und keine neuen Fehler eingeführt wurden (»Retesting«).

Wir unterscheiden zwischen dem Aufwand für das Finden des Fehlers und dem Aufwand zur eigentlichen Fehlerbehebung. Das Finden des Fehlers ist im Durchschnitt erheblich aufwendiger als seine Behebung (80:20-Regel).

Folgende Meinungen über das Testen sind häufig in der Fachdiskussion zu hören:

- »Testen ist ein experimentelles Verfahren, das mit einer beschränkten Zahl von Eingabekombinationen den empirischen Nachweis zu erbringen sucht, daß die Abwei-

chung eines Programms von seiner Spezifikation unterhalb einer bestimmten Toleranzschwelle liegt. Die Toleranzschwelle hängt von den Qualitätsanforderungen ab« (H. Balzert).
- Testen ist der Prozeß, ein Software-Produkt durch manuelle oder automatisierte Hilfsmittel zu bewerten, um damit die Erfüllung der spezifizierten Anforderungen nachzuweisen. Dabei können Abweichungen zwischen den erwarteten und aktuellen Ergebnissen identifiziert werden [IEEE83].

Der Aufwand für das Testen ist in der Regel beträchtlich. Er kann bei größeren Projekten zwischen 50 und 60 % des gesamten Projektaufwandes betragen. Daraus folgt, daß Testen sehr kostenintensiv sein kann und daher nur jener Test erfolgreich ist, der Fehler aufdeckt.

Der Begriff Fehler wird im deutschen Sprachgebrauch für sehr vieles verwendet. Im Englischen wird wesentlich genauer zwischen error, fault und failure unterschieden. Wir halten uns an die ANSI/IEEE-Norm 729-1983 (»Glossary of Software Engineering Terminology«) und an Birolini [Biro85]:

Ein Fehler (error nach ANSI/IEEE) ist die Abweichung zwischen dem berechneten, beobachteten oder gemessenen Wert oder einem Zustand der Betrachtungseinheit und dem entsprechenden spezifizierten oder theoretisch richtigen Wert.

Beispielsweise liegt ein Fehler vor, wenn ein Programm einen Ausgabewert 30 berechnet hat und der tatsächliche Wert 20 beträgt.

Ein Defekt (defect) ist eine Abweichung von der festgelegten (erwarteten) Ausprägung eines Merkmals einer Betrachtungseinheit.

Defekte können (müssen aber nicht) die Funktionstüchtigkeit der Betrachtungseinheit (z. B. eines Programmes) beeinträchtigen. Beispielsweise kann trotz schlechter Wartbarkeit eines Programms seine Funktionstüchigkeit gewährleistet sein. Defekte können in Zusammenhang mit allen Merkmalen auftreten, die zur Spezifikation der Produktqualität verwendet werden.

Ein Ausfall (failure) ist die Beendigung der Fähigkeit der Betrachtungseinheit, die geforderte Funktion auszuführen.

Der Ausfall einer Betrachtungseinheit kann bloß eine Betriebsbeeinträchtigung übergeordneter Betrachtungseinheiten bewirken oder aber katastrophale Auswirkungen haben. Ausfälle wirken sich auf das Merkmal Zuverlässigkeit aus. Neben dem Ausfall gibt es den Begriff Störung als weitere Möglichkeit einer Betriebsunterbrechung.

Die Störung (fault) ist die Unfähigkeit der Betrachtungseinheit, ihre geforderte Funktion auszuführen.

Eine Störung kann durch einen Ausfall, einen Defekt oder einen Fehler verursacht werden. Beispielsweise kann der Ausfall eines Datenbanksystems eine Störung eines Programms verursachen, das monatliche Abschlußarbeiten durchführt. Eine Störung dieses Programms kann aber auch durch einen Software-Fehler in einem Buchungsprogramm verursacht werden, das Daten für die monatlichen Abschlußarbeiten liefert. Störungen wirken sich auf das Merkmal Verfügbarkeit aus.

Testen ist an sich ein destruktiver Vorgang, d. h. Testen dient nicht dazu, wie viele Entwickler glauben, die Fehlerfreiheit der Software zu zeigen, sondern Testen ist der Prozeß, ein Programm mit der Absicht auszuführen, Fehler zu finden. Diese Grundauffassung verträgt sich natürlich nicht mit der Auffassung des Software-Erstellers, der selbstverständlich die Absicht hat, eine Aufgabe möglichst fehlerfrei zu lösen. Durch diesen Zwiespalt, einerseits die destruktive Einstellung beim Testen, andererseits die konstruktive positive Einstellung bei der Erstellung von Software, wird das Testen häufig unsystematisch und mit viel zu wenig Sorgfalt betrieben. Ein weiterer Grund dafür ist oft der Zwang, Termine einzuhalten.

Aufgrund unserer Erfahrungen können wir folgende Grundsätze für den Software-Test aufstellen:

- Mit jedem Test müssen sinnvolle und quantifizierbare Ziele erfüllt werden. Testen ohne Zielsetzungen ist eine Vergeudung von Zeit und Geld.

- Testziele sind nur dann akzeptabel, wenn sie auch erreichbar und meßbar sind. Für die Umsetzung dieser Forderung sind die Testziele in quantifizierbarer Form vorzugeben, beispielsweise 95 % C_0-Testabdeckung, d. h. 95 % aller Anweisungen werden beim Testablauf erreicht, oder 100 % funktionale Abdeckung eines Programms, d. h. alle spezifizierten Funktionen des Programms werden durch Testfälle mindestens einmal ausgeführt.

- Es muß für jeden Test ein Endekriterium vorgesehen sein. Das Problem gegenwärtig besteht im Fehlen von theoretisch bestimmbaren Kriterien. Trotzdem gibt es bereits heuristische Ansätze, um Kriterien für das Testende zu finden (siehe 4.2.2.1).

- Es ist praktisch nicht möglich, ein Programm vollständig zu testen. Aufgrund der großen Anzahl von Pfaden in einem nicht trivialen Modul bzw. in einem Programm ist es nicht möglich, entsprechend viele Testfälle aufzustellen, um sämtliche Pfade durch ein Programm zu durchlaufen (siehe Beispiel in Abbildung 4.9).

- Wegen der Unmöglichkeit, ein Testobjekt vollständig zu testen, müssen wir ökonomisch testen, d. h. gerade so viel als nötig. Ökonomisches Testen ist eine Optimierungsaufgabe und wird durch eine systematische und kontrollierte Testfallauswahl ermöglicht.

- Es muß immer gegen etwas getestet (geprüft) werden, d. h. wir müssen für jeden Testfall die erwarteten Testergebnisse a priori spezifizieren.

- Die Ergebnisse eines jeden Tests müssen sorgfältig überprüft werden.

- Der Entwickler ist für die Tests der einzelnen Module verantwortlich (Einzeltest, Modultest). Auch die Integrationstests werden in der Regel von den Entwicklern durchgeführt. Sind die Module des Programmsystems integriert, tritt die unabhängige Testgruppe in Aktion (geläufige Namen dafür sind z. B. applikatorischer Integrationstest oder Systemtest). In der Praxis arbeiten Entwickler und die unabhängige Testgruppe eng zusammen, damit die Tests möglichst reibungslos durchgeführt und die entdeckten Fehler sofort korrigiert werden.

Basili [Basi87] hat in einem Experiment den Nutzen einer personellen und organisatorischen Trennung von Entwicklung (ohne Programmausführung) und Test nachgewiesen. Dabei wurde der »Cleanroom«-Entwicklungsansatz von Mills [Mill87] verwendet. Dieser Ansatz berücksichtigt die inkrementelle Entwicklung, den Einsatz formaler Methoden für die Spezifikation und den Entwurf, die Entwicklung ohne Programmausführung (Testen vollkommen unabhängig von der Entwicklung) und den Einsatz statistischer Verfahren beim Testen.

- Testfälle dürfen nicht nur den Bereich der erwarteten und gültigen Eingabedaten abdecken; sie müssen auch unerwartete ungültige Eingabedaten berücksichtigen (siehe 4.2.1).

- Testfälle und ihre Ergebnisse sind zu sammeln und zu archivieren. Sie sind eine wertvolle Investition, die später in der Wartungs- und Pflegephase sehr nützlich für das Retesting von Programmen oder Programmteilen sind, die geändert bzw. erweitert werden müssen.

- Ein Testfall ist dann als erfolgreich anzusehen, wenn er einen bisher unbekannten Fehler entdeckt. Dazu ist es notwendig, eine genaue Fehlerstatistik über jedes Programm zu führen.

- »Wegwerf-Testfälle« sind grundsätzlich zu vermeiden, außer man schreibt »Wegwerf-Software«. Dann hat aber das Testen ansich auch keine große Bedeutung.

- Der Testplan sollte immer unter der Annahme aufgestellt werden, daß Schwierigkeiten beim Testen auftreten. Bei der Testplanung für ein Projekt sind genügend Zeit, sowie finanzielle und personelle Ressourcen für das Testen zur Verfügung zu stellen.

- Testen muß reproduzierbar sein. Dies hat besonders bei Änderungen, aber auch in der Wartungs- und Pflegephase von Software eine große Bedeutung. Grundsätzlich ist jede Änderung im Programm ein Anlaß, die bisher durchgeführten Testfälle zu wiederholen.

- Die Anzahl von bisher unentdeckten Fehlern eines Moduls ist proportional zur Anzahl der bereits gefundenen Fehler. Dies bedeutet, daß besondere Sorgfalt beim Testen von Modulen an den Tag gelegt werden muß, bei denen bereits Fehler gehäuft aufgetreten sind. Beispielsweise wurden 47 % der Fehler des Betriebssystems IBM OS/370 in nur 4 % der Module gefunden [Myer87].

Zusammenfassend läßt sich sagen, daß Testen eine kreative und intellektuell anspruchsvolle Aufgabe ist. Die Praxis des Testens zeigt auch: um ein System testen zu können, müssen wir es durch und durch verstehen. Heutige Applikationen sind weder einfach noch einfach zu verstehen. Testen ist daher aufwendig und schwierig. Es erfordert ein großes Maß an Einsicht und Wissen, aber auch an Erfahrung. Vielfach konnten wir feststellen, daß die besten Tester jene waren, die gute fachliche Kenntnisse des Geschäftsbereichs der Applikation hatten.

4.2.1 Methodik des Testens

Bevor wir auf die verschiedenen Testmethoden näher eingehen, müssen wir uns die Frage stellen, welche Testaufgaben im Rahmen des Life Cycle zu lösen sind. Diese Testaufgaben — wir bezeichnen ihre Gesamtheit als Testprozeß — hängen natürlich davon ab, was alles zu testen ist. Wir gehen in Anlehnung an einen Vorschlag für Testaufgaben der IEEE-Norm 1012-1986 (»Software Verification and Validation Plans«) von folgenden minimalen Testaufgaben (siehe Abbildung 4.6) aus:

- Modultesten,
- Integrationstesten,
- Systemtesten,
- Abnahmetesten.

Eine genaue Erläuterung dieser Testaufgaben und somit der Strukturierung des Testprozesses erfolgt in Abschnitt 4.2.2.2.

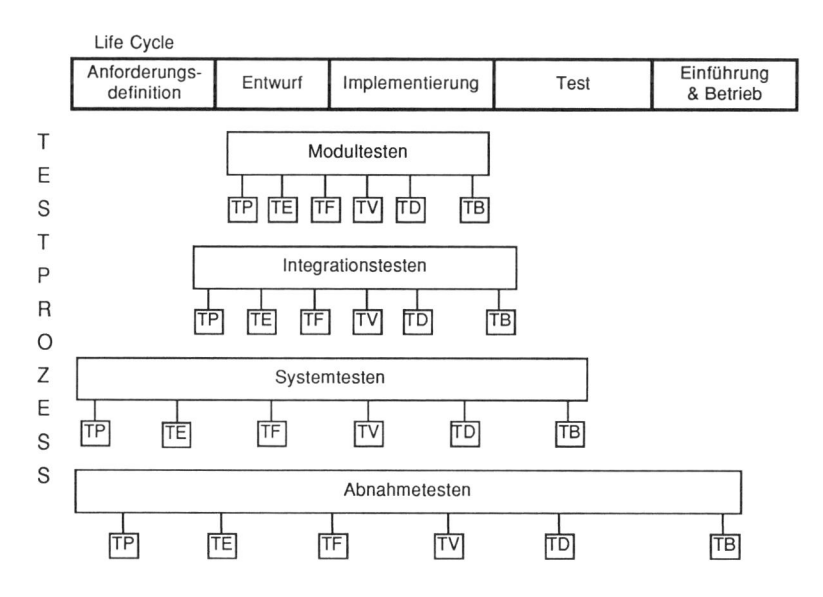

Abb. 4.6 Testprozeß mit Testaufgaben und Ergebnissen

In dieser Norm werden standardisierte Aktivitäten und Ergebnisse für die Lösung von Testaufgaben vorgeschlagen (siehe Abbildung 4.7). Es sind dies:

- Test planen/Testplan (TP)
  Mit dieser Aktivität wird ein Dokument (Testplan) erstellt, das die Ziele, den Umfang, die Methoden, die Ressourcen, einen Zeitplan und die Verantwortlichkeiten für die beabsichtigte Testaufgabe angibt. Da die Testplanung eine besondere Bedeutung für das systematische Testen hat, gehen wir in 4.2.2.1 auf planerische und organisatorische Aspekte, sowie in 4.2.2.4 auf den Testplan detailliert ein.

- Test entwerfen/Testentwurf (TE)
  Im Testentwurf werden Detailangaben zu den Testmethoden festgelegt. Konkret muß erläutert werden, wie die im Testplan festgelegten Ziele zu erreichen sind, d. h. welche Methoden wie angewendet werden. Des weiteren wird festgelegt, welche Testobjekte in welchen Tests verwendet werden und welche Kriterien angewandt werden, um zu entscheiden, ob das Testobjekt den Test erfüllt oder nicht.

- Testfälle ermitteln/Testfallspezifikation (TF)
  Auf der Basis des Testentwurfs werden Testfälle spezifiziert. Im Detail wird angegeben, welches Testobjekt bei der Ausführung des Testfalls x mit welchem Input versorgt wird und welchen Output es liefern soll. Daneben werden spezielle Anforderungen an die Testumgebung (Hardware, Systemsoftware, etc.) festgelegt.

- Testvorgehen planen/Testvorgehensspezifikation (TV)
  Mit dieser Aktivität werden die Schritte für den Ablauf der Testdurchführung festgelegt. Im Detail werden die Anforderungen für die Durchführung der Testläufe, die Reihenfolge der Testläufe, Aufzeichnungen und Abschlußarbeiten zu jedem Testlauf spezifiziert.

- Test durchführen/Testprotokoll und Testvorfallsbericht (TD)
  Die geplanten Testläufe werden durchgeführt und eine chronologische Aufzeichnung (Test-log) darüber angelegt. Jegliche Vorfälle und Probleme, die einer Untersuchung bedürfen, werden im Testvorfallsbericht aufgezeichnet.

- Test analysieren und auswerten/Testbericht (TB)
  Die Testergebnisse werden analysiert und zusammengefaßt. Ziel der Zusammenfassung ist eine Bewertung des durchgeführten Tests und ein Entscheid, ob die Testziele erreicht wurden oder der Test zu wiederholen ist.

Durch diese standardisierten Aktivitäten und ihre Ergebnisse ist eine genauere Zeit- und Aufwandsplanung möglich. Das Risiko eines unkontrollierbaren Testprozesses wird somit verringert.

Diese standardisierten Aktivitäten und ihre Ergebnisse schaffen auch die begrifflichen Voraussetzungen für die Testmethoden. Durch die Testplanung werden Ziele festgelegt, die wir durch die Auswahl geeigneter Testfälle zu erreichen versuchen. Um diese Testfälle zu finden, benötigen wir Testmethoden.

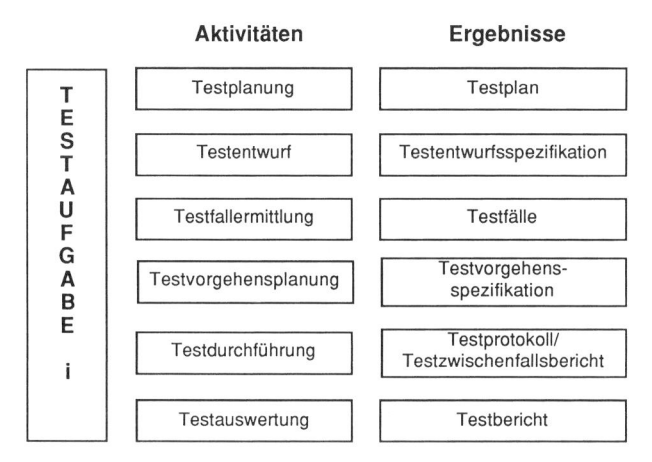

4.2 Dynamische Prüfungen — Testen

	Aktivitäten	Ergebnisse
T E S T A U F G A B E i	Testplanung	Testplan
	Testentwurf	Testentwurfsspezifikation
	Testfallermittlung	Testfälle
	Testvorgehensplanung	Testvorgehensspezifikation
	Testdurchführung	Testprotokoll/ Testzwischenfallsbericht
	Testauswertung	Testbericht

i ∈ {Modultesten, Integrationstesten, Systemtesten, Abnahmetesten}

Abb. 4.7 Standardisierte Aktivitäten und Ergebnisse einer Testaufgabe

Wir gehen im folgenden auf die **methodischen Grundlagen des Testens** näher ein.

Die zentrale Frage, die sich im Zusammenhang mit Methoden des Testfallentwurfs stellt, lautet: welche Untermenge aller denkbaren Testfälle bietet die größte Wahrscheinlichkeit, möglichst viele Fehler zu entdecken?

Gegenwärtig kennen wir zwei Gruppen von Methoden für die Testfallermittlung, **Black-Box-Methoden** und **White-Box-Methoden**.

Beim Black-Box-Test wird das Testobjekt (der Prüfling) als schwarzer Kasten (siehe Abbildung 4.8) angesehen. Dies bedeutet, daß der Tester keine Informationen über die Struktur (z. B. Ablaufstruktur) des Testobjekts bei der Anwendung der Methode heranzieht. Lediglich die Leistungsbeschreibung des Testobjekts (Was-Beschreibung) bildet die Basis zur Ableitung der Testfälle. Ein vollständiger Test umfaßt jede Kombination der Eingabewerte (zulässige und unzulässige Eingabewerte) und ist daher praktisch nicht möglich (kombina-

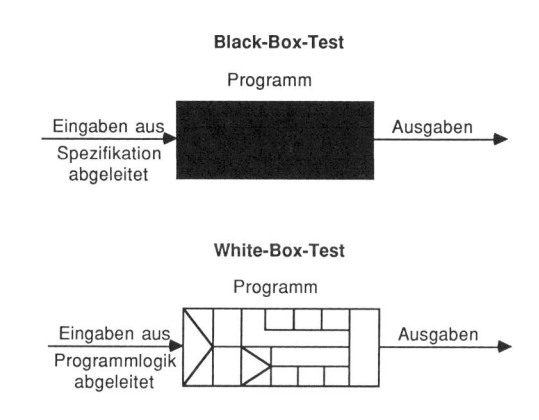

Abb. 4.8 Black-Box- und White-Box-Tests

torische Explosion). Wesentliche Voraussetzung für die Anwendung von Black-Box-Testmethoden ist eine genaue Spezifikation (funktionale Beschreibung) des Testobjekts. Vielfach wird in diesem Zusammenhang vom funktionalen bzw. entwurfsorientierten Testen gesprochen.

Der White-Box-Test setzt voraus, daß die Struktur des Testobjekts bekannt ist. Die White-Box-Testmethoden werden auch als strukturelle Testmethoden bezeichnet (siehe Abbildung 4.8). Ein Anwender der White-Box-Testmethode benutzt die Informationen über die Struktur des Testobjekts (z. B. Feinentwurf, Quellcode) zur Ableitung der Testfälle. Ein vollständiger Test ist jener, bei dem jeder Pfad von jedem Eingang zu jedem Ausgang des Moduls durchlaufen wird. Wie wir aus Abbildung 4.9 sehen, gibt es in diesem kleinen Codestück eine Schleife, die zwanzigmal durchlaufen wird. In dieser Schleife befinden sich zwei if-Anweisungen. Aus dieser Ablaufstruktur resultieren 3^{20} Pfade. Wir können daraus den Schluß ziehen, daß eine vollständige Pfadabdeckung unmöglich ist.

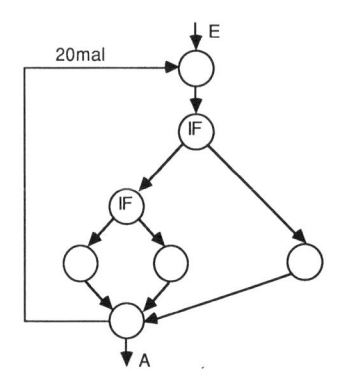

Abb. 4.9 Programmgraph mit 3^{20} Pfaden

Selbst wenn jeder Pfad des Programms getestet würde, kann das Programm noch Fehler enthalten. Die möglichen Gründe dafür sind:

- Das Programm entspricht nicht der Spezifikation;
- Pfade können fehlen;
- beim Pfadtesten werden keine datensensiblen Fehler entdeckt. Beispielsweise kann die Abfrage zweier reeller Variablen auf Gleichheit (if a=b then ..., a, b sind vom Typ reell) durch die Maschinendarstellung von a und b falsch sein. Stattdessen ist die Formulierung if ABS(a-b) < ϵ then ... (ϵ ist eine sehr kleine reelle Konstante) zuverlässiger.

Ein vollständiger Test basierend auf Black-Box-Testmethoden ist dem vollständigen Pfadtest (den White-Box-Methoden) überlegen. Keine der beiden Maximalforderungen ist jedoch durchführbar. Die übliche Vorgehensweise ist daher, daß man zunächst einmal mit Black-Box-Methoden Testfälle entwirft und diese soweit als nötig durch White-Box-Methoden ergänzt.

Um Software-Prüfungen nach diesen Methoden durchzuführen, müssen alle notwendigen Dokumente dafür vorliegen. Das sind für die Black-Box-Prüfungen:

- die Produktbeschreibung,
- die Benutzerdokumentation und
- die Installationsanweisungen.

Für White-Box-Prüfungen müssen zusätzlich noch verfügbar sein:

- Entwurfsdokumente und
- die Programmdokumentation (inklusive der Programmliste).

Diese Dokumente sollten exakte Informationen über die Struktur und den inneren Aufbau, sowie die technischen Besonderheiten des Prüfobjekts enthalten.

4.2.1.1 Black-Box-Methoden

Die wichtigsten Black-Box-Testmethoden sind:

- die Methode der Funktionsabdeckung,
- die Äquivalenzklassenmethode,
- die Methode der Grenzwertanalyse und
- die Ursache-/Wirkungsgraphmethode.

Methode der Funktionsabdeckung

Sie wird auch als spezifikationsorientiertes Testen bezeichnet. Anhand konkreter Anwendungsfälle werden die Funktionen des Testobjekts identifiziert. Dazu wird für jede Funktion eine Ein-/Ausgabe-Spezifikation erstellt. Mit den auf dieser Spezifikation beruhenden Testfällen werden Tests durchgeführt, um zu zeigen, daß die Funktionen vorhanden und auch ausführbar sind. Die Testfälle sind auf das Normalverhalten des Testobjekts (keine Ausnahme- und Grenzfälle) ausgerichtet.

Testobjekt: Modul »Kundenstammverwaltung«

Funktion	Testfälle					
	1	2	3	4	5	6
Kundenstamm initialisieren	x					
Kundenstamm aktualisieren		x	x		x	
Kundenstamm selektiv ausgeben			x	x	x	x
Kundenstamm löschen		x		x		

Abb. 4.10 Funktionale Testfallmatrix

Ein sehr sinnvolles und nützliches Hilfsmittel für die Zusammenfassung von Testfällen bei Anwendung der Funktionsabdeckung ist eine Testfallmatrix (siehe Abbildung 4.10). Wir können mit Hilfe einer Testfallmatrix Testfälle löschen, die Funktionen mehrfach abdecken. Beispielsweise können in der Testfallmatrix von Abbildung 4.10 die Testfälle 4, 5 und 6 gelöscht werden. Dies hilft, die Anzahl der Testfälle zu minimieren und damit die Wirtschaftlichkeit des Testprozesses zu verbessern.

Äquivalenzklassenmethode

Ein idealer Testfall ist jener, der beim Test eine Klasse von Fehlern aufdeckt (z. B. falsche Verarbeitung der Werte einer Eingabegröße vom Typ Zeichenkette). Dadurch läßt sich die Anzahl der Testfälle reduzieren.

Wir bezeichnen als Äquivalenzklasse eine Menge von Werten einer Größe. Für alle Werte einer Äquivalenzklasse wird angenommen, daß bei der Testausführung mit einem Wert dieser Klasse die Wirkung (entdeckte Fehlerart und -anzahl) gleich jener ist, wenn ein beliebiger anderer Wert dieser Klasse verwendet würde.

Liegen die Werte der Äquivalenzklasse im spezifizierten Ein- oder Ausgabewertebereich der Größen, so sprechen wir von einer gültigen Äquivalenzklasse. Liegen sie außerhalb, nennen wir sie ungültig.

Für den Entwurf von Testfällen ist folgendes notwendig:

- Die Wertebereiche der Ein- und Ausgabegrößen werden in Äquivalenzklassen eingeteilt (Bestimmung der Äquivalenzklassen).
- Aus jeder Äquivalenzklasse wird ein Wert ausgewählt (Bestimmung eines Testfalls).
- Die Zerlegung der Äquivalenzklassen wird auf Vollständigkeit geprüft und die Wirksamkeit, mit den gewählten Werten Fehler zu entdecken, beurteilt.

Bei der Einteilung in Äquivalenzklassen sind zu jeder gültigen Äquivalenzklasse auch ungültige zu wählen.

Nachdem die gültigen und die ungültigen Äquivalenzklassen bestimmt sind, werden die Testfälle durch ein Hilfsschema (siehe Abbildung 4.11) definiert. Dieses Hilfsschema enthält drei Spalten, eine für die Ein-/Ausgabegrößen, eine für die gültige und eine für die ungültige Äquivalenzklasse.

Beispiel:

Ein-/Ausgabegröße	Äquivalenzklasse			
	gültige		ungültige	
Tagesdatum	≥ 1, TF1	≤ 31 TF2	< 1, TF3	> 31 TF4

konkrete Testfälle: TF1: 25
 TF3: 0
 TF4: 40

Abb. 4.11 Hilfsschema für die Äquivalenzklassenmethode

Wegen der Heuristik der Äquivalenzklassenbildung kann nicht sichergestellt werden, daß die Klassenbildung überschneidungsfrei ist. Daher ist der Äquivalenzklassenbegriff nicht im strengen Sinn der Mathematik zu verstehen.

Methode der Grenzwertanalyse

Wir wissen aus Erfahrung, daß die Behandlung der Grenzen von Wertebereichen immer wieder zu Fehlern führt. Die Grenzwertanalyse liefert Testfälle, die die Grenzen der Wertebereiche von Ein-/Ausgabegrößen oder ihre Umgebung abdecken (siehe Abbildung 4.12). Die Methode der Grenzwertanalyse ergänzt die Äquivalenzklassenmethode. Der Unterschied zur Äquivalenzklassenmethode besteht darin, daß nicht irgendein Element aus der Äquivalenzklasse als Repräsentant ausgewählt wird, sondern mehrere Elemente so ausgesucht werden, daß jeder Rand der Äquivalenzklasse getestet wird.

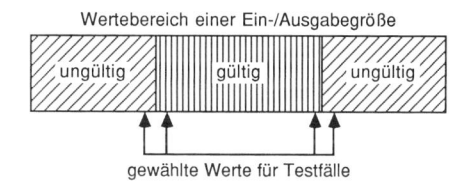

Abb. 4.12 Grenzwertanalyse

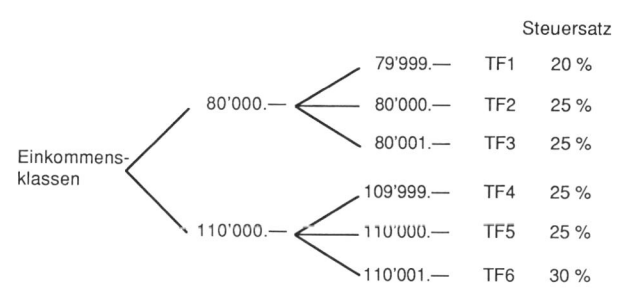

Abb. 4.13 Beispiel für die Grenzwertanalyse

Als Beispiel wollen wir die Steuerberechnung von Einkommen heranziehen. Für die Einkommensklasse von 80.000.— bis 110.000.— sFr. sei der Steuersatz 25 %. Darunterliegende Einkommen werden mit 20 %, darüberliegende Einkommen mit 30 % besteuert. In Abbildung 4.13 sind die durch die Grenzwertanalyse gewonnenen Testfälle dargestellt.

Die Methode der Grenzwertanalyse läßt sich auch für White-Box-Tests einsetzen (beispielsweise minimale und maximale Anzahl von Werteinträgen in einer Datenstruktur, minimale und maximale Anzahl von Schleifendurchläufen, etc.).

Ursache-/Wirkungsgraphmethode

Eine Methode, die sich nicht nur auf die Ein- und Ausgabegrößen beschränkt, ist die Ursache-/Wirkungsgraphmethode. Die Spezifikation eines Programms wird bei Anwendung dieser Methode in einen graphischen Formalismus umgesetzt. Die Notation dieses Formalismus stammt aus der Boole'schen Algebra (siehe dazu Abbildung 4.14). Die Knoten des Graphen sind Ursachen und Wirkungen, wobei eine Ursache, die eine bestimmte Wirkung hat, mit dieser durch eine Kante bzw. einen Kantenzug verbunden wird. Ursachen sind beispielsweise Eingabebedingungen oder Äquivalenzklassen für Eingabebedingungen. Wirkungen können Ausgabebedingungen, Äquivalenzklassen für Ausgabebedingungen, Zustandsübergänge in Datenbanken oder Ereignisse sein.

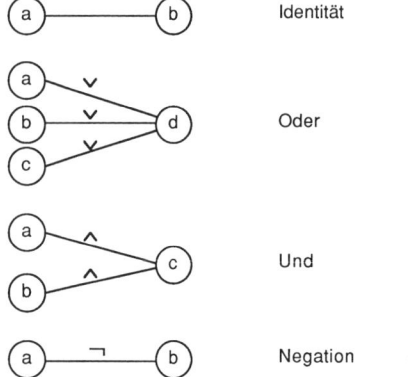

Abb. 4.14 Symbole der Boole'schen Algebra

Zunächst wird die Spezifikation in einen Graph abgebildet. Der Graph wird anschließend in eine Entscheidungstabelle umgesetzt, wobei die Ursachen die Bedingungen, die Wirkungen die Aktionen sind. Jede Spalte der Entscheidungstabelle ist ein Testfall.

Wir betrachten dazu folgendes Beispiel einer einfachen Transaktion: Die Eingabemaske für diese Transaktion besitzt zwei Eingabewerte. Wenn das Eingabezeichen in Spalte 1 ein A oder B und das Zeichen in Spalte 2 eine Ziffer ist, wird ein Update einer Datei durchgeführt. Ist das erste Zeichen nicht korrekt, wird die Meldung E12 ausgegeben, ist das zweite Zeichen keine Ziffer, so wird die Meldung E13 ausgegeben (siehe dazu Abbildung 4.15 und 4.16).

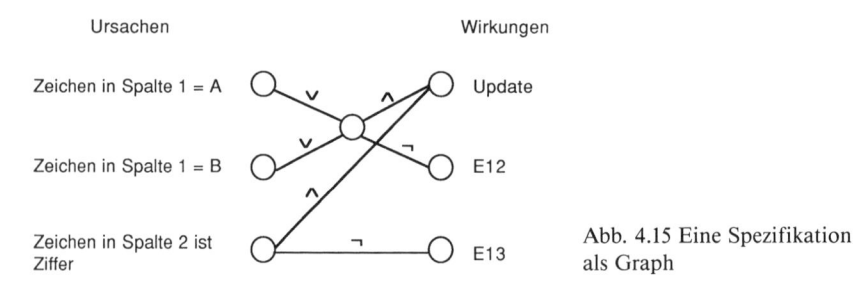

Abb. 4.15 Eine Spezifikation als Graph

	R1	R2	R3	R4	R5	R6	R7*	R8*
Zeichen in Spalte 1 = A	1	0	1	0	0	0	1	1
Zeichen in Spalte 1 = B	0	1	0	1	0	0	1	1
Zeichen in Spalte 2 ist Ziffer	1	1	0	0	1	0	-	-
Update	x	x	-	-	-	-	-	-
E12	-	-	-	-	x	x	-	-
E13	-	-	x	x	-	?	-	-

? ... bisher undefinierter Nebeneffekt
* ... Regeln, die wegen syntaktischer oder semantischer Sachverhalte unmöglich sind
- ... irrelevant (entweder 1 oder 0)

Abb. 4.16 Spezifikation als Entscheidungstabelle

Einen Vorteil dieser Methode sehen wir darin, daß eine Kombination von Eingabewerten und deren gemeinsame Semantik betrachtet wird. Ein nützlicher Effekt ist das frühzeitige Validieren der Spezifikation. Der Nachteil der Methode ist, daß für komplexe Spezifikationen ein Graph schwierig zu erstellen ist und dabei auch Fehler gemacht werden können.

Intuitive Testfallermittlung

Ein auf die Wahrnehmungsfähigkeit des Menschen bzw. auf heuristisches Vorgehen ausgerichteter Ansatz ist jener der intuitiven Testfallermittlung (error guessing). Es gibt Personen, die die Fähigkeit besitzen, durch bloße Intuition Fehler aufzuspüren. Es gibt aber auch Fehlerkategorien, die sehr häufig und praktisch in allen Applikationen auftreten (z. B. eine Schleife wird einmal zu viel oder zu wenig durchlaufen, eine Systemunterbrechung tritt auf, nachdem eine Dialog-Eingabe erfolgt ist). Dieser Ansatz eignet sich sehr gut, systematisch erstellte Testfälle qualitativ zu verbessern und ist sowohl für Black-Box-, als auch für White-Box-Tests geeignet.

4.2.1.2 White-Box-Methoden

Diese Methoden verwenden Informationen über die innere Struktur des Testobjekts (Feinentwurf, Kontroll- und Datenflußgraph), um zu prüfen, ob es seine Spezifikation erfüllt.

Die White-Box-Testmethoden beruhen auf Kenngrößen, die einerseits die Testabdeckung und andererseits die Strukturkomplexität des Testobjekts betreffen (siehe Abbildung 4.17).

Bei den Testmethoden, die auf Abdeckungskenngrößen basieren, wird die Ablaufstruktur des Testobjekts (Programm/Modul) als Graph dargestellt. Die Knoten stellen die Anweisungen bzw. eine Zusammenfassung von sequentiell ausführbaren Anweisungen dar. Der Kontrollfluß wird durch gerichtete Linien dargestellt, die die Knoten verbinden.

180   4 Analytische Qualitätssicherungsmaßnahmen

```
                      ┌─────────────────────────┐
                      │  White-Box-Testmethoden │
                      └────────────┬────────────┘
                    ┌──────────────┴──────────────┐
        ┌───────────┴───────────┐     ┌───────────┴───────────┐
        │ Testmethoden basierend auf│ │ Testmethoden basierend auf│
        │  Abdeckungskenngrößen │     │  Komplexitätskenngrößen,│
        │                       │     │   z.B. jener von McCabe│
        └───────────────────────┘     └───────────────────────┘
              ├─ Anweisungsabdeckung          ├─ Zyklomatische Komplexität
              ├─ Zweigabdeckung               ├─ Essentielle Komplexität
              ├─ Bedingungsabdeckung          └─ Aktuelle Komplexität
              ├─ Abdeckung aller
              │  Bedingungskombinationen
              └─ Pfadabdeckung
```

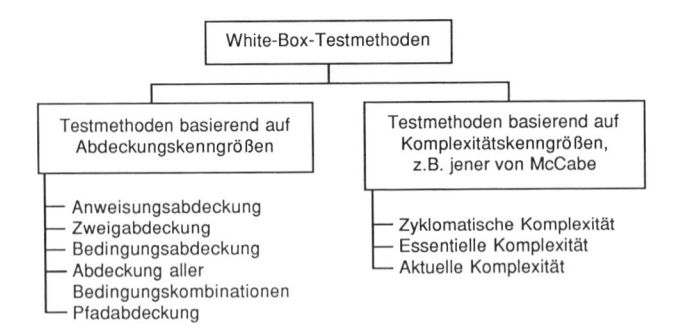

Abb. 4.17 Überblick zu den White-Box-Testmethoden

Bei einem vollständigen White-Box-Test müssen alle Pfade des Programmgraphen durchlaufen werden. Da dies in der Praxis sehr aufwendig ist, begnügt man sich mit dem Erreichen von Zielwerten für die verschiedenen Testabdeckungskenngrößen. Je nach erzieltem Testabdeckungsgrad werden weitere Testfälle aus dem Kontroll- und Datenfluß ausgewählt, die Tests mit diesen Testfällen ausgeführt und somit die Testabdeckung gesteigert.

Folgende Testabdeckungskenngrößen sind gebräuchlich:

C_0: Anweisungsabdeckung
Darunter verstehen wir das Verhältnis der Anzahl der durchlaufenen Anweisungen zur Gesamtanzahl der Anweisungen eines Testobjekts.

C_1: Zweigabdeckung
Darunter verstehen wir das Verhältnis von durchlaufenen Zweigen zu allen möglichen Zweigen des Testobjekts.

C_2: Bedingungsabdeckung
Wie C_1, aber statt Zweige werden Terme innerhalb von Ausdrücken verwendet. Eine Testabdeckung von 100 % C_2 bedeutet, daß in einem Programmabschnitt innerhalb jedes Ausdrucks einer Bedingungsanweisung oder Schleifenanweisung jeder Term mindestens einmal evaluiert wurde.

C_3: Abdeckung aller Bedingungskombinationen
Um eine Testabdeckung von 100 % C_3 zu erhalten, müssen alle möglichen Kombinationen von Elementarbedingungen innerhalb einer Abfrage oder Schleifenbedingung einmal durchlaufen werden.

C_4: Pfadabdeckung
Alle möglichen Pfade eines Moduls werden zumindest einmal durchlaufen.

Diese Testabdeckungskenngrößen werden als Testziele für Modultests benutzt. Vorgaben von Testzielen werden in der Form »n % Testabdeckungskenngröße C_x« ($0 < n \leq 100$, x läuft von 0 bis 4) spezifiziert. Die Entdeckungswahrscheinlichkeit für Mängel nimmt zu, wenn wir den Wert der Testabdeckungskenngröße steigern bzw. Kombinationen von Testabdeckungskenngrößen verwenden. Die Praxis des Testens zeigt, daß Messungen der Testabdeckungskenngrößen ohne Werkzeugunterstützung nicht praktikabel sind. Für die Ermittlung von C_0 gibt es z. B. für konventionelle Programmiersprachen wie PL/1 oder Cobol spezielle Compileroptions, die die Anweisungsabdeckung aufzeichnen helfen.

Mit dem Auftraggeber muß abgestimmt werden, welche Zielwerte die Testabdeckungskenngrößen für sein Produkt erreichen sollen. Typische Beispiele aus der Praxis sind eine Anweisungsabdeckung (C_0) von 95 % und eine Zweigabdeckung (C_1) von 85 %.

Eine Testabdeckung von 100 % ist noch keine Garantie dafür, daß das Testobjekt fehlerfrei ist. Insbesondere fehlende Pfade, aber auch Fehler in der Spezifikation, können durch diese Art von Testen nicht entdeckt werden.

Eine weitere Möglichkeit zur Ermittlung von Testfällen basiert auf Komplexitätskenngrößen (complexity metrics), z. B. jenen von McCabe. Die zugrundeliegende Idee besteht darin, daß ein Testobjekt umso schwieriger zu testen ist, je mehr Testpfade es besitzt. Aus graphentheoretischen Überlegungen leitet McCabe die zyklomatische Zahl V(g) ab, die die kleinste Anzahl unabhängiger Wege[5] ist, deren Kombination alle Testpfade ergibt (siehe Abschnitt 1.3.6.1). Für ein Testobjekt mit nur einem Eingang und einem Ausgang ist die zyklomatische Zahl 1 + Anzahl der binären Verzweigungen im Testobjekt.

Um auf diese Weise zu Testfällen zu gelangen, geht man folgendermaßen vor:
- Der Ablaufgraph des Testobjekts wird erstellt. Anschließend wird die Kenngröße V(g) des Testobjekts berechnet. Diese Zahl wird als c bezeichnet.
- Es werden c unabhängige Pfade im Ablaufgraphen des Testobjekts gesucht.
- Die Testfälle (Testdaten) werden so ausgewählt, um c unabhängige Pfade zu durchlaufen.
- Für jeden der c Testfälle werden die erwarteten Ergebnisse ermittelt.
- Die Testfälle werden ausgeführt.
- Die aktuellen Ergebnisse werden mit den erwarteten verglichen.

McCabe schlägt vor, die Komplexität der Ablaufstruktur eines Moduls zu begrenzen (z. B. auf ein V(g) von 10). Wir finden diesen Vorschlag gefährlich, insbesondere wenn ein Modul umfangreiche Fallentscheidungen enthält. Dieses Vorgehen kann zu einer künstlichen Zerstückelung der Programmstruktur führen, unter der dann die Verständlichkeit leidet.

McCabe benutzt neben seiner bekannten zyklomatischen Komplexitätskenngröße auch die essentielle und die aktuelle Komplexitätskenngröße zur Festlegung von Testfällen. Bei der essentiellen Komplexitätskenngröße, die ein Indikator für die Unstrukturiertheit eines Moduls ist, werden alle Teilgraphen im Programmgraphen ermittelt, die einen einzigen Eingangs- und einen einzigen Ausgangsknoten besitzen bzw. sich auf einen einzigen Knoten reduzieren lassen (siehe Abbildung 4.18).

---

[5] Das Testobjekt wird als Graph dargestellt, der nur die Ablaufstrukturen berücksichtigt. Als unabhängige Wege verstehen wir überschneidungsfreie Kantenzüge in diesem Graphen.

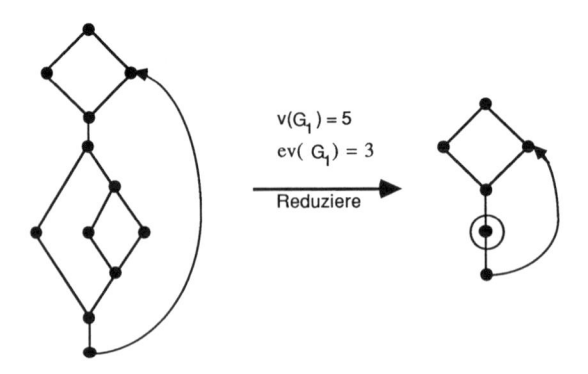

$v(G) = e - n + 2p$ ... zyklomatische Komplexität
$ev(G) = v(G) - m$ ... essentielle Komplexität

m ... Anzahl der Teilgraphen in G, die sich reduzieren lassen
e ... Anzahl der Kanten
n ... Anzahl der Knoten
p ... Anzahl der zusammenhängenden Komponenten

Abb. 4.18 Beispiel für die Reduktion eines Graphen zur Ermittlung der essentiellen Komplexität

Aus den obigen Überlegungen folgt, daß für ein strukturiertes Programm $ev(G) = 1$ ist. Die essentielle Komplexitätskenngröße $ev(G)$ wird von McCabe dazu verwendet, die Auswirkungen von Änderungen abzuschätzen. Er schlägt vor, eine Änderung nicht durchzuführen, wenn $ev(G)$ dadurch ansteigt.

Unter der aktuellen Komplexität $av(G)$ eines Programms versteht McCabe die Anzahl der unabhängigen Pfade, die während der Testläufe ausgeführt werden.

Wenn nach einer Serie von ausgeführten Testfällen die aktuelle Komplexität kleiner ist als die zyklomatische, so gibt es entweder noch mehr Pfade zu testen oder die Komplexität $v(G)$ kann reduziert werden, indem $v(G) - av(G)$ Entscheidungsknoten eliminiert werden.

Für den Modultest empfehlen wir folgende Vorgehensweise:

1. Mit der Ursache-/Wirkungsgraphmethode können bereits Spezifikationen überprüft werden.
2. Äquivalenzklassenmethode
3. Grenzwertanalyse
4. Die Qualität der Testfälle wird durch intuitive Testfallermittlung verbessert.
5. Die Testfälle werden durch Anwendung der White-Box-Testmethoden vervollständigt.

Die Kombination beider Arten von Testmethoden nennen wir auch **Gray-Box-Testen**, d. h. es wird eine Mischung von Black-Box- und White-Box-Testfällen verwendet.

Aufgrund der verschiedenen Möglichkeiten der bisher dargestellten Methoden stellt sich zwangsläufig die Frage nach deren Wirksamkeit. Um die Wirksamkeit beurteilen zu können, bieten sich die Methode der Fehlereinpflanzung und die Mutationsanalyse an.

Bei der Methode der Fehlereinpflanzung (Errorseeding) wird in das Testobjekt vor dem Testprozeß eine zuvor definierte Anzahl von Fehlern eingepflanzt [Mill72]. Bei der Analyse der Fehler wird dann untersucht, wie viele der eingepflanzten Fehler entdeckt wurden.

Wenn wir annehmen, daß

- die statistischen Eigenschaften der eingepflanzten und der sonstigen Fehler gleich sind und
- das Testen und der Fehlereinbau voneinander unabhängig sind,

können wir die Anzahl der Fehler im Testobjekt mit folgender Formel abschätzen:

$$E_s = \frac{I \cdot S}{K}$$

E_s ... geschätzte Fehleranzahl im Testobjekt
I ... Anzahl der nicht eingepflanzten Fehler, die entdeckt werden
S ... Anzahl der eingepflanzten Fehler
K ... Anzahl der entdeckten eingepflanzten Fehler

In [Taus77] wird ein Konfidenzintervall für obige Formel angegeben.

Bei der Mutationsanalyse werden geringfügige Änderungen am Testobjekt durchgeführt, die Fehler verursachen. Anschließend wird mit der vorhandenen Testfallmenge untersucht, ob die so eingepflanzten Fehler entdeckt werden. Die Testfallmenge wird um jene Testfälle ergänzt, die die Mutationsfehler entdecken.

Die Möglichkeiten und Grenzen der aufgezeigten Testmethoden werden durch einen Ausspruch von Dijkstra [Dijk75] sehr gut charakterisiert: »Programmtesten kann dazu verwendet werden, die Anwesenheit von Fehlern aufzuzeigen, aber nie ihre Abwesenheit!« Durch die oben zitierten Testmethoden sind wir daher nicht in der Lage, die Fehlerfreiheit eines Programms zu zeigen.

4.2.2 Organisation und Management des Testprozesses

Wir gehen davon aus, daß der Testprozeß als Teil des Validierungs- und Verifikationsprozesses im Vorgehensmodell integriert ist. Trotz dieser konzeptionellen Verankerung bedarf es von seiten der Organisation und des Managements Konzepte und Maßnahmen, um den Testprozeß effizient, plan- und kontrollierbar zu gestalten. Wir meinen damit die Unabhängigkeit der Testgruppe von den Entwicklern und Organisationsmaßnahmen zur Testplanung und zur Testkontrolle.

Historisch betrachtet zeichnet sich bei den Berufsbildern in der Informatik eine extreme Spezialisierung im Bereich Testen ab. Bei umfangreichen Entwicklungsprozessen werden Testspezialisten mit einem großen Know-how und langjähriger Erfahrung im Testen benötigt. Bei größeren Informatik-Organisationen gilt der Grundsatz, daß in Projekten, die mehr als sechs Kalendermonate bis zu ihrer Fertigstellung dauern, zumindest ein unabhängiger Testspezialist zum Einsatz gelangt.

Die Verantwortlichkeit dieser Testspezialisten liegt vor allem in der Durchführung nachfolgender Aufgaben:

- Erstellen, Pflegen und Begutachten von Testplänen,
- Organisieren der Testaktivitäten,
- Entwickeln von Testspezifikationen und Testprozeduren,
- Erstellen und Pflegen von Testfallsammlungen,
- Erstellen und Pflegen von Testdokumenten,
- Bereitstellen von Testwerkzeugen und -hilfsmitteln,
- Durchführen von Testreviews,
- Testen von Wartungsänderungen,
- Pflege und Schulung des firmenspezifischen Test-Know-hows.

Der Erfolg zahlreicher Projekte, d. h. die Erreichung der Projektziele, hängt bei der heutigen Integration und Vernetzung der Anwendungen in großem Maße von diesen Testspezialisten ab.

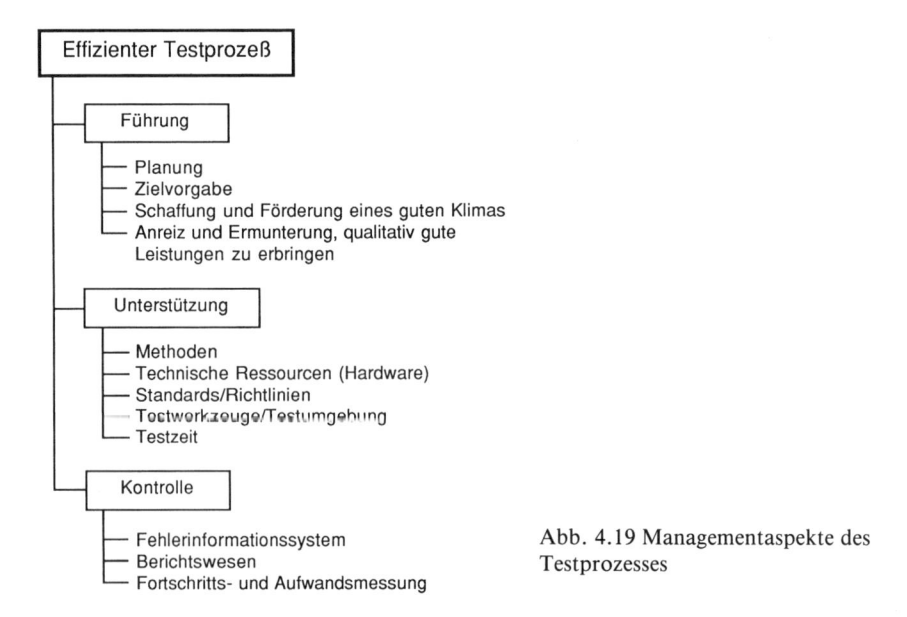

```
Effizienter Testprozeß
├── Führung
│     ├── Planung
│     ├── Zielvorgabe
│     ├── Schaffung und Förderung eines guten Klimas
│     └── Anreiz und Ermunterung, qualitativ gute
│         Leistungen zu erbringen
├── Unterstützung
│     ├── Methoden
│     ├── Technische Ressourcen (Hardware)
│     ├── Standards/Richtlinien
│     ├── Testwerkzeuge/Testumgebung
│     └── Testzeit
└── Kontrolle
      ├── Fehlerinformationssystem
      ├── Berichtswesen
      └── Fortschritts- und Aufwandsmessung
```

Abb. 4.19 Managementaspekte des Testprozesses

Gerade im Bereich des Testens kommt den Aufgaben der Informatik-Manager große Bedeutung zu. Die gegenwärtige Managementpraxis zeigt, daß es in den drei Bereichen Führung, Unterstützung und Kontrolle einige kritische Erfolgsfaktoren gibt, die für einen effizienten Testprozeß notwendig sind (siehe Abbildung 4.19). Wir betonen an dieser Stelle, daß Testen nicht nur eine technische Aufgabe ist, die es zu erfüllen gilt, sondern auch eine Führungsaufgabe. Ein ausgewogenes Maßnahmenpaket muß in allen drei Bereichen existieren, um den Testprozeß effizient zu gestalten.

Im Bereich der Führung geht es darum, den Weg aufzuzeigen und die einzelnen Mitarbeiter zu motivieren, die gesetzten Ziele zu erreichen und die Erwartungen und Pläne auch zu erfüllen. Im Bereich der Kontrolle soll darauf geachtet werden, daß die Informatik-Organisation auf dem gewählten Weg bleibt und die gesetzten Meilensteine qualitativ sowie quantitativ erreicht. Dies erfordert eine permanente Prozeß- und Ergebniskontrolle, eine gemeinsame Bewertung der erzielten Ergebnisse, ein funktionierendes Berichtswesen und gegebenenfalls einen rechtzeitigen Richtungswechsel. Im Bereich der Unterstützung muß durch Training, die Bereitstellung von Hilfsmitteln, Methoden und Werkzeugen die Arbeitsleistung der Mitarbeiter sichergestellt und verbessert werden.

4.2.2.1 Testplanung

Beim Testen großer Systeme treten zahlreiche Probleme auf. Beispielsweise besteht ein großes System aus hunderten bis tausenden Modulen, tausenden bis zehntausenden Testfällen und hunderten von Fehlern, die zu lokalisieren und zu beheben sind. Es arbeiten einige Dutzend Personen für ein oder mehrere Jahre an diesem System. Die Hauptgefahr bei der Planung für das Testen besteht darin, daß die Verantwortlichen annehmen, daß bei der Ressourcenplanung, Zeit- und Meilensteinplanung, Vorgehensplanung und Werkzeugplanung keine Mängel bzw. Unterlassungen auftreten. Die Erfahrung bei großen Projekten zeigt immer wieder, daß der Bedarf an Ressourcen falsch eingeschätzt und keine geeignete Risikoabschätzung durchgeführt wird.

Da in jeder Informatik-Organisation die zur Verfügung stehenden Ressourcen beschränkt und die unterschiedlichsten Anforderungen vom Projektteam zu erfüllen sind, bedarf es einer umfassenden und detaillierten Testplanung.

Die wichtigsten Ergebnisse der Testplanung (Dokumente) sind:

- Haupttestplan (Testkonzept, Master-Testplan),
- Testplan,
- Testentwurfsspezifikation,
- Testfallspezifikation und
- Testvorgehensspezifikation für jede Testaufgabe.

Auch der Testprozeß ist aus der Sicht der Qualitätssicherung zu prüfen und zu bewerten. Es sind daher geeignete Merkmale für Qualitätsprüfungen (»Testen des Testprozesses«) aufzustellen. Die drei wichtigsten Merkmale für die Güte des Testens sind:

I. Spezifikationsbezug

Als Basis für die Erstellung von Testzielen und Testplänen dienen Spezifikationen, die im Entwicklungsprozeß angefallen sind. Für einen Modultest sind beispielsweise die Modulspezifikation und die Modulimplementierung relevant. Sie werden zur Erstellung des Testziels und der Testfälle herangezogen.

II. Reproduzierbarkeit
- Jeder Testfall ist wiederholbar.
- Zu jedem Testfall gibt es eine exakte Vorschrift für die Durchführung und Auswertung.
- Zu jedem Testfall gibt es ein erwartetes Testergebnis.

III. Nachvollziehbarkeit für Projekt-Außenstehende
- Für Außenstehende gibt es eine verständliche Testdokumentation.
- Die Testfälle sind selbsterklärend.
- Die Testdurchführung ist vollständig und wahrheitsgetreu beschrieben.

Es genügt nicht, ad hoc Testläufe mit willkürlich gewählten Eingabedaten durchzuführen. Eine gute Testplanung führt zu Tests, die Vertrauen in das Testobjekt schaffen und die angefallenen Kosten rechtfertigen. Sie resultiert in einem Testprozeß, bei dem mit hoher Wahrscheinlichkeit Probleme und Fehler gefunden werden. Eine gute Testplanung benötigt keinen ungerechtfertigten Aufwand an Zeit, hilft aber auch weniger erfahrenem Personal, die Testaufgabe qualitativ besser zu erfüllen.

Eine wichtige Frage ist, wann mit der Testplanung begonnen werden soll. Dies kann bereits in der Phase Anforderungsanalyse geschehen. Wichtiges Konfigurationselement sind dabei die Abnahmebedingungen, die mit dem Kunden und Auftraggeber zu erarbeiten sind. Sie sind auf alle Fälle in einem Dokument, beispielsweise in der Anforderungsdefinition oder in einem Lastenheft festzuhalten. Ziel dieses Vorgehens ist es, die Abnehmbarkeit eines Produkts auf der Basis einer Vereinbarung zwischen Auftraggeber und Entwicklerteam sicherzustellen.

Die Planung des Systemtestens kann unmittelbar nach Freigabe der Systemspezifikation (Sollmodell) erfolgen. Da für das Systemtesten umfangreiche organisatorische und technische Vorbereitungen notwendig sind (spezielle Testanlagen, Aufbau einer Testumgebung, Bereitstellung eines unabhängigen Testteams, etc.), soll es möglichst frühzeitig geplant werden. Der Testfallentwurf für das Systemtesten soll von einer unabhängigen Testgruppe erstellt werden, die nicht an der Implementierung beteiligt ist.

Mit Beginn des Entwurfs kann bereits mit der Planung für das Integrationstesten begonnen werden. Analog zum schrittweisen Zerlegen im strukturierten Entwurf kann das System bei der Integration schrittweise zusammengefügt und getestet werden. Basis für das Integrationstesten sind einerseits der Integrationsplan (»Wann werden welche Module zusammengefügt?«) und andererseits die entsprechenden Modulspezifikationen. Für die nicht an der Integration beteiligten Module sind Testrahmen und Dummy-Module vorzusehen.

Das Modultesten kann in der Feinentwurfsphase (Modulentwurf) nur funktionsorientiert (Black-Box-Methoden) detailliert geplant werden. Der Testfallentwurf für White-Box-Tests (Strukturtests) kann erst während der Implementierung eines Moduls durchgeführt werden. Als eines der Testziele ist bei der Planung des Modultestens das Ausmaß der Testabdeckung festzulegen.

4.2 Dynamische Prüfungen — Testen   187

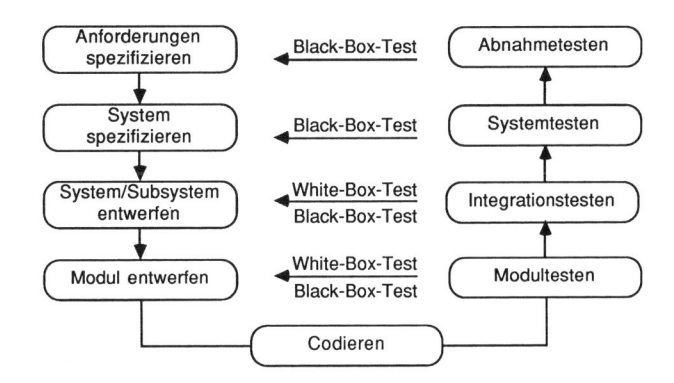

```
Anforderungen  ←── Black-Box-Test ──  Abnahmetesten
spezifizieren                              ↑
     ↓                                     |
  System        ←── Black-Box-Test ──  Systemtesten
spezifizieren                              ↑
     ↓                                     |
System/Subsystem ←── White-Box-Test ── Integrationstesten
  entwerfen         Black-Box-Test        ↑
     ↓                                     |
Modul entwerfen  ←── White-Box-Test ── Modultesten
                     Black-Box-Test        ↑
     ↓                                     |
              Codieren
```

Abb. 4.20 Einsatz von
Black-/White-Box-Tests

Abbildung 4.20 gibt einen Überblick darüber, welche Testmethoden sich zur Testfallermittlung eignen. Man sieht daraus, daß nur für das Modultesten und das Integrationstesten (Modulabhängigkeiten) White-Box-Testmethoden in Frage kommen. Für alle anderen Tests werden die Testfälle mit Black-Box-Testmethoden ermittelt. Auf der linken Seite der Abbildung sind konstruktive Aktivitäten dargestellt, die Entwicklungsergebnisse liefern (z. B. Systementwurf). Diese Ergebnisse sind mit Fehlern behaftet. Durch entsprechende Testaktivitäten (z. B. Integrationstesten) können diese Fehler entdeckt werden.

Das Risiko von Schäden bei der Produkteinführung und beim Produktbetrieb ist bei der Testplanung zu berücksichtigen. Es ist daher sinnvoll, alle Programme oder Module einer Applikation bzw. die Applikation als Ganzes einer Risikoanalyse zu unterziehen. Ein Ziel dabei ist, eine Liste all jener Testobjekte zu finden, die bei der Einführung und im Betrieb ein besonderes Risiko darstellen. Beispielsweise sind bei kommerziellen Applikationen Mutationsprogramme auf Datenbanken, die von den Nachbarapplikationen verwendet werden, häufig ein Risikofaktor.

Auch für die Auswahl der Testziele und Testmethoden ist es wichtig zu wissen, in welcher Risikoklasse sich ein Testobjekt befindet. Der Rheinisch-Westfälische TÜV [Pabs85] hat zu diesem Zweck eine nützliche Risikoklasseneinteilung (siehe Abbildung 4.21) erstellt, die bei Bedarf an die spezifische Einsatzumgebung anzupassen ist. Es werden fünf Klassen

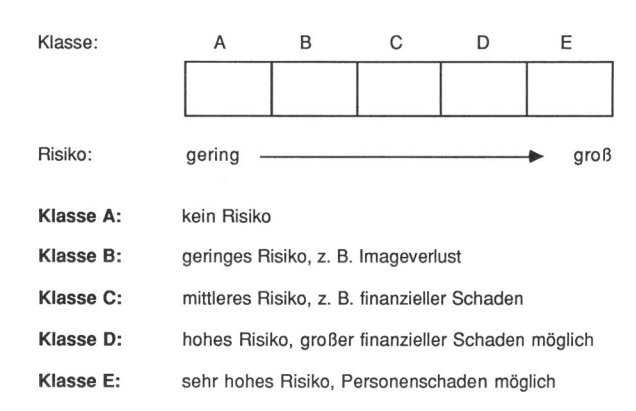

Klasse:	A	B	C	D	E

Risiko: gering ─────────────────────▶ groß

Klasse A:	kein Risiko
Klasse B:	geringes Risiko, z. B. Imageverlust
Klasse C:	mittleres Risiko, z. B. finanzieller Schaden
Klasse D:	hohes Risiko, großer finanzieller Schaden möglich
Klasse E:	sehr hohes Risiko, Personenschaden möglich

Abb. 4.21 Klasseneinteilung
von Software nach dem
Rheinisch-Westfälischen TÜV

(A-E) unterschieden, von Programmklassen ohne Einsatzrisiko (beispielsweise ein Programm zur Folienerstellung) bis hin zu Programmklassen, bei deren Nichtfunktionieren Personen zu Schaden kommen können (beispielsweise Steuerprogramme für die Flugsicherung). Eine solche Risikoanalyse bietet eine fundierte Grundlage, um einerseits die geeigneten Testmethoden bzw. Kombinationen von diesen auszuwählen und andererseits die begrenzten Testressourcen sinnvoll zu verplanen.

In Abbildung 4.22 sind mögliche Kombinationen von Prüfmethoden zur jeweiligen Risikoklasse angegeben.

Klasse A:	keine
Klasse B:	Black-Box-Prüfungen
Klasse C:	Black-Box- und Handhabungsprüfungen, statische Programmanalyse
Klasse D:	Black-Box- und Handhabungsprüfungen, statische und dynamische Programmanalyse
Klasse E:	Black-Box- und Handhabungsprüfungen, statische und dynamische Programmanalyse, zusätzliche Risikobetrachtungen des Gesamtsystems (Umgebungseinfluß, Organisationsabläufe, usw.)

Abb. 4.22 Einsatz der Prüfmethoden in Abhängigkeit von der Risikoklasse

Testziele

Unter Testziel verstehen wir einen angestrebten Wert einer objektiv meßbaren Kenngröße, die zur Beurteilung des Umfangs und der Ergebnisse eines Tests verwendet wird. Durch die Verwendung von Testzielen wird eine Objektivierung des Testprozesses und eine operationell-handhabbare Testkontrolle erreicht.

In Anlehnung an Schmitz [Schm82] definieren wir folgende zwei Testkenngrößen:

Eine Testabdeckungskenngröße (TAK) ist eine tätigkeitsorientierte Testkenngröße, die sich aus der Betrachtung von Prüfelementen sowie deren Berücksichtigung im Test ergibt.

Eine Testergebniskenngröße (TEK) ist eine ergebnisorientierte Testkenngröße, die sich aufgrund der Ergebnisse von Testaktivitäten ergibt.

Beispiele für Testergebniskenngrößen sind die mittlere Zeit zwischen gefundenen Fehlern, die benötigte Rechenzeit für einen Test, die benötigte Rechenzeit für einen Test/Anzahl gefundener Fehler, die Kosten für einen Test oder die Kosten für einen Test/Anzahl gefundener Fehler.

Beispiele für Testabdeckungskenngrößen zur Spezifikation von Testzielen sind:

$$TAK_1 = \frac{\text{Anzahl ausgeführter Verzweigungen}}{\text{Anzahl vorhandener Verzweigungen}}$$

Konkretes Testziel für einen Modultest: 90 % TAK_1

$$\text{TAK}_2 = \frac{\text{Anzahl ausgeführter Module}}{\text{Anzahl vorhandener Module}}$$

Konkretes Testziel für einen Programmtest: 100 % TAK_2

Die Verwendung dieser Kenngrößen hängt von der jeweiligen Testaufgabe (insbesondere der eingesetzten Testmethode) und von der Verfügbarkeit von Werkzeugen zur Ermittlung dieser Kenngrößen ab. Der Einsatz von White-Box-Testmethoden fördert die Verwendung von Testabdeckungskenngrößen.

Kriterien bei der Auswahl von Testkenngrößen sind die Anforderungen an den Test, die Durchführbarkeit der Messung und Kostenaspekte.

Testendekriterien

Eine wichtige Frage bei der Testplanung ist, wann man zu testen aufhört. Konkret müssen Vollständigkeits- und Endekriterien für den Testprozeß festgelegt werden. Schlechte Kriterien sind beispielsweise »die geplante Testzeit ist vorbei« oder »die Testfälle sind nicht erfolgreich, d. h. es wurden keine Fehler entdeckt«.

Welche Möglichkeiten bieten sich an, um die Vollständigkeit bzw. das Ende des Testprozesses in den einzelnen Phasen zu bestimmen? Grundsätzlich können wir davon ausgehen, daß eine Kombination der verschiedenen Testmethoden zu erfolgreichen Testfällen führt. Es gibt zwei Möglichkeiten, den Testprozeß zu beenden:

- durch eine vorgegebene Anzahl der zu findenden Fehler oder
- durch Beobachtung der Fehlerrate über die Testzeit.

Bei der ersten Methode wird zunächst die Gesamtanzahl der enthaltenen Fehler geschätzt (Restfehlerabschätzung). Dafür gibt es bei großen Informatik-Organisationen Erfahrungswerte, beispielsweise, daß bei Systemen mit mehr als 10.000 Anweisungen nach dem Code-Review fünf Fehler pro 100 Anweisungen enthalten sind. Als nächstes wird die Effektivität des Testens in Abhängigkeit von der Testaufgabe geschätzt. Nehmen wir beispielsweise an, daß

beim Modultesten 65 % der Codierfehler und keine Entwurfsfehler,
beim Funktionstesten 30 % der Codierfehler und 60 % der Entwurfsfehler,
beim Systemtesten 3 % der Codierfehler und 35 % der Entwurfsfehler

gefunden werden, so werden insgesamt ca. 98 % der Codierfehler und 95 % der Entwurfsfehler gefunden. Bei einem System mit 10.000 Anweisungen kann man die Restfehler auf ungefähr 500 schätzen. Daher sind beim Modultesten ca. 130 Fehler, beim Funktionstesten ca. 240, beim Systemtesten 111, also zusammen 481 Fehler zu finden.

Die zweite Möglichkeit zur Beendigung des Testprozesses benutzt eine Fehler-Zeit-Statistik. In einem Diagramm wird die gefundene Fehleranzahl pro Zeiteinheit (z. B. Woche) über einer Zeitachse eingetragen (siehe Abbildung 4.23). Aufgrund dieses Diagramms kann man feststellen, wann die Effizienz des Testens erschöpft ist, und zwar, wenn der Ex-

Abb. 4.23 Fehlerrate als Testendekriterium

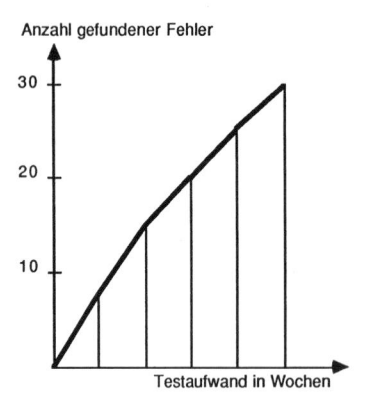

Abbruch des Testens nicht sinnvoll.

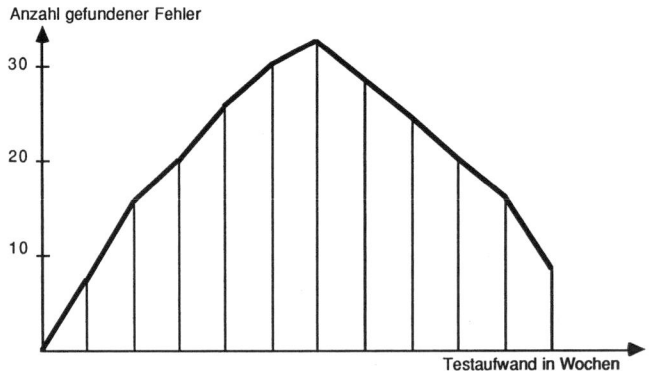

Effizienz des Testens ist erschöpft, Abbruch oder andere Testmethode.

tremwert überschritten ist. Voraussetzung für diese Vorgehensweise ist ein Fehler-Erfassungssystem (siehe Abschnitt 4.2.2.5) und ein Testfallentwurf, der eine Kombination der verschiedenen Testmethoden berücksichtigt.

4.2.2.2 Strukturierung des Testprozesses

Die Ablauforganisation eines Testprozesses ist durch die Festlegung der Testaufgaben (Name, Aktivitäten, Ergebnisse) und deren Reihenfolge geprägt. Bei allen umfangreichen Testprozessen lassen sich Kategorien von Testaufgaben unterscheiden.

Es ist sinnvoll, vom Testen im Kleinen und im Großen zu sprechen. Beim Testen im Kleinen werden elementare Testobjekte definiert und getestet. Die entsprechende Testaufgabe wird dann als Modultesten (z. B. Prozeduren- oder Programmtesten) bezeichnet.

Unter Testen im Großen verstehen wir die Montage von elementaren Testobjekten zu größeren Einheiten und das Testen dieser zusammengefügten Testobjekte (z. B. Subsysteme und Systeme). Die erste dieser Testaufgaben bezeichnen wir als Integrationstesten. Wenn wir das System als Ganzes betrachten und uns auf die Systemleistung und -fähigkeiten konzentrieren, bezeichnen wir die Testaufgabe als Systemtesten. Beim Abnahmetesten betrachten wir als Testobjekt das ganze System zusammen mit der Einsatzumgebung (z. B. die Benutzerorganisation) und konzentrieren uns auf die Aspekte Systemanforderungen und Einsatztauglichkeit. Abbildung 4.24 gibt einen Überblick zu den verschiedenen Kategorien von Testaufgaben.

```
Kategorien von Testaufgaben
├── Modultesten
│     ├── Modulspezifikation
│     └── Modulkonstruktion
├── Integrationstesten
│     ├── Zusammenfügen der Module
│     ├── interne Schnittstellen
│     ├── Zusammenspiel der internen Module
│     └── externe Schnittstellen
├── Systemtesten
│     ├── Funktionale Leistungsfähigkeit
│     ├── max. Systemleistung (Performance)
│     └── Restart- und Recovery-Fähigkeit
└── Abnahmetesten
      ├── Systemanforderungen
      └── Einsatztauglichkeit
```

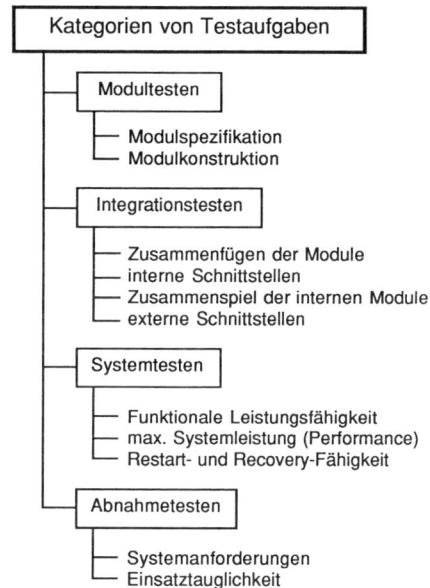

Abb. 4.24 Kategorien von Testaufgaben mit Merkmalen

Modultesten

Unter Modultesten verstehen wir den Test der kleinsten Programmeinheiten, der Module. Er findet vor der Integration der Module zu größeren Einheiten statt. Das Modultesten wird meistens vom Modulentwickler selbst durchgeführt. Der Testentwurf sollte unter der Annahme durchgeführt werden, daß der implementierte Modul dem Modulentwurf widerspricht. Typische Testaspekte, die für die Aufstellung von Testfällen relevant sind, umfassen:

- Funktionen des Moduls,
- Modulstruktur,
- Ausnahmebedingungen, Sonderfälle, etc.,
- Performance.

Typische Fehlerklassen, die beim Modultesten festgestellt werden, sind:

- fehlende Pfade,
- Berechnungsfehler,
- Domain-Errors.

Unter Domain-Errors verstehen wir Fehler, die dadurch entstehen, daß falsche Pfade durchlaufen werden. Die Ursache dafür sind falsch formulierte Prädikate in Entscheidungen.

Die Voraussetzungen für das Modultesten sind:

- Die Modulspezifikation (Was-Beschreibung) liegt vor und entspricht der aktuellen Version des Moduls.
- Der Feinentwurf und das Programmlisting (Wie-Beschreibung) sind vorhanden und entsprechen der aktuellen Version des Moduls.

Es ist ratsam, vor dem eigentlichen Modultesten einen statischen Modultest durchzuführen. Möglichkeiten dafür sind eine Inspektion des Moduls oder der Einsatz eines Quellcode-Analysators, um Code- und Entwurfsmängel zu entdecken.

Integrationstesten

Ein Synonym für das Integrationstesten ist Subsystemtesten. Nachdem die ersten Module freigegeben sind, kann mit der geplanten Integration der Module zu größeren Einheiten, sog. Subsystemen, begonnen werden. Beim Integrationstesten gehen wir davon aus, daß die Module einzeln sehr gut getestet sind und wir uns im wesentlichen nur mehr auf das Testen der Modulschnittstellen und das Zusammenwirken der Module (Modulkommunikation) konzentrieren können. Wurden beim Entwurfsprozeß auf den verschiedenen Abstraktionsebenen die Subsysteme ausreichend spezifiziert bzw. dokumentiert, dann ist es relativ einfach, geeignete Testziele und Testfälle für das Integrationstesten zu finden.

Eng mit der Problematik des Integrationstestens verbunden ist die Frage, in welcher Weise die verschiedenen Module integriert werden. Wir sprechen in diesem Zusammenhang von einer Integrationsstrategie, die auch die Teststrategie beeinflußt. Dabei sind sowohl organisatorische als auch technische Kriterien zu berücksichtigen. Organisatorische Kriterien sind beispielsweise die Entwicklungsstrategie, Endtermine für das Modultesten, die Verfügbarkeit der Personen, die die Tests durchführen oder die gewählte Arbeitsauftilung. Technische Kriterien sind Art und Verwendungszweck der eingesetzten Werkzeuge, die Kontrollierbarkeit der Testergebnisse, der Aufwand für die Bereitstellung von Testdaten, der zeitliche Aufwand für das Integrationstesten und die für das Testen benötigte Maschinenzeit.

Die heute bekannten Integrationsstrategien sind:

a) vorgehensorientierte Strategien

- Top-down
  Begonnen wird mit den Modulen auf der höchsten Entwurfsebene, die weiteren Module werden in die Hierarchie der Modulaufrufe eingefügt.
- Hardest first
  Zuerst werden die kritischen Systemmodule integriert, dann der Rest des Systemskeletts.

- Bottom-up
  Begonnen wird mit Modulen der untersten Entwurfsebene. Anschließend werden größere Bausteine aus den Modulen gebildet.

b) Strategien, die sich an Zielkriterien orientieren

- Funktionsorientiert
  Alle für eine ausgewählte Systemfunktion benötigten Module werden integriert und getestet.

- Nach der Verfügbarkeit
  Es werden jene Module integriert, deren Modultest abgeschlossen ist.

- Big-bang
  Es wird eine größere Anzahl von Modulen integriert.

- Transaktionsorientiert
  Es werden alle Module einer Transaktion integriert und getestet.

Mit Ausnahme von Big-bang-Tests und transaktionsorientiertem Testen sind alle Teststrategien in der Vorgehensweise ähnlich und werden als inkrementelles Testen bezeichnet. Wesentlich dabei ist, daß pro Test immer nur ein Modul hinzugefügt wird. Die beiden letzten Teststrategien werden als nichtinkrementelles Testen bezeichnet. Die Vorgehensweise dabei ist, daß jeder Modul zunächst unabhängig von den anderen getestet wird und anschließend alle Module integriert und getestet werden.

Die Vorteile des inkrementellen Testens sind:

- geringer Aufwand (es sind nicht so viele Treiber und Stubs notwendig);
- Schnittstellenfehler werden frühzeitig erkannt;
- Debugging von Schnittstellenfehlern ist einfach.

Die Vorteile beim nichtinkrementellen Testen sind:

- der Bedarf an Maschinenzeit ist geringer als beim inkrementellen Testen;
- paralleles Testen der Module ist möglich.

Es gibt keine allgemein gültige Antwort auf die Frage, welche Module wann zusammengefügt und getestet werden sollen. Wir haben versucht, auf verschiedene Kriterien hinzuweisen, die je nach Projektsituation für die Integration entscheidend sind.

Systemtesten

Beim Systemtesten geht es darum, das Gesamtsystem einerseits hinsichtlich seiner funktionalen Leistungen und andererseits hinsichtlich der Grenzen seiner Leistungsfähigkeit zu testen. Beim Systemtesten werden auch Aspekte wie Belastung der verfügbaren Hardware-Einsatzumgebung, Integration in die Benutzerorganisation und Wartung des Software-Systems betrachtet.

Für das Systemtesten sind folgende Prüfziele zu berücksichtigen:

- Vollständigkeit
  Es ist zu überprüfen, ob das System alle funktionalen und nichtfunktionalen Anforderungen aus der Leistungsbeschreibung (z. B. Pflichtenheft) erfüllt.

- Volumen
  Das System ist mit umfangreichen Datenmengen zu testen (Massentest). Eine potentielle Schwachstelle kann beispielsweise die Größe von Dateien oder Datenbanken sein.

- Last
  Das System ist über längere Zeit unter Spitzenbelastungen zu testen. Beispielsweise sollte ein Online-Kundeninformationssystem mehrere Tage lang getestet werden, wobei von allen Terminals gleichzeitig über mehrere Stunden am Tag Transaktionen ausgeführt werden.

- Handhabung/Benutzerfreundlichkeit
  Es sind die Fehlermeldungen, die Help-Techniken, die Quittierung von Eingaben, das Anzeigen von Systemzuständen und die Layout-Gestaltung auf Benutzerfreundlichkeit zu überprüfen.

- Sicherheit
  Es ist zu überprüfen, inwieweit Datenschutzmechanismen und Datensicherheitsprüfungen durch das Software-System bzw. durch die umgebende Organisation vorhanden sind.

- Effizienz
  Es ist zu prüfen, ob die Antwortzeiten und die Durchsatzraten bei starker Systembelastung den spezifizierten Anforderungen entsprechen.

- Konfiguration
  Wenn die Software für unterschiedliche Hardware-Konfigurationen geeignet sein soll, ist zu prüfen, ob sie auch entsprechend konfiguriert werden kann.

- Kompatibilität/Datenkonversion
  Viele Systeme werden heute in bereits lang existierenden Systemen integriert. Es ist zu überprüfen, in welchem Ausmaß die Verträglichkeit der Schnittstellen gewährleistet ist bzw. ob Konversionsprozeduren zum Transfer von Daten in andere Systeme vorhanden sind.

- Dokumentation
  Es ist die Genauigkeit und Güte der Benutzer- und Wartungsdokumentation zu überprüfen.

- Wartbarkeit
  Es sind Prüfungen aller Anforderungen hinsichtlich der Wartbarkeit durchzuführen.

Bei hochintegrierten Applikationen (wie z. B. bei Bankapplikationen) wird oft der Aspekt Kompatibilität/Datenkonversion durch eine eigene Testaufgabe berücksichtigt, die vor dem Systemtesten eingeschoben wird und als applikatorisches Integrationstesten bezeichnet wird. Hierbei werden umfangreiche Tests der Schnittstellen zu den Nachbarapplikationen geplant und durchgeführt.

Um die Grenzen der Leistungsfähigkeit eines Systems zu testen, sind oft riesige Testdatenmengen bereitzustellen. Dazu eignen sich Simulatoren oder Testdatengeneratoren.

Die beim Systemtesten anfallende umfangreiche Testdatenmenge eignet sich hervorragend für Regressionstests in der Wartung. Eine gute Testdokumentation, in der auch die Testergebnisse enthalten sind, erleichtert das Testen von Änderungen in der Wartung erheblich.

Wie die Praxis des Systemtestens zeigt, kann der Aufwand an Ressourcen erheblich sein.

Das Systemtesten endet, wenn die Verantwortlichen die Systemleistungen gemessen, die aufgetretenen Probleme gelöst und ausreichendes Vertrauen in das Produkt haben, um das Abnahmetesten durchzuführen.

Abnahmetesten

Abnahmetesten ist die dritte Teststufe beim Testen im Großen. Das Ziel beim Abnahmetesten besteht darin zu demonstrieren, daß das Vertrauen in das Produkt für den Einsatz beim Kunden oder Auftraggeber gerechtfertigt ist. Um dies zu beweisen, sind folgende Bedingungen zu erfüllen:

- Konzentration auf die Benutzeranforderungen,
- Mitarbeit der Benutzer oder von Benutzervertretern,
- Test des Systems unter normalen Betriebsbedingungen (Hardware/Systemsoftware).

Das Abnahmetesten wird meistens von der Benutzerorganisation durchgeführt. Basierend auf dem Vertrag mit dem Auftraggeber werden Testfälle erstellt, die zeigen sollen, daß der Vertrag nicht erfüllt ist. Sind die Testfälle nicht erfolgreich, so wird das System abgenommen. Bereits in der Anforderungsspezifikation bzw. im Vertrag mit dem Auftraggeber sind Abnahmekriterien festzulegen.

Die Testfälle für das Abnahmetesten sind charakterisiert durch:

- Abnahmekriterien aus der Anforderungsspezifikation,
- Teilmengen der Testfälle des Systemtestens,
- Testfälle für die Verarbeitung der Geschäftsfälle einer typischen Zeitperiode (z. B. Tag, Monat, Jahr) oder einer Abrechnungsperiode,
- Testfälle für Dauertests mit dem Ziel, einen kontinuierlichen Betrieb über eine größere Zeitspanne zu prüfen.

Fehler und Mängel, die beim Abnahmetesten auftreten können, sind:

- Außerachtlassen der Zielsetzungen des Abnahmetestens (Testen des operationalen Betriebs des Systems) und
- keine Planung, d. h. willkürliche Benutzung des Systems durch die Endbenutzer.

Eine Spezialform des Abnahmetestens ist das Installationstesten. Dabei geht es darum, das System in der Zielumgebung zu installieren. Die Ziele bei dieser Testaktivität sind das Aufdecken von Installationsfehlern. Folgende Bedingungen sind zu prüfen:

- Alle Systemteile sind vorhanden und haben die richtigen Installationszustände, z. B. Dateien oder Datenbanken bzw. Bibliotheken sind in ihrem Grundzustand definiert und initialisiert.
- Die Hardware-Konfiguration stimmt mit den Anforderungen überein.

Bei einem Projektaufwand von ca. 50 bis 60 % für den Testprozeß ist eine ziel- und ergebnisorientierte Testplanung unbedingt erforderlich. Wie die Praxis zeigt, sind das Verständnis bzw. die Voraussetzungen dafür oft nicht gegeben. Ohne einen gut strukturierten und methodisch gestützten Testprozeß läßt sich keine effiziente Qualitätsbewertung erreichen.

4.2.2.3 Testorganisation

Die Testorganisation sollte von der Entwicklerorganisation unabhängig sein. Ihre Aufgabe ist es, die entwickelten Produkte mit größtmöglicher Genauigkeit zu untersuchen, Abweichungen von den spezifizierten Anforderungen festzustellen, sowie die Einsatztauglichkeit zu prüfen. Werden Mängel festgestellt, wird die Einführung und der Einsatz in der Produktion verweigert und das Produkt an die Entwicklerorganisation zurückgewiesen.

Eine weitere Aufgabe einer Testorganisation kann die Software-Einsatzplanung sein. In größeren Informatik-Organisationen ist für diese Aufgabe eine eigene Organisationseinheit zu etablieren. Wir bezeichnen diese Organisationseinheit als Software-Leitstelle. Sie plant den korrekten Einsatz der Programme und Datenbanken für eine einzuführende Applikation auf den Produktionsanlagen.

Um die Effizienz von Testprozessen zu steigern, ist der Einsatz externer Prüfer/Tester empfehlenswert. Dabei ist deren Rolle und die Beziehung zur Entwicklerorganisation vertraglich festzuhalten. Meistens wird diese Art von Testorganisation für eine begrenzte Zeitperiode festgelegt, in der Test-Know-how kurzfristig bereitgestellt werden muß. Bei großen amerikanischen Militär- und Raumfahrtprojekten ist das Beiziehen externer Testfirmen üblich. Neben einer Grundpauschale wird der Erfolg des Einsatzes auf Basis der Anzahl entdeckter Mängel (Fehler) honoriert.

Für kleinere und mittlere Informatik-Organisationen (bis zu 200 Entwickler) schlagen wir ein ablauforientiertes Modell einer Testorganisation vor, das in Abbildung 4.25 illustriert wird.

4.2 Dynamische Prüfungen — Testen

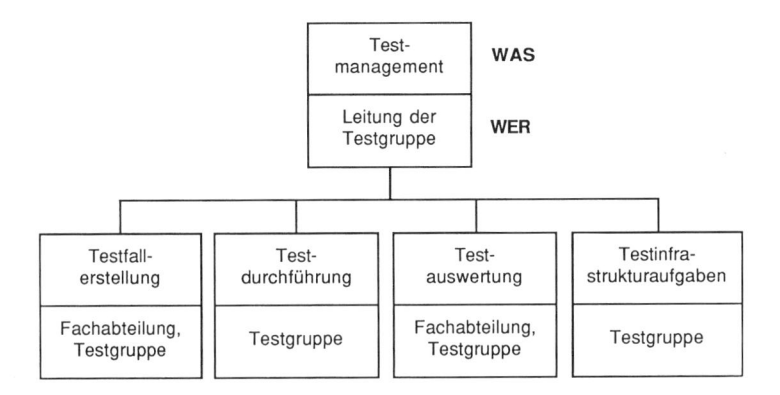

```
                    ┌─────────────────┐
                    │ Test-           │  WAS
                    │ management      │
                    ├─────────────────┤
                    │ Leitung der     │  WER
                    │ Testgruppe      │
                    └────────┬────────┘
         ┌──────────────┬────┴─────┬──────────────┐
┌────────────────┐ ┌──────────┐ ┌────────────┐ ┌──────────────┐
│ Testfall-      │ │ Test-    │ │ Test-      │ │ Testinfra-   │
│ erstellung     │ │ durch-   │ │ auswertung │ │ struktur-    │
│                │ │ führung  │ │            │ │ aufgaben     │
├────────────────┤ ├──────────┤ ├────────────┤ ├──────────────┤
│ Fachabteilung, │ │Testgruppe│ │Fachabteil.,│ │ Testgruppe   │
│ Testgruppe     │ │          │ │Testgruppe  │ │              │
└────────────────┘ └──────────┘ └────────────┘ └──────────────┘
```

Abb. 4.25 Modell einer ablauforientierten Testorganisation

Das Testmanagement übernimmt die Verantwortung für die Planung, Organisation und Durchführung des Testprozesses, nicht jedoch für die Qualität des zu testenden Systems.

Die Funktionen Testfallerstellung und Testauswertung werden von der Testgruppe zusammen mit der betroffenen Fachabteilung (oder auch mit den Benutzervertretern) wahrgenommen. Die Testdurchführung mit der Testvorbereitung erfolgt alleine durch die Testgruppe.

Wesentliche Erfolgsfaktoren für eine effiziente Testorganisation sind das Vorhandensein eigener Testanlagen (Rechner), aktuell gehaltene Testdatenbanken und Testwerkzeuge. Im Rahmen der Testinfrastrukturaufgaben, die durch die Testgruppe selbst wahrgenommen werden, sind diese Anforderungen zu berücksichtigen.

4.2.2.4 Testdokumentation

Für die Struktur und den Inhalt von Testdokumenten orientieren wir uns an der IEEE-Norm 829-1983. Folgende Dokumente sind nach dieser Norm zu verwenden (siehe Abbildung 4.26):

- Testplan
- Testentwurfsspezifikation
- Testfallspezifikation
- Testvorgehensspezifikation
- Testobjektübergabebericht
- Testprotokoll (»Test-log«)
- Testvorfallsbericht
- Testbericht

Eine zentrale Rolle beim Testen spielt der Testplan. Er ist die Voraussetzung für die Kontrolle und Steuerung der Testvorbereitung und der Testausführung. Gleichzeitig bildet er eine Grundlage für die Qualitätssicherung des Testprozesses. Erfahrungen im Zusammenhang mit Testplänen sind:

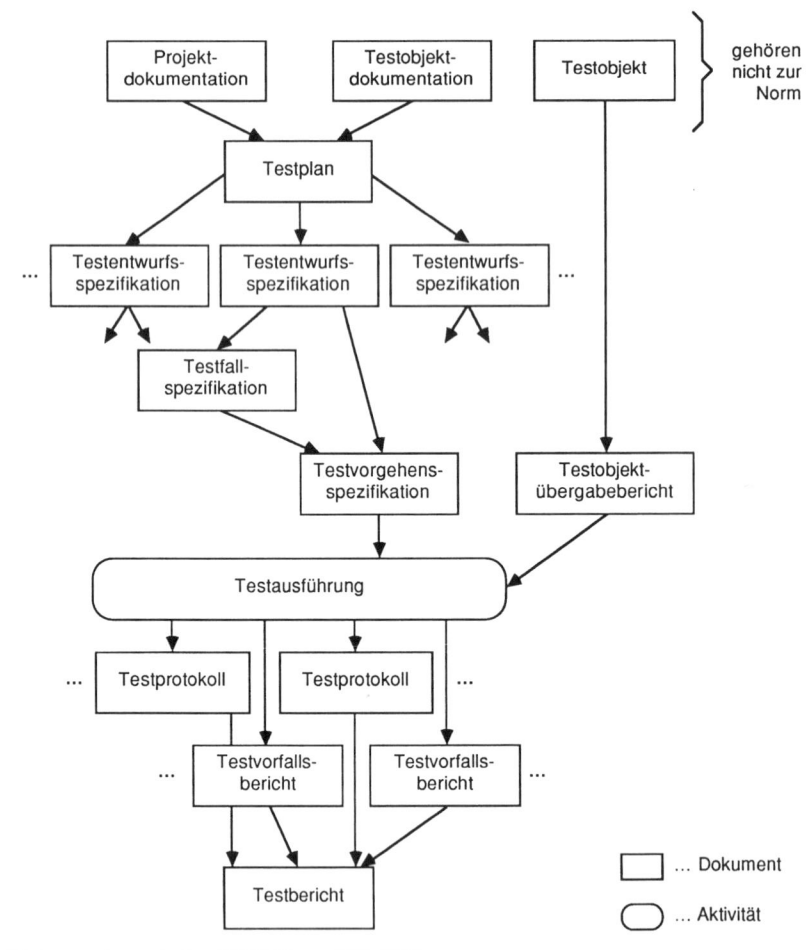

Abb. 4.26 Testdokumente nach der IEEE-Norm 829-1983

- Der Testplan muß existieren, muß benutzt und geändert werden.
- Der Testplan muß möglichst früh erstellt werden (er sollte spätestens zum Systementwurf vollständig vorliegen).
- Der Testplan muß im Projektplan referenziert sein.

Der Testplan besitzt folgende Inhaltsstruktur:

- Testplanidentifikation
- Einleitung
- Testobjekte
- zu testende Merkmale
- nicht zu testende Merkmale
- Testvorgehen

- Bestanden-/Nichtbestanden-Kriterien für jedes Testobjekt
- Unterbrechungs- und Wiederaufnahmekriterien für Tests
- Ergebnisse (Dokumente) des Testprozesses
- Testaufgaben
- Testumgebung
- Verantwortlichkeiten
- personelle Anforderungen und Schulungsanforderungen
- Zeitplan mit Testmeilensteinen
- Risikoabschätzung der Testplanung
- Verantwortliche für die Genehmigung des Testplans

Die Testentwurfsspezifikation legt die Teststrategie fest und präzisiert sie. Weiters identifiziert sie die Funktionen und Merkmale für die Testfälle. Sie enthält auch Kriterien, nach denen entschieden wird, ob ein zu testendes Merkmal erfüllt ist oder nicht.

In der Testfallspezifikation werden die Testfälle definiert, die in der Testentwurfsspezifikation identifiziert wurden. Im wesentlichen enthält sie eine Testfallkennzeichnung, einen Hinweis auf das Testobjekt, eine Ein-/Ausgabespezifikation, eventuelle Anforderungen an die Testumgebung und Hinweise auf die Reihenfolge der Testfälle.

Die Testvorgehensspezifikation beschreibt das eigentliche Testverfahren, wodurch der genaue Ablauf der Testdurchführung für den Einzeltest festgelegt wird.

Der Testobjektübergabebericht zählt im Detail die Testobjekte gemäß der Konfigurationsliste auf. Dieser Übergabebericht ist insbesondere dann wichtig, wenn das Entwicklungsteam nicht identisch ist mit dem Testteam und das Abnahmetesten vertraglich geregelt wird.

Das Testprotokoll beschreibt in chronologischer Reihenfolge alle relevanten Details jedes Tests, der durchgeführt wurde (genaue Fehlermeldungen, Abstürze, Anforderungen eines Operatoreinsatzes, etc.).

Der Testvorfallsbericht faßt die aufgetretenen Abweichungen zusammen und stellt den Bezug zu den Testspezifikationen und Testprotokoll-Eintragungen her. Er enthält die erwarteten und die tatsächlichen Ergebnisse, die Umgebungsbeschreibung, Anomalien, Testwiederholungsversuche und die Identifikation der Tester. Wesentlich für eine nachfolgende effiziente Fehleranalyse ist eine treffende Problemklassifikation und Problembeschreibung mit einer Aussage zur Dringlichkeit.

Der Testbericht faßt die Ergebnisse der Testaktivitäten zusammen und liefert eine Bewertung, ob die gesetzten Ziele und Anforderungen erreicht wurden.

Die Erstellung und Archivierung der Testdokumentation ist in vielen Informatik-Organisationen bisher vernachlässigt worden. Dokumentenmuster für Testdokumente fehlen vielfach. Ohne Testdokumentation ist es nicht möglich, den Testprozeß zu steuern und zu kontrollieren. Als ein Minimum an Testdokumentation sollten ein Testplan, eine Aufzeichnung der Testfälle mit den Testergebnissen und ein Verzeichnis der aufgetretenen Probleme und Abweichungen existieren.

4.2.2.5 Kontrolle des Testprozesses

Testen nimmt im Projektablauf vom Aufwand und der Bedeutung her eine entscheidende Rolle ein. Durch das Testen und die Durchführung von Reviews wird die Funktion der analytischen Qualitätssicherung wahrgenommen. Dies alles verlangt danach, auch den Testprozeß als Teil des Entwicklungsprozesses zu kontrollieren. Ohne geeignete Kontrollmechanismen für den Testprozeß fehlen dem Management und der Projektleitung Informationen, um den Projektfortschritt und anstehende Probleme bewerten zu können.

Die wesentlichen Elemente für eine effektive Testkontrolle sind:

- Erfassung und Verfolgung von Problemen, Mängeln und Fehlern;
- Fehleranalysen (Ursachen, Kategorien, Wirkungen);
- Testaufwand- und Teststatusverfolgung;
- aktuelle und vollständige Testdokumentation.

Wir gehen im folgenden auf diese Elemente der Testkontrolle näher ein und geben praktische Hilfsmittel für deren Anwendung an. Auf Fragen der Testdokumentation wurde unter 4.2.2.4 näher eingegangen.

Erfassung und Verfolgung von Problemen, Mängeln und Fehlern

Die Erfassung und Verfolgung von zuverlässigen Informationen über Probleme, Mängel und Fehler, die während des Testens und des Systembetriebs anfallen, ist eine wichtige Kontrollfunktion. Diese Informationen werden analysiert, zusammengefaßt und ausgewertet, um Trends und signifikante Ereignisse zu erkennen.

In Informatik-Organisationen werden dafür spezielle Formulare und Berichte verwendet. Zwei Dokumente, die diese Kontrollfunktion unterstützen, sind das Testprotokoll und der Testvorfallsbericht, die in der IEEE-Norm 829-1983 beschrieben sind. Erfahrungen aus der Praxis zeigen, daß diese Kontrollfunktion ohne ein rechnergestütztes Informationssystem auf die Dauer nicht effizient wahrgenommen werden kann. Beispiele solcher Systeme sind das EIR (Electronic Incident Report System [SBG88]) oder das Problem/Change Management System [IBM87]. Sie ermöglichen den Aufbau und die Pflege umfangreicher Fehlerdatenbanken, die eine Voraussetzung für eine ursachenbezogene Fehleranalyse sind.

Fehleranalysen

Fehleranalysen sind vielfältig verwendbar. Einerseits können durch periodische Auswertungen Häufigkeiten (wie viele Fehler/Probleme pro Monat, pro Modul, etc.) und Trends von Vorfällen im Testprozeß oder Schwierigkeiten bei der Handhabung von Modulen der Applikation ermittelt werden. Andererseits lassen sich Ursachen für Fehler und Probleme im Entwicklungs- bzw. Pflegeprozeß aufdecken.

Folgende einfache Klassifikation von Fehlertypen hat sich als praktikabel erwiesen:

- Anforderungsfehler
- Entwurfsfehler
- Programmierfehler
- Datenbankfehler
- Schnittstellenfehler
- Fehler in der Jobablaufsteuerung
- Fehler in der Testumgebung
- Diverses

Wichtig für die Fehler-Ursachenanalyse ist, wann der Fehler entdeckt wird (in welcher Phase) und wann er entstanden ist. Zur Einteilung der Ursachen empfehlen wir folgendes Ursachenklassifikationsschema ([Jone85], [Wall88]):

- Informationsmangel wegen fehlender oder unzureichender Aus-/Fortbildung
  — applikationsbezogen
  — bezogen auf das Informatik-Wissen

- Kommunikationsmangel

- Mangel in der Arbeitsausführung oder -kontrolle
  — Schreibfehler
  — Flüchtigkeitsfehler
  — mangelnde Kontrolle

In der Vergangenheit wurde der Testprozeß als ein Fehlerentdeckungsmechanismus verstanden. Durch die Fehleranalyse und die Berücksichtigung ihrer Ergebnisse dient der Testprozeß verstärkt auch der Fehlerverhütung, indem die Quellen für potentielle Probleme und Mängel im Entwicklungs- oder Wartungsprozeß entdeckt und beseitigt werden.

Testaufwand- und Teststatusverfolgung

Voraussetzung für eine effiziente Verfolgung des Testaufwandes und des Teststatus ist eine gute Planung und eine aktuelle Testdokumentation. Folgende Informationen über den Teststatus sollten vorhanden sein:

- Status der Testentwurfsarbeit
- Status der Arbeit für die Testfallspezifikation
- Anzahl der verfügbaren Testfälle
- Was wurde bereits getestet, und was ist noch zu testen?
- Welche Programmversionen wurden mit welchen Tests getestet?
- noch zu leistender Testaufwand

Die Praxis zeigt, daß diese Informationen nur sehr unzureichend verfügbar sind oder benutzt werden. Stattdessen wird an der mythischen »90 %-Fertig«-Statusmeldung festgehalten, bei der die verbleibende Testzeit in keiner Weise geschätzt werden kann.

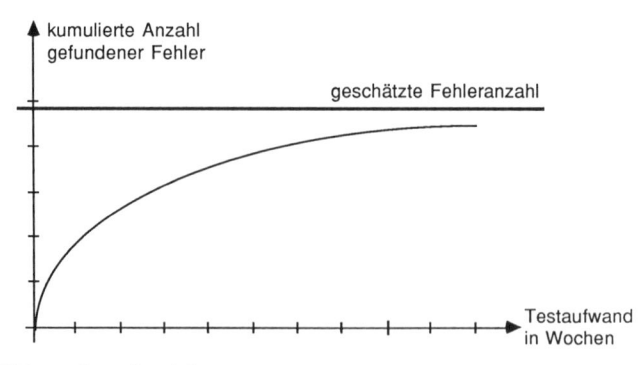

Abb. 4.27 Testaufwandverfolgung

Bei umfangreichen Projekten hat es sich als wirksam erwiesen, die beiden Kenngrößen kumulierte Anzahl gefundener Fehler und Testaufwand (z. B. in Wochen) zu verfolgen (siehe Abbildung 4.27). Zusammen mit einer groben Abschätzung der potentiell vorhandenen Fehler in der Applikation (beispielsweise 0,5 — 1 % aller Zeilen des Quellcodes sind fehlerhaft) hat man ein sehr praktikables Hilfsmittel, um den Testaufwand zu kontrollieren.

Ein weiterer Indikator, der die Verfolgung des Testaufwands bzw. des Teststatus ermöglicht, ist die Anzahl bereits getesteter Anforderungen oder Funktionen des Software-Produkts in bezug auf den geleisteten Testaufwand. Dies setzt jedoch eine funktionsorientierte Entwicklungsmethodik voraus.

Zusammenfassend stellen wir fest, daß eine effiziente Testkontrolle eine detaillierte Testplanung voraussetzt und mit Disziplin, sowie einigen Hilfsmitteln (Problem- und Fehlererfassungssystem, Fehlerdatenbank, Trendcharts) realisierbar ist.

5 Software-Qualitätssicherung in der Wartung

In vielen Firmen überwiegen die Wartungsaktivitäten. Die Entwicklungsaktivitäten und damit die Realisierung neuer Anwendungen werden dadurch zurückgestellt (»application backlog«). Nach Schätzungen in den USA entstehen mehr als 80 % der gesamten Life Cycle-Kosten eines Software-Produkts durch die Wartung [Wien84].

Das Wort Wartung bedeutet in der Umgangssprache die Wiederherstellung eines befriedigenden Zustands einer Maschine oder eines Geräts. Meist wird Wartung durch materielle Abnützung oder durch Alterung verursacht. Die Wartung eines Fernsehgerätes ist eine relativ einfache Angelegenheit, bei der das fehlerhafte Bauteil ausgetauscht wird. Die Anforderungen an jemanden, der Fernsehgeräte wartet, sind im Vergleich zu demjenigen, der sie entwirft und realisiert, niedrig.

Bei Software-Systemen gibt es keine materielle Abnützung oder Alterung, die zu einer Wartung führt. Software-Wartung bedeutet die Verbesserung des Originalzustands. Die Anforderungen an jemanden, der Software-Wartung betreibt, sind hoch. Einerseits muß er ein ausreichendes Fachwissen über die Applikationen besitzen, um die Software bzw. die Anforderungen an diese zu verstehen. Andererseits muß er genügend Software Engineering-Kenntnisse besitzen, um die Anforderungen realisieren zu können.

Gründe für die Wartung von Software-Systemen sind:

- Korrekturen zur Beseitigung existierender Mängel (»Stabilisierung«, »corrective maintenance«),
- Anpassungen an eine geänderte Einsatzumgebung des Produkts (»adaptive maintenance«),
- Änderungen, um Qualitätsmerkmale wie z. B. die Wartbarkeit oder die Zuverlässigkeit des Produkts zu verbessern (»Tuning«, »perfective maintenance«),
- Erweiterungen, um neue Anforderungen zu erfüllen.

Hinter den Erweiterungen verbirgt sich häufig eine umfangreiche Menge von Neuentwicklungsarbeit, die unter dem Mantel der Wartung versteckt wird. Durch eine geeignete Release- oder Entwicklungsstufenplanung kann diese versteckte Neuentwicklungsarbeit vermieden werden. Erweiterungen zählen wir nur dann zur Wartung, wenn der Aufwand geringer als 6 Personenmonate ist.

Wir definieren demzufolge Software-Wartung als geplante und systematisch durchgeführte Korrektur, Änderung oder Erweiterung eines Software-Produkts.

Die Praxis zeigt, daß die Wartung umfangreiche Ressourcen einer Informatik-Organisation in Anspruch nimmt und ernsthafte Probleme verursacht. Die Gründe dafür sind:

- Der Entwicklungsprozeß ist in der Regel nicht mehr nachvollziehbar.
- Änderungen werden nicht dokumentiert.
- Änderungen reduzieren die Stabilität des Produkts.

- Änderungen wirken sich in Form eines Domino-Effekts (ripple effect) auf verschiedene Produktteile aus und beeinträchtigen das Produktverhalten.
- Die Produktentwicklung wird ohne Berücksichtigung der späteren Wartung geplant und durchgeführt.

Weitere Gründe, warum Wartung heute Probleme bereitet, sind:

- 75 bis 80 % der existierenden Software wurden vor Verbreitung der strukturierten Programmierung entwickelt,
- hohe Personalfluktuation in Informatik-Organisationen,
- mangelnde Planung, insbesondere Fehlen eines Release-Plans bei der Produktentwicklung,
- fehlende Verfolgbarkeit der Anforderungen und Entwurfsentscheidungen auf Code-Ebene.

Die Wartung wird auch durch die Größe eines Produkts beeinflußt. Statistiken über die letzten 20 Jahre zeigen ein deutliches Ansteigen der LOC-Gesamtwerte pro Applikation bzw. Projekt [Boeh87]. Dadurch wird die Lokalisierung der Änderungen, aber auch die Abschätzung der Auswirkungen von Änderungen, erschwert. Große Systeme sind beispielsweise Flugreservierungssysteme, hochintegrierte Banksysteme, elektronische Vermittlungssysteme, Betriebssysteme oder militärische Kommando- und Leitsysteme.

Der Begriff Software-Evolution bringt das permanente Ändern existierender Software besser zum Ausdruck als der nicht aussagekräftige Begriff Wartung.

Die Hauptaufgaben der Software-Evolution sind:

- Verstehen der existierenden Software und der Anforderungen, um sie zu ändern, zu erweitern oder zu korrigieren,
- Modifizieren der existierenden Software,
- Bewertung der Korrektheit der modifizierten Software durch Prüfungen (Reviews) und Tests.

Lehman und Belady [Lehm80] stellten durch Analysen von großen Programmsystemen der IBM folgende Phänomene im Zusammenhang mit Software-Evolution fest:

- Phänomen des ständigen Änderns
  Ein Programm, das während seines Einsatzes nicht laufend geändert wird, verliert an Wert. Der Änderungs- bzw. der Verfallsprozeß geht so lange weiter, bis es kostengünstiger ist, das Programm neu zu schreiben.

- Phänomen der wachsenden Komplexität (Ungeordnetheit)
  Die Komplexität (Ungeordnetheit) eines Programmes, verursacht durch die große Anzahl realisierter Funktionen, Benutzerschnittstellen und Systemschnittstellen, wird laufend größer, es sei denn, man investiert Arbeit, sie zu reduzieren.

Zum ersten Phänomen muß gesagt werden, daß nicht nur Fehler behoben werden, sondern daß laufend Verbesserungen und Anpassungen wegen der sich verändernden

Umgebungs- und Benutzeranforderungen notwendig sind. Im Zusammenhang mit der Wartung des Betriebssystems OS/360 stellte man beispielsweise fest, daß immer mehr Module geändert werden mußten, um Seiteneffekte zu vermeiden.

Das zweite Phänomen ist für viele Wartungsverantwortliche eines der schwierigsten Probleme. Aus Zeit- und Kostengründen wird der Verlust an Struktur nicht verhindert. Statt dessen werden schnelle Änderungen (»quick fixes«) durchgeführt und weitere Module dem System hinzugefügt, ohne deren Auswirkungen auf bestehende Module zu prüfen. Vielfach sind die Autoren der ursprünglichen Programme nicht mehr verfügbar, und die Wartungsaktivitäten werden oft durch unerfahrene Produktbetreuer durchgeführt. Durch einen solchen Änderungsprozeß geht die Integrität des Produkts verloren. Am schnellsten merkt man dies an der nicht mehr aktuellen Programmdokumentation. Weiters nimmt die Modulkopplung zu und die Modularisierung insgesamt ab.

Aus der Sicht der Qualitätssicherung stellt sich die Frage, welche Eigenschaften und Merkmale ein Produkt aufweisen muß, um es als leicht wartbar oder wartungsfreundlich bezeichnen zu können. Im Rahmen der Diskussion um Qualitätsmodelle sind wir bereits auf Beschreibungsansätze für Wartbarkeit eingegangen (siehe Anhang A1 und A2). Detaillierte Angaben über Merkmale für Wartungsfreundlichkeit finden sich in [Balz88], [Asam86] und [Mart83].

Das Informatik-Management wird durch zunehmende Wartungsprobleme und Wartungsanforderungen bei der Planung und Realisierung neuer Anwendungen behindert und eingeschränkt. Bessere Entwurfs- und Implementierungsmethoden führen zwar zu einer höheren Qualität bei neuen Applikationen, die Qualität alter Systeme, an denen zahlreiche Änderungen durchgeführt wurden, bleibt jedoch schlecht. Aus wirtschaftlichen Gründen ist es nicht möglich, alle alten Produkte zu ersetzen. Es muß daher ein Weg gefunden werden, diesen oben besprochenen evolutionären Änderungsprozeß sowohl aus wirtschaftlicher, als auch aus qualitativer Sicht, plan- und kontrollierbar zu machen. Wir schlagen dazu Maßnahmen vor, die

- die Wartungskosten reduzieren,
- die Wartbarkeit sichern und
- die Wartungsaktivitäten regeln.

5.1 Reduzierung der Wartungskosten

Wie Erfahrungen bei der Wartung großer Software-Produkte (z. B. eines Betriebssystems) gezeigt haben, sind Software-Fehler nicht gleichverteilt über alle Module, sondern sie treten gehäuft in Modulen auf, die oft geändert werden. Andere Erfahrungen zeigen, daß Module, die oft geändert wurden, weitere Wartungsaktivitäten nach sich ziehen. Wie bereits erwähnt, verschlechtert Wartung die Qualität der Programme hinsichtlich der Modularität, der Strukturierung und der Lesbarkeit. Es stellt sich die Frage, wie diese änderungsträchtigen Module identifiziert werden können. Durch nachfolgende organisatorische Maßnahmen läßt sich das Problem lösen.

Das Wartungspersonal zeichnet genau auf,

- welche Module geändert wurden,
- welcher Aufwand für die Wartungsaktivitäten verbraucht wurde,
- den Grund, warum gewartet wurde und
- eine kurze Beschreibung der durchgeführten Wartungsarbeit.

Der Aufwand wird dabei nicht in Personenstunden, sondern durch die Anzahl der geänderten Zeilen (Quellcode + Dokumentation) angegeben.

Mit diesen Informationen lassen sich Aussagen treffen, welche Module welchen Wartungsaufwand verursachen. Es sind damit jene Module feststellbar, die die höchsten Wartungskosten verursachen. Ab einer bestimmten Anzahl von Änderungen ist es billiger, diese Module neu zu entwickeln.

Zur Verdeutlichung der Problematik geben wir folgende Erfahrungswerte von Boehm an: Schlecht wartbare Produkte reduzieren die Produktivität der Mitarbeiter, die mit Wartungsaufgaben betraut sind, gegenüber jenen, die Neuentwicklungen durchführen, im Verhältnis von bis zu 40 : 1. Kostet die Entwicklung einer Zeile Code 25 $, so können bei schlecht wartbaren Produkten Wartungskosten bis zu 1000 $ je Zeile Code entstehen [Boeh79b].

Die Angaben, warum gewartet wurde und welche Wartungsarbeit durchgeführt wurde, helfen bei der Entscheidung, ob ein Modul weiter gewartet oder neu programmiert wird. In [Bert84] wird folgende Regel empfohlen:

- vernichte und entwickle den Modul neu, wenn er klein ist,
- restauriere den Modul, wenn er groß, sehr trickreich programmiert oder stark mit anderen Modulen gekoppelt ist.

In [Schä84] wird berichtet, daß mit oben angeführten Maßnahmen bis zu 45% der Wartungskosten eingespart werden können.

5.2 Sicherung der Wartbarkeit

Typische Lebenszyklen von kommerziellen Produkten umfassen ca. 10 bis 15 Jahre Nutzungsdauer, in der das Produkt eine Evolution durchmacht und gepflegt werden muß. Aus der Sicht der Qualitätssicherung stellt sich die Frage, wie die Wartbarkeit bereits bei der Entwicklung positiv beeinflußt werden kann, damit der Aufwand in der Pflegephase möglichst gering gehalten werden kann.

Parnas [Parn79] schlägt in diesem Zusammenhang folgendes vor:

- Strukturiere die Anforderungen in Teilmengen und unterscheide Anforderungen, die später Erweiterungen nach sich ziehen. Diese so gewonnenen Teilmengen von Anforderungen erleichtern den Software-Entwurf und fördern die Flexibilität.

- Verwende beim Entwurf des Produkts Abstraktionsschichten. Dadurch können bei Änderungen Funktionen ohne Seiteneffekte hinzugefügt oder weggenommen werden.

Um beide Vorschläge von Parnas erfüllen zu können, ist es zweckmäßig, die Anforderungen und den Entwurf in Form von Modellen darzustellen. Analyse- und Entwurfsentscheidungen lassen sich damit einfacher überprüfen. Methoden, wie beispielsweise die Strukturierte Analyse (SA) oder die Jackson-Systementwicklungsmethode führen zu einer systematischen Erstellung von Modellen.

Der erste Vorschlag von Parnas kann durch eine Produktplanung in Form von Releases umgesetzt werden. Produktfunktionen, die als nicht dringlich gelten, werden für ein nachfolgendes Verbesserungsrelease dokumentiert. Voraussetzung ist natürlich, daß die Weiterentwicklung (Evolution) des Produkts bereits bei der Erstentwicklung berücksichtigt wird und eine rechtzeitige Budgetierung (Zeit- und Kostenplan) des Verbesserungsrelease erfolgt.

Der zweite Vorschlag führt zu einer Schichtenarchitektur von Software-Systemen ([Thur88], [Dene86]). Das nachfolgende Beispiel eines interaktiven Software-Systems besteht aus vier Schichten (siehe Abbildung 5.1). Die Häufigkeit von Änderungen steigt von der untersten bis zur obersten Schicht an.

Abb. 5.1 Beispiel einer Schichtenstruktur eines interaktiven Software-Systems

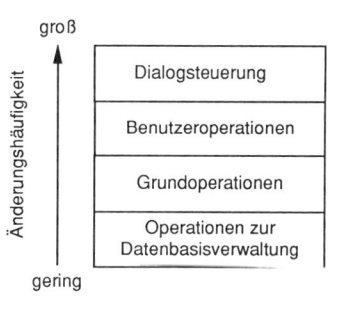

Die unterste Schicht dient zur Verwaltung der Datenbasis, die durch Dateien oder ein Datenbanksystem realisiert wird. Die Struktur dieser Schicht leitet sich aus dem konzeptionellen Datenmodell ab. Die darüberliegende Schicht enthält Grundoperationen der Applikation, beispielsweise Operationen, die Daten aufbereiten oder Daten in bestimmter Reihenfolge zur Verfügung stellen.

Die nächsthöhere Schicht enthält applikationsspezifische Operationen. Sie wird als Schicht der Benutzeroperationen bezeichnet. Liegt eine gute Modularisierung vor, so sind diese Operationen beispielsweise in Form von Datenkapseln realisiert. Durch Verkettung dieser Operationen wird der Dialogablauf festgelegt. Die Steuerung und Aktivierung des Dialogablaufs erfolgt in der höchsten Schicht (Dialogsteuerung). Diese Schicht enthält den Dialogmonitor (»TP-Monitor«). Durch Menüs und Kommandos steuert der Benutzer den Dialog. Durch eine solche Schichtenstruktur lassen sich Änderungen rascher lokalisieren.

Martin [Mart83] schlägt folgende Maßnahmen für eine bessere Wartbarkeit vor:

- Spezifiziere Qualitätsziele in Form konkreter Ausprägungen von Qualitätsmerkmalen und lege die Wartbarkeitsanforderungen bei der Formulierung des Projektauftrags fest.
- Verwende Datenkapseln sowie abstrakte Datentypen für die Modularisierung, Codd'sche Normalformen zur Datenmodell-Beschreibung und Strukturierte Programmierung zur Implementierung.
- Etabliere analytische Qualitätssicherungsmaßnahmen, wie Audits und Reviews.
- Prüfe regelmäßig die Realisierung der Wartbarkeitsanforderungen (z. B. durch Audits).
- Wähle eine wartungsfreundliche Programmiersprache aus, wie beispielsweise Ada oder Modula-2.
- Verbessere die Programmdokumentation in Richtung adressatengerechte Dokumentation und Selbstbeschreibungsfähigkeit des Programms.

Zusammenfassend läßt sich feststellen, daß durch einen ingenieurmäßigen Entwicklungsansatz die Situation bei der Wartung verbessert wird. Die gegenwärtige Problematik in der Praxis besteht darin, daß zwar ein generelles Einverständnis über die Notwendigkeit der oben beschriebenen Maßnahmen existiert, sie aber als langfristig wirksam eingestuft werden. Der heute tätige Software-Manager besitzt leider in der Regel einen kurzfristigen Entscheidungshorizont (max. 1,5 Jahre). Maßnahmen, die auf diesen Horizont abgestimmt sind, bringen meist nur einen kurzfristigen Nutzen. Dies führt häufig zu einer Diskrepanz zwischen einem längerfristigen Software Engineering-Konzept und der dann tatsächlich realisierten Software-Lösung.

5.3 Organisation der Wartungsaktivitäten

Wartungsaktivitäten können entweder von den Entwicklern selbst oder durch eine eigene, von den Entwicklern unabhängige Wartungsmannschaft durchgeführt werden. Beide Formen haben Vor- und Nachteile.

»Entwickler warten selbst«

Vorteile:

- Die Entwickler besitzen die besten Kenntnisse über ihre Produkte. Die Wartungsarbeit kann rasch durchgeführt werden.
- Die Benutzer haben nur mit einer Gruppe von Informatikern zu tun, die für eine Applikation oder ein Produkt verantwortlich sind.
- Die Entscheidung (»Wer darf entwickeln?«, »Wer muß warten?«) wird erleichtert, da jeder Entwickler auch warten muß.
- Die Wahrscheinlichkeit, daß bei der Entwicklung die Anforderungen an die Wartbarkeit berücksichtigt werden, ist groß.

Nachteile:

- Wenn ein Entwickler zu viel Wartungsarbeit erledigen muß, ist die Wahrscheinlichkeit groß, daß er die Informatik-Organisation verläßt.
- Probleme können entstehen, wenn ein Entwickler mit ausgezeichnetem Produktwissen die Informatik-Organisation verläßt und für ihn kein entsprechender Ersatz existiert.
- Es besteht die Gefahr, daß die Entwickler zu viel Zeit damit verbringen, ihr Produkt zu perfektionieren.
- Wenn große Entwicklungsprojekte zu realisieren sind, besteht die Gefahr, daß die Wartungsarbeit gekürzt, verschoben oder an unerfahrene Entwickler übertragen wird.

»Die Wartung erfolgt durch eine eigene Wartungsmannschaft«

Vorteile:

- Eine qualitativ bessere Dokumentation liegt vor. Es existieren formale Übergaberichtlinien, wenn ein Produkt in die Wartung gelangt.
- Formale Richtlinien (»Vorgehen für die Wartung«) werden etabliert, um Wartungsanforderungen zu implementieren.
- Es entsteht eine spezifische Infrastruktur (Werkzeuge, Know-how, etc.) und es gibt Spezialisten für die Wartung.

Nachteile:

- In bestimmten Wartungssituationen ist die Unterstützung durch die Entwickler nötig. Dies führt zu einem zusätzlichen Kommunikationsaufwand.
- Die Benutzer haben mit zwei Gruppen von Informatikern zu tun.
- Um ein Produkt warten zu können, muß man es zuerst genau kennen. Dafür ist ein Lernaufwand nötig.

Bei beiden Formen muß ein Gremium existieren, das die Wartungsanforderungen prüft, genehmigt, ablehnt oder abändert. Wir nennen dieses Gremium Change Control Board (CCB) (siehe Abschnitt 3.6).

Die Zusammensetzung dieses Gremiums hängt von der Informatik-Organisation ab. Es ist sinnvoll, daß es Vertreter des Topmanagements, der Entwicklerorganisation oder der Wartungsorganisation, der Benutzerorganisation (entweder Benutzervertreter oder direkt aus der Linie der Fachorganisation), einer zentralen Informatik-Planungsgruppe und der Software-Qualitätssicherung umfaßt.

Unabhängig von der Organisationsform sollte ein einfacher Vorgehensstandard zur Abwicklung der Wartungsaktivitäten verwendet werden. Die Erstellung und Pflege dieses Standards ist eine planerische-administrative Qualitätssicherungsmaßnahme. Ein solcher Vorgehensstandard könnte folgendermaßen aussehen:

- Entgegennahme der Wartungsanforderung und Grobschätzung der Kosten,
- Analyse der Wartungsanforderungen und Erstellen eines Lösungskonzepts,

- Aktualisieren der Dokumentation,
- Aktualisieren von Quell- und Objektcode,
- Freigabeprüfung,
- Abschluß der Wartungsaktivität.

Im folgenden wird dieser Vorgehensstandard zur Abwicklung von Wartungsaktivitäten im Detail beschrieben.

Entgegennahme der Wartungsanforderung und Grobschätzung der Kosten

Folgende Aktivitäten sind durchzuführen:

- Identifikation des Wartungsfalls für die Aufzeichnung aller Kosten und Aufwände;
- Einordnung und Abgrenzung der Wartungsanforderung in bezug auf die Art der Anforderung (z. B. Fehlerkorrektur, Anpassung, Tuning) und auf die vorhandenen Produkte/Applikationen;
- Grobschätzung der Kosten der Wartungsanforderung unter Berücksichtigung des Zustandes und der Wartbarkeit des Produkts:
  — Kosten der Lokalisierung des Fehlers/der Änderung,
  — Kosten der Aktualisierung der Dokumentation,
  — Kosten der Änderung des Codes und der Datenbank,
  — Kosten der Software-Prüfung (Testen, Review),
  — Kosten der Installation der geprüften Module in der Produktionsumgebung,
  — Kosten der Erstellung des Wartungsberichts.

Die Grobschätzung wird im Formular für Wartungsanforderungen und der tatsächliche Aufwand im Wartungsbericht dokumentiert (siehe Anhang A4).

Analyse der Wartungsanforderungen und Erstellen eines Lösungskonzepts

Im nächsten Schritt sollte eine detaillierte Analyse erfolgen, welche Art von Wartung vorliegt und welche Auswirkungen die Änderungen/Erweiterungen auf die vorhandenen Software-Elemente und deren Beziehungen haben. Je besser das Produkt modularisiert ist (z. B. durch den Einsatz von Datenkapseln oder abstrakten Datentypen), umso geringer sind die Auswirkungen von Änderungen und Erweiterungen. Je größer und je schlechter modularisiert ein Produkt ist, desto aufwendiger ist dieser Analyseschritt. Er kann durch Werkzeuge (siehe Abschnitt 3.5.1) unterstützt werden.

Aufgrund der Grobschätzung und der Analyse fällt eine Entscheidung, ob

- ein Vorschlag für ein Release-Projekt erarbeitet wird, um die Wartungsanforderung befriedigen zu können oder
- der Wartungsfall durchgeführt wird.

Im ersten Fall führt die Wartungsanforderung zu einem neuen Release des Produkts. Der dem Produkt zugehörige Release-Plan muß daraufhin geändert werden. Dies löst auch projektübergreifende Planungsprozesse aus, um Termine und Ressourcen für das Release-Projekt zu reservieren.

Im zweiten Fall ist es sinnvoll zu entscheiden, ob der Wartungsfall sofort erledigt werden muß, oder ob man erst dann mit den Änderungen beginnt, wenn mehrere kleine, nicht dringende Wartungsfälle vorliegen. Der Vorteil bei der Sammlung von Wartungsfällen zu einem Paket ist ein ökonomischer Einsatz der Wartungsressourcen wie Zeit und Personal.

Eines der Hauptprobleme bei der Wartung ist das Erzeugen von Fehlern durch Änderungen und Erweiterungen, aber auch durch Fehlerkorrekturen selbst. Typen von Fehlern, die durch Wartungsaktivitäten verursacht werden, sind [Coll87]:

- 10 % der Fehler entstanden durch die Korrektur von Fehlern,
- 21 % der Fehler traten in den Erweiterungen auf,
- 53 % der Fehler entstanden durch Auswirkungen von Erweiterungen auf bereits existierende Produktteile,
- 16 % der Fehler waren nicht klassifizierbar.

Nachdem die Ursachen und die Auswirkungen der Änderungen abgeschätzt sind, ist ein Lösungskonzept zu erstellen, was alles geändert werden muß und welche Bausteine neu entwickelt werden müssen. Die Struktur des geänderten oder erweiterten Systems ist darzustellen, z. B. durch graphische Hilfsmittel, Datenfluß-, Hierarchie- und Aufrufdiagramme, oder auch formalisierte Hilfsmittel wie attributierte Grammatiken. Das Lösungskonzept enthält auch eine Beschreibung, in welcher Reihenfolge die Änderungen und Erweiterungen zu implementieren sind.

Aktualisieren der Dokumentation

Bevor noch irgendein Teil des Codes geändert wird, ist festzustellen, auf welcher Ebene der Produktbeschreibung Änderungen durchzuführen sind. Es hat sich als praktikabel erwiesen, folgende Produktbeschreibungsebenen zu unterscheiden:

- Spezifikationsebene
  z. B. Anforderungsdefinition in Form von Datenfluß- und Entity-/Relationship-Diagrammen, Benutzerhandbuch;
- Entwurfsebene
  z. B. Systementwürfe in Form von Modulabhängigkeitsgraphen, Modulentwürfe in Form von Struktogrammen;
- Code-Ebene
  z. B. Modulbeschreibungen in Form von Kommentaren.

Der Einsatz von CASE-Werkzeugen kann das Lokalisieren von Dokumentationsänderungen wesentlich erleichtern. Auch existieren bereits Hilfsmittel, um die Verfolgbarkeit von Änderungen in der Dokumentation und dem Code zu unterstützen (siehe dazu auch Abschnitt 3.6.3).

Aktualisieren von Quell- und Objektcode

Bereits bei der Erstellung der Wartungsdokumentation (spätestens zum Zeitpunkt der Inbetriebnahme) muß ein Leitfaden für die Aktualisierung des Quell- und des Objektcodes angelegt werden, der im Wartungsfall benutzt wird. Er enthält Hinweise, in welchen Dateien des Archivierungssystems welche Programme zu finden sind, bzw. welche Jobs zur Übersetzung und zum Binden nötig sind. In der Regel wird der Code zuerst in einer Entwicklungs- oder Wartungsbibliothek geändert und nicht sofort in der Produktionsbibliothek.

Freigabeprüfung

Unter Freigabeprüfungen verstehen wir Tests sowie Reviews von modifizierten Produkten. Besondere Bedeutung für die Produktivität in der Wartung hat die Wiederholbarkeit der Tests und die Archivierung der Testfälle. Alle geänderten Produktteile sind einem Review zu unterziehen.

Abschluß der Wartungsaktivität

Für einen ordnungsgemäßen Abschluß sind folgende Aktivitäten durchzuführen:

- Die Quellprogrammlisten und die Testergebnisse werden archiviert.
- Im Modulheader jedes geänderten Moduls wird unter dem Punkt Änderungen die Wartungsaktivität beschrieben und der Name des Verantwortlichen vermerkt.
- Die Dokumente Wartungsanforderung und Wartungsbericht[1] werden vervollständigt, archiviert und eine Kopie an den Auftraggeber geschickt.

Der Status aller Wartungsaktivitäten ist in Form eines Wartungsübersichtsberichts periodisch aufzuzeigen. In diesem Bericht werden die offenen und die abgeschlossenen Wartungsaktivitäten aufgezählt. Es sind auch jene Maßnahmen anzuführen, die durch Notfälle verursacht wurden.

Für das Management sind, basierend auf den Wartungsberichten, verschiedene Kenngrößen und Statistiken zu erstellen, die die Transparenz, sowie das Problem- und Kostenbewußtsein bei den Entscheidungsträgern fördern. Einige Kenngrößen, die sich bewährt haben, sind:

- Anzahl der Fehler, die pro Quartal durch Wartungsaktivitäten verursacht wurden/1000 NLOC,
- Anzahl aufgewendeter Personentage je Wartungskategorie (z. B. Korrektur) pro Quartal,
- durchschnittliche Anzahl von Programmänderungen pro Programm,
- durchschnittliche Zeitdauer von der Erfassung bis zum Abschluß einer Wartungsanforderung.

Diese Kenngrößen stellen eine Basis für Entscheidungen dar, ob Verbesserungen des Planungs- und Entwicklungsprozesses, beim Personaleinsatz oder bei der Projektinfrastruktur nötig sind. Sie fördern ein besseres Verständnis für die Probleme und Anliegen der Wartung.

---

[1] Wir schlagen zwei Dokumente für die Wartung vor: ein Formular für die Erfassung der Wartungsanforderung und ein Formular für die abschließende Bewertung der durchgeführten Wartungsaktivität, den Wartungsbericht (siehe Anhang A4).

5.4 Bedeutung der Qualitätssicherung für die Wartung

Die Hauptaufgabe der Qualitätssicherung besteht in einer Sicherstellung der Qualität im Rahmen der Evolution. Neben den schon beschriebenen organisatorischen und technischen Maßnahmen gewinnt die Sanierung von »Altsoftware« immer mehr an Bedeutung [Snee88b]. Unter Sanierung (»Re-Engineering«) von Software verstehen wir die Restrukturierung eines Produkts mit dem Ziel, Qualitätsmerkmale, wie beispielsweise Effizienz, Testbarkeit, Lesbarkeit oder ähnliche zu verbessern.

Der erste Schritt bei der Sanierung ist die statische Programmanalyse, um ein Modell des Programms (Struktur, Schnittstellen, Funktionen) zu bekommen. Anschließend wird versucht, die alte Struktur des Produkts zu verbessern oder neu festzulegen (»Redesign«). Danach werden alte, aber noch verwendbare und neu geschriebene Bauteile zum sanierten Produkt montiert.

Bekannte und bewährte Hilfsmittel und Werkzeuge der Qualitätssicherung für die Wartung sind (siehe Abschnitt 3.5.1):

- Standards
- Kenngrößen
- Reviews und Audits
- Software-Informationssysteme
- Analysewerkzeuge
- Aufklärung und Training

Standards

Die zunehmende Komplexität der Produkte und die Personalfluktuation zwingt sowohl zu konsequenter Durchsetzung von Entwicklungsstandards, als auch zu standardisiertem Vorgehen in der Wartung. Es gibt bereits erste international gultige Richtlinien und Standards für die Wartung ([McCa85], [Osbo83], Anhang A5).

Diese Richtlinien und Standards helfen,

- einen Software-Wartungsplan zu erstellen,
- mögliche Verbesserungen der Wartbarkeit zu erkennen,
- die Transparenz von Wartungsarbeit in Informatik-Organisationen zu verbessern,
- ein Bonussystem für das Wartungspersonal einzuführen,
- vorhandene Standards zu verbessern.

Der Schlüssel für die Durchsetzung eines Standards liegt in seiner Einfachheit, Anpaßbarkeit, aber auch in der Werkzeugunterstützung. Standards müssen gepflegt und permanent auf ihre Anwendbarkeit überprüft werden. Die Anwendbarkeit wird insbesondere dadurch verbessert, wenn explizit festgehalten wird, wann der Standard nicht angewendet werden soll. Akzeptierte und in in der täglichen Arbeit verwendete Standards können einen hohen Nutzen erbringen. Ein nicht akzeptierter Standard oder das Beharren auf einem nutzlosen

Standard ist für eine Informatik-Organisation gefährlich, ja sogar schädlich (z. B. durch Festhalten an überholter, veralteter Informatik-Technologie). Die Pflege der Standards ist eine klassische Aufgabe einer Qualitätssicherungsorganisation. Die Einhaltung und Durchsetzung von Standards müssen aber vom Management unterstützt werden.

Kenngrößen

Der Aufbau, die Pflege und die Sammlung von Know-how über Wartungskenngrößen (siehe dazu auch die Abschnitte 1.3.7, 1.4, sowie Anhang A1 und A2) sind Aufgaben einer Qualitätssicherungsgruppe. Es gibt bereits einige ermutigende Erfahrungen beim Einsatz von Kenngrößen im Rahmen von Wartungsaktivitäten ([Schn87], [Arno82]).

Kafura und Reddy [Kafu87] untersuchten Code- und Systemstruktur-Kenngrößen (McCabe-Maß, Halstead's Aufwandsmaß, LOC, Informationsflußmaß von Henry und Kafura, Steuerflußmaß von McClure, Maß von Woodfield und das Maß der logischen Stabilität von Yau und Collofello) in Zusammenhang mit der Wartung von vier Releases eines relationalen Datenbanksystems. Sie stellten fest, daß die Kenngrößen sehr gut die wachsende Komplexität eines Systems aufzeigten und waren sogar in der Lage, die schlecht strukturierten Komponenten des Systems zu identifizieren.

Kenngrößen sind zu einem unentbehrlichen Instrument geworden, um einerseits mehr Transparenz im Wartungsprozeß zu schaffen und andererseits die Auswirkungen von Wartungsaktivitäten auf das Produkt leichter abschätzen zu können.

Reviews und Audits

Reviews werden zum Abschätzen der Auswirkungen von Änderungen und für den Nachweis, daß ein Produkt korrekt geändert wurde, eingesetzt.

Zur Übergabe von Produkten von der Entwicklung in die Wartung haben sich Abnahme- und Übergabe-Audits bewährt. Bei Abnahme-Audits wird geprüft, ob die Abnahmekriterien erfüllt sind. Beim Übergabe-Audit wird einerseits überprüft, ob alle Produktelemente (Merkmal physische Vollständigkeit) und alle Produktfunktionen (Merkmal funktionale Vollständigkeit) vorhanden sind und andererseits, ob alle Voraussetzungen für die Wartung (Checkliste) erfüllt sind.

Darüber hinaus empfiehlt es sich, periodisch Audits zur Analyse der Wartbarkeit jener Programme abzuhalten, die sich in der Betriebsphase befinden. Durch diese Art von Audits werden sehr rasch potentielle und aktuelle Wartungsprobleme aufgedeckt.

Software-Informationssysteme

Liegen umfangreiche Software-Systeme (z. B. tausende Programme, hunderte Datenbanken, etc.) vor, benötigt die Wartungsorganisation ein adäquates Hilfsmittel, um ihre Aktivitäten wirkungsvoll durchführen zu können. Nur wenn es gelingt, Struktur- und Übersichtsinformationen über Applikationen, Module, Datenbanken, Dateien, etc. rasch und vollständig bereitzustellen, kann die Wartungsarbeit produktiv gestaltet werden. Vielerorts sind solche Systeme gerade im Aufbau begriffen [Grad87].

Analysewerkzeuge

Die Wartungsverantwortlichen haben immer mehr Schwierigkeiten, die wachsende Menge an altem Code zu verstehen, zu prüfen und zu handhaben. Die Konsequenz daraus ist, daß Hilfsmittel und Werkzeuge benötigt werden, um aus den umfangreichen Software-Mengen Struktur- und Schnittstelleninformationen zu extrahieren. Beispiele für solche Werkzeuge sind Informationsgeneratoren (Dokumentationsgenerierung auf Programm- und Systemebene) und Browser [Shne85] (siehe auch Abschnitt 4.1.3). Ein guter Überblick zu diesen Werkzeugen findet sich in [Scot88] und [Abi88].

Aufklärung und Training

Viele Manager sind für technische und organisatorische Wartungsprobleme unzureichend ausgebildet. Die Folgen davon sind eine fehlende Kosten- bzw. Investitionskontrolle, aber auch chaotische Zustände beim Einsatz und bei der Pflege alter Produkte.

Universitäre Forschungs- und Entwicklungszentren beschäftigen sich wegen zu geringer wissenschaftlicher Attraktivität kaum oder überhaupt nicht mit Wartungsproblemen. In der Informatik-Ausbildung wird der Bereich Wartung ebenfalls meist nur am Rande behandelt.

Die Qualitätssicherungsorganisation soll helfend eingreifen und Kurse über Wartungsmaßnahmen abhalten. Regelmäßig sind Wartungskenngrößen zu veröffentlichen und mit den Wartungsverantwortlichen zu diskutieren.

Die Qualitätssicherung steht erst am Anfang ihrer Bemühungen im Bereich der Software-Wartung. Vieles weist daraufhin, daß die Lösung der Qualitätssicherungsaufgaben in der Wartung eher durch einen führungsorientierten organisatorischen Ansatz als durch einen rein technischen realisiert werden kann.

6 Organisatorische Aspekte der Qualitätssicherung — das Qualitätssicherungssystem

Um die konstruktiven und analytischen Qualitätssicherungsmaßnahmen durchführen zu können, sind organisatorische und personelle Vorkehrungen zu treffen. Wir sprechen von einem Qualitätssicherungssystem (QS-System), wenn die Aufbau- und Ablauforganisation, Zuständigkeiten, Maßnahmen und Mittel für die Qualitätssicherung etabliert sind.

Das Projektrisiko (siehe Abschnitt 1.2.3) bestimmt den Umfang und die Art der Maßnahmen und Vorkehrungen, die man zur Absicherung der Produktqualität und der Prozeßqualität im Rahmen eines Qualitätssicherungssystems auswählt.

Mit zunehmender Projektgröße und steigenden Risiken muß der Umfang der Qualitätssicherungsmaßnahmen steigen. Dafür ist eine geeignete Aufbau- und Ablauforganisation nötig, die sich um die Erreichung und Pflege der vorgegebenen Software-Qualität kümmert. Das Qualitätssicherungssystem ist mit allen Größen abzustimmen, die die Qualität beeinflussen. Einige Größen sind:

- die eingesetzten Methoden und Werkzeuge,
- die in der Entwicklung und Pflege eingesetzten Standards,
- die Prozeßorganisation für Entwicklung und Pflege (Vorgehensmodell),
- die Software-Produktionsumgebung (Hardware),
- die personelle Organisation der Software-Entwicklung,
- die Qualifikation der Mitarbeiter,
- die Motivation bzw. die Arbeitsbedingungen der Mitarbeiter,
- die Qualität von Ergebnissen, die externe Projektauftragnehmer liefern.

Diese Aufzählung ist nicht vollständig. Sie zeigt auf, wie vielfältig der Einfluß auf die Prozeß- und Produktqualität ist. Wir leiten daraus die Notwendigkeit des Einsatzes eines Qualitätssicherungssystems ab.

Gegenwärtige Erfahrungen mit Qualitätssicherungssystemen stützen sich größtenteils auf Erfahrungen von Unternehmen, die sowohl Hardware-, als auch Software-Produkte herstellen ([Lumb82], [Dett85]). Wir glauben aber, daß in Zukunft durch den internationalen Trend zu einer verstärkten Produkthaftung bzw. zur Nachweispflicht über Güte und Umfang der durchgeführten Qualitätssicherungsmaßnahmen von Software-Produkten Qualitätssicherungssysteme auch stärker in der kommerziellen Software-Industrie Eingang finden werden.

6.1 Aufbauorganisation eines Qualitätssicherungssystems

Derzeit läßt sich kein allgemein gültiges Modell für die Aufbauorganisation eines Qualitätssicherungssystems angeben. Zu groß ist die Abhängigkeit von unternehmensspezifischen Details, der Produktart, dem Projektumfang und der vorhandenen Infrastruktur der Software-Produktion. Die Aufbauorganisation eines Qualitätssicherungssystems hat

6.1 Aufbauorganisation eines Qualitätssicherungssystems

die vorgegebene Organisationsstruktur einer Unternehmung (Linien-, Matrix-, Projektorganisation) durch entsprechende Positionierung und ausreichende Ressourcen zu berücksichtigen.

Je nach Organisationsform des Unternehmens werden die Qualitätssicherungsaufgaben verschiedenen Einheiten der Organisationsstruktur zugeordnet. In einer Linienorganisation ist die Qualitätssicherung gleichberechtigt neben anderen Einheiten, wie beispielsweise Vertrieb und Entwicklung, angeordnet. Wir finden diese Organisationsform häufig bei Firmen, die Hardware- und Software-Systeme herstellen und vertreiben, beispielsweise bei IBM, AT&T, Siemens u. a. ([Zill82], [Lumb82]).

In Abbildung 6.1 ist die Organisationsstruktur eines Computer-Herstellers dargestellt. Das Unternehmen ist nach verschiedenen Produktgruppen gegliedert, diese wiederum in einzelne Produktdivisionen. In einer Produktdivision wird beispielsweise ein Rechnersystem einer bestimmten Leistungsklasse mit zugehöriger Systemsoftware hergestellt. Die Qualitätssicherung, die in diesem Zusammenhang eine umfassende Aufgabe übernimmt, kümmert sich um die Sicherung der System-, der Software- und der Hardware-Qualität. Ein aktuelles Problem bei einer solchen Organisationsform besteht in der genauen Abgrenzung der Aufgaben (z. B. wohin gehört die Sicherung von Firmware?).

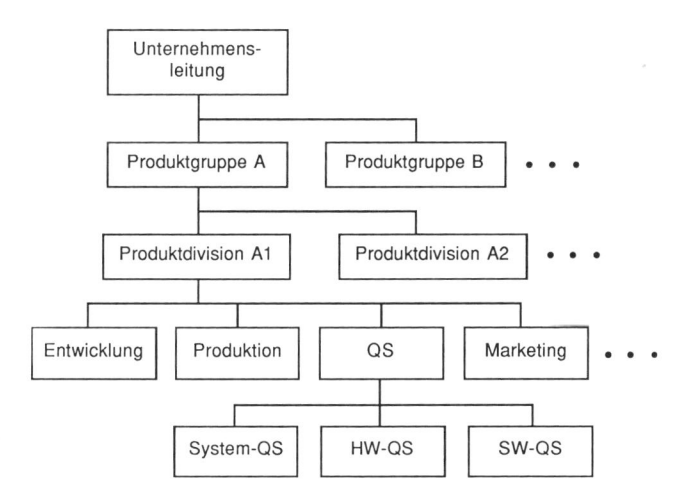

Abb. 6.1 Qualitätssicherung in einer Linienorganisation

Bei großen Unternehmen finden wir in den Unternehmensrichtlinien auch Aussagen über die Organisation der Qualitätssicherung. Ein Beispiel dafür könnte lauten (vgl. [Zill82]): »Jede Produktdivision muß eine unabhängige Qualitätssicherungsstelle besitzen. Sie steht als kleine organisatorische Einheit neben den Entwicklungslaboratorien und Produktionswerken. Sie hat die Verantwortung dafür, daß alle Produkte ausreichend getestet und analysiert werden, sodaß die Spezifikationen, Leistungsmerkmale, Qualitätsziele und Verpflichtungen, die das Unternehmen eingeht, erreicht und eingehalten werden.«

In einer Matrixorganisation werden die notwendigen Ressourcen und Dienstleistungen den einzelnen Projekten oder den verschiedenen Produktbereichen über eine zentrale Or-

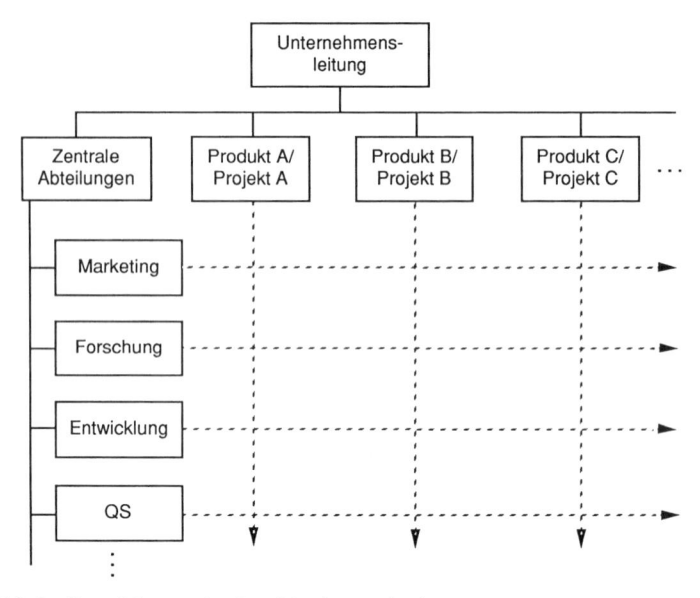

```
                    ┌─────────────────┐
                    │ Unternehmens-   │
                    │    leitung      │
                    └────────┬────────┘
        ┌────────────┬───────┴────┬────────────┐
   ┌────┴─────┐ ┌────┴─────┐ ┌────┴─────┐ ┌────┴─────┐
   │ Zentrale │ │Produkt A/│ │Produkt B/│ │Produkt C/│  ...
   │Abteilung.│ │ Projekt A│ │ Projekt B│ │ Projekt C│
   └────┬─────┘ └──────────┘ └──────────┘ └──────────┘
        │  ┌───────────┐
        ├──│ Marketing │- - - - - - - - - - - - - - ►
        │  └───────────┘
        │  ┌───────────┐
        ├──│ Forschung │- - - - - - - - - - - - - - ►
        │  └───────────┘
        │  ┌───────────┐
        ├──│Entwicklung│- - - - - - - - - - - - - - ►
        │  └───────────┘
        │  ┌───────────┐
        ├──│    QS     │- - - - - - - - - - - - - - ►
        │  └───────────┘
        ⋮              ▼           ▼           ▼
```

Abb. 6.2 Qualitätssicherung in einer Matrixorganisation

ganisationseinheit zur Verfügung gestellt. In dieser zentralen Organisationseinheit (z. B. eine Abteilung oder Hauptabteilung) ist die Qualitätssicherung in Form einer Unterstützungsstelle zu etablieren (siehe Abbildung 6.2).

Wir finden die Matrixorganisation meist bei Unternehmen, in denen Produkte auf Vertragsbasis hergestellt werden. Die Projekt- bzw. Produktverantwortlichen berichten meist direkt an die Unternehmensleitung. In dieser Organisationsform wird die Kontrolle über das Produkt/Projekt von unterschiedlichen Stellen wahrgenommen. Der Produkt- bzw. Projektmanager »kauft« Ressourcen von den zahlreichen Unterstützungsstellen. Daraus resultiert ein Konfliktpotential durch Kompetenzüberschneidungen. Ein positiver Aspekt dieser Organisationsform ist der flexible Einsatz von Ressourcen, der es ermöglicht, einen Spitzenbedarf an Ressourcen leichter zu bewältigen. Von seiten der Qualitätssicherung hat diese Organisationsform den Vorteil, daß sie die unabhängige Qualitätsprüfung begünstigt.

Bei einer Projektorganisation, die wir bei Software-Häusern, aber auch bei Lieferanten von Turn-key-Lösungen vorfinden, kommt der Qualitätssicherung eine integrative Stellung zu. Die Qualitätssicherung ist der Projektleitung unterstellt. Qualitätsprüfungen finden direkt im Projekt statt und werden zusammen mit den Entwicklern durchgeführt (siehe Abbildung 6.3).

Eine wesentliche Voraussetzung für die Wirksamkeit eines Qualitätssicherungssystems besteht darin, daß klare und ausgewogene Festlegungen hinsichtlich der Aufgaben, Kompetenzen und Verantwortung jeder Organisationseinheit (insbesondere der Entscheidungsgremien) getroffen werden. Im Rahmen einer Aufbauorganisation für ein Qualitäts-

6.1 Aufbauorganisation eines Qualitätssicherungssystems

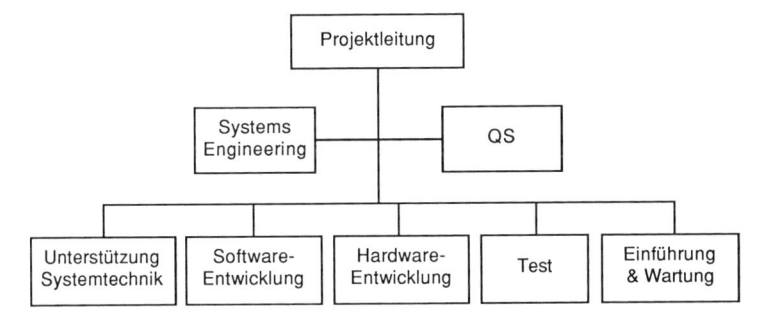

Abb. 6.3 Qualitätssicherung in einer Projektorganisation

sicherungssystem sind die Aufgaben, Kompetenzen und Verantwortlichkeiten der Qualitätssicherungsstelle klar festgelegt [Gast81]. Unter dem Begriff Kompetenzen verstehen wir die Befugnisse, die ein Aufgabenträger zur Erfüllung seiner Aufgaben besitzt. Wenn diese Festlegungen fehlen oder unklar formuliert werden, kommt es zu einer unausgewogenen Verteilung der Aufgaben, Kompetenzen und Verantwortung (siehe Abbildung 6.4). Dadurch wird die Leistungsfähigkeit der Qualitätssicherung vermindert. Die Folgen sind nicht gerechtfertigte Kritik von außen und nachlassende Motivation der Mitarbeiter.

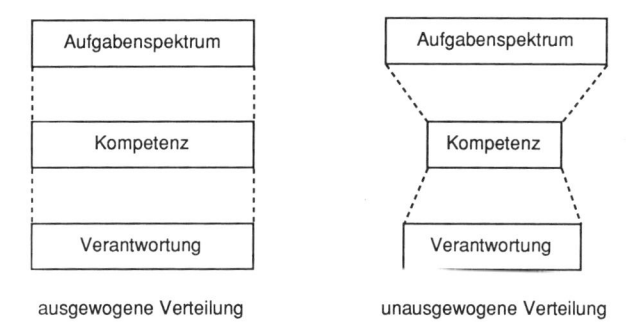

Abb. 6.4 Zusammenhang zwischen Aufgabenspektrum, Kompetenz und Verantwortung einer Qualitätssicherungsstelle

Welche allgemeingültigen Erfahrungen gibt es für die Organisation einer Qualitätssicherungsstelle? In einer amerikanischen Studie [Mend83] werden folgende Charakteristiken von Qualitätssicherungsorganisationen festgestellt:

- Die Software-Qualitätssicherung hat im Rahmen einer umfassenden Produktsicherung eine bedeutende Position.
- Die Mitarbeiter besitzen Software Engineering-Erfahrungen im Ausmaß von mindestens 1 bis 5 Jahren.
- Der Leiter einer Software-Qualitätssicherungsstelle hat mehr als 5 Jahre Software Engineering-Erfahrung und gehört dem mittleren Management des Unternehmens an.

Der Schlüssel zu einer erfolgreichen und akzeptierten Qualitätssicherungsstelle liegt in ihrer Unabhängigkeit von der Entwicklerorganisation. Die Qualitätssicherungsstelle muß an dieselbe Stelle berichten, an die auch die Entwicklerorganisation berichtet.

Die Qualifikation der Qualitätssicherer bzw. der Entwickler kann durch Jobrotation wesentlich erhöht werden. Dies kann so erfolgen, daß ein Qualitätssicherer ca. ein bis zwei Jahre in der Entwicklung arbeitet und umgekehrt ein Entwickler ca. ein bis zwei Jahre in der Qualitätssicherungsstelle mitarbeitet.

Ein weiterer Aspekt betrifft die Produkt- und Projektverantwortung. Jede organisatorische Maßnahme, die die Verantwortung aufzuteilen versucht (z. B. zwei Projektleiter für ein Projekt), ist entschieden abzulehnen. Dies hat auch Gültigkeit für die Qualitätssicherung. Die Verantwortung für die Qualität kann an keine Qualitätssicherungsstelle delegiert werden. Sie bleibt beim Verantwortlichen für das Produkt oder Projekt.

Wir fassen die Prinzipien, die bei der Gestaltung der Aufbauorganisation einer Qualitätssicherungsstelle zu beachten sind, folgendermaßen zusammen:

- Größtmögliche Unabhängigkeit von der Entwicklerorganisation

- Direkter Berichtsweg zum Topmanagement/zur Unternehmensleitung
  Dies kann durch entsprechende Positionierung in der Gesamtorganisationsstruktur erzielt werden.

- Unteilbarkeit der Produkt- und Projektverantwortung.

Erfahrungen zeigen, daß erhebliche Anstrengungen des Topmanagements nötig sind, diese Prinzipien zu verwirklichen. Ein Mangel an Managementunterstützung, an klarem Verständnis für den Entwicklungsprozeß und für die Bedürfnisse der Qualitätssicherung sind häufige Probleme.

6.2 Ablauforganisation eines Qualitätssicherungssystems

Unter der Ablauforganisation eines Qualitätssicherungssystems verstehen wir die Strukturierung seiner Arbeitsabläufe. Diese Arbeitsabläufe sind auf einer projektübergreifenden Ebene, auf Projektebene und innerhalb einzelner Projektphasen zu etablieren. In diese Arbeitsabläufe sind sowohl die Projektmitarbeiter als auch die Mitarbeiter der Qualitätssicherung involviert. Die wesentlichen Aufgaben, die wahrgenommen werden müssen, sind [DGQ86]:

- Qualitätsplanung
- Qualitätslenkung
- Qualitätsprüfung
- Qualitätstechnik

Die ersten drei Aufgaben wurden im 1. Kapitel näher beschrieben. Unter Qualitätstechnik verstehen wir die Aufbereitung und Bereitstellung von wissenschaftlichen Erkenntnissen, um die Methoden und Hilfsmittel der Qualitätssicherung zu verbessern. Wir finden diese Funktion meist unter der Bezeichnung Software Engineering und Qualitätssicherung in Organigrammen. Sie ist häufig in Form einer Stabstelle organisiert.

Eine effiziente Ablauforganisation für ein Qualitätssicherungssystem zeichnet sich durch eine zweckmäßige Integration der oben genannten Aufgaben im Prozeßmodell aus. Diese Integration ist in den Projektplänen, insbesondere im Qualitätssicherungsplan dokumentiert.

Wir gehen davon aus, daß vor Beginn einer jeden Phase gewisse Vorgaben vorliegen, beispielsweise der Projektauftrag oder eine Vorstudie für die Phase Anforderungsanalyse und -definition oder ein Pflichtenheft und ein Anforderungskatalog für die Phase Systementwurf. Vor dem eigentlichen Phasenbeginn sind die Qualitätsanforderungen an den Prozeß und die Phasenprodukte zu definieren. Beispielsweise sind für eine Anforderungsdefinition Merkmale, wie z. B. Vollständigkeit, Widerspruchsfreiheit, Durchführbarkeit, Verständlichkeit und leichte Pflegbarkeit, zu spezifizieren. Alle diese Anforderungen sind, wenn möglich, in einer quantifizierbaren und nachprüfbaren Form zu definieren. Dies bedeutet, daß im Qualitätssicherungsplan auch Methoden und Hilfsmittel anzugeben sind, um die Prüfung dieser Kriterien sicherzustellen.

Nach Phasenbeginn werden die eigentlichen Entwicklungsaktivitäten durch den Projektleiter gestartet. Parallel dazu können auch die Qualitätssicherungsaufgaben beginnen. Beispielsweise können die Projektmitarbeiter, die mit Qualitätssicherungsaufgaben betraut sind bzw. die mitwirkende Qualitätssicherungsstelle Abnahmevorbereitungen durchführen. Dazu gehört das Erstellen von Spezifikationen und Prozeduren für Prüfungen innerhalb einer Phase. Wenn die Phasenergebnisse in Teilen oder vollständig vorliegen, kann mit der Qualitätsprüfung begonnen werden. In der Regel werden Phasenendergebnisse Reviews unterzogen.

Jede Qualitätsprüfung sollte durch die Erstellung eines Qualitätsberichts (Prüfberichts) abgeschlossen werden. Die Ergebnisse der Prüfungen werden durch diese Berichte den Entscheidungsträgern und den Projektmitarbeitern transparent gemacht. Außerdem sind Qualitätsberichte ein wesentliches Element des Qualitätsdatensystems und des Qualitätsberichtswesens. Der Qualitätsbericht wird anschließend von der Projektaufsicht, das kann die Projektleitung zusammen mit der Qualitätssicherungsstelle sein, bewertet. Es wird entschieden (sogenannter »Phasenentscheid«), ob die Phase erfolgreich abgeschlossen werden kann und die Phasenprodukte freigegeben werden, oder ob die Phasenergebnisse überarbeitet werden müssen. Wird in dieser Entscheidung festgestellt, daß die Phasenergebnisse in Ordnung sind, kann formal der Phasenabschluß bekanntgegeben werden (siehe Abbildung 6.5).

Die oben geschilderte Ablauforganisation kann als ein mögliches Muster für das Zusammenspiel von Qualitätssicherungs- und Entwicklungsaufgaben betrachtet werden.

222 6 Organisatorische Aspekte der Qualitätssicherung — das Qualitätssicherungssystem

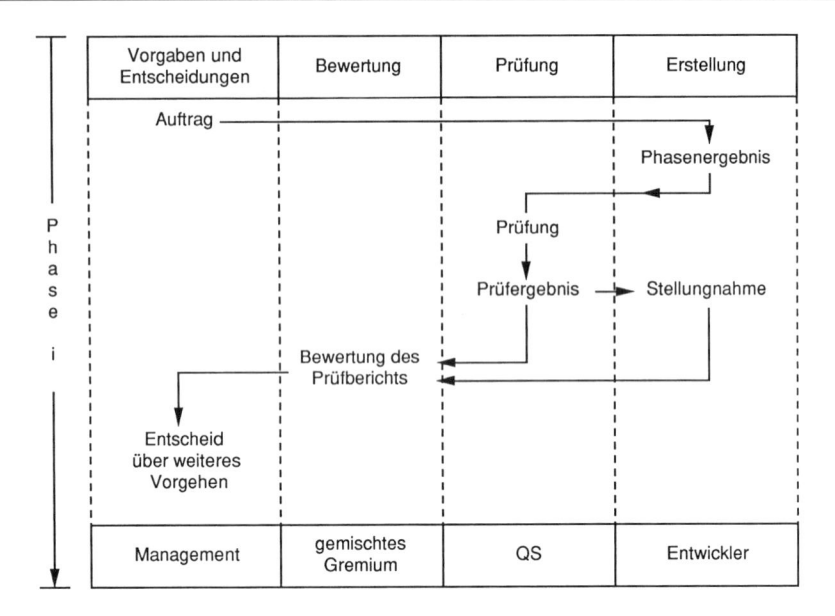

	Vorgaben und Entscheidungen	Bewertung	Prüfung	Erstellung
Phase i	Auftrag → → → → → Phasenergebnis Prüfung Prüfergebnis → Stellungnahme Bewertung des Prüfberichts Entscheid über weiteres Vorgehen			
	Management	gemischtes Gremium	QS	Entwickler

Abb. 6.5 Schwerpunkt Prüfung in der Ablauforganisation eines Qualitätssicherungssystems

Die Praxis zeigt, daß bei großen Informatik-Organisationen verschiedene Arten des Qualitätssicherungseinsatzes möglich sind. Dette [Dett85] erwähnt in diesem Zusammenhang drei Möglichkeiten, die bei der IBM zum Einsatz gelangen:

a) Begutachtung

Die Begutachtung eines Produkts beginnt nach dessen Fertigstellung. Da der Kauf von Fremdsoftware immer mehr an Bedeutung zunimmt, ist diese Vorgehensweise häufig anzutreffen. Es werden systematische Tests am fertigen Produkt geplant und durchgeführt. Dieses Verfahren ist ziemlich aufwendig und kann bis zu 40 % des Entwicklungsaufwandes umfassen.

b) Projektberatung

Dabei handelt es sich um eine Projektunterstützung in Form von Beratung, um die gesetzten Anforderungen zu erreichen. Eine permanente Projekteinsicht ist wie bei der Begutachtung auch hier nicht gegeben. Die Projektberatung wird meist dann eingesetzt, wenn es sich um unerfahrene Entwicklergruppen handelt.

c) Projektbegleitung

Bei dieser Vorgehensweise werden sämtliche Entwicklungspläne evaluiert. Dabei werden die Existenz, die Vollständigkeit, die Durchführbarkeit und die Einhaltung der Pläne kontrolliert. Darüber hinaus werden Teilgutachten zu Meilensteinen erarbeitet. Sie enthalten eine Beschreibung des Ist-Zustandes des Projekts (»Projektstatus«), eine Zusammenfassung eventuell vorhandener Probleme abgestuft nach ihrer Dringlichkeit und Szenarien zur Erreichung noch ausstehender Meilensteine. Die wesentlichen Teilschritte dieses Verfahrens sind:

- Qualitätssicherungsplan erstellen,
- Meilensteinplan erstellen,
- Teilgutachten erstellen.

Die drei beschriebenen Verfahren werden je nach Situation und Anforderungen eines Projekts ausgewählt. Projekte mit hohem Risiko und großem finanziellen Aufwand sollten eine Qualitätssicherung auf der Basis der Projektbegleitung durchführen. Qualitätssicherung auf der Basis von Projektberatung kann das Risiko mindern helfen, ist aber keine Garantie für einen Projekterfolg. Die Form der Begutachtung ist unseres Erachtens um eine Nachweisprüfung der eingesetzten Qualitätssicherungsmaßnahmen in der Entwicklung zu ergänzen.

6.3 Dokumentation des Qualitätssicherungssystems

Für die inhaltliche Festlegung eines Qualitätssicherungssystems ist seine Dokumentation wichtig (siehe dazu Abbildung 6.6). Die Politik einer Informatik-Organisation hinsichtlich der Software-Qualität bzw. der Software-Qualitätssicherung (»Qualitätspolitik«)

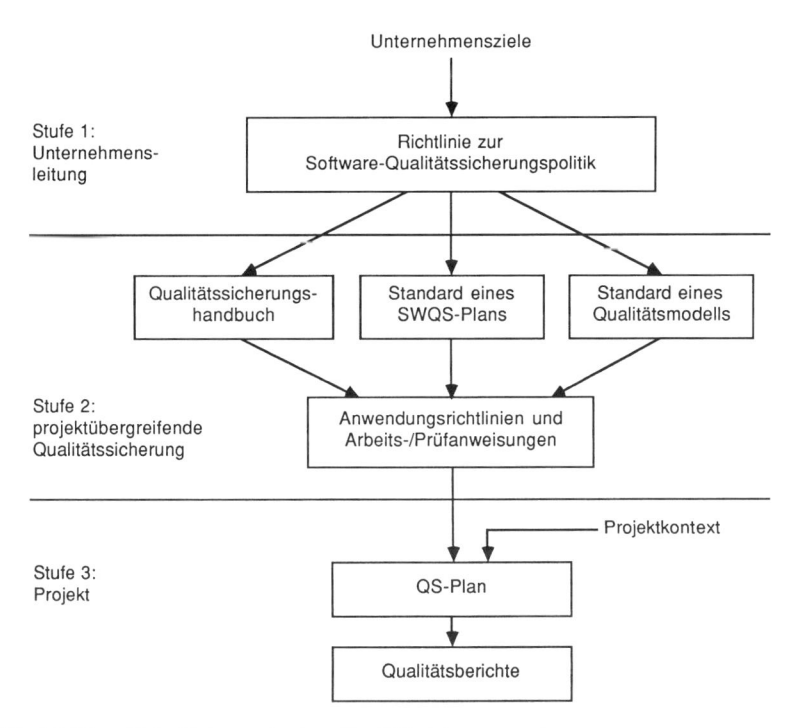

Abb. 6.6 Wesentliche Dokumente eines Qualitätssicherungssystems

wird durch eine Richtlinie festgelegt, die von der Unternehmensleitung zu verantworten ist. Darin sind die Vorgehensweise, die Zielsetzungen und die Verpflichtung der Unternehmensleitung zur Software-Qualität bzw. deren Sicherung beschrieben. Die Zielsetzungen können durch Strategien bestehend aus einer Kombination von analytischen, konstruktiven und organisatorischen Qualitätssicherungsmaßnahmen detailliert werden, die Wege aufzeigen, um die Qualitätsziele zu erreichen.

Auf der Ebene des QS-Systems gibt es ein Software-Qualitätssicherungshandbuch, einen Standard für Software-Qualitätssicherungspläne und einen Standard für ein Qualitätsmodell. Das Software-Qualitätssicherungshandbuch ist ein Wegweiser durch das QS-System (Aufbau- und Ablauforganisation). Insbesondere werden im Handbuch die Terminologie, Grundsätze, Verantwortlichkeiten und Abläufe des Qualitätssicherungssystems beschrieben. Das Handbuch soll sich an den Normen (z. B. ISO 9001, 9002 oder 9003) orientieren, die dem QS-System zugrundeliegen.

Dieses Handbuch ist von Zeit zu Zeit den neuesten Anforderungen bzw. dem Stand der Software-Technologie anzupassen. Ein häufiges Problem ist sein zu großes Volumen. Dieses rührt daher, daß Detailbeschreibungen von Methoden und Werkzeugen aufgenommen werden, die eigentlich in Vorgehens- oder Projekthandbücher gehören.

Um die Handhabung des QS-Handbuches zu erleichtern, ist eine strukturierte Dokumentation bestehend aus QS-Handbuch, Richtlinien und Arbeits-/Prüfanweisungen zu erstellen (siehe Abbildung 6.7). Der Vorteil dieser Dokumentationsstruktur besteht in adressatengerechten, gut zu handhabenden Dokumenten, die geringen Umfang besitzen und gut zu referenzieren sind.

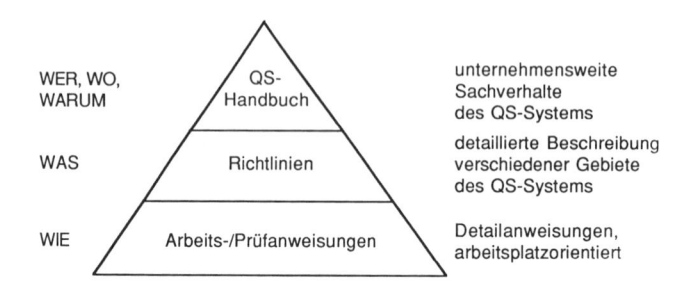

WER, WO, WARUM	QS-Handbuch	unternehmensweite Sachverhalte des QS-Systems
WAS	Richtlinien	detaillierte Beschreibung verschiedener Gebiete des QS-Systems
WIE	Arbeits-/Prüfanweisungen	Detailanweisungen, arbeitsplatzorientiert

Abb. 6.7 Struktur der Dokumentation des QS-Systems

Der firmenspezifische Standard für Software-Qualitätssicherungspläne hat sich an einer internationalen Norm, beispielsweise der IEEE-Norm für Software-Qualitätssicherungspläne (Norm 730-1984), zu orientieren.

Ein Qualitätsmodell ist ein Hilfsmittel, um prozeß- und produktrelevante Qualitätsmerkmale und -kenngrößen auszuwählen. Es unterstützt die Aufgabe der Qualitätsplanung (siehe dazu Abschnitt 1.4, Anhang A1 und A2).

Durch Richtlinien und Arbeits-/Prüfanweisungen wird die Auswahl und die Durchführung von Qualitätssicherungsmaßnahmen festgelegt und unterstützt. Die Richtlinien sollten Hinweise enthalten, die den Umfang der durchzuführenden Qualitätssicherungs-

```
                    Richtlinien              projektspezifische
                  (inkl. Auswahlregeln       Risikobewertungen
                   für QS-Maßnahmen)
                              ↓           ↓
                         ┌─────────────────────┐
                         │    allgemeiner      │
                         │   Maßnahmenkatalog  │
                         └─────────────────────┘
                                    │          QS-Plan
                                    ↓
Abb. 6.8 Entstehung von projekt-  ┌─────────────────────────┐
spezifischen Maßnahmen            │ projektspezifische Maßnahmen │
                                  └─────────────────────────┘
```

maßnahmen in Projekten in Anlehnung an deren Risikobewertungen bestimmen. Wir erreichen damit (siehe Abbildung 6.8) eine bessere Auswahl und eine effiziente Durchführung projektspezifischer Qualitätssicherungsmaßnahmen.

Für ein Projekt wird ein konkreter Software-Qualitätssicherungsplan erstellt. Dieser Plan muß mit den übrigen Projektplänen abgestimmt werden. Er regelt für jede Phase, welche Qualitätssicherungsmaßnahmen durchzuführen sind. Über die dadurch erzielten Wirkungen und die Effizienz der gewählten Maßnahmen müssen phasenabhängig Qualitätsberichte für die Projektleitung bzw. die Qualitätssicherungsstelle erstellt werden. Gegebenenfalls sind durch diese Berichte, sowie durch zusätzliche Audits Korrekturmaßnahmen durchzuführen, um die spezifizierten Anforderungen an das Produkt oder an eine Phase zu erfüllen.

Es gibt eine Reihe internationaler und nationaler Normen bzw. Referenzdokumente für QS-Systeme, wie beispielsweise die Normen von IEEE, ISO, NBS, ANSI, DOD und AQAP ([Sanz87], [Schu87], siehe Anhang A5). Für die Qualitätssicherung von Hardware- und Software-Produkten im Europäischen Raum gewinnen die Normen der ISO 9000-Serie an Bedeutung. Diese ISO-Normen verlangen eine klare und abgestufte Struktur des Qualitätswesens im Sinne einer Dezentralisierung von Qualitätssicherungsmaßnahmen. Eine transparente Zuordnung der Verantwortungen, der Kompetenzen und der Aufgaben wird verlangt. Die Fehlerverhütung erhält in diesen Normen einen weit größeren Stellenwert als in früheren Normen [SAQ89].

Der Normierungsprozeß im Bereich Software Engineering und Qualitätssicherung ist international und national nicht abgeschlossen. Welche internationalen Normen sich für welche Anwendungsbereiche durchsetzen, wird die Fachdiskussion zeigen (Normungsinstitute und Fachorganisationen siehe Anhang A5 und A6).

6.4 Qualitätsberichtswesen

Für ein funktionierendes Qualitätssicherungssystem ist sein Qualitätsberichtswesen von entscheidender Bedeutung. Die Hauptaufgabe des Qualitätsberichtswesens besteht darin, der für die Qualität verantwortlichen Stelle Daten über die Prozeß- und die Produktqualität zur Verfügung zu stellen.

Unter Qualitätsdaten verstehen wir alle Daten, die die Qualität eines Prozesses (z. B. Anzahl der verschobenen Meilensteine einer Phase) oder eines Produkts (z. B. Anzahl aufgetretener Produktfehler innerhalb einer Nutzungsperiode) betreffen. Für die Projektleitung sind die geplanten Qualitätsdaten (Soll-Werte) und ihre Abweichungen (Soll-Wert — Ist-Wert) von besonderem Interesse.

Qualitätsdaten sind durch folgende Attribute zu beschreiben:

- Definition,
- Gültigkeit,
- Aussage (Interpretation),
- Nutzen,
- Kosten und
- Erfassung.

Das Qualitätsberichtswesen stellt die Qualitätsdaten bereit. Sie bilden die Grundlage für die Qualitätslenkung. Die eigentliche Erfassung erfolgt meist durch Prozeßaudits und durch Reviews der Phasenergebnisse. Eine wesentliche Quelle für Qualitätsdaten ist der Produkteinsatz. Durch ein geeignetes Meldewesen, z. B. ein Informationssystem für Mängel und Zwischenfälle beim Produkteinsatz, oder durch ein System von Kenngrößen können die Erfahrungen der Benutzer, der Kunden bzw. der Wartungsorganisation mit dem Produkt erfaßt und ausgewertet werden.

Diese Qualitätsdaten sind für Entscheidungen des Projektmanagements, aber auch für das Management der Informatik-Linienorganisation relevant. Durch ein funktionierendes Qualitätsberichtswesen wird die Transparenz des Entwicklungsprozesses sichergestellt. Ebenso liefert es eine Beurteilungsgrundlage, um den Status des Projekts und der Produktentwicklung festzustellen, aufgrund derer Korrekturmaßnahmen eingeleitet werden können. Weitere Zielsetzungen dieses Berichtswesens sind die möglichst frühzeitige Erkennung von Risikoprojekten und die laufende Berichterstattung über aktuelle Werte von Qualitätskenngrößen von Organisationseinheiten, die Software entwickeln oder pflegen.

Beispiele von Qualitätsdaten, die ein Berichtswesen bereitstellt, sind:

- Terminkenngrößen,
- Nachweis der durchgeführten Qualitätssicherungsmaßnahmen,
- Fehler- und Problemdaten,
- Produktivitätskenngrößen,
- Qualitätskosten.

Terminkenngrößen

Mit dieser Art von Kenngrößen werden Aussagen über das Merkmal Termintreue von Projekten gemacht. Um Aussagen über die Termintreue und damit über den Faktor Zeit treffen zu können, sind Daten über Terminabweichungen zu sammeln und die Trends durch

Graphiken zu verdeutlichen. Terminkenngrößen geben auch Auskunft über die Zuverlässigkeit gesetzter Termine (»Terminsicherheitskenngrößen«). Beispiele dafür sind:

- Prozentanteil der Anzahl der Arbeitseinheiten mit verspätetem Abschluß einer Phase. Ist dieser Wert kleiner als ein Grenzwert (beispielsweise 20 %), kann von Terminsicherheit gesprochen werden.

- Prozentanteil der Arbeitseinheiten einer Phase, bei denen der aktuelle Aufwand größer ist als der geplante. Ist dieser Wert kleiner als ein Grenzwert (beispielsweise 10 %), so kann von Terminsicherheit gesprochen werden.

- Verhältnis Kalendertage zu Personentagen einer Arbeitseinheit. Dieser Wert soll im Durchschnitt nicht kleiner als ein Grenzwert (beispielsweise 3) sein.

- Anzahl verschobener Meilensteine/Gesamtanzahl der Meilensteine einer Planungsperiode.

Nachweis der durchgeführten Qualitätssicherungsmaßnahmen

Um dem Management den Umfang und die Wirksamkeit der Qualitätssicherungsmaßnahmen zu demonstrieren, sind Berichte mit Statistiken und Einsatzkenngrößen (z. B. wie viele Reviews wurden pro Phase durchgeführt?) über die durchgeführten Maßnahmen zu entwickeln. Beispiele für solche Nachweise sind der Testabschlußbericht, der Review-Managementbericht, sowie Auditberichte. Diese Nachweise geben Auskunft darüber, welche Ergebnisse einer Phase entsprechend den Vorgaben im Qualitätssicherungsplan geprüft wurden und sagen aus, ob aufgrund der durchgeführten Maßnahmen die Freigabe der Phasenergebnisse empfohlen wird. Beim Einsatz von Software-Werkzeugen zur Durchführung von Qualitätssicherungsmaßnahmen (beispielsweise statische Programmanalyse) können rechnergestützte Auswertungen herangezogen werden. Beispiele dafür sind: Wie viele Programme wurden analysiert und bei wie vielen dieser Programme wurden Anomalien (z. B. Überschreiten von Komplexitätsschranken, Nichterfüllen von Standards) festgestellt?

Fehler- und Problemdaten

Da Fehler und Probleme (z. B. Zwischen- und Ausfälle im Betrieb einer Applikation) unweigerlich zu Mehrkosten und zu einem Imageverlust führen, ist die Berichterstattung über diese Art von Qualitätsdaten weit verbreitet.

Kenngrößen in der Form von Fehleranzahl oder Anzahl von Zwischenfällen pro 1000 LOC in einem Betrachtungszeitraum (z. B. monatlich oder vierteljährlich) sind gute Indikatoren für den Qualitätszustand einer Applikation. Ein adäquates Hilfsmittel (z. B. Qualitätsdatensystem in Form eines Incident-Report-Systems) ist eine unabdingbare Voraussetzung, um diese Art von Kenngrößen im Life Cycle einer Applikation zu ermitteln und auszuwerten.

Produktivitätskenngrößen

Wir sind im Kapitel 2 auf den Zusammenhang zwischen Qualität und Produktivität bei einer Systementwicklung näher eingegangen. Es ist sinnvoll, Qualität und Produktivität gleichzeitig durch Meßgrößen zu beobachten. Wichtige Produktivitätskenngrößen sind:

- Entwicklungs- und Produktionskosten/1000 LOC bei der Abnahme des Produkts,
- Wartungskosten pro Geschäftsjahr/1000 LOC der letzten Version des Produkts,
- Wartungskosten pro Geschäftsjahr/Anzahl aufgetretener Fehler im Geschäftsjahr.

Die Beobachtung von Produktivitäts- und Qualitätskenngrößen trägt zu einer ausgewogenen Projektkontrolle bei. Damit können auch Projekte, Entwicklungseinheiten und eingesetzte Qualitätssicherungsmaßnahmen verglichen werden.

Qualitätskosten

Der Begriff Qualitätskosten sorgt regelmäßig in der Fachdiskussion für Verwirrung. Nach Crosby [Cros79] ist Qualität kostenlos. Wäre dies so, gäbe es wahrscheinlich kaum Probleme mit der Software-Qualität und den steigenden Wartungskosten. Die Realität zeigt das Gegenteil. Das Problem besteht in der Definition der Qualitätskosten. Vielfach werden unter Qualitätskosten jene Kosten verstanden, die verursacht werden, wenn die Entwicklungsstandards nicht eingehalten werden (»Non-Konformitätskosten«). Auch dieser Standpunkt berücksichtigt das Problem nur teilweise.

Nach Dobbins und Buck [Dobb87] sind Entwicklungs- und Pflegeprozesse mit Mängeln und Fehlern behaftet. Dadurch erfolgt eine Wertminderung des Produkts bzw. eine Nichterfüllung von Benutzer- und Auftraggeberanforderungen. Qualitätskosten sind der in Geldeinheiten ausgedrückte Aufwand für Aktivitäten, die diese Wertminderung verhindern (Fehlerverhütung) bzw. den Wert steigern (Fehlerbehebung) und untersuchen, ob die Anforderungen erfüllt werden (Prüfungen). In Abbildung 6.9 sind Beispiele für diese Aktivitätentypen dargestellt.

Qualitätsdaten werden in Form von Qualitätsberichten bereitgestellt. Diese Berichte informieren das Projektteam, sowie die Entscheidungsträger außerhalb des Projektteams über

Verhütung	Prüfung	Fehlerbeseitigung
Training	Inspektion	Überarbeitung
Planung	Testen	Modifikation
Simulation	Audit	Service
Modellierung	Überwachung	Auslieferung
Beratung	Messung	Rückruf
Zertifikation	Verifikation	Korrektur
	Analyse	Regressionstest
		Fehleranalyse

Abb. 6.9 Aktivitätentypen, die Qualitätskosten verursachen [Dobb87]

Qualitätssicherungsmaßnahmen in der jeweiligen Phase und über Abweichungen vom Projektplan, sofern sie die Qualität betreffen. Wann und wie häufig Qualitätsberichte zu erstellen sind, kann im Qualitätssicherungsplan festgelegt werden.

Zwei weit verbreitete Arten von Qualitätsberichten sind:

- Stellungnahmen zu den Ergebnissen von Qualitätsprüfungen. Sie dienen u. a. der Entscheidungsvorbereitung für die Phasenabnahme.
- Regelmäßige Statusberichte über den Projektstand, Qualitätsprobleme und Qualitätssicherungsmaßnahmen.

Qualitätsberichte werden für ein Projekt oder eine Organisationseinheit vom Verantwortlichen für die Qualitätssicherung erstellt.

6.5 Aufgaben einer Software-Qualitätssicherungsstelle

Im Rahmen des Arbeitskreises Software-Qualitätssicherung der Schweizerischen Arbeitsgemeinschaft für Qualitätsförderung (SAQ) wurden von einer Arbeitsgruppe die Aufgaben einer zentralen Software-Qualitätssicherungsstelle definiert [Jägg88]. Grundsätzlich sind zwei große Aufgabengruppen zu unterscheiden, projektübergreifende und projektbegleitende Aufgaben.

Die projektübergreifenden Aufgaben umfassen:

A1) Aufbau und Pflege von Know-how im Qualitätssicherungsbereich

- Schaffen und Fördern eines Qualitätsbewußtseins,
- Sammeln von firmenspezifischem Know-how,
- Weiterbildung auf dem Gebiet des Software Engineering,
- Erfahrungsaustausch mit anderen Firmen bzw. Qualitätssicherungsinstitutionen.

A2) Weitergabe von Know-how im Qualitätssicherungsbereich

- Durchführen von Schulungskursen und Workshops,
- Beratung und Unterstützung bei der Einführung neuer Methoden und Werkzeuge, insbesondere unter dem Aspekt der Qualitätssicherung.

A3) Aufbau und Pflege eines Qualitätssicherungssystems

- Entwicklung und Pflege eines Qualitätssicherungshandbuches,
- Entwicklung und Unterhalt eines Erfassungs- und Berichtssystems für Qualitätsdaten,
- Aufstellen von Richtlinien für die Qualitätsbeurteilung bei der Beschaffung von Software-Produkten,
- Analyse der Schwachstellen bei der Projektdurchführung und in der Wartung von Software-Produkten,
- Evaluierung und Einführung von Hilfsmitteln und Werkzeugen zur Qualitätssicherung,

- Kostenanalyse der Qualitätssicherung,
- Veranlassung und Unterstützung von Zertifikationen.

Die projektbegleitenden Aufgaben umfassen:

A4) Qualitätssicherungsplanung

- Unterstützung bei der Definition von Qualitätsanforderungen,
- Unterstützung bei der Erstellung des projektspezifischen Qualitätssicherungsplans und Beratung bei der Auswahl von konstruktiven und analytischen Maßnahmen,
- Unterstützung bei der Beschaffung von Software bzw. bei der Vergabe von Unteraufträgen an Fremdfirmen.

A5) Qualitätsprüfung

- Überprüfung von Phasenergebnissen,
- Analyse der verwendeten Verfahren, Hilfsmittel und Werkzeuge,
- Audit von Projekten,
- Audit der Qualitätssicherung von externen Vertragspartnern,
- Qualitätsbewertung von Software-Produkten.

A6) Überwachung und Beurteilung von Korrekturmaßnahmen

- Erfassen und Auswerten von Mängeln, die bei der Beurteilung der Produktqualität auftreten,
- Verfolgen von Änderungsanträgen und Korrekturmaßnahmen.

Die Mitarbeiter einer Qualitätssicherungsstelle haben bestimmte Anforderungen zu erfüllen. Sie besitzen ein umfangreiches Software Engineering-Wissen, sowie praktische Erfahrung bei der Erstellung und Pflege von Software. Ein Mitarbeiter der Qualitätssicherung zeichnet sich auch durch Beratungs- und Überzeugungsfähigkeiten aus. Viele der von der Qualitätssicherungsstelle vorgeschlagenen Maßnahmen können nur über Beratungstätigkeit in die Projekte eingebracht oder durch Schulung vermittelt werden. Dazu ist es notwendig, daß diese Leute analytische, didaktische und psychologische Fähigkeiten, insbesondere im Bereich der Kommunikation, der Motivation und im Anleiten von Mitarbeitern besitzen (»natürliche Autorität«).

Viele der vorgeschlagenen Richtlinien lassen sich im großen Umfang nur durch Werkzeuge durchsetzen und überprüfen. Beispielsweise sind für Prüfungen von Richtlinien spezielle Qualitätssicherungswerkzeuge wie statische Analysatoren nötig. Die Qualitätssicherungsstelle hat sich daher zusammen mit einer eventuell vorhandenen Software Engineering-Gruppe um die Bereitstellung und Pflege von Werkzeugen für Qualitätssicherungsaufgaben zu kümmern.

6.6 Einführungsmaßnahmen und -strategien für Qualitätssicherungssysteme

Für die Einführung von Qualitätssicherungssystemen liegen heute noch geringe Erfahrungen vor. In der Literatur sind nur einige wenige Beispiele für die Einführung solcher Systeme zitiert ([Gust82], [Chow85], [Wall87]).

Lumbeck [Lumb82] gibt einige allgemeine Vorgehensschritte für die Einführung von Qualitätssicherungssystemen an:

S1) *Schaffung der Voraussetzungen für die Einführung eines Qualitätssicherungssystems*

Bevor mit der Einführung eines Qualitätssicherungssystems begonnen werden kann, ist zu überprüfen, ob der vorhandene Life Cycle den Erfordernissen entspricht oder überarbeitet werden muß. Darauf abgestimmt sind Verfahren, Methoden und Hilfsmittel zur Durchführung von Qualitätssicherungsaufgaben bereitzustellen. Konkret bedeutet dies, daß z. B. Reviews einzuführen sind oder die Testmethodik verbessert werden muß. Es sind auch Dokumente, wie z. B. ein Qualitätssicherungshandbuch, ein Standard und eine Anwendungsrichtlinie für Qualitätssicherungspläne zu erarbeiten. Dieses Vorgehen ist durch Maßnahmen zur Schaffung eines Bewußtseins für Qualität und Qualitätssicherung bei Entwicklern und Managern zu unterstützen.

S2) *Einführung eines Qualitätsberichtswesens*

Um die Wirtschaftlichkeit der geplanten Qualitätssicherungsaktivitäten beurteilen zu können, sind Maßnahmen zu ergreifen, die die Qualitätsberichterstattung etablieren. Damit können Kosten und Nutzen der gewählten Qualitätssicherungsmaßnahmen geschätzt und kontrolliert werden.

S3) *Einführung eines Grundsystems*

Es wird eine minimale Anzahl von Qualitätssicherungsmaßnahmen festgelegt und eingeführt. Beispielsweise wird ein Qualitätssicherungshandbuch erstellt und ein Review-Verfahren eingeführt. In [SAQ88b] und [SAQ87] sind gemäß der jeweiligen Risiken, Nachweispflichten und dem Komplexitätsgrad der Produkte drei Anforderungsstufen an Qualitätssicherungssysteme definiert. Dieser Vorschlag eignet sich zur Auswahl der Qualitätssicherungsmaßnahmen für das Grundsystem in Abhängigkeit von der gegebenen Situation einer Organisation. Zur Erprobung des Grundsystems sind Pilotprojekte zu planen und durchzuführen.

S4) *Ausbau des Grundsystems*

Hat sich das Grundsystem in der Erprobungsphase bewährt, so ist es auf alle Projekte der Organisation auszudehnen. Dazu ist es notwendig, Qualitätssicherungsstellen mit entsprechender Kompetenz, Verantwortung und geeigneter organisatorischer Verankerung zu installieren. Der Ausbau der Software-Qualitätssicherung hängt von der Wirtschaftlichkeit des Qualitätssicherungssystems und vom Risikoprofil der Projekte ab.

S5) *Durchführung eines Audits des Qualitätssicherungssystems*

In regelmäßigen Zeitabständen, z. B. alle zwei Jahre, sind die Wirtschaftlichkeit und Wirksamkeit des Qualitätssicherungssystems zu überprüfen. Dafür eignet sich ein Audit, bei dem unter anderem die Qualitätssicherungsorganisation untersucht wird. Das Ergebnis dieses Audits ist eine Schwachstellenanalyse mit Verbesserungsvorschlägen.

Um die Einführung eines Qualitätssicherungssystems zu beschleunigen bzw. zu verbessern, ist es vorteilhaft auf zwei Ebenen vorzugehen. Einerseits sind auf der operativen Ebene die Mitarbeiter für die Aufgaben der Qualitätssicherung zu gewinnen. Auf der anderen Seite ist das Management zu überzeugen, daß gewisse Neuerungen und Änderungen im Zuge der Einführung des Qualitätssicherungssystems notwendig sind.

Es empfiehlt sich, einen eigenen Arbeitskreis »Software-Qualitätssicherung« zu gründen, der folgende Aufgaben zu bewältigen hat:

- Schaffung eines Technologieüberblicks zum Thema Software Engineering und Software-Qualitätssicherung,
- Aktivieren der betrieblichen Meinungsbildung zu obiger Thematik, insbesondere Etablieren einer gemeinsamen Terminologie,
- Analyse der Schwachstellen des Entwicklungsprozesses bzw. der vorhandenen Organisationsstrukturen,
- Durchspielen von Veränderungsszenarien,
- Abstimmung von Konzepten und Einführungsschritten des Qualitätssicherungssystems,
- Kanalisieren und Diskutieren von Vorschlägen und Empfehlungen, die von den Mitarbeitern oder von der Software-Qualitätssicherungsstelle kommen.

In diesem Arbeitskreis sind Fachpromotoren, wie beispielsweise Mitarbeiter der Qualitätssicherungsstelle, der Informatik-Abteilungen, der Organisationsabteilung, Anwendervertreter, bzw. externe Spezialisten vertreten.

Neben dem Arbeitskreis »Software-Qualitätssicherung«, der auf operationaler Ebene tätig wird, lohnt es sich, einen Organisationsausschuß mit dem Titel »Einführung einer Software-Qualitätssicherung« einzurichten. Dieser Organisationsausschuß, der sich speziell an das Management wendet, soll folgende Aufgaben durchführen:

- Promotion notwendiger Neuerungen und Veränderungen,
- Kontrolle und Vermeidung von kritischen und gefährlichen Maßnahmen und
- Erstellen eines Konzepts für die Einführung.

Die Mitglieder dieses Ausschusses sind Machtpromotoren, wie beispielsweise Vertreter des Top- und mittleren Managements, die Leitung der Qualitätssicherung und wichtige Meinungsträger im Unternehmen.

6.6 Einführungsmaßnahmen und -strategien für Qualitätssicherungssysteme

Im folgenden geben wir einige Maßnahmen an, die sich bei der Einführung eines konkreten Qualitätssicherungssystems (SPARDAT-Projekt [Wall87]) als erfolgreich herausstellten. Die Informatik-Organisation, in der das System eingeführt wurde, ist im Bankenbereich tätig. Als erster Schritt im Rahmen dieses Projekts wurden die Voraussetzungen für ein Qualitätssicherungssystem geschaffen. Es wurde eine eigene Qualitätssicherungsstelle mit einem Mitarbeiter eingerichtet. Anschließend wurde ein Qualitätsmodell für die Spezifikation der Qualitätsanforderungen (siehe Anhang A2) erarbeitet. Parallel dazu wurden das Qualitätssicherungshandbuch und der Standard für Qualitätssicherungspläne erstellt. Im zweiten Schritt wurde das Grundsystem an einem Pilotprojekt »Kundenselbstbedienung« erprobt. Im dritten Schritt wurde das Grundsystem an einem größeren Pilotprojekt »Spar« angewandt und gewisse Erweiterungen des Grundsystems durchgeführt. Im vierten Schritt wurde die Schulung in Qualitätssicherung für alle Projekte etabliert. Anschließend wurde das Qualitätssicherungssystem für alle Projekte verpflichtend eingeführt. In einem fünften Schritt wurde die Wirksamkeit des Qualitätssicherungssystems durch ein Audit überprüft.

Als positiv wurde festgestellt, daß die zentrale Qualitätssicherungsstelle als Beratungsdienst konzipiert wurde und von Anfang an nicht versucht wurde, die Qualitätssicherungsstelle als unabhängige Prüf- und Bewertungsstelle zu etablieren. Wichtig für die Akzeptanz war, daß mit der Qualitätssicherung keine Mitarbeiterbeurteilung verbunden war. Ein Teil des Managements versuchte, die Qualitätssicherung für diesen Zweck zu benutzen. Dies konnte jedoch verhindert werden.

Das Management und wichtige Meinungsträger haben die Einführung der Qualitätssicherung ausreichend unterstützt. Als sehr nützlich hat sich herausgestellt, daß jedes Projekt einen Qualitätsbeauftragten besaß. Dies war in der Entwicklung der Projektleiter und in der Wartung der Produktverantwortliche.

Der Leitsatz, Qualität nicht zugunsten von Termin und Kosten zu vernachlässigen, wurde vom Management und der Projektleitung berücksichtigt. Besonders kritisch war die Auswahl der Person für die Leitung der Qualitätssicherungsstelle. Diese Auswahl ist mit besonderer Sorgfalt durchzuführen.

Die gesamte Einführung des Grundsystems dauerte beim SPARDAT-Projekt ca. 3 Jahre, wobei die Entwicklerorganisation ca. 180 Personen umfaßte und 6000 Programme mit ca. 4,7 MLOC vorhanden waren.

Bei der Einführung des Qualitätssicherungssystems in der SPARDAT traten folgende Probleme auf:

- Das Fehlen eines praktikablen Instrumentariums zur Festlegung konkreter Qualitätsanforderungen (Qualitätsmodell), zur Erzeugung einer definierten Qualität (Hilfsmittel und Werkzeuge der konstruktiven Qualitätssicherung) und zum Nachweis von Qualitätszielen (Prüfverfahren und Werkzeuge für Prüfungen).

- Das Fehlen abgesicherter Aussagen zur Wirtschaftlichkeit von Qualitätssicherungsmaßnahmen.

- Mangelnde Berücksichtigung des Aufwandes für Qualitätssicherungsmaßnahmen in der Projektkalkulation. Allerdings fehlten dafür auch gesicherte Planungsinformationen, wie im vorhergehenden Punkt bereits erwähnt wurde.

- Mangelnde Motivation und fehlendes Qualitätsbewußtsein bei den Software-Entwicklern und beim Management.

- Mitarbeiterbeurteilungen durch Qualitätssicherungsmaßnahmen.

- Zu hohe Erwartungen durch das Management.

Zusammenfassend sehen wir aus den praktisch gewonnenen Erfahrungen, daß die Einführung und der Aufbau eines Qualitätssicherungssystems großer Anstrengungen bedarf. Der Erfolg der Einführung hängt von einem technisch kompetenten und in der Software-Entwicklung erfahrenem Qualitätssicherungspersonal ab. Die Unterstützung durch das Topmanagement einer Informatik-Organisation ist für die Einführung ein kritischer Erfolgsfaktor.

6.7 Kosten-Nutzen-Betrachtungen

In vielen Informatik-Organisationen fehlt eine organisierte Software-Qualitätssicherung. Es bedarf eines erheblichen Lernprozesses, um das Wissen und Können der Software-Qualitätssicherung zu verbreiten. Die Kompetenz der Software Engineering-Verantwortlichen ist in vielen Firmen sehr gering, und damit sind auch die Möglichkeiten der Software-Qualitätssicherung stark eingeschränkt.

Fassen wir nochmals zusammen, was durch Qualitätssicherung erreichbar ist:

- Kurzfristig läßt sich die Produktqualität in allen Phasen feststellbar verbessern. Dadurch erhöht sich auch die Qualität von Zwischen- und Endprodukten bzw. die Effizienz der eingesetzten Methoden. Durch die Einführung bzw. Verbesserung von Test- und Reviewverfahren können beispielsweise die Fehlerquellen im Entwicklungsprozeß erheblich reduziert werden.

- Mittelfristig läßt sich der Testaufwand reduzieren. Durch geeignete Rückkopplungsmechanismen (z. B. Qualitätsberichtswesen) können Fehlerquellen im Entwicklungsprozeß beseitigt werden. Außerdem werden die Methoden und Werkzeuge besser aufeinander abgestimmt, wodurch die Produktivität gesteigert wird.

- Langfristig lassen sich sicherlich die Entwicklungskosten reduzieren bzw. die Entwicklungszeiten der Projekte besser planen und auch einhalten.

- Der größte Nutzen ist eine Reduktion des Wartungsaufwands und eine Steigerung der Produktivität im gesamten Life Cycle.

Das Problem des Nachweises der Wirtschaftlichkeit besteht darin, daß die Kosten der Qualitätssicherung sich nur sehr schwer von den Gesamtkosten einer Produktentwicklung trennen lassen. Der eigentliche Nutzen der Qualitätssicherung läßt sich oft nur indirekt nachweisen. Ein quantitativer Nachweis der Wirtschaftlichkeit ist wegen der komplizierten Zusammenhänge selten möglich. Qualitätssicherung ist als eine langfristige Investition zu betrachten. Die Software-Qualitätssicherung erbringt ihren großen Nutzen erst in der Pflege- und Wartungsphase der Software-Produkte. Konkret bedeutet dies, daß durch die Qualitätssicherung die Wartungs- und Betriebskosten erheblich gesenkt werden.

Eine wesentliche Voraussetzung für Kosten-Nutzen-Überlegungen ist das Vorhandensein eines Qualitätsberichtswesens mit Berücksichtigung der Qualitätskosten. Nachfolgend geben wir einige veröffentlichte Erfahrungswerte für Kosten und Nutzen der Qualitätssicherung an.

Ramamoorthy [Rama82] gibt folgende Regel an: Werden die Kosten für Qualitätssicherung verdoppelt, so kann man davon ausgehen, daß die Wartungskosten sich um ca. 50 % reduzieren.

Für Projekte, in denen Echtzeitsoftware erstellt wurde und die einen Aufwand von mehr als 20 Personenjahren hatten, betrugen die Qualitätskosten ca. 12 % des Gesamtprojektaufwands [Gust82]. Davon entfielen 8 % auf die Software-Qualitätssicherung. Aus dem militärischen Bereich liegen Erfahrungen vor, daß die Qualitätskosten mindestens 10 % der Gesamtprojektkosten ausmachen [Snee88]. Gustafson berichtet, daß sich bei der Einführung eines Qualitätssicherungssystems die Entwicklungskosten ungefähr verdoppelten [Gust82]. Er begründet dies damit, daß zum ersten Mal Entwicklungsdokumente vollständig und konsistent erstellt wurden. Weiters berichtet er, daß eine Reduktion der Gesamtlebenskosten um ca. 70 % erfolgte. Sneed gibt sehr detailliert den Aufwand der Qualitätssicherung je Phase mit und ohne Werkzeuge an [Snee88]. Er schätzt, daß die Qualitätssicherung bei Projekten für kommerzielle Applikationen die Projektkosten um ca. 35 % erhöht. Beim Einsatz von Qualitätssicherungswerkzeugen reduziert sich dieser Kostenanteil auf lediglich 12 %.

Sneed sieht, wie viele andere, die großen Einsparungen und den Nutzen der Qualitätssicherung in der Wartungsphase. Er geht davon aus, daß heute das Verhältnis der Wartungskosten zu Entwicklungskosten im Durchschnitt 60 : 40 beträgt. Mit Hilfe von Qualitätssicherungsmaßnahmen lassen sich nach Sneed ca. 40 % der Wartungskosten und insgesamt 30 % der Gesamtlebenskosten einsparen. Er weist auch auf einen nicht quantifizierbaren Nutzen durch Einführung der Qualitätssicherung hin.

Zusammenfassend sehen wir folgende Vorteile der Etablierung einer Software-Qualitätssicherung:

- Professionelle Entwicklung und Pflege von Software-Produkten,
- mehr Transparenz im Entwicklungsprozeß,
- Früherkennung von Problemen und Mängeln,
- Reduzierung der Pflege- und Stabilisierungskosten,
- Verringerung der Betriebskosten,
- Vermeidung von Ausfallkosten beim Betrieb des Produkts,
- Verbesserung des Rufs (ideeller Nutzen),
- Steigerung der Akzeptanz der Produkte bei den Benutzern.

Durch den Einsatz der Software-Qualitätssicherung haben wir die Möglichkeit, mit der Komplexität der Software fertig zu werden. Wir erhalten dadurch Software-Systeme, die die an sie gestellten Anforderungen besser erfüllen und somit die Benutzer zufriedenstellen. Das Management hat durch die Hilfsmittel der Qualitätssicherung mehr Einblick in den Entwicklungs- und Pflegeprozeß und die Chance, die Kosten zu senken.

7 Ausblick

Die Software-Industrie ist einer der wachsenden Märkte unserer Wirtschaft. Die Software-Qualitätssicherung wird durch die Internationalisierung der Märkte, die Produkthaftung und die zunehmende Bedeutung von Software-Produkten in unserer Umwelt zu einem unentbehrlichen Hilfsmittel. Diese Trends stellen eine neue Dimension für die Qualitätssicherung dar. Wie prüft man beispielsweise wissensbasierte Systeme? Wie sichert man die Qualität von verteilten Datenbank- oder Betriebssystemen? Viele Fragen tauchen auf und sprengen den Rahmen des derzeitigen Stands der Technik auf dem Gebiet der Software-Qualitätssicherung.

Wir haben an verschiedenen Stellen auf die gegenwärtigen Schwachstellen und potentielle Entwicklungsmöglichkeiten der Software-Qualitätssicherung hingewiesen. In folgenden exemplarisch aufgeführten Bereichen sind Entwicklungs- und Forschungsarbeiten erforderlich:

a) Planerische-administrative Qualitätssicherungsmaßnahmen

- Software-Qualitätssicherungssysteme, die sich an einer internationalen Norm orientieren (z. B. ISO 9000-9004);
- Konfigurationsverwaltungssysteme, die den gesamten Life Cycle unterstützen und in eine Entwicklungs- und Pflegeumgebung integriert sind;
- Qualitätsplanung und -kontrolle mit Hilfe von Qualitätsmodellen;
- Informationssysteme zur Entwicklung und Pflege großer Software-Mengen;
- Projektkostenrechnung, die es ermöglicht, eine wert- und produktivitätsorientierte Projektplanung durchzuführen.

b) Analytische Qualitätssicherungsmaßnahmen

- Statische Analysatoren zur Unterstützung von Reviews;
- Testwerkzeuge zur beliebigen Wiederholung von Tests im Life Cycle;
- umfassendes Kenngrößensystem zur Kontrolle von Entwicklungs- und Pflegeprozessen, sowie zur Produktbewertung im Life Cycle;
- Grundlagenforschung auf dem Gebiet der Qualitätsmerkmale und -kenngrößen;
- Einsatz von wissensbasierten Systemen, um eine wirksamere Qualitätsbewertung im Life Cycle zu erreichen.

c) Konstruktive Qualitätssicherungsmaßnahmen

- Software-Fabrik in Form einer umfassenden Software-Produktionsumgebung mit einer Software Engineering-Datenbank;
- objektorientierte Entwicklungsmethoden und Werkzeuge im gesamten Entwicklungszyklus;
- Einsatz von wissensbasierten Auskunftssystemen, um das Entstehen von Qualität im Life Cycle zu fördern.

d) Psychologisch-orientierte Qualitätssicherungsmaßnahmen

- Maßnahmenkonzept zur Gestaltung einer für die Entstehung von Software-Qualität freundlichen Unternehmenskultur;
- Maßnahmen und technische Hilfsmittel, um umfassend alle Phänomene und Sichten des ansich immateriellen technischen Produkts Software darstellen zu können.

Trotz aller Fortschritte wird der Software-Entwicklungsprozeß auch in Zukunft schwer planbar und schwierig zu realisieren sein. Dies wirkt sich natürlich auch auf die Qualitätssicherung aus. Zentrales Element einer erfolgreichen Qualitätssicherung werden daher auch weiterhin die Fähigkeiten qualifizierter Software-Entwickler und ihr Qualitätsbewußtsein sein.

Anhang

Anhang A1
Das Qualitätsmodell von McCall

Eines der ältesten und am häufigsten verwendeten Modelle ist jenes von McCall [McCa77]. Andere Modelle wie das von Murine [Muri84] oder das von NEC [Azum85] lassen sich von diesem Modell ableiten. Das Modell von McCall wird in den Vereinigten Staaten bei Großprojekten im militärischen Bereich, in der Raumfahrt und im öffentlichen Bereich eingesetzt. Es wurde 1976/77 von der US Airforce Electronic System Division (ESD), dem Rome Air Development Center (RADC) und General Electric (GE) mit dem Ziel entwickelt, die Herstellung von Software-Produkten qualitativ zu verbessern. Explizites Ziel war auch, die Messung von Qualität zu operationalisieren.

Ausgangspunkt war eine Menge von 55 Qualitätseigenschaften, die die Qualität im wesentlichen bestimmen. McCall nannte sie »factors«. Diese Menge wurde zur Vereinfachung auf 11 reduziert:

- Effizienz
- Integrität
- Zuverlässigkeit
- Benutzbarkeit
- Korrektheit
- Wartbarkeit
- Testbarkeit
- Flexibilität
- Verknüpfbarkeit
- Übertragbarkeit
- Wiederverwendbarkeit

Jede dieser Eigenschaften wird durch Merkmale (»criteria«) näher bestimmt, und für jedes Merkmal werden Qualitätskenngrößen (»metrics«) zur quantitativen Bewertung angegeben. Es ist schwierig bzw. in einigen Fällen unmöglich, die jeweilige Eigenschaft durch eine direkt ermittelbare Kenngröße zu quantifizieren. Daher wurde für jede Eigenschaft eine Regressionsformel nachfolgender Art definiert:

$$QE = r_1 \cdot m_1 + r_2 \cdot m_2 + \ldots + r_n \cdot m_n$$

Dabei ist QE die jeweilige Eigenschaft, r_i sind Regressionskoeffizienten und m_j Kenngrößen.

Für die Anwendung des Modells wurden Richtlinien zur Spezifikation und zur Messung der Eigenschaften erstellt.

Betrachtet man die Struktur dieses Modells, so wird die Qualität auf oberster Stufe in Form von 11 Eigenschaften beschrieben. Es gibt unseres Erachtens Redundanz zwischen den Eigenschaften. Dies wirkt sich nachteilig auf die Eindeutigkeit der verwendeten Begriffe aus. Beispielsweise wird Wartbarkeit nur als Aufwand verstanden, einen Fehler zu lokalisieren und ihn zu beheben. Unter Wartbarkeit werden im allgemeinen aber auch Änderungen verstanden, die durch Anpassungen an die sich ändernde Einsatzumgebung des Produkts entstehen. Dies wird in diesem Modell unter Flexibilität berücksichtigt.

Die Eigenschaften werden auf nächsttieferer Stufe in Merkmale zerlegt (siehe dazu die Abbildungen A1.1 und A1.2). Ein Merkmal kann dabei mehreren Eigenschaften zugeordnet werden. Dies bedeutet, daß die Zerlegungsstruktur kein Baum sondern ein Netz ist. Beispielsweise wird das Merkmal Konsistenz den Eigenschaften Korrektheit, Zuverlässigkeit und Wartbarkeit zugeordnet. Die Zerlegungshierarchie wird dadurch unübersichtlich. Im Sinne der Objektivierung benötigt man Kenngrößen, um den Grad der Merkmalsausprägungen zu quantifizieren. Sie werden als »metrics« bezeichnet.

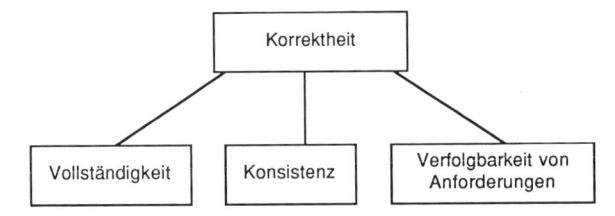

Abb. A1.1 Die Eigenschaft Korrektheit mit ihren Merkmalen

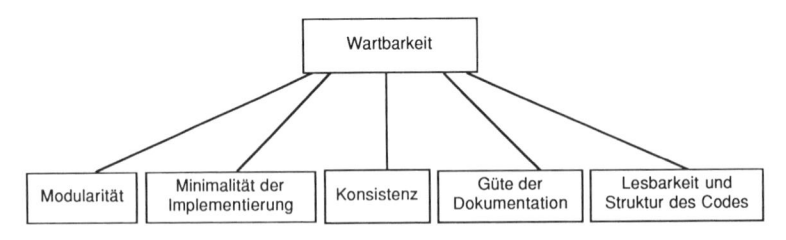

Abb. A1.2 Die Eigenschaft Wartbarkeit mit ihren Merkmalen

Als Beispiel für die Ermittlung einer Kenngröße wird die Bewertung des Merkmals Lesbarkeit und Struktur des Codes (»code simplicity«) eines Moduls betrachtet (siehe Abb. A1.3).

Interessant sind die verschiedenen Sichten des Anwenders der Modellelemente. McCall unterscheidet drei Anwendersichten:

- Eigenschaften werden aus Manager- und Benutzersicht spezifiziert,
- Merkmale werden aus der Sicht des Entwicklers spezifiziert und
- Kenngrößen werden aus operativer Sicht spezifiziert. Sie sind Vorschriften, die angeben, wie die einzelnen Kenngrößen zu berechnen sind.

a) Pro Modul werden folgende 9 Kenngrößen berechnet:

(1) Wurden komplizierte Boole'sche Ausdrücke (BA) verwendet?

$(1 - \frac{\#BA}{ELOC})$ .... _____

(2) Gibt es Sprünge in/aus Schleifen?

$(\frac{\#Schleifen\ mit\ nur\ 1\ Eingang\ und\ 1\ Ausgang}{\#Schleifen})$ _____

(3) Wurden Schleifenindizes modifiziert?

$(1 - \frac{\#mod.\ Schleifen}{\#Schleifen})$ .... _____

(4) Wie viele Sprungmarken (SM) gibt es?

$(1 - \frac{\#SM}{ELOC})$ .... _____

(5) Wurden alle Argumente als Parameter übergeben?

(1/0) .... _____

(6) Sind alle Variablennamen eindeutig? (1/0) .... _____

(7) Wurden keine gemischten Ausdrücke verwendet?
(1/0) .... _____

(8) Wie groß ist die Verschachtelungstiefe NL?

$(\frac{1}{max.\ NL})$ .... _____

(9) Wie viele Verzweigungen gibt es?

$(1 - \frac{\#\ Verzweigungen}{ELOC})$ .... _____

Gesamtmodulwert .... _____

b) Systemkenngröße $(\frac{\sum_i Modulwert_i}{\#Module})$ .... _____

Abb. A1.3 Bewertung des Merkmals Lesbarkeit und Struktur des Codes eines Moduls

Die Qualitätseigenschaften werden nach McCall auf folgende Weise in Anwendungsbereiche gegliedert:

- Produktbetrieb
- Produktrevision
- Veränderung bei der Produktnutzung

Für den Produktbetrieb sind folgende Eigenschaften relevant:

- Korrektheit (»Erfüllt das Produkt das, was ich von ihm erwarte?«)
- Zuverlässigkeit (»Wie gut erfüllt das Produkt seine Anforderungen über einen bestimmten Zeitraum?«)
- Effizienz (»Läuft das Produkt ressourcenschonend auf meiner Hardware?«)
- Integrität (»Ist es sicher?«)
- Benutzbarkeit (»Kann ich es leicht erlernen bzw. handhaben?«)

Für die Produktrevision sind folgende Eigenschaften wichtig:

- Wartbarkeit (»Kann ich einen Mangel einfach beheben?«)
- Flexibilität (»Kann ich eine Änderung einfach durchführen?«)
- Testbarkeit (»Kann ich das Produkt ohne zusätzlichen Aufwand nach einer Änderung testen?«)

Die folgenden Eigenschaften sind im Fall von Veränderungen bei der Produktnutzung von Bedeutung:

- Portabilität (»Kann ich das Produkt auf einer anderen Hardware betreiben?«)
- Wiederverwendbarkeit (»Kann ich Teile des Produkts für andere Anwendungen einsetzen?«)
- Verknüpfbarkeit (»Kann ich Schnittstellen zu anderen Systemen herstellen?«)

Diese drei Bereiche helfen je nach spezifischer Projektausgangslage, die relevanten Eigenschaften und damit die Merkmale und Kenngrößen auszuwählen.

Qualitätseigenschaften

Im folgenden werden die einzelnen Qualitätseigenschaften, die im Modell von McCall aufgeführt sind, näher beschrieben, und es wird angegeben, auf welche Weise sie bewertet werden können.

Anmerkung zum nachfolgend verwendeten Begriff Erklärungs-/Bewertungsansatz: Das englische Wort »definition« wurde mit Erklärungs-/Bewertungsansatz übersetzt, da es sich eher um operative Vorschriften zur Bewertung oder zur Messung der Eigenschaften handelt als um Definitionen im Sinne der Mathematik bzw. der Naturwissenschaften.

E1) Effizienz

Erklärungs-/Bewertungsansatz:
    Die Menge an Code bzw. Computer-Ressourcen (z. B. CPU-Zeit, externer Speicherbedarf), die ein Programm benötigt, um seine Funktion zu erfüllen.

An Merkmalen werden die Ausführungseffizienz und die Speichereffizienz unterschieden. Die Ausführungseffizienz kann relativ einfach gemessen werden, indem vergleichbarer Code herangezogen wird oder indem »Benchmark«-Tests durchgeführt werden. Die Speichereffizienz des Codes läßt sich durch eine Checkliste prüfen, die die Verwendung gepackter Daten, Paging-Raten, Code-Dichte und ähnliches berücksichtigt.

E2) Integrität

Erklärungs-/Bewertungsansatz:
> Ausmaß, in welchem der unberechtigte Zugriff auf Programme und Daten eines Produkts kontrolliert werden kann.

Die Integrität bezieht sich somit auf die Sicherheit vor unberechtigtem Zugriff und die Prüfbarkeit von Veränderungen des Produkts.

Merkmale:
- Zugriffskontrolle
- Prüfbarkeit von Veränderungen an Systemelementen

Die Kenngrößen, die in Form von Checklisten ermittelt werden, beschreiben die Instrumentierung des Produkts, mit der Zugriffe auf das System erfaßt und ausgewertet werden können.

E3) Zuverlässigkeit

Erklärungs-/Bewertungsansatz:
> Ausmaß, in welchem von einem Programm erwartet werden kann, daß es seine spezifizierte Funktion mit der geforderten Genauigkeit erfüllt.

Merkmale:
- Fehlertoleranz
- Konsistenz
- Genauigkeit
- Einfachheit

Die Zuverlässigkeit bezieht sich auf den Aspekt des fehlerfreien Funktionierens eines Software-Produkts über einen definierten Beobachtungszeitraum.

Eine einfache Kenngröße ist die Anzahl der Fehler pro 1000 LOC, die in einem bestimmten Zeitraum (z. B. 3 Monate) nach Freigabe des Produkts auftreten. Erfahrungswerte liegen bei ein bis drei Fehlern pro 1000 LOC.

E4) Benutzbarkeit

Erklärungs-/Bewertungsansatz:
> Aufwand, um ein Produkt zu lernen und zu bedienen.

Merkmale:
- Schulung
- Bedienbarkeit

Ein System ist nicht benutzbar, wenn es schwer zu bedienen oder ein hoher Aufwand an Schulung notwendig ist oder die Lernenden spezielle Fähigkeiten aufweisen müssen.

Die Kenngrößen beziehen sich einerseits auf Messungen des Schulungsaufwands und andererseits auf Bewertungen der Einfachheit bei der Produktbedienung.

Die Benutzbarkeit ist eine der wichtigsten Eigenschaften überhaupt. Wenn ein Software-Produkt nur schlecht durch den Endbenutzer bedienbar ist, können die anderen Qualitätseigenschaften noch so gut sein.

E5) Korrektheit

Erklärungs-/Bewertungsansatz:
   Ausmaß, mit welchem ein Programm seine Spezifikation erfüllt.

Merkmale:
- Vollständigkeit
- Konsistenz
- Verfolgbarkeit der Anforderungen

Die Eigenschaft Korrektheit hat mit dem Entwurf und der Implementierung eines Produkts zu tun. Die Korrektheit wird dadurch beeinflußt, inwieweit die Phasenergebnisse den Projektstandards entsprechen und spezifikationskonform sind. Korrektheit ist eine Funktion der Merkmale Konsistenz (Widerspruchsfreiheit), Vollständigkeit und Verfolgbarkeit der Anforderungen. Vollständigkeit und Widerspruchsfreiheit sind Merkmale, die im gesamten Entwicklungsprozeß beobachtet und geprüft werden müssen, beispielsweise in Form von Reviews. Es gibt eine Reihe von Software-Werkzeugen (siehe 3.5.1 und 4.1.3), die uns helfen, speziell die Merkmale der Korrektheit sicherzustellen.

Vom wirtschaftlichen Standpunkt spielt die Korrektheit eine große Rolle im Life Cycle eines Produktes, wenn man einen Wartungsaufwand von ca. 60-80 % annimmt und die hohen Kosten der Fehlerbehebung in der Wartung betrachtet. Die hier angewendeten Kenngrößen beziehen sich auf Auswertungen von Konsistenz- und Vollständigkeitsprüfungen, auf die Software-Architektur, auf Kommentare und die Strukturierung der Dokumentation in den frühen Phasen.

E6) Wartbarkeit

Erklärungs-/Bewertungsansatz:
   Aufwand, einen Fehler zu lokalisieren und zu beheben.

Merkmale:
- Konsistenz
- Modularität
- Minimalität der Implementierung
- Lesbarkeit und Struktur des Codes
- Güte der Dokumentation

Dies ist eine besonders wichtige Qualitätseigenschaft aus der Sicht des ökonomischen Produktbetriebs. Man muß sich vor Augen halten, daß die dominierenden Kosten im Life Cycle eines Produkts die Betriebs- und Wartungskosten sind. Ein gut strukturierter und ausreichend geplanter Entwicklungsprozeß ist eine Voraussetzung für gute Wartbarkeit.

Die Konsistenz ist neben der Modularität, der Güte der Dokumentation, der Minimalität der Implementierung und der Lesbarkeit/Struktur des Codes das wichtigste Merkmal. Anwendbare Kenngrößen beziehen sich auf Konsistenz-Checklisten, die Struktur und Minimalität der Entwürfe und der Implementierung, die Einfachheit des Codes, Anzahl und Güte der Kommentare und die Lesbarkeit der Implementierungssprache.

E7) Testbarkeit

Erklärungs-/Bewertungsansatz:
Aufwand für das Testen eines Programms, um sicherzustellen, daß es die spezifizierten Anforderungen erfüllt.

Merkmale:
- Modularität
- Einfachheit und Struktur des Codes
- Instrumentierung
- Güte der Dokumentation

Die Testbarkeit ist jene Eigenschaft, die von der Beziehung von Software-Entwurf/Implementierung zur Produktspezifikation beeinflußt wird. Kenngrößen beziehen sich auf die Struktur des Entwurfs, die System- und Modulkomplexität, Einfachheit des Codes, Checklisten für das Testen, Anzahl und Güte der Kommentare und die Ausdrucksfähigkeit der Implementierungssprache.

E8) Flexibilität

Erklärungs-/Bewertungsansatz:
Aufwand, um ein Produkt zu modifizieren.

Merkmale:
- Modularität
- Einfachheit des Entwurfs und des Codes
- Güte der Dokumentation
- Allgemeingültigkeit

Die Flexibilität ist dann vorhanden, wenn neue Anforderungen einfach realisiert werden können. Kenngrößen beschreiben interne und externe Schnittstellen, die Allgemeingültigkeit von Daten- und Programmstrukturen, die Erweiterbarkeit, die Quantität und Güte von Kommentaren und die Ausdrucksstärke der Implementierungssprache.

E9) Verknüpfbarkeit

Erklärungs-/Bewertungsansatz:
Aufwand, um zwei Produkte miteinander zu verbinden.

Merkmale:
- Modularität
- Kompatibilität

Diese Eigenschaft ist bei Systemen relevant, die in einem hohen Maße mit anderen Systemen in Verbindung stehen. Sie nimmt in Hinkunft an Bedeutung zu, da immer mehr

Systeme mit anderen durch lokale oder globale Kommunikationsnetzwerke in Verbindung stehen. Qualitätskenngrößen beziehen sich auf die Modulstruktur, auf die Güte der Kommentare und auf die Verwendung von Schnittstellennormen und -standards.

E10) Portabilität

Erklärungs-/Bewertungsansatz:
    Aufwand, um ein Produkt von einer Hardware- oder Betriebssystemumgebung in eine andere zu übertragen.

Merkmale:
- Systemsoftware- und Maschinenunabhängigkeit
- Modularität
- Güte der Dokumentation

Diese Eigenschaft gibt Auskunft über den Aufwand, mit dem ein System von einer Betriebsumgebung in eine neue oder andere übertragen werden kann. Unter Betriebsumgebung versteht man eine neue Zielmaschine oder ein neues Betriebssystem etc. Die Kenngrößen beziehen sich auf die Modularität der Implementierung, Anzahl und Güte der Kommentare und Unabhängigkeit von Maschinen- und Betriebssystemdetails.

E11) Wiederverwendbarkeit

Erklärungs-/Bewertungsansatz:
    Aufwand, mit welchem ein Modul oder Programm in einer anderen Applikation verwendet werden kann.

Merkmale:
- Einfachheit und Struktur des Codes
- Systemsoftware- und Maschinenunabhängigkeit
- Güte und Verfügbarkeit der Dokumentation
- Modularität
- Anwendungsunabhängigkeit in bezug auf die Verwendung von Datenbanken, von Betriebssystem-Details, Hardware-Details und spezieller Algorithmen

Der Unterschied zur Übertragbarkeit besteht darin, daß Teile des Codes in anderen Anwendungssystemen unter derselben Betriebsumgebung verwendet werden. Kenngrößen dieser Eigenschaft beziehen sich auf die Anzahl und die Güte der Kommentare, die Software-Systemunabhängigkeit und die Maschinenunabhängigkeit.

Anwendung des Modells

Das Modell wird angewendet für:

a) die Spezifikation der Qualitätsziele durch Auswahl und Gewichtung von Eigenschaften, Merkmalen und Kenngrößen,

b) die Bewertung der unter a) spezifizierten Ziele, Eigenschaften, Merkmale und Kenngrößen.

a) muß möglichst früh im Entwicklungsprozeß stattfinden und zwar dann, wenn die System- und Software-Anforderungen spezifiziert werden. Nicht für jedes Projekt werden dieselben Eigenschaften spezifiziert. Ebenso spielt die Kategorie der Applikation und die Anwendungsumgebung eine Rolle.

McCall unterscheidet voraussagende und anomalieanzeigende Kenngrößen. Die voraussagenden Kenngrößen sind für die Bewertung des Entwicklungsprozesses von Bedeutung. Wenn beispielsweise im Entwurf die Datenstrukturen zu klein dimensioniert wurden, kann das dazu führen, daß bei der Produktnutzung im Falle zunehmender Leistungssteigerung Probleme auftreten.

Die Qualitätseigenschaften, Merkmale und Kenngrößen sollten, nachdem sie ausgewählt und ihre Bedeutung festgelegt worden sind, in der Anforderungsspezifikation niedergeschrieben werden. Durch analytische Qualitätssicherungsmaßnahmen werden die Kenngrößen im gesamten Life Cycle ermittelt.

Die Verantwortung für die Sammlung und Bereitstellung der Kenngrößen soll an eine eigene Stelle delegiert werden. Wenn diese Stelle sich in der Entwicklungsorganisation befindet, muß darauf geachtet werden, daß sie ein Höchstmaß an Autonomie besitzt. Die Verantwortung für diese Aufgabe sollte möglichst früh im Entwicklungsprozeß vergeben werden.

Als einfaches Beispiel für eine Merkmalsprüfung wählen wir die Strukturiertheit des Codes. Durch eine Checkliste, anhand der die Strukturiertheit des Codes geprüft wird, wird eine Punkteskala für die Bewertung vorgegeben, beispielsweise zwischen 0 (Code ist nicht strukturiert) und 6 (der Code ist sehr gut strukturiert).

Nach Erfahrungen von McCall weiß man, daß die Kenngrößen in den Phasen Anforderungsanalyse und -definition, Entwurf und Codieren einen indikativen Charakter haben (Teilsichten auf die sich abzeichnende Produktqualität sind erkennbar). Im Testprozeß existieren bereits sehr gut meßbare Kenngrößen (z. B. Anzahl gefundener Fehler, Testabdeckung, Testaufwand in Stunden). Erst durch den Produkteinsatz erkennt man die tatsächliche Produktqualität (siehe Abbildung A1.4). Beispielsweise kann man in der Betriebsphase die Anzahl der Betriebsstörungen oder Software-Fehler als Basis für die Bewertung der Produktqualität heranziehen.

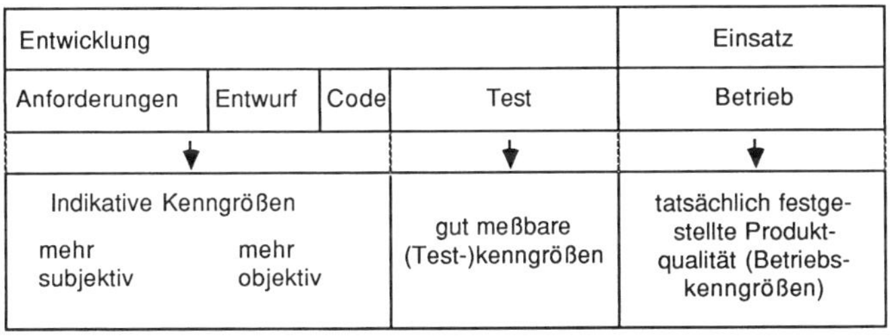

Entwicklung				Einsatz
Anforderungen	Entwurf	Code	Test	Betrieb
Indikative Kenngrößen			gut meßbare (Test-)kenngrößen	tatsächlich festgestellte Produktqualität (Betriebskenngrößen)
mehr subjektiv	mehr objektiv			

Abb. A1.4 Charakteristik von Kenngrößen im Life Cycle

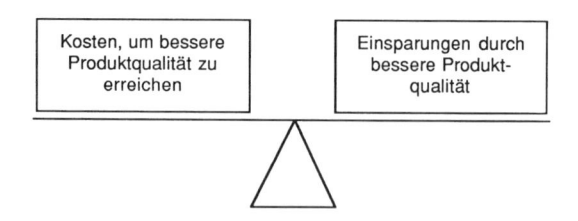

```
┌──────────────────┐      ┌──────────────────┐
│ Kosten, um bessere│      │ Einsparungen durch│
│ Produktqualität zu│      │ bessere Produkt- │
│    erreichen     │      │     qualität     │
└──────────────────┘      └──────────────────┘
              △△
```

Abb. A1.5 Kosten/Nutzen der Qualitätssicherung

Es ist klar, daß der Aufwand für die Prüfung und Bewertung der Software-Qualität in einem wirtschaftlichen Verhältnis zu den Kosten eines Produktes stehen muß. Die Kosten, um eine bessere Qualität zu entwickeln und die Kosten, um diese Qualität auch zu messen, müssen in einem ausgewogenen Verhältnis zu den Einsparungen stehen, die im gesamten Life Cycle dadurch zu erzielen sind (siehe Abb. A1.5).

Zusammenfassend läßt sich folgendes zum Qualitätsmodell von McCall sagen:

- Die Begriffe einiger Eigenschaften und Merkmale sind teilweise unpräzise und überschneiden sich.
- Die Ermittlung von Kenngrößen (metrics) ist oft vom subjektiven Einfluß abhängig.
- Die Zusammenhänge zwischen Eigenschaften, Merkmalen und Kenngrößen beruhen auf Hypothesen und sind ungenügend validiert.
- Das Modell ist für kommerzielle Applikationen anwendbar.
- Dem Modell liegt ein praxisorientiertes Vorgehen für die Planung und Bewertung von Qualität zugrunde.

Der potentielle Nutzen des Modells von McCall liegt in seinem integrierten Einsatz im Prozeß. Das Modell liefert u. a. ein ingenieurmäßiges Vorgehen für die Qualitätssicherung und eine Methode, die die Software-Qualität über den gesamten Life Cycle des Produkts berücksichtigt.

Anhang A2
Das SPARDAT-Qualitätsmodell

Es wird ein Qualitätsmodell vorgestellt, dem als Basis das Modell des Softwaretest e.V. [Schw84] diente.

Die Zielsetzung bei der Entwicklung dieses Qualitätsmodells und insbesondere bei der Definition der Qualitätseigenschaften und Merkmale lag darin, ein Bewertungssystem für Qualitätsaussagen zu schaffen, das in den einzelnen Phasen der Software-Entwicklung einsetzbar ist und es erlaubt, die sich entwickelnde Qualität abzuschätzen und gegebenenfalls Maßnahmen zur Qualitätslenkung zu treffen (siehe [Wall87]).

Die Struktur des SPARDAT-Qualitätsmodells ist in Abbildung A2.1 dargestellt. Unter Basiseigenschaft verstehen wir eine Eigenschaft, die nicht mehr durch andere Eigenschaften konstituiert werden kann.

```
                        Software-Qualität
        ...        _____|_____          ...
        ...   Qualitätseigenschaft i   Qualitätseigenschaft i+1   ...
                                    _____|_____
                              Q-Basiseigenschaft j    j+1    j+2
                              _____|_____
                          Merkmal j₁  ....  Merkmal jₙ
```

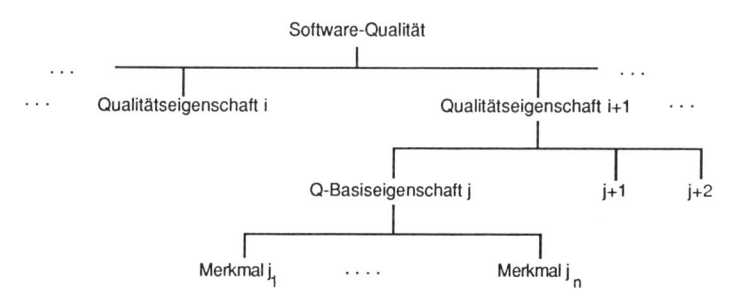

Abb. A2.1 Struktur des SPARDAT-Modells

Für manche Merkmale ist es möglich, Kenngrößen in Form von bekannten Maßen anzugeben (z. B. für das Merkmal Steuerflußkomplexität das Maß von McCabe). Bei anderen Merkmalen sind nur Kenngrößen möglich, die auf Erfahrungswerten in Form von Checklisten beruhen. Dabei werden die Ja-/Nein-Antworten mit Punkten gewichtet und anschließend die Punktesumme berechnet.

Abbildung A2.2 gibt einen ersten Überblick, wie die durch das Modell definierten Eigenschaften strukturiert sind. Die drei wesentlichen Kategorien von Eigenschaften sind die Gebrauchstauglichkeit, die Pflegbarkeit und die Anpaßbarkeit.

Ein Gesamtüberblick zu den Qualitätseigenschaften findet sich in Abbildung A2.3. Dies ist einer von mehreren möglichen Ansätzen, Software-Qualität durch hierarchisch gegliederte Qualitätseigenschaften zu beschreiben.

Das vorliegende Modell wurde für eine kommerzielle Software-Entwicklungsumgebung im Bankbereich entwickelt und dort auch eingesetzt.

SOFTWARE-QUALITÄT

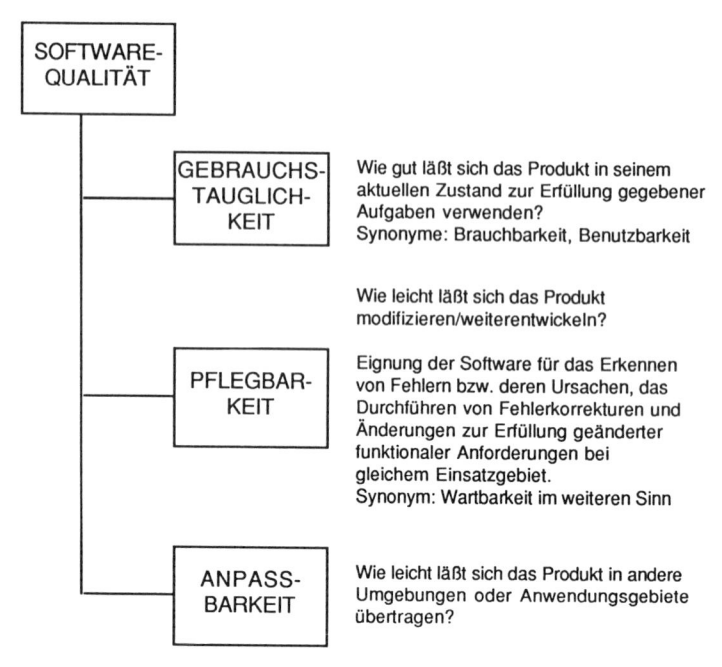

- **GEBRAUCHSTAUGLICHKEIT**: Wie gut läßt sich das Produkt in seinem aktuellen Zustand zur Erfüllung gegebener Aufgaben verwenden? Synonyme: Brauchbarkeit, Benutzbarkeit

- **PFLEGBARKEIT**: Wie leicht läßt sich das Produkt modifizieren/weiterentwickeln? Eignung der Software für das Erkennen von Fehlern bzw. deren Ursachen, das Durchführen von Fehlerkorrekturen und Änderungen zur Erfüllung geänderter funktionaler Anforderungen bei gleichem Einsatzgebiet. Synonym: Wartbarkeit im weiteren Sinn

- **ANPASSBARKEIT**: Wie leicht läßt sich das Produkt in andere Umgebungen oder Anwendungsgebiete übertragen?

Abb. A2.2 Grobstrukturierung der Eigenschaften

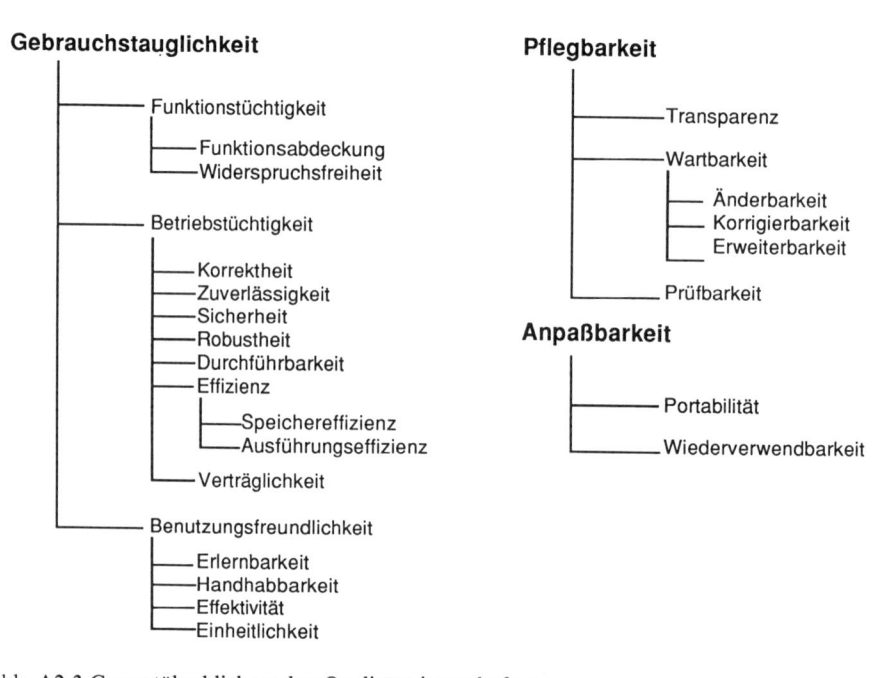

Gebrauchstauglichkeit
- Funktionstüchtigkeit
  - Funktionsabdeckung
  - Widerspruchsfreiheit
- Betriebstüchtigkeit
  - Korrektheit
  - Zuverlässigkeit
  - Sicherheit
  - Robustheit
  - Durchführbarkeit
  - Effizienz
    - Speichereffizienz
    - Ausführungseffizienz
  - Verträglichkeit
- Benutzungsfreundlichkeit
  - Erlernbarkeit
  - Handhabbarkeit
  - Effektivität
  - Einheitlichkeit

Pflegbarkeit
- Transparenz
- Wartbarkeit
  - Änderbarkeit
  - Korrigierbarkeit
  - Erweiterbarkeit
- Prüfbarkeit

Anpaßbarkeit
- Portabilität
- Wiederverwendbarkeit

Abb. A2.3 Gesamtüberblick zu den Qualitätseigenschaften

Andere Ansätze (z. B. [Pabs85]) führen nur eine an der Benutzerschnittstelle orientierte Qualitätsplanung und -bewertung durch. Dies ist oft deshalb gerechtfertigt, da vielerorts Fremdprodukte ausgewählt und verglichen werden, wobei keine detaillierten Informationen aus der Systementwicklung vorhanden sind.

A2.1 Eigenschaften und Merkmale

Wir geben einen detaillierten Überblick zum SPARDAT-Modell, insbesondere zu den Merkmalen des Modells. Im folgenden werden die Basiseigenschaften mit den sie bestimmenden Merkmalen näher beschrieben.

Funktionsabdeckung

Definition: Vollständigkeit der Funktionen des Produkts in bezug auf die funktionalen Anforderungen.

Die Funktionsabdeckung ist eine Aussage darüber, ob alle für die Erfüllung der vorgegebenen Anforderungen benötigten Funktionen vorhanden sind.

Merkmale:

FA1) Funktionale Vollständigkeit

Bezugsobjekt	Zeitpunkt der Prüfung
Anforderungsdefinition	Spezifikationsreview
Entwurfsdokumentation (Entwurf)	Entwurfsreview
lauffähiges System	Programmtest
Benutzerhandbuch	Abnahmetest, Projektreview

Prüffragen:

- Stimmt der Software-Entwurf mit den Anforderungen überein?
- Wurde jede Funktion mit mindestens einem Black-Box-Testfall getestet?
- Wurden fehlende Funktionen des Produkts dokumentiert und begründet?

Kenngrößen:

1. Kenngröße für das Verhältnis von funktionalen Anforderungen zu realisierten Produktfunktionen

$$FKZ = \frac{\text{Anzahl der tatsächlich realisierten Funktionen im Produkt}}{\text{Anzahl spezifizierter funktionaler Anforderungen}} \cdot 100$$

2. Testabdeckungskenngröße

Prozentueller Anteil der getesteten Funktionen an den gesamten Funktionen

FA2) Vollständigkeit der Dokumentation

Es geht um die Frage, ob alle Funktionen vollständig nach einem vorgegebenen Standard dokumentiert sind.

Bezugsobjekt	Zeitpunkt der Prüfung
lauffähiges System/Help-System	Programmtest, Abnahmetest
Benutzerdokumentation	Abnahmetest, Projektreview
Projektdokumentation	Projektreview
Systemdokumentation	Abnahmetest

Prüffragen:

- Gibt es zu jeder Funktion eine Beschreibung in der Dokumentation?
- Sind aus dem Dokumentenkopf Firmenname, Dokumententyp, Projekt, Version und Ersteller ersichtlich?
- Ist die Dokumentation aktuell?
- Gibt es ein Inhaltsverzeichnis mit Seitennumerierung?
- Ist die Dokumentation übersichtlich gegliedert?
- Sind die Sachverhalte einfach dargestellt?
- Sind die Sachverhalte anschaulich dargestellt (Graphiken, Beispiele)?
- Sind die Sachverhalte konkret und wirklichkeitsgetreu dargestellt?

Funktionale Widerspruchsfreiheit

Definition: Funktionale Widerspruchsfreiheit heißt, daß zwei oder mehrere Funktionen einander nicht widersprechen dürfen, sowohl auf der Ebene der Spezifikation, als auch auf der Ebene der Implementierung.

Merkmale:

WF1) Widerspruch zwischen Funktionen

Prüffragen:

- Gibt es Widersprüche zwischen Funktionen auf der Ebene der Spezifikationen?
- Gibt es Widersprüche zwischen Funktionen auf der Ebene der Implementierung?

Ein Beispiel soll diese Prüffragen verdeutlichen:

1. Funktion: Die Überschreitung des Kreditlimits durch einen Kunden führt zu einer Liefersperre für diesen Kunden.
2. Funktion: Die Überschreitung des Kreditlimits durch einen Stammkunden hat keinerlei Auswirkung auf die Abarbeitung nachfolgender Lieferungen für diesen Kunden.

In diesem Beispiel liegt ein Widerspruch auf der Ebene der Spezifikation vor, da ein Stammkunde natürlich auch ein Kunde ist.

WF2) Widerspruch zwischen lauffähigem System und Dokumentation

Bezugsobjekt	Zeitpunkt der Prüfung
Spezifikation	Spezifikationsreview
Entwurf	Entwurfsreview
Benutzerdokumentation	Spezifikationsreview, Abnahmetest
lauffähiges System	Programmtest, Systemtest

Prüffragen:

- Gibt es Widersprüche zwischen dem dynamischen Produktverhalten und den Produktbeschreibungen (den Help-Texten, der Benutzerdokumentation)?

Korrektheit

Definition: Unter Korrektheit verstehen wir jene Eigenschaft eines Produkts, mit der dieses seiner Spezifikation genügt [DGQ86].

Bezugsobjekt	Zeitpunkt der Prüfung
Spezifikation	Spezifikationsreview
Entwurf	Entwurfsreview
Quellcode	Programmreview
Testdokumentation	Programmreview
lauffähiges System	Programmtest, Integrations-/Systemtest

Grundsätzlich können wir nur feststellen, ob die Eigenschaft vorliegt (1) oder nicht (0). Bei großen Software-Systemen ist dieser Nachweis über Validierungs- und Verifikationsaktivitäten erbringbar (analytische Qualitätssicherungsmaßnahmen). Wir schätzen den Umfang und die Wirksamkeit dieser Aktivitäten durch Merkmale ab.

Merkmale:

KO1) Erreichter Reviewgrad

Verhältnis der Anzahl der Elemente, die einem Review unterzogen wurden, zur Gesamtanzahl der Elemente aus dem Entwicklungsplan.

KO2) Erreichter Testgrad

Testabdeckungsmaße, wie beispielsweise C_0 oder C_1.

KO3) Modulbezogene Konsistenz

Prüffragen:

- Entsprechen alle Modulentwürfe den Programmierrichtlinien?
- Wurden in jedem Modul die Standardroutinen (z. B. für die Ein-/Ausgabe) verwendet?
- Werden alle benutzten Variablenwerte initialisiert oder im Programm berechnet, oder kommen sie von einer externen Schnittstelle?

Zuverlässigkeit

Definition: Die Zuverlässigkeit ist jene Eigenschaft eines Produkts, mit der dieses seine Spezifikation während einer vorgegebenen Anwendungsdauer erfüllt ([DGQ86], [Boeh78]).

Bezugsobjekt	Zeitpunkt der Prüfung
Betriebsstatistiken	Betrieb

Merkmale:

Praxisgerechte Bewertung der Zuverlässigkeit orientiert sich an der Anzahl von Produktionsstörungen (»Pannen«, »Krisen«).

ZU1) Produktionsstörungen

$$PS = \frac{\text{Anzahl der Störungen}}{1000 \text{ LOC}} \text{ pro Zeiteinheit und Applikation}$$

ZU2) Mächtigkeitskenngröße

Bezugsobjekte: Fehleranalyseberichte

$$M = \frac{\text{Anzahl der Fehleranalyseberichte}}{1000 \text{ LOC}} \text{ pro Zeiteinheit und Applikation}$$

ZU3) Reklamationskenngrößen

Bezugsobjekte: Fehlerstatistik, Reklamationsstatistik

Unter einer Reklamation durch den Kunden verstehen wir das Vorliegen von Fehlern oder/und von Kundenfragen.

$$R = \frac{\text{Anzahl der Reklamationen}}{1000 \text{ LOC}} \text{ pro Zeiteinheit und Applikation}$$

ZU4) Einsatz

E = Anzahl der Fehler pro 1000 LOC innerhalb von 3 Monaten nach Produktionseinsatz (z. B. bei NEC $\leq$ 1).

ZU5) Verfügbarkeit

Die Verfügbarkeit ist die Zeit, in der das System verfügbar ist, bezogen auf die Zeit, in der das System verfügbar sein sollte.

$$V = \frac{\text{Sollzeit} - \text{Downzeit}}{\text{Sollzeit}} \text{ (Sollzeit z. B. 9 Stunden pro Tag)}$$

Bezugsobjekt: Online-Statistik

Sicherheit

Definition: Die Sicherheit ist die Eigenschaft, innerhalb vorgegebener Grenzen für eine vorgegebene Zeitdauer einer unbefugten Nutzung/Beeinträchtigung von außen zu widerstehen [DGQ86].

Bezugsobjekt	Zeitpunkt der Prüfung
Spezifikation	Spezifikationsreview
Entwurf	Entwurfsreview
lauffähiges System	Programmreview
Organisationsdokumentation	Projektreview

In den einzelnen Bezugsobjekten wird geprüft, inwieweit Sicherheitsvorkehrungen vorgesehen bzw. realisiert wurden.

Merkmale:

S1) Sicherheitskontrollen/Zugriffsschutz

Prüffragen:

- Welche Arten von Kontrollmechanismen existieren?
- Gibt es Schutz-/Zugriffssysteme (ID, Password) für
  — Daten (Files, Eingabe-/Ausgabedaten),
  — Programme,
  — Programmfunktionen,
  — Hilfsmittel?
- Gibt es sinnvolle Organisationsmaßnahmen, um das System vor unberechtigtem Zugriff/Eingriff zu schützen?

S2) Besondere Sicherheitsvorkehrungen durch das System

Prüffragen:

- Wird das Berechtigungsverfahren für die Zulassung neuer Benutzer eingehalten?
- Gibt es Funktionen, die das Systemverhalten überwachen (z. B. Software-, Hardware-Monitore)?
- Gibt es Funktionen, die inkorrekte Funktionen/Störungen erkennen und gegebenenfalls Gegenmaßnahmen ergreifen (z. B. Aufruf des Fehlerbehandlungsmoduls)?
- Werden kritische Daten mehrfach gespeichert (Generationen, Auslagerungen nach bestimmten Zeitintervallen)?
- Werden beim Aufruf einer Transaktion Prüfungen auf Zugriffsberechtigung durchgeführt (geschützte Transaktionen)?
- Gibt es eine Datenbankzugriffskontrolle (Autorisierungstabelle, privacy locks)?
- Gibt es Systemfunktionen, die den Zugriff aufzeichnen und Berichte darüber erstellen?
- Gibt es Funktionen, die unmittelbar die Verletzung der Zugriffsrechte anzeigen?

- Gibt es Funktionen, die die Abstimmung von Datenbeständen aufzeigen?
- Wird der Benutzer durch das System angehalten, in periodischen Abständen seinen Berechtigungsnachweis (sein Password) zu ändern?

S3) Sicherungsmaßnahmen

Prüffragen:

- Gibt es eine feuersichere und diebstahlsichere Aufbewahrung der Datenträger?
- Erfolgt die Aufbewahrung von Duplikaten in mehreren Gebäuden?
- Gibt es eine Notstromversorgung?
- Existiert ein Ausweichrechenzentrum?
- Gibt es einen Sperrfristenkatalog für Bänder?
- Gibt es den Betrieb einer Standby-Anlage (z. B. Doppelprozessorsystem, doppelte Peripherie)?
- Erfolgt eine Großvater-Vater-Sohn-Archivierung von Platten und Bändern?
- Gibt es eine Sicherung durch periodisches Duplizieren der Datenbestände auf Platten oder Bänder?
- Gibt es eine Datensicherung mit Wiederaufsetzpunkten (z. B. Transaktionslogging)?
- Gibt es eine Sicherung beim Datentransport durch Paritätsprüfung, selbstkorrigierende Codes, Mehrfachübertragung mit Vergleich und Empfangsbestätigung, Übertragung von Satzzählern?
- Gibt es eine Sicherung gegen Datenträgerverwechslung (Nummernkreise, Identifikation)?

S4) Datenschutzmaßnahmen

Prüffragen:

- Sind alle aufgrund des Datenschutzgesetzes nötigen Auflagen berücksichtigt, beispielsweise Zugangskontrolle, Abgangskontrolle, Zugriffskontrolle, Eingabekontrolle, Auftragskontrolle, Programmübergabekontrolle?

Robustheit

Definition: Die Robustheit ist die Eigenschaft eines Systems, auch bei Verletzung der spezifizierten Betriebs- und Benutzungsvoraussetzungen seine Funktionsfähigkeit zu erhalten.

Bezugsobjekt	Zeitpunkt der Prüfung
Quellcode	Programmreview
lauffähiges System	Programmreview, Programmtest

Merkmale:

R1) Plausibilitätskontrollen und Fehlerbehandlung

Kenngröße:

$$R = \frac{\text{Anzahl geprüfter Eingaben}}{\text{Gesamtanzahl der Eingaben}}$$

Prüffragen:

- Gibt es eine Formatkontrolle der Eingabewerte?
- Werden Prüfziffernverfahren verwendet?
- Sind Fehlermeldungen entsprechend des firmenspezifischen Standards für Fehlermeldungen gekennzeichnet?

Durchführbarkeit

Definition: Die Durchführbarkeit ist die Eigenschaft eines Produkts, seinen Betrieb in der Produktionsumgebung sicherzustellen.

Wir schränken die Anwendung dieser Eigenschaft auf Organisationen ein, die ihre Produkte in Rechenzentren betreiben.

Bezugsobjekt	Zeitpunkt der Prüfung
Rechenzentrumsdokumentation	Abnahmetest
lauffähiges System	Abnahmetest

Merkmale:

D1) Vollständigkeit, Übersichtlichkeit und Eindeutigkeit der Arbeitsvorbereitungs- und Rechenzentrumsdokumentation

Prüffragen:

- Gibt es zu jedem Programm mindestens eine Operatoranweisung?
- Gibt es eine Rechenzentrumsdokumentation?

Effizienz

Definition: Die Effizienz ist jene Eigenschaft eines Produkts, die die schonende Beanspruchung von Betriebsmitteln für seine Nutzung sicherstellt.

Für Messungen bietet sich das Zeitverhalten (z. B. Antwortzeiten) und die Inanspruchnahme von Ressourcen, wie beispielsweise Speicher etc. an.

Bezugsobjekt	Zeitpunkt der Prüfung
Standardkonfiguration	Programmtest
Monitorprotokolle	Programmtest
RZ-Dokumentation	Abnahmetest

Nachfolgende Ausführungen zu den Effizienzmerkmalen beziehen sich auf 3. Generationssprachen (z. B. COBOL, FORTRAN, PL/1).

Merkmale:

E1) Speichereffizienz

Die Speichereffizienz von Programmen wird durch diejenigen Teilmerkmale bestimmt, die die Speicherplatzanforderungen beeinflussen [DGQ86].

Bezugsobjekt: Objektcode im Hauptspeicher

E_S = zur Laufzeit maximal belegter Hauptspeicher in Bytes

Prüffragen:
- Findet eine Speicherplatzoptimierung statt?
- Sind zur Laufzeit möglichst wenige Teile des Objektcodes zur selben Zeit im Hauptspeicher?
- Ist der Anteil an Nutzdaten im Arbeitsspeicher gering?

E2) Ausführungseffizienz

Die Ausführungseffizienz von Programmen wird von denjenigen Merkmalen bestimmt, die die Ausführungszeit (z. B. Rechenzeit, Kanalzeit) beeinflussen.

Als Meßgrößen bieten sich im allgemeinen Laufzeiten und Antwortzeiten an.

Prüffragen:
- Wurden die Anforderungen hinsichtlich der Ausführungseffizienz geprüft?
- Werden für laufzeitkritische Funktionen laufzeitoptimierte Algorithmen verwendet?
- Werden möglichst viele Daten im Arbeitsspeicher gehalten?
- Wird bei Overlay-Strukturen auf minimales Nachladen geachtet?
- Ist der Zugriff auf Externspeicher minimiert (z. B. durch optimale Blockung)?
- Sind die Antwortzeiten in Abhängigkeit zur jeweils gewählten Benutzerfunktion angemessen?

Ausführungseffizienz und Speichereffizienz sind konkurrenzierende Merkmale. Eine Optimierung eines der beiden Merkmale zieht i.a. eine Verschlechterung des anderen nach sich.

Es ist auch sinnvoll, zwischen der Effizienz des gewählten Algorithmus und der Effizienz der Implementation zu unterscheiden. Bei ersterer versucht man mit Hilfe einer Algorithmenanalyse und den Mitteln der Komplexitätstheorie die Effizienz des gewählten Algorithmus zu bewerten. Bei letzterer wird das Verhalten des Programms im vorgegebenen Hard- und Software-System untersucht.

Verknüpfbarkeit

Definition: Die Verknüpfbarkeit ist die Eigenschaft eines Produkts, dieses mit anderen Produkten über Schnittstellen zu verbinden bzw. zu betreiben.

Beispiel: eine neu eingefügte Transaktion bremst das Gesamtsystem in der Performance erheblich.

Bezugsobjekt	Zeitpunkt der Prüfung
lauffähiges System	Systemtest
Testdokumentation	Systemtest

Merkmale:

V1) Systemtest in produktionsnaher Umgebung

Prüffragen:

- Sind alle Programme der entsprechenden Jobnetze ohne erkennbare Probleme gelaufen?

V2) Schnittstellentest

Bezugsobjekte sind hier der mengenmäßige Datenfluß über Schnittstellen bzw. die Kompatibilität von Schnittstellen.

Prüffragen:

- Wurden Massentests durchgeführt, die die Mengengerüste aus der Anforderungsdefinition überprüfen?
- Sind die Datenformate und Kommunikationsprotokolle (insbesondere bei Rechnernetzen) standardisiert?

Erlernbarkeit

Definition: Die Erlernbarkeit ist die Eigenschaft eines Produkts, einem Benutzer die Aneignung des Umgangs mit seinen Benutzerschnittstellen möglichst einfach zu gestalten.

Bezugsobjekt	Zeitpunkt der Prüfung
Prototyp	Spezifikationsreview
lauffähiges System	Abnahmetest
Schulungs-/Lernunterlagen	Abnahmetest
lauffähiges Schul-/Lernsystem	Abnahmetest

Als Meßobjekt bietet sich die Zeit zum Erlernen eines Produktes an.

Merkmale:

ERL1) Lernzeit

LZ = durchschnittliche Zeit zum Erlernen eines Produkts anhand von Anwendungsbeispielen

Zur Messung der Lernzeit ist folgendermaßen vorzugehen:

- Auswahl von zwei Standardanwendungsfällen und zwei Sonderanwendungsfällen (Ausnahmesituationen bei der Benutzung des Produkts),
- Messung der Zeit für das Erlernen von zwei Standardanwendungsfällen und von zwei Sonderanwendungsfällen.

ERL2) Voraussetzungen der Erlernbarkeit

Prüffragen:

- Sind Schulungs-/Lernunterlagen vorhanden?

ERL3) Bewertung der Qualität der Schulungs-/Lernunterlagen

Prüffragen:

- Ist ein umfassendes und durchgängiges Lernbeispiel vorhanden?
- Sind die Unterlagen
  — verständlich,
  — detailliert,
  — anschaulich,
  — überschaubar,
  — eindeutig,
  — selbsterklärend?

ERL4) Help-/Tutorialsysteme

Prüffragen:

- Ist ein rechnergestütztes Help-System vorhanden?
- Ist ein rechnergestütztes Tutorialsystem vorhanden?

Handhabbarkeit

Definition: Die Handhabbarkeit ist jene Eigenschaft eines Produkts, die die Einfachheit und Angemessenheit der Bedienerführung, des Produktverhaltens in Fehler- und Störfällen, der Lernunterstützung (Help-Funktionen) und der Realisierung der Mensch-Maschinen-Schnittstelle bestimmt.

Bezugsobjekt	Zeitpunkt der Prüfung
Spezifikation/Prototyp	Spezifikationsreview
lauffähiges System	Abnahmetest
Benutzerdokumentation	Abnahmetest

Merkmale:

H1) Eingabe und Ausgabe

H1.1) Leserfreundliche Textgestaltung

Prüffragen:

- Der Mensch in unserem westlichen Kulturraum liest grundsätzlich von links nach rechts, daher steht der Cursor vor dem Eingabefeld. Ist dies immer der Fall?
- Der Mensch liest grundsätzlich von oben nach unten, daher steht zuerst die Instruktion und darunter Menü-Informationen und Eingabefelder. Ist dies immer der Fall?
- Der Mensch beginnt grundsätzlich bei 1 zu zählen, daher sollen Auswahlcodes bei 1 beginnen und ohne Lücken aufsteigend durchgezählt werden. Ist dies immer der Fall?
- Ist Groß- und Kleinschreibung vorhanden?
- Wird die Wahrnehmung von Ziffernfolgen durch Kolonnenbildung und durch Untergliederung unterstützt?

H1.2) Dialogmodell

Die folgenden Prüffragen sollten für jeden Dialogschritt eindeutig beantwortbar sein:

- Wo bin ich? (Ist der Programmzustand identifizierbar, z. B. über Statusanzeigen?)
- Ist die Reihenfolge der Auswahl- und der Verarbeitungsschritte rekonstruierbar?
- Sind die jeweils nächsten Auswahl- und Verarbeitungsschritte (insbesondere der ordnungsgemäße Programmausstieg) klar erkennbar?

H2) Rationalisierung

Prüffragen:

- Ist die Gliederung der auf den Rechner abgebildeten Aufgaben für den Benutzer zweckmäßig, klar und eindeutig?
- Werden die Benutzeraufgaben durch aussagefähige Informationen rasch und zweckmäßig unterstützt?
- Wird der Handlungsspielraum des Benutzers/der Benutzergruppen bei der Aufgabenerfüllung positiv beeinflußt?

Effektivität

Definition: Effektivität ist die Eigenschaft eines Produkts, in welchem Ausmaß der Benutzer bei seiner Aufgabenerfüllung durch das Produkt unterstützt wird.

Bezugsobjekt	Zeitpunkt der Prüfung
Spezifikation/Prototyp	Spezifikationsreview
lauffähiges System	Abnahmetest
Benutzerdokumentation	Abnahmetest
Benutzer-Fragebogen	Einführung/Betrieb

Merkmale:

EFF1) Betriebsorganisatorische Aufgabenerfüllung

Prüffragen:

- Ist die Schnelligkeit der Informationsbereitstellung angemessen?
- Ist die Aktualität der Information ausreichend?
- Ist die Genauigkeit der Information ausreichend?
- Ist die Anpassungsfähigkeit des Produkts gegenüber Veränderungen in der Organisation, im Datenvolumen und bei Sonderfällen gegeben?
- Sind bei Fehlern Korrekturmöglichkeiten vorhanden und ist der Aufwand dafür gering?

Einheitlichkeit

Definition: Unter Einheitlichkeit verstehen wir die Eigenschaft des Produkts, die ein konsistentes Erscheinungsbild für alle Funktionen gewährleistet und alle definierten Standards berücksichtigt.

Bezugsobjekt	Zeitpunkt der Prüfung
Spezifikation/Prototyp	Spezifikationsreview
Entwurf	Entwurfsreview
Quellcode	Programmreview
lauffähiges System	Abnahmetest

Merkmale:

EIN1) Standards und Normen

Prüffragen:

- Wurden die firmenspezifischen Standards eingehalten?
- Wurden internationale Normen berücksichtigt?

EIN2) Einheitliches Systemverhalten

Prüffragen:

- Ist der Aufbau von Bildschirmmasken und Output-Listen einheitlich?
- Ist die Belegung der Funktionstasten innerhalb einer Anwendung einheitlich?

Transparenz

Definition: Die Transparenz ist die Eigenschaft eines Produkts, die es einem Wartungsprogrammierer ermöglicht, die Struktur und den Aufbau des Produkts rasch zu erkennen und zu verstehen.

Synonyme: Verstehbarkeit, Analysierbarkeit

Merkmale:

T1) Güte der Dokumentation

Prüffragen:

- Ist die Wartungsdokumentation vorhanden?
- Gibt es eine globale Produktübersicht?
- Ist die Struktur des Produkts graphisch dargestellt?

T2) Komplexität der Software

T2.1) Komplexität auf Systemebene

Folgende Kenngrößen sind zu ermitteln:

- Anzahl Programme (Online-, Batch-) einer Applikation
- Anzahl der Schnittstellen zu Nachbarapplikationen

T2.2) Komplexität des Quellcodes

Die Steuerflußkomplexität in Anlehnung an McCabe wird für jedes Programm ermittelt.

$$KQ = 1 - \frac{\text{Anzahl der binären Entscheidungsanweisungen}}{\text{Anzahl Nichtkommentaranweisungen}}$$

Bezugsobjekt	Zeitpunkt der Prüfung
Quellcode	Programmreview/Code-Inspektion

Änderbarkeit

Definition: Die Änderbarkeit ist die Eigenschaft eines Produkts, eine festgestellte und abgegrenzte Änderung korrekt und rasch durchzuführen.

Bezugsobjekt	Zeitpunkt der Prüfung
Entwurf	Entwurfsreview
Quellcode	Programmreview

Merkmale:

Ä1) Modularisierung

Kenngröße: Modulgröße in NLOC

Es liegen heute genügend Erfahrungswerte vor, die darauf hinweisen, daß eine überschaubare Modulgröße eine wesentliche Voraussetzung für gute Änderbarkeit ist ([DGQ86], [Asam86]). Das Problem liegt in der Angabe sinnvoller Schranken für diese Größe, die von der Programmiersprache und der Problemstruktur abhängen. Es ist uns bewußt, daß die Angabe eines Richtwertes in LOC spekulativ ist. Trotzdem besteht in einer konkreten Prüfsituation der Wunsch nach einem spezifischen Richtwert.

Richtwert für COBOL74-Programme: MG $\leq$ 500 NLOC

Prüffragen:

- Ist der Zugriff auf Datenbanken, Dateien, Tabellen und sonstige zentrale Datenstrukturen gekapselt (Datenabstraktion)?
- Wie viele und welche Annahmen und Festlegungen über die Modulumgebung führten zum vorliegenden Programmablauf?
- Wie viele und welche Aufrufbeziehungen hat das Prüfobjekt?

Korrigierbarkeit

Definition: Die Korrigierbarkeit ist die Eigenschaft eines Produkts, möglichst einfach Fehler zu finden und zu beheben.

Bezugsobjekt	Zeitpunkt der Prüfung
Entwurf	Entwurfsreview
Quellcode	Programmreview
Fehlerstatistiken	Betrieb

Merkmale:

KOR1) Fehlerfindung

Prüffragen:

- Wie viele und welche Fehlermeldungen sind einer bekannten Fehlersituation zuordenbar?
- Gibt es Zusatzinformationen, die im Fehlerfall zur Analyse herangezogen werden können (Traces, Analyseprotokolle)?

- Gibt es Hilfsmittel für die temporäre Fehlerbeseitigung?
- Gibt es Hilfsmittel bei der Kompilierung, die mögliche Syntax-, Datentyp- und Schnittstellenfehler prüfen?
- Gibt es einen Testrahmen (eine Testumgebung), damit ein Modul isoliert prüfbar ist?

KOR2) Schadensbeseitigung

Prüffragen:

- Wurde das Programm einer Risikoklassenbewertung unterzogen?
- Gibt es vordefinierte Maßnahmen zur Schadensbeseitigung?

Ansonst gelten die Merkmale für die Änderbarkeit.

Erweiterbarkeit

Definition: Die Erweiterbarkeit ist die Eigenschaft eines Produkts, neue Produktteile ohne größeren Aufwand anfügen zu können.

Bezugsobjekt	Zeitpunkt der Prüfung
Entwurf	Entwurfsreview
Quellcode	Programmreview

Merkmale:

ERW1) Strukturflexibilität

Prüffragen:

- Enthalten die Anforderungen Hinweise auf mögliche Erweiterungen?
- Ist die Produktstruktur trotz durchgeführter Wartungsaktivitäten noch erkennbar?
- Wurden bereits beim Entwurf mögliche Erweiterungen vorgesehen?
- Welche und wie viele Schnittstellen können geändert werden, ohne daß die Produktstruktur in Mitleidenschaft gezogen wird?
- Ist die Behandlung von Ausnahmezuständen vorgesehen?

Ansonst gelten die Merkmale für die Änderbarkeit.

Prüfbarkeit

Definition: Die Prüfbarkeit ist die Eigenschaft eines Produkts, die das einfache Überprüfen der Korrektheit einer Änderung, der Korrektur eines Fehlers oder einer Erweiterung sicherstellt.

Merkmale:

P1) Zugänglichkeit

Bezugsobjekt	Zeitpunkt der Prüfung
Benutzerdokumentation	Abnahmetest
Rechenzentrumsdokumentation	Abnahmetest
Organisationsdokumentation	Abnahmetest

Prüffragen:

- Ist eine Produktbeschreibung vorhanden?
- Sind eindeutige Bezeichnungen des Produkts mit Versionsnummern vorhanden?
- Sind alle Voraussetzungen für den Betrieb des Produkts beschrieben (Hardware, Betriebssystem, Hilfsprogramme, etc.)?
- Ist eine Kurzbeschreibung aller Benutzerfunktionen vorhanden?
- Ist eine Beschreibung aller Schnittstellen zu anderen Systemen vorhanden?
- Sind die Voraussetzungen zur Bedienung beschrieben?
- Ist eine Liste aller verfügbaren Dokumente vorhanden?
- Sind Angaben zur Installation des Produkts vorhanden?
- Ist die Wartungsdokumentation vorhanden?
- Entspricht die Wartungsdokumentation dem Firmenstandard?

Portabilität

Definition: Unter Portabilität eines Programmsystems verstehen wir die Eigenschaft des Systems, auf unterschiedliche Rechnersysteme übertragen werden zu können.

Bezugsobjekt	Zeitpunkt der Prüfung
Entwurf	Entwurfsreview
Quellcode	Programmreview

Kenngröße:

Gilb's Portabilitätsmaß [Gilb77]

$$PM = 1 - \frac{ET}{ER}$$

PM ... Einfachheit der Konversion eines Systems von einer Konfiguration in eine andere

ET ... Ressourcen (Manpower, Zeit, Maschinenzeit), die nötig sind, um ein System von der Basisumgebung in die Zielumgebung zu bringen

ER ... Ressourcen (Manpower, Zeit, Maschinenzeit), die nötig sind, um ein System in der Basisumgebung zu implementieren

Merkmale:

PORT1) Maschinen- und Betriebssystemabhängigkeit

Prüffragen:

- Sind hardwareabhängige Details in eigenen Modulen abgekapselt?
- Wird im Code auf Dienstprogramme des Betriebssystems zurückgegriffen, bzw. werden Routinen aus der Systembibliothek verwendet?
- Kommen in den Modulen direkte Zugriffe auf das Betriebssystem vor?

Wiederverwendbarkeit

Definition: Unter Wiederverwendbarkeit verstehen wir die Eignung des Produkts oder einzelner Teile zur Übertragung in ein anderes Anwendungsgebiet bei gleichbleibender Systemumgebung.

Bezugsobjekt	Zeitpunkt der Prüfung
Entwurf	Entwurfsreview
Quellcode	Programmreview

Merkmale:

WV1) Allgemeingültigkeit

Unter der Allgemeingültigkeit verstehen wir die Eigenschaft eines Bausteins, von verschiedenen Applikationen unverändert benutzt zu werden. Dies hängt sehr stark mit der Allgemeingültigkeit der Aufgabenstellung zusammen. Beispiele solcher Aufgabenstellungen finden sich in der unternehmensweiten Modulbibliothek (Verzeichnis der generellen Module).

Kenngröße:

$$AG1 = \frac{\text{Anzahl der Module, die von anderen Applikationen verwendet werden}}{\text{Gesamtanzahl der Module der Applikation}}$$

Prüffragen:

- Wurden beim Entwurf Datenkapseln oder abstrakte Datentypen verwendet?
- Sind Ein-/Ausgabe-Funktionen in speziell dafür vorgesehenen Modulen implementiert?
- Sind anwendungs- und hardwarebezogene Funktionen in voneinander unabhängigen Modulen implementiert?

Weitere Merkmale, die zur Anwendung gelangen, sind die Zugänglichkeit und Güte der Dokumentation, sowie die Modularisierung.

A2.2 Anwendung und Bewertung des Modells

Das Modell ist in der SPARDAT seit 1986 erfolgreich im Einsatz. Es wird dort in der Phase Spezifikation erstmals im Projektablauf eingesetzt.

Die Anwendung des Modells kann folgendermaßen zusammengefaßt werden:

a) Die drei wichtigsten Eigenschaften für ein Produkt bestimmen (als Vorlage dient die Zieldefinition und die Anforderungsspezifikation).

b) Merkmale auswählen, festlegen und eventuell ergänzen.

c) Festlegen der zu erreichenden Merkmalsausprägungen (Zielqualitäten).

d) Abstimmen von a) — c) zwischen Auftraggeber, Entwickler und Management.

e) Auswahl der Qualitätssicherungsmaßnahmen, um die Qualitätsziele zu erreichen. Sie werden im Qualitätssicherungsplan festgehalten.

f) Vor jeder Phase Qualitätsziele und Qualitätssicherungsmaßnahmen verfeinern und anpassen; Qualitätssicherungsplan aktualisieren.

Das Qualitätsmodell dient als Hilfsmittel, um Qualitätsziele und Qualitätsanforderungen operativ auszuwählen und präzise und vollständig zu spezifizieren.

In der SPARDAT wird das Qualitätsmodell durch einen ganztägigen Kurs geschult. Im Rahmen der Projektberatung durch die Qualitätssicherungsstelle wird die Anwendung des Modells an konkreten Projekten vertieft.

Das Qualitätsmodell ist in Verbindung mit dem Qualitätssicherungsplan ein aktives Hilfsmittel, um die Aufgaben der Qualitätssicherung zu erfüllen. Das vorliegende Modell muß laufend entsprechend den Bedürfnissen des sich wandelnden Entwicklungsprozesses und der zu realisierenden Anwendungen erweitert und modifiziert werden. Im Bereich der Eigenschaften Pflegbarkeit und Anpaßbarkeit gibt es einige sich überlappende Merkmale. Diesbezügliche Verbesserungen sind durch Vereinigung beider Eigenschaften zu einer oder durch Einsatz neuer disjunkter Merkmale zu realisieren.

Anhang A3
Reviewformulare

Reviewprofil

System: _____   Release: _____

Datum: _____   Einheit: _____

Review für Prüfung von:

☐ Anforderungsdefinition   ☐ Feinentwurf   ☐ Testplan

☐ Grobentwurf   ☐ Code   ☐ Testfälle

Größe des Prüfobjekts   [LOC, Seiten Dokumentation]: _____

[V(g), Anzahl Dateien/DB]: _____

Review-Wiederholung: ☐ Ja   ☐ Nein

Ziele:

Kommentar:

Reviewvorbereitung durch: _____

Reviewvorbereitung

System: _____   Release: _____

Datum: _____   Einheit: _____

Reviewteilnehmer: _____

Rolle: ☐ Autor   ☐ Moderator   ☐ Teilnehmer

Review-Vorbesprechung gehalten: ☐ Ja   ☐ Nein

Prüfobjekt erhalten am: _____

Vorbereitungszeit in Stunden: _____

	Entdeckte Mängel/Probleme
Position [Seite/Zeile]	Beschreibung
_____	_____
_____	_____
_____	_____
_____	_____
_____	_____
_____	_____
_____	_____
_____	_____
_____	_____
_____	_____
_____	_____

Reviewmängelliste

System: _____   Release: _____

Datum: _____   Einheit: _____

Moderator: _____

Review für Prüfung von:

☐ Anforderungsdefinition   ☐ Feinentwurf   ☐ Testplan

☐ Grobentwurf   ☐ Code   ☐ Testfälle

Dokument	Position	Mängelbeschreibung	Typ	Mängel-Klasse

Mängeltyp: Schnittstelle (SS), Daten (DA), Logik (LO), Input/Output (IO), Performance (PE), Human Factors (HF), Standard (ST), Dokumentation (DO), Syntax (SY), Testumgebung (TU), Testabdeckung (TA), Sonstiges (SO)

Mängelklasse: unvollständig (UN), falsch (FA), überflüssig (ÜF)

Zusammenfassender Mängelbericht

System: _____   Release: _____

Datum: _____   Einheit: _____

Moderator: _____

Review für Prüfung von:

☐ Anforderungsdefinition   ☐ Feinentwurf   ☐ Testplan

☐ Grobentwurf   ☐ Code   ☐ Testfälle

Mängeltyp	Mängelklasse			Gesamt
	UN	FA	ÜF	
Schnittstelle (SS)				
Daten (DA)				
Logik (LO)				
Input/Output (IO)				
Performance (PE)				
Human Factors (HF)				
Standard (ST)				
Dokumentation (DO)				
Syntax (SY)				
Testumgebung (TU)				
Testabdeckung (TA)				
Sonstiges (SO)				
Gesamt				

unvollständig (UN), falsch (FA), überflüssig (ÜF)

Managementbericht

System: _____   Release: _____

Datum: _____   Einheit: _____

Moderator: _____

Reviewteilnehmer: _____

_____

Review für Prüfung von:

☐ Anforderungsdefinition   ☐ Feinentwurf   ☐ Testplan

☐ Grobentwurf   ☐ Code   ☐ Testfälle

Review-Vorbesprechung gehalten: ☐ Ja   ☐ Nein

Dauer: _____   Teilnehmeranzahl: _____

Anzahl Reviewsitzungen: _____

Gesamtzeit für Reviewsitzungen: _____

Gesamtanzahl Reviewteilnehmer: _____

Gesamtvorbereitungszeit: _____

Zustand des Prüfobjektes: ☐ freigegeben

                             ☐ in Überarbeitung

                             ☐ Review-Wiederholung nötig

geschätzter Überarbeitungsaufwand [Tage]: _____

Überarbeitung fertig bis: _____

tatsächlicher Überarbeitungsaufwand: _____

Review-Wiederholung geplant für: _____

Kommentar:

Unterschrift Moderator: _____

Anhang A4
Wartungsdokumente

Wartungsanforderung

Anstoß für Wartungsanforderung durch: _____

Applikation: _____

Modul/Programmname: _____

zu erledigen bis: _____

Dringlichkeit: ☐ Notfall ☐ hoch ☐ mittel ☐ gering

Beschreibung des Problems/der Anforderung:

Identifikation des Wartungsfalls: _____

Identifikation des Wartungsdurchführenden: _____

Geschätzte Kosten: _____

Start der Wartungsarbeit: _____

Geschätzter Abschluß der Wartungsarbeit: _____

Kumulierte Kosten: _____

Auswirkungen auf das Produkt/betroffene Module/Kommentar:

Akzeptiert/Zurückgewiesen: _____

Wartungsarbeit fertiggestellt am: _____

Datum/Unterschrift: _____

Wartungsbericht

Identifikation des Wartungsfalls: _____

Identifikation des Wartungsdurchführenden: _____

Typ der Wartungsanforderung:

    ☐ Korrektur   ☐ Anpassung   ☐ Tuning   ☐ Erweiterung

Ursachen und Auswirkungen der Wartungsanforderung:

Wo wurde das Wartungsproblem verursacht, und welche Auswirkung hat dessen Lösung?

	Ursache in	Auswirkung auf
Anforderungsdefinition		
Entwurf		
Code		
Software-Umgebung		
Hardware-Umgebung		
Optimierung		
Anderes		

Identifikation aller Module/Systeme, die gewartet wurden, und Angabe des Änderungsaufwands:

Modulidentifikation	Anzahl gewarteter Zeilen			Aufwand in Personenstd.
	Quellcode	Dokumentation	Gesamt	
Gesamt				

Kommentar zur durchgeführten Wartungsarbeit:

Datum/Unterschrift: _____

Anhang A5
Bedeutende internationale Normungsinstitute und deren Software Engineering-Normen

Institute of Electrical & Electronics Engineers (IEEE)
1730 Massachusetts Ave. NW
Washington, DC 20036-1903
Tel.: 202/371-0101

American National Standards Institute (ANSI)
1430 Broadway St.
New York, NY 10018
Tel.: 212/354-3300

Software Engineering Normen und Leitfäden (ANSI/IEEE):

729-1983	Standard Glossary of Software Engineering Terminology
730-1984	Standard for Software Quality Assurance Plans
828-1984	Standard for Software Configuration Management Plans
829-1983	Standard for Software Test Documentation
830-1984	Guide to Software Requirements Specifications
983-1986	Guide for Software Quality Assurance Planning
990-1987	Guide for the Use of Ada As a Program Design Language
1002-1987	Standard Taxonomy for Software Engineering Standards
1008-1987	Standard for Software Unit Testing
1012-1986	Standard for Software Verification and Validation Plans
1016-1987	Recommended Practice for Software Design Descriptions
1042-1987	Guide for Software Configuration Management
1058.1-1987	Standard for Software Project Management Plans
1063-1987	Standard for Software User Documentation

International Standards Organization (ISO)
1 rue de Varembé
CH-1211 Genève 20
Tel.: 022/734 12 40

Folgende Komitees und Arbeitsgruppen sind für Software Engineering und -Qualitätssicherung von Interesse:

- TC97   Information Processing Systems
- SC7   Software Development and System Documentation
- TC176   Quality Assurance
- SC2/WG5   Software Quality Assurance

Auf der Grundlage der Normen ISO 9000 bis ISO 9004 wird an einer Vornorm für Qualitätssicherung (N33, Quality Systems — Guidelines for Software Quality Assurance) in der Gruppe ISO/TC176/SC2/WG5 gearbeitet.

Standards Administration Office
Institute for Computer Science and Technology
U.S. Department of Commerce
Springfield, VA 22161

FIPSPUB.38 Guidelines for Documentation of Computer Programs and Automated Data Systems

FIPSPUB.64 Guidelines for Documentation of Computer Programs and Automated Data Systems for the Initiation Phase

FIPSPUB.99 A Framework for the Evaluation and Comparison of Software Development Tools

FIPSPUB.101 Guideline for Life Cycle Validation, Verification and Testing of Computer Software

FIPSPUB.105 Guideline for Software Documentation Management

FIPSPUB.106 Guideline for Software Maintenance

Militärische Software Engineering-Normen:

- Vereinigte Staaten

DOD-STD-2167A	Defense Systems Software Development
DOD-STD-2168	Defense Systems Software Quality Program
DOD-STD-480B	Configuration Control — Engineering Changes, Deviations and Waivers
DOD-STD-1838	Military Standard Common Ada Programming Support Environment (APSE) Interface Set (CAIS)
MIL-STD-1815A	Ada Programming Language
MIL-S-52779A	Software Quality Assurance Program Requirements
MIL-STD-1679	Weapons Systems Software Development
MIL-Q-9858A	Quality Program Requirements
MIL-STD-109B	Quality Assurance Terms and Definitions
MIL-STD-499A	Engineering Management
MIL-STD-1456	Contractor Configuration Management Plans

MIL-STD-490A	Specification Practices
MIL-STD-1521B	Technical Reviews and Audits for System Equipment and Computer Programs
MIL-STD-847B	Format Requirements for Scientific and Technical Reports
MIL-STD-483A	Configuration Management Practices for Systems, Equipment, Munitions, and Computer Programs
MIL-HDBK-334	Evaluation of a Contractor's Software Quality Assurance Program
Europa (NATO)	
AQAP-13	NATO Software Quality Control System Requirements
AQAP-14	Guide for the Evaluation of a Contractor's Software Quality Control System for Compliance with AQAP-13
AQAP-15	Glossary of Terms Used in QA-STANAG and AQAP

Anhang A6
Fachorganisationen der Qualitätssicherung

a) Deutscher Sprachraum

- Bundesrepublik Deutschland
  Deutsche Gesellschaft für Qualität (DGQ)
  Kurhessenstr. 95
  D-6000 Frankfurt am Main 50

- Österreich
  Österreichische Vereinigung für Qualität (ÖVQ)
  Wiedner Hauptstr. 63
  A-1045 Wien

- Schweiz
  Schweizerische Arbeitsgemeinschaft für Qualitätsförderung (SAQ)
  Postfach 2613
  CH-3001 Bern

b) Europäischer Raum

European Organization for Quality Control (EOQC)

Sie ist die Dachorganisation aller europäischer Qualitätsfachorganisationen. Die Anschriften der Komitees und Sektionen sind über die nationalen Fachorganisationen zu erfahren.

c) International

International Academy for Quality (IAQ)
IAQ-Administrative Office
c/o Deutsche Gesellschaft für Qualität
Kurhessenstr. 95
D-6000 Frankfurt am Main 50

Anhang A7
Güteprüfung von Software

Gütegemeinschaft Software e.V. (GGS)
Lyoner Str. 18
Postfach 71 08 64
D-6000 Frankfurt 71
Tel.: 069/6603-534

Die Güte- und Prüfbestimmungen von Software sind dokumentiert in:

- Software Gütesicherung RAL-GZ901
  Güte- und Prüfbestimmungen Software
  Berlin, Beuth Verlag, Nov. 1985

- DIN V66285
  Anwendungssoftware, Prüfgrundsätze
  Berlin/Köln, Beuth Verlag, Okt. 1985

Vorgehensweise zur Erlangung des »Gütezeichen Software«

Der Antragsteller, in der Regel Mitglied der Gütegemeinschaft, hat ein Software-Produkt entwickelt, das die Güte- und Prüfbestimmungen der Gütegemeinschaft erfüllt. Mit dem »Gütezeichen Software« soll diese Leistung dem Software-Anwender gegenüber zum Ausdruck gebracht werden.

Der Antragsteller reicht deshalb sein Software-Produkt bei einer der autorisierten Prüfstellen zur Prüfung ein.

Voraussetzungen zur Prüfung sind im wesentlichen:

- Programm
  geprüft wird auf Vollständigkeit der Funktionen, Korrektheit, benutzerbezogene Robustheit, Einheitlichkeit und Verständlichkeit der Fehlermeldungen, Einheitlichkeit des Dialogverhaltens, Konsistenz.

- Produktbeschreibung
  geprüft wird auf Vollständigkeit und Überprüfbarkeit.

- Benutzerdokumentation
  geprüft wird auf Vollständigkeit, Konsistenz, Übersichtlichkeit.

Nachdem der Güteausschuß die Überprüfung des vom Antragsteller eingereichten Prüfberichts abgeschlossen hat, stellt er — bei positivem Ergebnis — eine Verleihungsurkunde aus. Die Verleihungsurkunde enthält die genaue Bezeichnung des Software-Produkts und erlaubt dem Antragsteller, das geprüfte Produkt mit dem »Gütezeichen Software« zu versehen.

Anhang A8
Glossar

Abschätzen
Durch Abschätzen erfolgt eine Beurteilung einer zu erwartenden Merkmalsausprägung, indem das in Entwicklung befindliche oder fertiggestellte Produkt in einer simulierten Anwendungssituation eingesetzt wird (Siemens).

Äquivalenzklasse
Wir verstehen unter einer Äquivalenzklasse eine Menge von Werten einer Größe. Für alle Werte einer Äquivalenzklasse wird angenommen, daß bei der Testausführung mit einem Wert dieser Klasse die Wirkung (entdeckte Fehlerart und -anzahl) gleich jener ist, wenn ein beliebiger anderer Wert dieser Klasse verwendet wird.

Audit
Ein Audit ist eine Aktivität, bei der sowohl die Angemessenheit und Einhaltung vorgegebener Vorgehensweisen, Anweisungen und Standards, als auch deren Wirksamkeit und Sinnhaftigkeit geprüft werden.

Ausfall (failure)
Ein Ausfall ist die Beendigung der Fähigkeit der Betrachtungseinheit, die geforderte Funktion auszuführen.

Beobachten
Unter Beobachten verstehen wir einen Vorgang, durch den Ausprägungen von Merkmalen eines Produkts im realen Einsatz festgestellt werden.

Bezugskonfiguration (Baseline)
Unter Bezugskonfiguration verstehen wir eine zu einem bestimmten Zeitpunkt im Prozeß ausgewählte und freigegebene Konfiguration.

Computer Aided Software Engineering (CASE)
CASE ist die Erstellung und Bearbeitung von Software mittels Werkzeugen (»CASE-Tools«), die auf Rechnern realisiert sind. Durch CASE wird der Entwicklungs- und Pflegeprozeß soweit als möglich automatisiert.

Debugging
Debugging ist ein Prozeß, bei dem die Ursache eines Fehlers lokalisiert, dessen Korrektur überlegt, die Folgen der Korrektur geprüft und die Korrektur durchgeführt wird.

Defekt (defect)
Ein Defekt ist eine Abweichung von der festgelegten (erwarteten) Ausprägung eines Merkmals einer Betrachtungseinheit.

Effizienz
Unter Effizienz in bezug auf den Entwicklungsprozeß von Software verstehen wir die Geschwindigkeit, mit welcher eine Ressource eine vollständige Entwicklungsaufgabe löst.

Fehler (error)
Ein Fehler ist die Abweichung zwischen dem berechneten, beobachteten oder gemessenen Wert oder einem Zustand der Betrachtungseinheit und dem entsprechenden spezifizierten oder theoretisch richtigen Wert.

Formalismus
Unter Formalismus verstehen wir eine spezielle textuelle oder graphische Notation.

Führen
Unter Führen verstehen wir eine zielorientierte Beeinflussung menschlichen Verhaltens, sodaß sowohl die Ziele der Unternehmung, als auch die persönlichen Ziele der Mitarbeiter erreicht werden können.

Hypertextsystem
Ein Hypertextsystem ist ein System zur Speicherung, Verknüpfung und selektiven Suche von graphischer und textueller Information. Der zugrundeliegende Text wird in Form von Informationsknoten und dynamisch aktivierbaren Verbindungen (Links) strukturiert.

Kenngröße
Unter Kenngröße verstehen wir ein quantitatives Merkmal, das die Erfordernisse (z. B. Realisierungsanforderungen) beschreibt, die einem Merkmal zugeordnet sind (Siemens).

Konstruktive Qualitätssicherung
Unter konstruktiver Qualitätssicherung verstehen wir den Einsatz technischer, organisatorischer oder psychologisch-orientierter Maßnahmen und Hilfsmittel mit dem Ziel, ein Produkt zu entwickeln oder zu pflegen, das a priori bestimmte Eigenschaften besitzt und bei dessen Entwicklungs- oder Pflegeprozeß so viele Mängel und Fehler als möglich vermieden werden.

Merkmal
Ein Merkmal ist jene Eigenschaft, die eine quantitative und qualitative Unterscheidung eines Produkts oder einer Tätigkeit aus einer Gesamtheit ermöglicht (DIN 55350, Teil 12).

Messen
Unter Messen verstehen wir die Erfassung von Werten einer Kenngröße des Entwicklungs-/Pflegeprozesses oder Software-Produkts mit Hilfe von Werkzeugen.

Methode
Unter einer Methode verstehen wir planmäßig angewandte Vorgehensanweisungen zur Erreichung von festgelegten Zielen.

Prinzip
Unter Prinzip verstehen wir einen Grundsatz, den wir unserem Handeln zugrunde legen.

Produktkenngröße
Eine Produktkenngröße ist ein quantifizierbares Merkmal, das am Produkt gemessen wird.

Prozeßkenngröße
Unter einer Prozeßkenngröße verstehen wir ein quantifizierbares Merkmal des Entwicklungs-/Pflegeprozesses oder der Entwicklungs-/Pflegeumgebung.

Qualität
Qualität ist die Gesamtheit von Eigenschaften und Merkmalen eines Produkts oder einer Tätigkeit, die sich auf deren Eignung zur Erfüllung gegebener Erfordernisse bezieht (DIN 55350, Teil 11).

Qualitätsdaten
Unter Qualitätsdaten verstehen wir alle Daten, die die Qualität eines Prozesses (z. B. Anzahl der verschobenen Meilensteine einer Phase) oder eines Produkts (z. B. Anzahl aufgetretener Produktfehler innerhalb einer Nutzungsperiode) betreffen.

Qualitätslenkung
Unter Qualitätslenkung verstehen wir die Steuerung, die Überwachung und die Korrektur der Realisierung einer Arbeitseinheit mit dem Ziel, die vorgegebenen Anforderungen zu erfüllen.

Qualitätsmerkmal
Unter einem Qualitätsmerkmal verstehen wir ein die Qualität einer Betrachtungseinheit mitbestimmendes Merkmal.

Qualitätsmodell
Unter einem Qualitätsmodell verstehen wir ein Hilfsmittel zur Planung und Spezifikation von Qualitätsanforderungen.

Qualitätsplanung
Unter Qualitätsplanung verstehen wir das Festlegen der Anforderungen an den Prozeß und das Produkt unter Berücksichtigung ihrer Realisierungsmöglichkeiten. Konkret werden Merkmale und deren Ziel- oder Grenzwerte ausgewählt, klassifiziert und gewichtet.

Qualitätspolitik
Unter Qualitätspolitik verstehen wir die grundlegenden Absichten und Zielsetzungen einer Organisation im Hinblick auf Qualität, wie sie von ihrer Leitung erklärt werden.

Qualitätsprüfung
Unter der Qualitätsprüfung verstehen wir das Feststellen, inwieweit eine Einheit (ein Prüfobjekt) die vorgegebenen Anforderungen erfüllt.

Qualitätssicherung
Qualitätssicherung besteht aus von Spezialisten festgelegten Vorgehensregeln, Methoden und Werkzeugen, die sicherstellen, daß ein Produkt während des Entwicklungszyklus vorgegebene Normen und Standards erfüllt oder übertrifft. Mit diesen Normen und Standards erzwingt Qualitätssicherung, daß ein Produkt ein sowohl industriell als auch kommerziell akzeptiertes Güteniveau erreicht oder übertrifft (Bersoff).

Qualitätssicherung ist die Gesamtheit aller geplanten Maßnahmen und Hilfsmittel, die bewußt dazu eingesetzt werden, um die geforderten Anforderungen an den Entwicklungs- und Pflegeprozeß und an das Software-Produkt zu erreichen (IEEE-Norm 729).

Qualitätssicherung ist ein System aus Methoden und Verfahren, das dazu benutzt wird, damit ein Software-Produkt die gestellten Anforderungen erfüllt. Das System umfaßt die Planung, die Messung und die Überwachung von Entwicklungsaktivitäten, die unabhängig von den Entwicklern durchgeführt werden (Reifer).

Qualitätssicherungsplan
Unter einem Qualitätssicherungsplan verstehen wir ein Hilfsmittel, mit dem die Qualitätssicherung für ein Software-Projekt (Prozeß) bewußt geplant und kontrolliert wird. Er enthält alle geplanten und realisierten Qualitätssicherungsmaßnahmen und ist somit ein Nachweis für die durchgeführte Qualitätssicherung eines Software-Produkts und eines Software-Projekts (Prozeß).

Qualitätssicherungssystem
Unter einem Qualitätssicherungssystem verstehen wir die Aufbau- und Ablauforganisation, die Zuständigkeiten und die Mittel für die Durchführung der Qualitätssicherung.

Review
Ein Review ist ein mehr oder weniger formal geplanter und strukturierter Analyse- und Bewertungsprozeß, in dem Projektergebnisse einem Team von Gutachtern präsentiert und von diesem kommentiert oder genehmigt werden.

Software Engineering
Software Engineering ist eine Disziplin, die mit ingenieurmäßigen Mitteln und ökonomischem Vorgehen dem Entwickler hilft, qualitativ hochwertige Software zu erstellen und zu pflegen (Bauer).

Software Engineering ist die Entwicklung eines Software-Produkts unter mindestens einer der zwei Bedingungen:
(1) Mehr als eine Person entwickelt und benutzt das Software-Produkt.
(2) Mehr als eine Fassung des Software-Produkts wird erzeugt (Parnas).

Software-Konfiguration
Unter einer Software-Konfiguration verstehen wir die Gesamtheit der Software-Elemente, die zu einem bestimmten Zeitpunkt im Life Cycle in ihrer Wirkungsweise und ihren Schnittstellen aufeinander abgestimmt sind. Ein Software-Element ist entweder der kleinste, für eine Software-Konfiguration unteilbare Bestandteil des Produkts, der eindeutig identifizierbar ist, oder wiederum eine Software-Konfiguration.

Software-Konfigurationsmanagement
Unter Software-Konfigurationsmanagement verstehen wir die Gesamtheit von Methoden, Werkzeugen und Hilfsmitteln, die die Entwicklung und Pflege eines Software-Produkts als eine Folge von kontrollierten Änderungen (Revisionen) und Ergänzungen (Varianten) an gesicherten Prozeßergebnissen unterstützt.

Software-Produkt
Ein Software-Produkt besteht aus Sourcecode, Objektcode und Dokumentation (IEEE Std 729-1983).

Software quality
(1) The totality of features and characteristics of a software product that bear on its ability to satisfy given needs; for example, conform to specifications.
(2) The degree to which software possesses a desired combination of attributes.
(3) The degree to which a customer or user perceives that software meets his or her composite expectations.
(4) The composite characteristics of software that determine the degree to which the software in use will meet the expectations of the customer (IEEE Std 729-1983).

Software-Sanierung (Re-Engineering)
Unter Software-Sanierung verstehen wir die Restrukturierung eines Software-Produkts mit dem Ziel, Qualitätsmerkmale, wie beispielsweise Effizienz, Testbarkeit, Lesbarkeit oder ähnliche, zu verbessern.

Software-Wartung
Wir verstehen unter Software-Wartung die geplante und systematisch durchgeführte Korrektur, Änderung oder Erweiterung eines Software-Produkts.

Statische Analyse
Wir verstehen unter statischer Analyse mit Software-Werkzeugen die Prüfung und Bewertung von Qualitätsmerkmalen eines Produkts, insbesondere seiner Form, seiner Struktur, seines Inhalts oder seiner Dokumentation, mit rechnergestützten Werkzeugen.

Störung (fault)
Die Störung ist die Unfähigkeit der Betrachtungseinheit, ihre geforderte Funktion auszuführen.

Symbolische Programmausführung
Die symbolische Programmausführung ist eine Methode zur Ausführung von Programmpfaden, bei denen eine Reihe von symbolischen Ausdrücken in Übereinstimmung mit einer Menge von vordefinierten Bedingungen und Zusicherungen mathematisch verifiziert wird.

Technik
Unter Technik verstehen wir eine Kombination von Prinzipien, Methoden, Formalismen oder Werkzeugen.

Testen
Testen ist ein Prozeß, bei dem ein Programm ausgeführt wird, um Fehler zu finden (Myers).

Testen ist der Prozeß, ein Software-Produkt durch manuelle oder automatisierte Hilfsmittel zu bewerten, um damit die Erfüllung der spezifizierten Anforderungen nachzuweisen.

Dabei können Abweichungen zwischen den erwarteten und aktuellen Ergebnissen identifiziert werden (IEEE Std 729-1983).

Unternehmenskultur
Unter Unternehmenskultur verstehen wir die Gesamtheit des Denkens (Ideen, Normen, Weltanschauung), des Fühlens (Werthaltungen, Ethik) und des Handelns (Verhalten, Umsetzungsstrategie, Arbeitsweise), das durch eine spezifische Unternehmung geprägt und initiiert wird.

Validation
Unter Validation verstehen wir die Prüfung und die Bewertung eines Software-Produkts am Ende des Entwicklungsprozesses, um die Übereinstimmung der Produktanforderungen mit dem Produkt nachzuweisen.

Verfahren
Ein Verfahren beschreibt einen ganz konkreten Weg zur Lösung eines Problems oder einer Aufgabe.

Verifikation
Unter Verifikation verstehen wir Prüfungen und Bewertungen, mit denen die Übereinstimmung von Zwischen- und Endergebnissen einer Phase im Life Cycle mit Ergebnissen (z. B. Spezifikationen) der vorangegangenen nachgewiesen wird.

Versionsgruppe
Eine Versionsgruppe ist eine Menge von Software-Elementen, die durch die Relationen »ist Variante von« und »ist Revision von« verbunden sind.

Voraussagen
Durch Voraussagen wird eine Beurteilung einer zu erwartenden Ausprägung eines Merkmals erstellt. Diese Beurteilung wird mit Hilfe einer modellhaften Beschreibung des Produkts oder dessen Einsatzsituation gewonnen (Siemens).

Vorgehensmodell (Prozeßmodell)
Unter einem Vorgehensmodell verstehen wir eine idealisierte und abstrahierende Beschreibung eines Entwicklungs- oder Pflegeprozesses. Die Transformationen von Prozeßergebnissen werden durch Aktivitäten realisiert. Eine minimale Beschreibung eines Prozesses umfaßt alle Typen von Aktivitäten und Ergebnissen sowie deren Vernetzung.

Werkzeug
Unter Werkzeug verstehen wir ein rechnergestütztes Hilfsmittel, mit dem ein Software-Produkt oder dessen Elemente erzeugt, geprüft, generiert, getestet oder verwaltet werden oder der Entwicklungs- bzw. Pflegeprozeß geplant oder kontrolliert wird.

Zertifikation
Unter Zertifikation verstehen wir die Prüfung und die Bewertung eines Software-Produkts oder eines Qualitätssicherungssystems, mit denen die Erfüllung vorgegebener Anforderungen (z. B. Normkonformität) nachgewiesen wird. Bei Erfüllung der gestellten Anforderungen wird von einer unabhängigen Prüfstelle (z. B. Technischer Überwachungsverein) ein Zertifikat vergeben.

Literaturverzeichnis

[Abi88]   Abi R.: Software Maintenance: Tools and Techniques; System Development, August 1988, pp. 3-6
[Abra87] Abramowics K., et al.: DAMOKLES: Entwurf und Implementierung eines Datenbanksystems für den Einsatz in Software-Produktionsumgebungen; GI-Softwaretechnik-Trends, Vol. 7, No. 2, 1987, pp. 2-21
[Albr79] Albrecht A.: Measuring Application Development Productivity; Proc. IBM Application Development Symposium, Oct. 1979, pp. 83-92
[Albr83] Albrecht A., Gaffrey I.: Software Function, Source Lines of Code and Development Effort Predication: A Software Science Validation; IEEE Transactions on Software Engineering, Nov. 1983, pp. 639-648
[Alfo77] Alford M.: A Requirements Engineering Methodology for Real-Time Processing Requirements; IEEE Transactions on Software Engineering, SE-3, No. 1, 1977, pp. 60-69
[Alfo85] Alford M.: SREM at the Age of Eight; IEEE Computer, Vol. 18, No. 4, 1985, pp. 36-46
[Arno82] Arnold R., Parker D.: The dimensions of healthy maintenance; IEEE Proc. of 6th Int. Conf. on Software Engineering, Sept. 1982, pp. 10-27
[Arth85] Arthur L.J.: Measuring Programmer Productivity and Software Quality; Wiley & Sons 1985
[Asam86] Asam R., Drenkard N., Maier H.-H.: Qualitätsprüfung von Softwareprodukten; Siemens AG 1986
[Azum85] Azuma M., Sunazuka T., Yamagishi N.: Software Quality Assessment Technology; Proc. of 8th Int. Conf. on Software Engineering, London 1985, pp. 142-148
[Azum87] Azuma M.: Software Quality Assurance; Vortragsmanuskript zum Vortrag vom 12. 6. 1987 an der ETH Zürich
[Bake75] Baker F.: Structured Programming in a Production Programming Environment; IEEE Transactions on Software Engineering, SE-1, No. 2, 1975
[Balz82] Balzert H.: Die Entwicklung von Software-Systemen; BI 1982
[Balz83] Balzert H. (Ed.): Software-Ergonomie; Teubner 1983
[Balz85] Balzert H.: Phasenspezifische Prinzipien des Software Engineering; Angewandte Informatik 3, 1985, pp. 101-110
[Balz88] Balzert H., Wix B. (Eds.): Softwarewartung; BI 1988
[Balz88b] Balzert H.: Aspekte der Qualitätssicherung in einer integrierten Entwicklungsumgebung; Softlab Congress '88 »Strategien der Software-Entwicklung«, Tagungsunterlagen, 1988
[Barn82] Barnes J.: Programming in Ada; Addison-Wesley 1982
[Bart84] Bartsch-Spörl B.: Wie fördert man die Entstehung von projektbegleitender Dokumentation?; Proc. COMPAS'84, 1984, pp. 61-69

[Basi83]   Basili V., Selby R., Phillips T.: Metric analysis and data validation across FORTRAN projects; IEEE Transactions on Software Engineering, SE-9, No. 6, 1983, pp. 652-663
[Basi84]   Basili V.: Presentation to IEEE Working Group for Software Productivity Metrics; Nashua, N. H., Sept. 1984
[Basi87]   Basili V., Baker F., Selby R.: Cleanroom Software Development: An Empirical Evaluation; IEEE Transactions on Software Engineering 13, 1987, pp. 1027-1037
[Baze85]   Bazelmans R.: Evolution of Configuration Management; ACM SIGSOFT Software Engineering Notes, Vol. 10, No. 5, 1985, pp. 20-29
[Beie88]   Beierle D., Olthoff W., Voss A.: Qualitätssicherung durch Programmverifikation und algebraische Methoden in der Softwareentwicklung; Informatik-Spektrum 11, Heft 6, 1988, pp. 292-302
[Bers79]   Bersoff E., Henderson V., Siegel S.: Software Configuration Management: A Tutorial; IEEE Computer, January 1979, pp. 6-14
[Bers80]   Bersoff E., Henderson V., Siegel S.: Software Configuration Management; Prentice-Hall 1980
[Bers84]   Bersoff E.: Elements of software configuration management; IEEE Transactions on Software Engineering, SE-10, No. 1, 1984, pp. 79-87
[Bert84]   Bertelsmann Datenverarbeitung: Workshop zum Bertelsmann DV-Modell; Seminarunterlagen, Mai 1984
[Bige88]   Bigelow J.: Hypertext and CASE; IEEE Software, March 1988, pp. 23-27
[Birk82]   Birkenbihl V.: Kommunikationstraining; Goldmann 1982
[Biro85]   Birolini A.: Qualität und Zuverlässigkeit technischer Systeme; Springer 1985
[Bisc89]   Bischofberger W.R., Pomberger G.: SCT: a Tool for Hybrid Execution of Hybrid Software Systems; Proc. of the 1st Conference on Modula-2, Bled, Okt. 1989
[Blac77]   Black R.: Effects of Modern Programming Practices on Software Development Costs; IEEE Compcon Fall, 1977
[Blas85]   Blaschek G.: Statische Programmanalyse; Elektronische Rechenanlagen 2, 1985
[Boeh73]   Boehm B.: Software and its impact: a quantitative assessment; Datamation 19, No. 5, 1973, pp. 48-59
[Boeh76]   Boehm B., Brown J.R., Lipow M.: Quantitative Evaluation of Software Quality; Proc. of 2nd Int. Conf. on Software Engineering, 1976, pp. 592-605
[Boeh76b] Boehm B.: Software Engineering; IEEE Transactions on Computers, Dec. 1976, pp. 1226-1241
[Boeh78]   Boehm B.: Characteristics of Software Quality; North-Holland 1978
[Boeh79]   Boehm B.: Guidelines for Verifying and Validating Software Requirements and Design Specification; Euro IFIP 1979, pp. 711-719
[Boeh79b] Boehm B.: Software Engineering-R&D Trends and Defense Needs; in: Research Directions in Software Technology, P. Wegner (Ed.), MIT Press 1979, pp. 44-86

[Boeh81]	Boehm B.: Software Engineering Economics; Prentice-Hall 1981
[Boeh84]	Boehm B., et al.: A Software Development Environment for Improving Productivity; IEEE Computer, June 1984, pp. 30-43
[Boeh86]	Boehm B.: A Spiral Model of Software Development and Enhancement; ACM SIGSOFT Software Engineering Notes, Vol. 11, No. 4, 1986, pp. 22-42
[Boeh87]	Boehm B.: Improving Software Productivity; IEEE Computer, Sept. 1987, pp. 43-57
[Boeh88]	Boehm B.: A Spiral Model of Software Development and Enhancement; IEEE Computer, May 1988, pp. 61-72
[Boeh89]	Boehm B.: Project Management Principles and Practice; in: »Taking CASE into the 1990's«, DEC-Tagung, Tagungsband, C. Gerelle (Ed.), Genf, 1989
[Boud88]	Boudier G., et al.: An Overview of PCTE and PCTE(+); ACM SIGSOFT 13, 1988, pp. 248-257
[Brer88]	Brereton P.: Software Engineering Environments; Wiley & Sons 1988
[Broo75]	Brooks F.: The Mythical Man-Month; Addison-Wesley 1975
[Brya87]	Bryan W.E., Siegel S.G.: Software Configuration Management — A Practical Look; in: Handbook of Software Quality Assurance, G. Schulmeyer, J. McManus (Eds.), Van Nostrand Reinhold 1987
[Buck81]	Buck F.: Indicators of Quality Inspections; IBM Tech. Report IBM TR21.802, Sept. 1981
[Budd86]	Budde R., Kuhlenkamp K., Züllighoven H.: Prototypenbau bei der Systemkonstruktion — Konzepte der Systementwicklung; Angewandte Informatik 5, 1986
[CAIS88]	KIT: Common APSE Interface Set (CAIS); Proposed DOD-STD-1838A, 1988
[Camp87]	Campbell I.: Standardization, availability and use of PCTE; Information and Software Technology, Vol. 29, No. 8, 1987, pp. 411-414
[Case85]	Case A.: Computer aided software engineering (CASE): Technology for improving software development productivity; Data Base, Fall 1985, pp. 35-43
[Char86]	Charette R.: Software Engineering Environments; McGraw-Hill 1986
[Chow85]	Chow T.S.: Implementation of Software Quality Assurance Programs; in: Tutorial — software quality assurance — a practical approach, T.S. Chow (Ed.), IEEE Computer Society Press 1985, pp. 443-447
[Chro86]	Chroust G., et al.: Modellierungsprobleme bei der maschinellen Unterstützung eines Vorgehensmodells; in: Die Zukunft der Informationssysteme — Lehren der 80er Jahre, A. Schulz (Ed.), Springer 1986
[Chro89]	Chroust G.: Application Development Project Support (ADPS); ACM SIGSOFT Software Engineering Notes, Vol. 14, No. 5, 1989
[Chry78]	Chrysler E.: Some Basic Determinants of Computer Programming Productivity; Comm. of the ACM, Vol. 21, No. 6, 1978, pp. 472-483
[Clar81]	Clarke L.A., Richardson D.J.: Symbolic Evaluation Methods — Implementations and Applications; in: Computer Program Testing, B. Chandrasekaran (Ed.), North-Holland 1981

[Clar84]   Clarke L.A., Richardson D.J.: Symbolic Evaluation — An Aid to Testing and Verification; in: Software Validation, H.-L. Hausen (Ed.), North-Holland 1984, pp. 141-166
[Coll87]   Collofello J., Buck J.: Software Quality Assurance for Maintenance; IEEE Software, Sept. 1987, pp. 46-51
[Conn88]   Connors T., Lyngbake P.: Providing Uniform Access to Heterogeneous Information Bases; in: Advances in Object Oriented Database Systems, Springer LCNCS 334, Sept. 1988
[Cont86]   Conte S.D., Dunsmore H.E., Shen V.Y.: Software Engineering Metrics and Models; Benjamin/Cummings 1986
[Craw85]   Crawford G., Fallah M.: Software Development Process Audits — A General Procedure; IEEE Proc. of 8th Int. Conf. on Software Engineering, London, 1985, pp. 137-141
[Cros79]   Crosby P.: Quality is Free; New American Library 1979
[Curt81]   Curtis B.: Substantial Programming Variability; Proc. of IEEE, Vol. 69, No. 7, 1981
[Daen78]   Daenzer W.F.: Systems Engineering; 2. Aufl., P. Hanstein 1978
[DeMa78]   DeMarco T.: Structured Analysis and System Specification; Prentice-Hall 1978
[DeMa82]   DeMarco T.: Controlling Software Projects; Yourdon 1982
[Dene80]   Denert E., Hesse W.: Projektmodell und Projektbibliothek: Grundlagen zuverlässiger Software-Entwicklung und -Dokumentation; Informatik-Spektrum 3, 1980, pp. 215-228
[Dene86]   Denert E.: Software Engineering in der Praxis; Vorlesungsskript, TU München, 1986
[Dett85]   Dette W.: Qualitätssicherung; in: Methoden und Werkzeuge zur Entwicklung von Programmsystemen, W.E. Proebster et al. (Eds.), Oldenbourg 1985
[Deut82]   Deutsch M.S.: Software Verification and Validation; Prentice-Hall 1982
[Deym84]   Deym A., et al.: Planung durch Kooperation; Siemens 1984
[DGQ86]   DGQ/NTG: Software-Qualitätssicherung; Beuth 1986
[Diek83]   Diekow S.: DV-Anwendungsprojekte; 2. Aufl., Oldenbourg 1983
[Dies81]   Diesteldorf H., Bons H., van Megen R.: Strukturierte Gruppengespräche bei der Software-Entwicklung in der Praxis; Informatik Fachberichte 2/81, Univ. Köln, 1981
[Dijk75]   Dijkstra E.: Correctness Concerns; in: SIGPLAN Notices, Vol. 10, Proc. of Int. Conf. on Reliable Software, LA, 1975, pp. 546-550
[Dißm86]   Dißmann S., Zurwehn V.: Vorschlag für ein sichtenorientiertes Qualitätsmodell; Forschungsbericht Nr. 11, Lehrstuhl Software-Technologie, Universität Dortmund, Mai 1986
[Dobb87]   Dobbins J.H., Buck R.D.: The Cost of Software Quality; in: Handbook of Software Quality Assurance, G. Schulmeyer, J. McManus (Eds.), Van Nostrand Reinhold 1987

[DOD86]   United States Department of Defense: Military Standard Common Ada Programming Support Environment (APSE) Interface Set (CAIS); DOD-STD-1838, 9. Okt. 1986
[Dunn84] Dunn R.H.: Software Defect Removal; McGraw-Hill 1984
[End86]   End, Gotthardt, Winkelmann: Softwareentwicklung; Siemens AG 1986
[Endr88] Endres A.: Software-Wiederverwendung: Ziele, Wege und Erfahrungen; Informatik-Spektrum, Band 11, Heft 2, 1988, pp. 85-95
[ESF89]   ESF: ESF/OSS Requirements Specification; Draft, March 1989
[Evan87] Evans M.W., Marciniak J.J.: Software Quality Assurance and Management; Wiley & Sons 1987
[Faga76] Fagan M.: Design and code inspections to reduce errors in program development; IBM Systems Journal, Vol. 15, No. 3, 1976
[Faga86] Fagan M.: Advances in Software Inspections; IEEE Transactions on Software Engineering, SE-12, No. 7, 1986
[Fair85] Fairley R.: Software Engineering Concepts; McGraw-Hill 1985
[Färb86] Färberböck H.: LITOR-A, ein interaktives Werkzeug für die Methode LITOS-A; Diplomarbeit, Institut für Informatik, J. Kepler Universität Linz, 1986
[Färb87] Färberböck H., Wallmüller E.: LITOR-A, ein Werkzeug zur Anforderungsdefinition und seine Auswirkungen auf die Software-Qualitätssicherung; in: Requirements Engineering '87, Schmitz, Timm, Windfuhr (Eds.), GMD-Studie Nr. 121, 1987
[Färb87b] Färberböck H., Ludewig J., Lichter H., Matheis H., Wallmüller E.: Software-Entwicklung durch schrittweise Komplettierung; RE' 87, Fachtagung der GI/GMD, 1987
[Fish80] Fisher D.: »Stoneman« — Requirements for Ada Programming Support Environment; US-DOD 1980
[Floy67] Floyd R.: Assigning meanings to programs; Proc. Symp. Appl. Math. 19, Am. Math. Soc., 1967, pp. 19-32
[Floy84] Floyd C.: A Systematic Look at Prototyping; in: Approaches to Prototyping, Springer 1984
[Fole84] Foley J., Wallace V., Chan P.: The Human Factors of Computer Graphics Interaction Techniques; IEEE Computer Graphics Applications, Nov. 1984, pp. 13-48
[Fris88] Frisse M.: From Text to Hypertext; Byte, Okt. 1988, pp. 247-253
[Früh87] Frühauf K., Ludewig J., Sandmayr H.: Software-Projektmanagement und -Qualitätssicherung; vdf, Zürich, 1987
[Früh87b] Frühauf K.: Konstruktive Maßnahmen in der Software-Qualitätssicherung; in: Software-Qualitätssicherung 1987, Tagungsband, SAQ, pp. 43-60
[Gane82] Gane T., Sarson C.: System Analysis; Prentice-Hall 1982
[Garm85] Garmand J.: Data Systems for the Space Station and Beyond; AIAA Conference on Computers in Aerospace, 1985

[Garv84] Garvin D.A.: What does Product Quality Really Mean?; Sloan Management Review, Fall 1984, pp. 25-43
[Gast81] Gast D., Rommerskirch W., Seitscheck V.: Rahmenempfehlungen für die Qualitätssicherungs-Organisation; Beuth 1981
[Geha86] Gehani N.: Tutorial: Unix Document Formatting and Typesetting; IEEE Software, Sept. 86, pp. 15-23
[Gilb77] Gilb T.: Software Metrics; Whintrop 1977
[GMD84] Höcker H., et al.: Comparative Descriptions of Software Quality Measures; GMD-Studien Nr. 81, 1984
[GMO87] GMO: GUIDE — Dialog-Vorgehens- und -Methodensystem; Einführungshandbuch, Juni 1987
[Gold83] Goldberg A., Robson D.: Smalltalk-80, the Language and its Implementation; Addison-Wesley 1983
[Grad87] Grady R.B., Caswell D.L.: Software metrics: Establishing a company-wide program; Prentice-Hall 1987
[Grun80] Grunwald W., Lilge H.: Partizipative Führung; UTB 1980
[Gust82] Gustafson G., Kerr R.: Some Practical Experience with a Software Quality Assurance Program; Comm. of the ACM, Vol. 25, No. 1, 1982, pp. 4-12
[Gutt77] Guttage J.: Abstract data types and the development of data structures; Comm. of the ACM, Vol. 20, No. 6, 1977, pp. 396-405
[Habe86] Habermann A.N., Notkin D.: Gandalf: Software Development Environments; IEEE Transactions on Software Engineering, SE-12, No. 12, 1986, pp. 1117-1126
[Hals77] Halstead M.H.: Elements of Software Science; North-Holland 1977
[Hant76] Hantler S., King J.: An Introduction to Proving the Correctness of Programs; Computing Surveys, Vol. 8, No. 3, 1976, pp. 331-351
[Haus84] Hausen, Müllerburg, Sneed: Software-Produktionsumgebungen; R. Müller 1984
[Heid84] Heidrich W.: Qualitätsplanung und -bewertung von Anwendersoftware; Proc. COMPAS'84, 1984, pp. 429-439
[Hein76] Heinrich L.J.: Systemplanung; Band 1 und 2, Walter de Gruyter 1976
[Hein88] Heinrich L.J.: Aufgaben und Methoden des Informationsmanagements — Einführung und Grundlagen; HMD 142, 1988, pp. 3-26
[Hell74] Heller K., Rosemann B.: Planung und Auswertung empirischer Untersuchungen: Eine Einführung für Pädagogen, Psychologen und Soziologen; Klett 1974
[Hoar69] Hoare C.: An Axiomatic Basis for Computer Programming; Comm. of the ACM, Vol. 12, No. 10, 1969, pp. 576-584
[Höft85] Höft D., Schaller H.: Software-Konfigurationsmanagement in großen Softwareprojekten; Informatik-Spektrum 8, 1985, pp. 138-152
[Hort88] Horton L.: Tools are an alternative to »playing computer«; Software Magazine, January 1988, pp. 58-67

[Howa81]   Howar J.: What is Good Documentation?; Byte, March 1981, pp. 132-150
[Howd77]   Howden W.E.: Symbolic Testing and the DISSECT Symbolic Evaluation System; IEEE Transactions on Software Engineering, SE-3, No. 4, 1977, pp. 266-278
[Howd82]   Howden W.E.: Contemporary Software Development Environments; Comm. of the ACM, Vol. 25, No. 5, 1982, pp. 318-329
[Huan81]   Huang J.: Experience with Use of Instrumentation Techniques in Software Testing; Proc. NSIA Nat. Conf. Software Tech. and Mgmt., Oct. 1981, pp. D1-D10
[Hüls75]   Hülst D.: Erfahrung — Gültigkeit — Erkenntnis. Zum Verhältnis von soziologischer Empirie und Theorie; Campus 1975
[IBM85]   IBM: VIDOC — Einführungsbroschüre; GE12-1632-0, 1985
[IBM87]   IBM: Problem/Change Management Reference Card; GC34-4045, 1987
[IBM87b]   IBM-Laboratories Böblingen: ASCOT: A Software Complexity Analysis Tool; Product Assurance Dept. 5787, June 1987
[IEEE83]   IEEE Std 729-1983; Glossary of Software Engineering Terminology
[IEEE86]   ANSI/IEEE Std 1012-1986, Standard for Software Verification and Validation Plans
[IEEE88]   IEEE: Guide to Software Configuration Management; 1988
[Itzf84]   Itzfeld W., Schmidt M., Timm M.: Spezifikation von Verfahren zur Validierung von Software-Qualitätsmaßen; Angewandte Informatik 1, 1984, pp. 12-21
[Itzf87]   Itzfeld W.: Einsatz von Software-Qualitätsmaßen in der Praxis und Konsequenzen für die Forschung; in: Software-Metriken, Arbeitsgespräch der GI-Fachgruppe Software-Engineering, März 1987, pp. 73-97
[Ivie77]   Ivie E.: The programmer's workbench — A machine for software development; Comm. of the ACM 20, No. 10, 1977, pp. 746-753
[Jack83]   Jackson M.A.: System Development; Prentice-Hall 1983
[Jack85]   Jackson M.A.: Grundsätze des Programmentwurfs; 6. Aufl., stmv 1985
[Jägg88]   Jäggin R., et al.: Aufgaben einer unabhängigen Software-Qualitätssicherungsstelle; SAQ-Bulletin-ASPQ 1, 1988, pp. 18-19
[Jone85]   Jones C.: A process-integrated approach to defect prevention; IBM Systems Journal, Vol. 24, No. 2, 1985, pp. 150-167
[Jone86]   Jones C.: Programming Productivity; McGraw-Hill 1986
[Kafu87]   Kafura D., Reddy G.: The Use of Software Complexity Metrics in Software Maintenance; IEEE Transactions on Software Engineering, SE-13, No. 3, 1987, pp. 335-343
[Kell89]   Keller R.: Prototypingorientierte Systemspezifikation: Konzepte, Methoden, Werkzeuge und Konsequenzen; Verlag Dr. Kovac 1989
[Kinc81]   Kincaid J., et al.: Computer Readability Editing System; IEEE Transactions on Professional Communication, PC-24, No. 1, 1981, pp. 38-41
[Knut84]   Knuth D.: Literate Programming; The Computer Journal, Vol. 27, No. 2, 1984, pp. 97-111

[Kupp81]　Kupper H.: Zur Kunst der Projektsteuerung; Oldenbourg 1981
[Lai84]　Lai H.: Empfehlungen zur Konzeption einer Software-Entwicklungs-Produktivitäts-Strategie; in: Effizienzverbesserung in der Software-Entwicklung, Proc. CW/CSE, Fachtagung, München, 1984
[Lans86]　Lansman G.: Systems Development Productivity Improvement Methodology, Part 1; System Development, May 1986, pp. 4-7
[Lars75]　Larson R.: Testplan and testcase inspection specification; IBM Tech. Rep. TR21.585, 1975
[Lebl84]　Leblang D., Chase R.: Computer Aided Software Engineering in a Distributed Workstation Environment; in: SIGPLAN/SIGSOFT Symposium on Practical Software Development Environment ACM, April 1984
[Lehm80]　Lehman M.: Life Cycles and Laws of Software Evolution; IEEE Proc., Vol. 68, 1980, pp. 1060-1076
[Lins89]　Lins C.: An Introduction to Literate Programming; Structured Programming 2, 1989, pp. 5-10
[Lumb82]　Lumbeck H., Schubert K.P.: Qualitätssicherungssysteme für Software; in: Software-Qualitätssicherung, H.M. Sneed, H.R. Wiehle (Eds.), Teubner 1982, pp. 67-86
[Lyon87]　Lyons T., Tedd M.: Recent Developments in Tool Support Environments: CAIS and PCTE; Ada User 8, 1987, pp. 65-78
[Mart83]　Martin J., McClure C.: Software Maintenance; Prentice-Hall 1983
[Mart87]　Marty R., Gamma E., Weinand A.: Objektorientierte Softwareentwicklung; Tagungsband, Institut für Informatik, Universität Zürich, Oktober 1987
[Masi88]　Masing W. (Ed.): Handbuch der Qualitätssicherung; 2. Aufl., Carl Hanser 1988
[Math87]　Matheis H.: Software Engineering Datenbanken; Techn. Bericht No. 71, ETH Zürich, Institut f. Informatik, Jänner 1987
[Mats87]　Matsumoto Y.: A Software Factory: An Overall Approach to Software Production; in: Software Reusability, P. Freeman (Ed.), IEEE 1987
[McCa76]　McCabe T.: A Complexity Measure; IEEE Transactions on Software Engineering, SE-2, No. 4, 1976, pp. 308-320
[McCa77]　McCall J.A., Richards P.K., Walters G.F.: Factors in Software Quality, Vol. I-III; Rome Air Development Center 1977
[McCa85]　McCall J.A., Herdon M., Osborne M.: Software Maintenance Management; Nat. Bureau of Standards, NBS Publ. No. 500-129, Oct. 1985
[McCl88]　McClure C.: The CASE for Structured Development; PC Tech. Journal, August 1988, pp. 51-67
[McGu79]　McGuffing R., et al.: CADES — Software engineering in practice; IEEE Proc. of 4th Int. Conf. on Software Engineering, 1979, pp. 136-144
[Mend83]　Mendis K.: Software Quality Assurance Staffing Problems; ASQC Technical Conference Transactions, 1983, pp. 108-112
[Metz77]　Metzger P.: Software-Projekte; Carl Hanser 1977

[Mill72]   Mills H.: On the statistical validation of computer programs; IBM Report FSC72-6015, FSDI, 1972
[Mill87]   Mills H., Dyer M., Linger R.: Cleanroom Software Engineering; IEEE Software, Sept. 1987, pp. 19-25
[Mizu83]   Mizumo Y.: Software Quality Improvement; IEEE Computer, March 1983, pp. 66-72
[MSP88]   MSP: »managerView«; Einführungshandbuch, 1988
[Müll82]   Müller W., Köster R., Trunk M.: Duden — Fremdwörterbuch; BI Dudenverlag 1982
[Müll89]   Müllerburg M.: Progammier- und Produktionsumgebungen: Grundlegende Konzepte; in: Online '89, Tagungsband, K. Fähnrich (Ed.), 1989
[Muri84]   Murine G., Carpenter C.: Measuring Software Product Quality; Quality Progress, Vol. 17, No. 5, 1984, pp. 16-20
[Myer79]   Myers G.J.: The Art of Software Testing; Wiley & Sons 1979
[Myer87]   Myers G.J.: Methodisches Testen von Programmen; 2. Aufl., Oldenbourg 1987
[Naur69]   Naur P., Rondell (Eds.): Software Engineering: A Report on a Conference sponsored by the NATO Science Committee; NATO 1969
[Nenz83]   Nenz H.: Management der Software-Qualitätssicherung; Softwaretechnik-Trends, Heft 3-1, 1983, pp. 19-37
[Niev81]   Nievergelt J.: Der computergesteuerte Bildschirm: Mensch und Maschine im Dialog; Output 9, 1981, pp. 31-36
[Oldh83]   Oldham G.R., Rotchford N.L.: Relationships between office characteristics and employee reactions: A study of the physical environment; Administrative Science Quarterly 28, 1983, pp. 542-556
[Osbo83]   Osborne M., Martin R.: Guidance of Software Maintenance; Nat. Bureau of Standards, NBS Publ. No. 500-106, Dec. 1983
[Öste88]   Österle H., Gutzwiller T. (Eds.): Anleitung zu einer praxisorientierten Entwicklungsumgebung, Band 1 und 2; AIT 1988
[Oste81]   Osterweil L.: Software Environment Research: Directions for the Next Five Years; IEEE Computer, April 1981, pp. 35-43
[Pabs85]   Pabst R.: Die Zugänglichkeit von Software — Voraussetzung für Softwareprüfungen; in: Wirtschaftsgut Software, R. Kölsch et al. (Eds.), Teubner 1985, pp. 95-105
[Parn79]   Parnas D.: Designing Software for Ease of Extension and Contraction; IEEE Transactions on Software Engineering 2, 1979
[Parn85]   Parnas D.: Active Design Reviews: Principles and Practices; IEEE Proc. of 8th Int. Conf. on Software Engineering, London, 1985
[Paul80]   Paulus P.B.: Crowding; in: Psychology of group influence, P.B. Paulus (Ed.), Hillsdale, NJ: Erlbaum, 1980, pp. 245-289
[PCTE86]   PCTE: A Basis for a Portable Common Tool Environment Functional Specification; Vol. 1, 4. Aufl., 1986

[Pirs74]	Pirsig R.: Zen and the Art of Motorcycle Maintenance; William Morrow & Co. 1974
[Pomb87]	Pomberger G.: Softwaretechnik und Modula-2; 2. Auflage, Hanser 1987
[Pomb87b]	Pomberger G., Wallmüller E.: Ada und Modula-2 — ein Vergleich; Informatik-Spektrum 10, No. 4, 1987
[Pomb88]	Pomberger G.: Integration von Prototyping in Software-Entwicklungsumgebungen; in: Anleitung zur einer praxisorientierten Software-Entwicklungsumgebung, Band 1, H. Österle (Ed.), AIT 1988, pp. 101-116
[Pomb89]	Pomberger G.: Methodik der Software-Entwicklung; in: Handbuch der Wirtschaftsinformatik, Kurbel, Strunz (Eds.), Pöschl-Verlag 1989
[Pres87]	Pressman R.: Software Engineering — A Practitioner's Approach; McGraw-Hill 1987
[Pres88]	Pressman R.: Making Software Engineering Happen; Prentice-Hall 1988
[Radi85]	Radice R., Roth N., O'Hara A., Ciarfella W.: A programming process architecture; IBM Systems Journal 24, No. 2, 1985, pp. 79-90
[Rama82]	Ramamoorthy C.V., Dong S.T., Ganesh S.L., Jen C.-H., Tsai W.-T.: Techniques in Software Quality Assurance; in: Software-Qualitätssicherung, H.M. Sneed, H.R. Wiehle (Eds.), Teubner 1982, pp. 11-34
[Rech86]	Rechenberg P.: Ein neues Maß für die softwaretechnische Komplexität von Programmen; Informatik in Forschung und Entwicklung, Bd. 1, H. 1, 1986
[Reif85]	Reifer D.: State of the Art in Software Quality Management; Seminarunterlagen, Reifer Consultants, N. Y., 1985
[Remm87]	Remmele W., Pomberger G.: Prototyping-orientierte Software-Entwicklung; Information Management 2, 1987, pp. 28-35
[Remu82]	Remus H.: Productivity in System Programming; IBM Tech. Report TR 03.191, May 1982
[Roch75]	Rochkind M.: The Source Code Control System; IEEE Transactions on Software Engineering, Dec. 1975
[Rock89]	Rock-Evans R.: CASE Analyst Workbenches: A Detailed Product Evaluation; Ovum Ltd. 1989
[Ross75]	Ross D.: Software Engineering: Process, Principles and Goals; IEEE Computer 8, No. 5, 1975, pp. 17-27
[Ross77]	Ross D.: Structured Analysis (SA): A Language for Communication Ideas; IEEE Transactions on Software Engineering, SE-3, No. 1, 1977, pp. 16-34
[Roth87]	Roth C.: Ein Verfahren zur Quantifizierung der Strukturiertheit von Software; in:»Software-Metriken«, Arbeitsgespräch der Fachgruppe Software Engineering, H. Fromm, A. Steinhoff (Eds.), GI 1987, pp. 56-72
[Royc70]	Royce W.: Managing the Development of Large Software Systems: Concepts and Techniques; Proc. WESCON, 1970
[Rube68]	Rubey R., Hartwick R.: Quantitative measurement of program quality; Proc. of the ACM National Conference, 1968, pp. 671-677
[Sanz87]	Sanz I.: Standards for Quality and Quality Assurance in Software Industry Today; in: Tagungsband »European Quality Control«, München, Juni 1987

[SAQ87]   Schweizerische Arbeitsgemeinschaft für Qualitätsförderung: SAQ-Empfehlung für Anforderungen an Qualitätssicherungssysteme von Software-Erstellern; SAQ 222, 1987
[SAQ88]   SAQ — Arbeitsteam 3: Checkliste für Anforderungsspezifikationen; Internes Arbeitspapier, Oktober 1988
[SAQ88b] SAQ: Leitfaden zur SAQ-Empfehlung 222 für Anforderungen an Qualitätssicherungssysteme von Software-Erstellern; SAQ/AT-2, Arbeitspapier, 1988
[SAQ89]   SAQ-Leitfaden zur SN-ISO-Normenreihe 9000; SAQ 1989
[SBG88]   SBG Incident Reporting; Benutzerhandbuch, SBG, Juni 1988
[Schä84] Schäfer H.: Metrics for Maintenance Management; Proc. COMPAS'84, 1984
[Schm82] Schmitz P., Bons H., van Megen R.: Software-Qualitätssicherung — Testen im Software-Lebenszyklus; Vieweg 1982
[Schm84] Schmid W.: Die Güte- und Prüfbestimmungen der Gütegemeinschaft Software; Proc. COMPAS'84, 1984, pp. 489-506
[Schm85] Schmidt M.: Ein Komplexitätsmaß basierend auf Entscheidung und Verschachtelung; in: Technische Zuverlässigkeit, 13. Fachtagung, Nürnberg, VDE-Verlag 1985, pp. 194-199
[Schm87] Schmidt M.: Über das Messen und Bewerten von Software-Qualität mit Maß und Metrik; in: »Software-Metriken«, Arbeitsgespräch der Fachgruppe Software Engineering, H. Fromm, A. Steinhoff (Eds.), GI 1987
[Schn87] Schneidewind N.: The State of Software Maintenance; IEEE Transactions on Software Engineering, SE-13, No. 3, 1987, pp. 303-310
[Schn88] Schnurer K.: Programminspektionen; Informatik-Spektrum 11, 1988, pp. 312-322
[Schö87] Schönpflug W., Wittstock M. (Eds.): Software-Ergonomie '87; Teubner 1987
[Schu87] Schulmeyer G.: Standardization of Software Quality Assurance; in: Handbook of Software Quality Assurance, G. Schulmeyer, J. McManus (Eds.), Van Nostrand Reinhold 1987
[Schw84] Schweiggert F.: Software-Qualitätsmerkmale; Softwaretest e.V., Aug. 1984
[Schw85] Schweiggert F., Schoitsch E.: Qualitätssicherung in der Software; OCG-Computerakademie, Seminarunterlagen, 1985
[Scot88] Scott T., Farley D.: Slashing Software Maintenance Costs; Business Software Review, March 1988, pp. 35-43
[Seew82] Seewg: A Software Engineering Environment For The Navy; Report of the NAVMAT Software Engineering Environment Working Group, 31. 3. 1982
[Shne85] Shneiderman B., et al.: Display Strategies for Program Browsing; in: Conference on Software Maintenance, N. Zvegintzov (Ed.), IEEE 1985, pp. 136-143
[Sieg84] Siegmund A.: Die richtige Einführungsstrategie — der Schlüssel zum erfolgreichen Einsatz neuer Methoden und Werkzeuge; Proc. COMPAS'84, 1984, pp. 161-190

[Siev85]   Sievert G., Mizell T.: Specification-based Software Engineering with TAGS; IEEE Computer 18, No. 4, 1985, pp. 41-48
[Smit70]   Smith E., Kincaid J.: Derivation and Validation of the Automated Readability Index for Use with Technical Materials; Human Factors 12, No. 5, 1970, pp. 457-464
[Smit80]   Smith C.P.: A Software Science Analysis of IBM Programming Products; Technical Report TR03.081, IBM Santa Teresa Laboratory, January 1980
[Snee83]   Sneed H.M.: Sinn, Zweck und Mittel der dynamischen Analyse; Angewandte Informatik 8, 1983, pp. 321-327
[Snee88]   Sneed H.M.: Software-Qualitätssicherung; R. Müller 1988
[Snee88b] Sneed H.M.: Software-Sanierung; in [Balz88]
[Soft84]   Softlab: Benutzerhandbuch des MAESTRO-Systems; 1984
[Somm85]   Sommerville I.: Software Engineering; 2. Aufl., Addison-Wesley 1985
[Stad88]   Stadler J.: Qualität und Betriebskultur — Erfahrungen aus einem Forschungsprojekt; SAQ-Bulletin — ASPQ 1, 1988, pp. 5-7
[STAR86]   DOD Preliminary Systems Specification; Department of Defense STARS Joint Project Office, Jan. 1986
[Stro86]   Stroustrup B.: The C++ Programming Language; Addison-Wesley 1986
[Sund78]   Sundstrom E.: Crowding as a sequential process: Review of research on the effects of population density on humans; in: Human responses to crowding, A. Baum, Y. Epstein (Eds.), Hillsdale, NJ: Erlbaum, pp. 31-116
[Sund80]   Sundstrom E., Burt R.E., Kamp D.: Privacy at work: Architectural correlates of job satisfaction and job performance; Academy of Management Journal 23, 1980, pp. 101-117
[Taus77]   Tausworthe R.: Standardized Development of Computer Software; Jet Propulsion Laboratory, Pasadena, 1977
[Teic77]   Teichwew D., Hershey E.: PSL/PSA: A Computer Aided Technique for Structured Documentation and Analysis of Information Processing Systems; IEEE Transactions on Software Engineering, SE-3, No. 1, 1977, pp. 41-48
[Thay81]   Thayer, et al.: Major Issues in Software Engineering Project Management; IEEE Transactions on Software Engineering, SE-7, No. 4, 1981, pp. 333-342
[Thur88]   Thurner R.: Technologie der Software-Wartung; in [Balz88]
[Tich82]   Tichy W.: Design, Implementation, Evaluation of a Revision Control System; in: IEEE Proc. of 6th Int. Conf. on Software Engineering, Sept. 1982, pp. 58-67
[Tich88]   Tichy W.: Tools for Software Configuration Management; Softwaretechnik-Trends, Heft 8-1, 1988, pp. 51-70
[Vosb84]   Vosburgh J., et al.: Productivity factors and programming environments; Proc. of Int. Conf. on Software Enineering, 1984, pp. 143-152
[Wald81]   Walden T.A., Forsyth D.R.: Close encounters of the stressful kind: Affective, physiological, and behavioral reactions to the experience of crowding; Journal of Nonverbal Behavior 6, 1981, pp. 46-64

[Wall84]   Wallmüller E.: Erfahrungen mit einem softwaretechnischen Verfahrens- und Methodenmix bei einem universitären Projektpraktikum, Angewandte Informatik 1, 1984, pp. 22-26
[Wall85]   Wallmüller E., Färberböck, H.: LITOS-A und LITOR-A — eine Methode und ein Werkzeug für die Analyse- und Definitionsphase von Software-Projekten; in: Tagungsband GI/OCG/ÖGI-Jahrestagung 1985, Springer, pp. 182-192
[Wall87]   Wallmüller E.: Aufbau einer Software-Qualitätssicherung in einer industriellen Umgebung; Informationstechnik 2, 1987, pp. 103-107
[Wall87b] Wallmüller E.: Beeinflussung der Software-Qualität durch Einsatz eines Werkzeugs zur Anforderungsdefinition; in: »Software-Metriken«, Arbeitsgespräch der Fachgruppe Software Engineering, H. Fromm, A. Steinhoff (Eds.), GI 1987, pp. 163-175
[Wall88]   Wallmüller E.: Fehler- und Ursachenanalyse mit EIR; SBG, Interne technische Mitteilung, März 1988
[Wals77]   Walston C., Felix C.: A method of programming measurement and estimation; IBM Systems Journal 16, No. 1, 1977
[Wehr88]   Wehrum R.: Ada-Entwicklungsumgebung: Stand, Entwicklung und Relevanz; in [Öste88]
[Wein74]   Weinberg G.M., Schulman E.L.: Goals and Performance in Computer Programming; Human Factors 16, No. 1, 1974, pp. 70-77
[Wein84]   Weinberg G.M., Freedman D.P.: Reviews, Walkthroughs, and Inspections; IEEE Transactions on Software Engineering, SE-10, No. 1, 1984, pp. 68-72
[Wien84]   Wiener R., Sincovec R.: Software Engineering with Modula-2 and Ada; Wiley & Sons 1984
[Will85]   Willmer H.: Systematische Software-Qualitätssicherung anhand von Qualitäts- und Produktmodellen; Springer 1985
[Wirt80]   Wirth N.: Modula-2; Bericht 36, Institut für Informatik, ETH Zürich, 1980
[Wolf85]   Wolf P.F., Schmid H.A.: Zur Wiederverwendbarkeit von Software; in: Methoden und Werkzeuge zur Entwicklung von Programmsystemen; W.E. Proebster et al. (Eds.), Oldenbourg 1985
[Yau85]   Yau S., Collofello J.: Design stability measures for software maintenance; IEEE Transactions on Software Engineering, SE-11, 1985, pp. 849-856
[Your78]   Yourdon E., Constantine L.: Structured Design; 2. Auflage; Yourdon Press 1978
[Zill74]   Zilles S.: Algebraic Specification of Data Types; Project MAC, Progress Report 11, MIT Cambridge/Mass., 1974
[Zill82]   Zilliken P.: Qualitätssicherung eines Software-Produktes; VDI-Bericht Nr. 460, 1982, pp. 91-96
[Zinc84]   Zincke G.: CAS System LITOR: Konzept und Realisierung einer Arbeitsumgebung für den interaktiven graphisch unterstützten Software-Entwurf; in: Programmierumgebungen und Compiler, H. Morgenbrod, W. Sammer (Eds.), Teubner Berichte 18, 1984, pp. 225-247

[Zopf88]   Zopf S.: Praktisches Vorgehen zur Sicherung definierter Software-Qualitätsziele; Tagungsband zur 3. Softwaretest-Fachtagung 1988

[Zuse85]   Zuse H.: Meßtheoretische Analyse von statischen Softwarekomplexitätsmaßen; Dissertation, TU Berlin, 1985

Stichwortverzeichnis

Abnahmetesten 195
Abschätzen 27
Absolutskala 32
abstrakter Datentyp 164
Ada 116
Analysator
—, dynamischer 112
—, statischer 113, 151
Analyse, statische 162
Analysewerkzeug 110, 213, 215
Anforderung 47
Anforderungsanalyse 4
Anforderungsdefinition 4
Anpaßbarkeit 36
Applikationsgenerator 70, 72
Applikationsstau 57
APSE 117
Äquivalenzklasse 176
Äquivalenzklassenmethode 176
Arbeits-/Prüfanweisung 224
Arbeitsabläufe 220
Arbeitsplatz des Entwicklers 102
Arbeitsplatzgestaltung 134, 139
Artificial Intelligence 70
Audit 16, 17, 22, 72, 126, 144, 213, 214
—, Ablauf 145
Aufwandsschätzungstechnik 74
Ausbildung 74
Ausfall 168
Autor-Kritiker-Zyklus 105

Baseline 125
Baustein-Technik 71
Begutachtung 222
Benutzbarkeit 36
Benutzerdokumentation 10
Benutzerfreundlichkeit 42
Beobachten 27
Betriebsdokumentation 10
Betriebsphase 5
Betriebstüchtigkeit 48
Bezugskonfiguration 126
Black-Box-Test 173
Boole'sche Algebra 178

C++ 71
CADES 114
CASE 110
CASE-Werkzeug 110, 211

Change Control Board (CCB) 131, 209
Cleanroom-Ansatz 170
CMS 134
COCOMO 68
COCOMO-Methode 74
Code-Inspektion 152, 159
Code-Kenngröße 214
Code-Kontrolle 23
Common APSE Interface Set (CAIS) 116, 118
Compound Complexity Measure 40
configuration audit 128
configuration control 128
configuration identification 128
configuration item 129
configuration status accounting 129

Datenbank 72
Datenstrukturkomplexität 34
Datenträger-Kontrolle 23
Datentyp, abstrakter 164
DAMOKLES 118
Debugging 167
Defekt 168
Dokumentation 10, 21, 96
—, Erstellung 98
—, projektbegleitende 102
Dokumentationsart 100
Dokumentationskrise 97
Dokumentationsprinzip 101
Dokumentationsprozeß 97
—, Werkzeug 103
Dokumentationsrichtlinie 103
Dokumentenmuster 74, 102
Domain-Error 191
DSEE 134

Effizienz 36, 42, 65, 66
Effizienzsteigerung 57
Eigenschaft 8, 36, 42
Entscheidungsdichte 43
Entscheidungstabelle 178
Entwicklungsmaß 34
Entwicklungsplan 13
Entwicklungsprozeß 6, 13, 21, 27, 54, 65, 73
Entwurfskomplexität 33
Entwurfsreview 157
Entwurfswerkzeug 110
Erproben 28
Erweiterbarkeit 36

Fehler 11, 65, 168
Fehleranalyse 200
Fehlerauswertung 113
Fehlerbehebung 228
Fehlereinpflanzung 183
Fehlerentdeckung 16
Fehlererkennung 113
Fehlerklasse 191
Fehler-Ursachenanalyse 201
Fehlerverhütung 113, 228
Fortbildung 74
Freigabeprüfung 212
Führungsstil 137
Führungsverhalten 137
Function Point-Methode 58, 74
Funktionsabdeckung 175
Funktionsdichte 43

Generator 57, 71, 111
Grenzwertanalyse 177
Gütekriterium 30

Hypertext 103
Hyptertext-System 104

Implementierung 5
Information Hiding 70, 75, 77
Informationssystem-Planungswerkzeug 110
Inspektion 152
Installationstesten 196
Integrated Project Support Environment (IPSE) 70, 114
Integrationsstrategie 192
Integrationstesten 192
Intervallskala 32

Jackson-Systementwicklungsmethode 77, 207
Jackson-Programmentwicklungsmethode 77

KAPSE 117
Kenngröße 8, 26, 30, 32, 33, 36, 42, 44, 45, 212, 213, 214
Kommentardichte 43
Kommunikation 134, 138
Kommunikationsmodell 138
Kommunikationsverhalten 25
Komplexität 33, 39
—, aktuelle 182
—, essentielle 181
—, zyklomatische 181
Komplexitätsbetrachtung 39
Komplexitätskenngröße 181

Komplexitätsmaß 34
Konfiguration 123, 125
Konfigurationsaudit 126
Konfigurationselement 129, 130
Konfigurationsmanagement 13, 128
—, Plan 13, 130, 132
—, Werkzeug 74, 113, 131
Konfigurationsmanager 131
Kontrollflußgraph 39
Konvention 22
Korrektheit 36, 42, 48
Korrektheitsbeweis 163
Korrekturmaßnahme 23
Kosten 2, 65
— der Qualitätssicherung 226, 228, 234
Kosten-Nutzen-Betrachtungen 234
Kostenreduktion 54
Kostenschätzung 2, 74

Lieferanten-Kontrolle 23
Life Cycle 3, 4, 5, 6, 12, 21, 57, 80, 84
Linienorganisation 217
Literate Programming 103, 104
LITOR-A 74
LITOS-A 74

MAKE 134
Mängel 11
Mängelentdeckung 16
MAPSE 117
Maß 29, 30, 33, 34, 35, 36, 37, 43, 45
—, statisches 34
— von Halstead 36, 40
— von McCabe 36, 39, 48, 181
Maßtheorie 31, 40
Matrixorganisation 217, 218
Meilenstein 11
Merkmal 8, 44
—, quantitatives 8
Messen 26, 27, 28, 30, 31, 42, 45
Meßgröße 27, 44
Meßinstrument 8
Meßtauglichkeit 30
Meßtechnik 27, 28
Meßverfahren 8
Meßwerkzeug 45
Meßwert 29, 44
Metamodell 119
metric 29
MMC 134
Modulbibliothek 70
Modultesten 191

Modularisierung 70
Mutationsanalyse 183

N-Augenkontrolle 16
Neukonfiguration, Werkzeuge zur 133
Nominalskala 32
Non-Konformitätskosten 228
Norm 22, 225
Normierung 30
Nützlichkeit 30

Object Management System (OMS) 118
Objektcode 10
Objektivität 30
Ökonomie 30
Ordinalskala 32

Phase 89
—, Freigabemechanismus 89
—, Planung 89
—, Tätigkeit 89
Phasenentscheid 221
Phasenmodell 3, 11, 84
Pilotprojekt 92, 94
Portabilität 42
Portable Common Tool Environment (PCTE) 117
Problemkomplexität 33
Problemmeldewesen 23
Produktmaß 33, 34, 36
Produktkenngröße 46
Produktkomplexität 33
Produktplanung 207
Produktqualität 2, 11, 216
Produktwert 68
Produktivität 57, 60, 63, 65, 66, 67, 68, 71, 72, 206
—, Einflußgrößen 63
Produktivitätsanalyse 60, 63
Produktivitätsfaktor 60
Produktivitätskenngröße 226, 228
Produktivitätsmaß 58
Produktivitätsniveau 66
Produktivitätssteigerung 65, 69
Produktivitätsverbesserung 66, 71
Produktivitätswachstum 72
Programmadaptierung 71
Programmanalyse, statische 213
Programmgraph 37
Programmkomplexität 33, 34, 35
Programmpfad 37
Programmportierung 70

Programmumfang 40
Programmverifikation 163
Programmvolumen 40
Programmer's Workbench 111
Programmieraufwand 41
Programmiersprache 106
Programmierumgebung 111
Projektaudit 145
Projektbegleitung 222
Projektberatung 222
Projektbibliothek 133
Projektdatenbank 133
Projektdokumentationssystem 133
Projektmanagement 13, 54, 73
Projektmanagementaudit 145
Projekmanagementwerkzeug 112
Projektmodell 84
Projektorganisation 217, 218
Projektplan 13, 225
Projektreview 153
Projektrisiko 15
Prototyp 70, 72
Prototyping 108
—, evolutionäres 57, 80, 82
—, experimentelles 80, 82
—, exploratives 80
—, Technik des 80
Prototyping-Werkzeug 121
Prozeßaudit 226
Prozeßbedingung 65
Prozeßkenngröße 46
Prozeßmaß 33, 34, 36
Prozeßmodell 70, 84, 130
Prozeßqualität 11, 15, 48, 216
Prüfbericht 22, 221
Prüfplan 21
Prüfung 228
—, dynamische 20, 167
—, statische 20, 144
PSL/PSA 115

Qualifikationsreview 126
Qualität 8, 65, 66, 68, 72
—, Bestimmung der 9
—, des Entwicklungsprozesses 6
—, des Produkts 6
Qualitätsanforderung 46
Qualitätsaudit 17
Qualitätsbericht 221
Qualitätsberichtswesen 225, 226
Qualitätsbewertung 9, 30, 53
Qualitätsdaten 90, 226

Qualitätsdatenerfassung 17
Qualitätskenngröße 33, 42
Qualitätskosten 226, 228
Qualitätslenkung 15, 19, 54, 75, 98, 220
Qualitätsmaß 29, 33, 43, 45
Qualitätsmerkmal 9, 14
— der Anforderungsdefinition 156
— des Testprozesses 185
— für Dokumente 99
Qualitätsmodell 10, 46, 48, 49, 53, 54, 56, 205, 224
— von McCall 44
Qualitätsplanung 15, 19, 53, 54, 220
Qualitätspolitik 18, 223
Qualitätsproblem 43
Qualitätsprüfung 15, 16, 17, 19, 20, 54, 98, 220, 221
Qualitätssicherung 13, 16, 18, 72, 83, 203, 217
—, Werkzeug der 113, 213
Qualitätssicherungshandbuch 224
Qualitätssicherungskosten 17
Qualitätssicherungsmaßnahme 17, 224
—, analytische 24, 141
—, konstruktive 16, 24, 68, 73, 74
—, planerische-administrative 24
—, psychologisch-orientierte 24, 25
Qualitätssicherungsorganisation 17, 19, 219
Qualitätssicherungsplan 13, 20, 54, 221, 224, 225
Qualitätssicherungsprinzip 12, 14
Qualitätssicherungsschulung 91
Qualitätssicherungsstelle 217, 219
Qualitätssicherungssystem 17, 19, 216, 224
—, Ablauforganisation 220
—, Aufbauorganisation 216
—, Dokumentation 223
—, Einführungsmaßnahmen 231
Qualitätstechnik 220
Qualitätsverbesserung 66
Qualitätsziel 6, 27, 54, 224
Qualitätszirkel 68
quick fixes 205

Rationalskala 32
RCS 134
Redesign 213
Re-Engineering 213
Re-Engineering Tool 112
Repository 118
Repository, Anforderungen 119
Repository Manager 119, 120

Review 16, 22, 72, 105, 126, 146, 213, 214
—, Ablauf 147
— der Anforderungsspezifikation 155
—, Hilfsmittel 151
—, Ziele 154
Reviewprozeß 147
Revision 127, 128
Richtlinie 224
Risikoanalyse 86
Risikobewertung 225
Risikofaktor 15
Risikoklasse 187

SADT 74
Sanierung 213
SCCS 134
Schablonen-Technik 71
Schichtenarchitektur 207
schrittweise Verfeinerung 76
Schulungskonzept 92
Schulungsprogramm 93
Seiteneffekt 205
Sicherheit 36
Skala 31, 33
Software 97
Software-Element 123, 127
Software-Entwurf 5
Software-Ergonomie 140
Software-Evolution 204
Software-Fehler 1
Software-Informationssystem 213, 214
Software-Konfiguration 123
Software-Konfigurationsmanagement 23, 122, 123
Software-Krise 43
Software-Maß 26, 36
Software-Meßtechnik 27, 28
Software-Produkt 10
Software-Produktion 67
Software-Produktionsumgebung 108, 114, 115, 116
Software-Projekt 2, 12
Software-Qualitätssicherung 6
Software-Werkzeug 72, 103, 108
Software Engineering 3
— Datenbanksystem 114
— Formalismus 78
— Methode 77
— Prinzip 76
— Technik 80
— Werkzeug 79, 95
—, Ausbildung 94

Stichwortverzeichnis 305

—, Einführungsschritte 95
—, Einführungsstrategie 92
—, Regeln 92
—, Unterstützung 94
Software quality 9
Sourcecode 10
Spiralmodell 86
Sprache
—, 4. Generations- 57, 70, 108
—, objektorientierte 70, 71
Spracheigenschaft 107
SREM 111
Standard 70, 213
STONEMAN 116
Störung 168
Strukturierte Analyse (SA) 74, 207
Strukturierte Programmierung 75
Strukturkomplexität 34
Summationseffekt von Fehlern 11
symbolische Programmausführung 165
Systementwicklung, inkrementelle 82
Systems Engineering 4, 63
Systemstruktur-Kenngröße 214
Systemtesten 193

Teamarbeit 25, 121
Terminkenngröße 226
Terminsicherheitskenngröße 227
Testabdeckungskenngröße 180
Testaufgabe 171, 191
Testaufwandverfolgung 201
Testbericht 172
Testdatengenerator 111
Testdokumentation 197
Testendekriterium 189
Testentwurf 172
Testentwurfsreview 160
Testfall 37
Testfallermittlung 173
—, intuitive 179
Testfallmatrix 176
Testfallspezifikation 172
Testinspektion 160
Testmethodik 171
Testorganisation 196
Testplan 172, 197
Testplanung 185
Testprotokoll 172
Testprozeß 171, 183, 197
—, Kontrolle 200
—, Strukturierung 190
Testreview 160

Teststatusverfolgung 201
Testvorfallsbericht 172
Testvorgehensspezifikation 172
Testwerkzeug 111
Testziel 169, 188
Testen 5, 16, 28, 72, 167, 168
—, inkrementell 193
—, nichtinkrementell 193
Toolkit 119
Toolbus 120

Übertragbarkeit 36
Umgebungssimulator 112
Unternehmensklima 136
Unternehmenskultur 25, 134, 135, 136
Ursache-/Wirkungsgraphmethode 178
Ursachenklassifikationsschema 201

Validation 141
Validierung 36
Validität 30
Variante 127, 128
Verfahren 22, 77
— der induktiven Zusicherungen 164
Vergleichbarkeit 30
Verifikation 141
Verifikations- und Validationsplan 143
Verknüpfbarkeit 36
Versionsgruppe 127
Versionskontrolle, Werkzeuge zur 134
Voraussagen 27
Vorgehensmodell 3, 11, 74, 76, 83, 84, 88
—, Beurteilungsmerkmal 90
—, computergestütztes 90
—, Definition und Pflege 91
—, sequentielles 84
—, Sichtenmodell 86
—, Typen 84
—, V-Modell 84
Vorgehensstandard 209

Walkthrough 152
Wartbarkeit 36, 42, 43, 70, 83, 205, 206, 208
Wartung 5, 125, 203
Wartungsaktivität 205, 208, 209
Wartungsanforderung 205, 210
Wartungsbericht 210, 212
Wartungsfreundlichkeit 205
Wartungskosten 205
Wartungspersonal 206
Wartungsproblem 205
Wartungswerkzeug 112

Wasserfallmodell 84
WEB-System 104
Werkzeug, phasenbezogen 109
— zur Neukonfiguration 133
— zur Versionskontrolle 134
Werkzeugkasten 114
Wertschöpfung 67
White-Box-Test 174, 179
Wiederverwendbarkeit 36, 69, 71
Wiederverwendung 72

Zählen 26, 27
Zertifikation 141
Zuverlässigkeit 30, 36, 42, 43